U0613879

中華古籍保護計劃

ZHONG HUA GU JI BAO HU JI HUA CHENG GUO

·成果·

河南省許昌市圖書館等十六家收藏單位古籍普查登記目録

全國古籍普查登記目録

國家圖書館出版社
National Library of China Publishing House

圖書在版編目(CIP)數據

河南省許昌市圖書館等十六家收藏單位古籍普查登記目録/《河南省許昌市圖書館等十六家收藏單位古籍普查登記目録》編委會編. —北京:國家圖書館出版社,2019.10
(全國古籍普查登記目録)
ISBN 978-7-5013-6759-7

Ⅰ.①河…　Ⅱ.①河…　Ⅲ.①公共圖書館—古籍—圖書館目録—許昌　Ⅳ.①Z838

中國版本圖書館 CIP 數據核字(2019)第 103129 號

書　　名　河南省許昌市圖書館等十六家收藏單位古籍普查登記目録
著　　者　《河南省許昌市圖書館等十六家收藏單位古籍普查登記目録》編委會　編
責任編輯　黄　鑫

出版發行　國家圖書館出版社(北京市西城區文津街 7 號　100034)
(原書目文獻出版社 北京圖書館出版社)
010-66114536　63802249　nlcpress@nlc.cn(郵購)
網　　址　http://www.nlcpress.com
排　　版　凡華(北京)文化傳播有限公司
印　　裝　河北三河弘翰印務有限公司
版次印次　2019 年 10 月第 1 版　2019 年 10 月第 1 次印刷

開　　本　787×1092(毫米)　1/16
印　　張　31
字　　數　600 千字
書　　號　ISBN 978-7-5013-6759-7
定　　價　300.00 圓

《全國古籍普查登記目録》

工作委員會

《全國古籍普查登記目録》

序　言

全國古籍普查登記工作是“中華古籍保護計劃”的首要任務，是全面開展古籍搶救、保護和利用工作的基礎，也是有史以來第一次由政府組織、參加收藏單位最多的全國性古籍普查登記工作。

2007 年國務院辦公廳發布《關於進一步加强古籍保護工作的意見》（國辦發［2007］6 號），明確了古籍保護工作的首要任務是對全國公共圖書館、博物館和教育、宗教、民族、文物等系統的古籍收藏和保護狀況進行全面普查，建立中華古籍聯合目録和古籍數字資源庫。2011 年 12 月，文化部下發《文化部辦公廳關於加快推進全國古籍普查登記工作的通知》（文辦發［2011］518 號），進一步落實了全國古籍普查登記工作。根據文化部 2011 年 518 號文件精神，國家古籍保護中心擬訂了《全國古籍普查登記工作方案》，進一步規範了古籍普查登記工作的範圍、内容、原則、步驟、辦法、成果和經費。目前進行的全國古籍普查登記工作的中心任務是通過每部古籍的身份證——“古籍普查登記編號”和相關信息，建立古籍總臺賬，全面瞭解全國古籍存藏情况，開展全國古籍保護的基礎性工作，加强各級政府對古籍的管理、保護和利用。

《全國古籍普查登記工作方案》規定了全國古籍普查登記工作的三個主要步驟：一、開展古籍普查登記工作；二、在古籍普查登記基礎上，編纂出版館藏古籍普查登記目録，形成《全國古籍普查登記目録》；三、在古籍普查登記工作基本完成的前提下，由省級古籍保護中心負責編纂出版本省古籍分類聯合目録《中華古籍總目》分省卷，由國家古籍保護中心負責編纂出版《中華古籍總目》統編卷。

在黨和政府領導下，在各地區、各有關部門和全社會共同努力下，古籍普查登記工作得以扎實推進。古籍普查已在除臺、港、澳之外的全國各省級行政區域開展，普查内容除漢文古籍外，還包括各少數民族文字古籍，特别是於 2010 年分别啓動了新疆古籍保護和西藏古籍保護專項，因地制宜，開展古籍普查登記工作；國家古籍保護中心研製的“全國古籍普查登記平臺”已覆蓋到全國各省級古籍保護中心，并進一步研發了“中華古籍索引庫”，爲及時展現古籍普查成果提供有力支持；截至目前，已有 11375 部古籍進入《國家珍貴古籍名録》，浙江、江蘇、山東、河北等省公布了省級《珍貴古籍名録》,古籍分級保護機制初步形成。

《全國古籍普查登記目録》是古籍普查工作的階段性成果,旨在摸清家底,揭示館藏,反映古籍的基本信息。原則上每申報單位獨立成册,館藏量少不能獨立成册者,則在本省範圍内幾個館目合并成册。無論獨立成册還是合并成册,均編製獨立的書名筆畫索引附於書後。著録的必填基本項目有:古籍普查登記編號、索書號、題名卷數、著者(含著作方式)、版本、册數及存缺卷數。其他擴展項目有:分類、批校題跋、版式、裝幀形式、叢書子目、書影、破損狀况等。有條件的收藏單位多著録的一些擴展項目,也反映在《全國古籍普查登記目録》上。目録編排按古籍普查登記編號排序,内在順序給予各古籍收藏單位較大自由度,可按分類排列古籍普查登記編號,也可按排架號、按同書名等排列古籍普查登記編號,以反映各館特色。

此次全國古籍普查登記工作,克服了古籍數量多、普查人員少、普查難度大等各種困難,也得到了全國古籍保護工作者的極大支持。在古籍普查登記過程中,國家古籍保護中心、各省古籍保護中心爲此舉辦了多期古籍普查、古籍鑒定、古籍普查目録審校等培訓班,全國共1600餘家單位參加了培訓,爲古籍普查登記工作培養了大量人才。同時在古籍普查登記工作中,也鍛煉了普查員的實踐能力,爲將來古籍保護事業發展奠定了良好的基礎。

《全國古籍普查登記目録》的出版,將摸清我國古籍家底,爲古籍保護和利用工作提供依據,也將是古籍保護長期工作的一個里程碑。

國家古籍保護中心
2013 年 10 月

《全國古籍普查登記目録》

編纂凡例

一、收録範圍爲我國境内各收藏機構或個人所藏，産生於 1912 年以前，具有文物價值、學術價值和藝術價值的文獻典籍，包括漢文古籍和少數民族文字古籍以及甲骨、簡帛、敦煌遺書、碑帖拓本、古地圖等文獻。其中，部分文獻的收録年限適當延伸。

二、以各收藏機構爲分册依據，篇幅較小者，適當合并出版。

三、一部古籍一條款目，複本亦單獨著録。

四、著録基本要求爲客觀登記、規範描述。

五、著録款目包括古籍普查登記編號、索書號、題名卷數、著者、版本、册數、存缺卷等。古籍普查登記編號的組成方式是：省級行政區劃代碼—單位代碼—古籍普查登記順序號。

六、以古籍普查登記編號順序排序。

《河南省古籍普查登記目録》

工作委員會

主　任：康　潔

副主任：湯　雁　程建立　孔德超

委　員（按姓氏筆畫排序）：

王繼娜　申少春　江　路　李紅岩　李景文

周新鳳　崔　波　楊　凡　謝　昱

《河南省許昌市圖書館等十六家收藏單位古籍普查登記目録》

編委會

主　　編： 安玉龍　任哲峰　李美玲　田長斌　王林紅
王獻增　吴雅妹　丁麗鴿　趙開慧　秦　勇
屈　華　韓　燕　李東風　崔國民　馬會敏

參編單位及編寫人員：

許昌市圖書館：黨　煒　吴國强　張　凱
武陟縣圖書館：馮燕燕　宋艷榮　李雲霞
鄢陵縣圖書館：劉勇偉
平頂山市圖書館：付　蓓
滑縣圖書館：李　莉　馬超超
林州市圖書館：楊建存　楊紅蘭
鶴壁市圖書館：吴雅妹
周口師範學院圖書館：劉懷攀　皇甫海潮　張鴻韜　吴保全
田　磊　蔣霞美
許昌學院圖書館：佘　樂
浚縣圖書館：胡明强　王俊紅
漯河市圖書館：段軍麗
商丘市睢陽區圖書館：陳　震
濟源市圖書館：靳改花　李惠娜　解艷平
三門峽市陝州區圖書館：張亞青
周口市川匯區圖書館：馬會敏
三門峽市陝州區文物局：張亞青

《河南省許昌市圖書館等十六家收藏單位古籍普查登記目録》

前　言

河南地處華夏腹地,得天獨厚的地理環境使其成爲中華文明的主要發源地,遺留下大批珍貴的文化遺産,古籍文獻即是其重要組成部分。但由於歷史原因,河南的古籍藏量一直没有詳細調查統計。1989 年到 1991 年,河南省文化廳曾組織專家對全省市縣公共圖書館進行了四次古籍調查,摸清了部分公共圖書館及文博單位的古籍收藏狀况,發現了一批有價值的古籍,但并未形成詳盡的古籍普查登記目録。2007 年"中華古籍保護計劃"實施以來,根據文化部、國家古籍保護中心的部署,在河南省文化廳的領導下,河南古籍普查工作開始穩步推進。公共圖書館、高校圖書館等古籍收藏單位積極行動,經過近 10 年的努力,全省古籍普查取得階段性成果:成立河南省古籍保護中心并對全省古籍普查工作給予具體業務指導;在 1989 年到 1991 年省内古籍調查的基礎上,整理出版《河南省市縣圖書館古籍善本書聯合目録》;全省 19 家收藏單位 222 部古籍先後入選第一至五批《國家珍貴古籍名録》,河南省圖書館、河南大學圖書館、新鄉市圖書館、鄭州大學圖書館、洛陽市圖書館、鄭州圖書館、少林寺圖書館、南陽市圖書館、開封市圖書館被評爲"全國古籍重點保護單位",另有 534 部古籍入選第一批《河南省珍貴古籍名録》,16 家單位被評爲"河南省古籍重點保護單位";古籍保護人才隊伍逐漸壯大,一批古籍收藏單位古籍保存條件得到顯著改善;全省古籍普查登記工作基本完成。

《河南省許昌市圖書館等十六家收藏單位古籍普查登記目録》的出版,就是河南省古籍普查工作階段性成果之一。此書彙集了河南省 16 家古籍收藏單位共 5698 條古籍目録。其中,許昌市圖書館 1649 條,武陟縣圖書館 991 條,鄢陵縣圖書館 1390 條,平頂山市圖書館 15 條,滑縣圖書館 9 條,林州市圖書館 257 條,鶴壁市圖書館 1 條,周口師範學院圖書館 78 條,許昌學院圖書館 174 條,浚縣圖書館 198 條,漯河市圖書館 93 條,商丘市睢陽區圖書館 4 條,濟源市圖書館 54 條,三門峽市陝州區圖書館 428 條,周口市川匯區圖書館 227 條,三門峽市陝州區文物局 130 條。所有古籍普查數據均根據國家古籍保護中心《全國古籍普查登記工作方案》進行著録,本書各收藏單位先後順序按照全國古籍普查登記平臺中各單位代碼從小到大排列。

許昌市圖書館現有館藏古籍大部分爲明清刻本,有少量清抄本。其中,入選第二批《國家珍貴古籍名録》的有5部，入選第一批《河南省珍貴古籍名録》的有8部。宋刻宋元明遞修本《七史》包括《宋書》《南齊書》《陳書》《魏書》等，明弘治十三年(1500)項經刻遞修本《陶學士先生文集》、明嘉靖十七年(1538)刻本《文苑春秋》、明萬曆四十四年(1616)徐象橒曼山館刻本《焦太史編輯國朝獻徵録》等都是罕見的珍本。

鄢陵縣圖書館特色古籍收藏絶大部分來源於清末鄢陵籍人士蘇源生。蘇源生一生筆耕不輟，著有《記過齋文稿》《大學臆説》《省身録》等，輯有《中州文徵》《鄢陵文獻志》等，其中《鄢陵文獻志》是蘇源生目録學之作，全書四十卷，收録古籍266種。

武陟縣圖書館館藏珍本《周易傳義大全》被國務院批准入選第一批《國家珍貴古籍名録》。《明萬曆武陟縣志》《澤州志》《寒松堂全集》《易圖明辨》被河南省人民政府批准入選第一批《河南省珍貴古籍名録》。

此外，周口師範學院圖書館的清康熙三十四年(1695)遂初堂刻本《日知録》、許昌學院圖書館的明嘉靖年間徐氏東雅堂刻本《昌黎先生集》和清雍正刻本《青邱高季迪先生詩集》、周口市川匯區圖書館的明萬曆二十一年(1593)刻本《呻吟語》和清乾隆五十六年(1791)墨香居刻本《國朝畫識》被收入第一批《河南省珍貴古籍名録》。

古籍普查登記是一項專業性很强的工作，著録人員除了需要具有相應的目録學、版本學等知識外，還需要具有一定的實踐工作經驗，需要在普查工作中，一絲不苟、兢兢業業。《河南省許昌市圖書館等十六家收藏單位古籍普查登記目録》所著録之古籍目録，均爲各收藏單位逐册翻檢館藏古籍，嚴格按照古籍普查登記要求著録，不僅傾注了各收藏單位古籍普查登記人員的大量精力和心血，也飽含着國家古籍保護中心、河南省古籍保護中心的諸位專家指導、審校之辛勞，在此向他們表示深深的敬意和誠摯的感謝。

《河南省許昌市圖書館等十六家收藏單位古籍普查登記目録》的出版，對河南省古籍普查和古籍保護工作有着巨大的鞭策和推動作用。隨着河南省各收藏單位古籍普查登記目録的陸續出版，必將摸清全省古籍文化遺産家底，修正館藏目録錯誤，實現古籍資源互通有無，對推動全省古籍保護工作發揮應有的作用。

由於時間緊、任務重，加之一些書名、版本之失考，及經驗不足等原因，該目録難免存在一些不盡如人意之處，敬請業内專家及廣大讀者批評指正。

河南省古籍保護中心
河南省圖書館
2019年7月

目　　録

河南省許昌市圖書館古籍普查登記目録

全國古籍普查登記目録

國家圖書館出版社
National Library of China Publishing House

410000－2209－0000001　4.4/19－01072
隨園詩話十六卷補遺十卷　(清)袁枚著　清刻本　一冊　存二卷(十一至十二)

410000－2209－0000002　5.1/01－00001
七史　(宋)井度輯　宋刻宋元明遞修本　四十一冊　存四種一百六十九卷

410000－2209－0000003　4.2/01－00004
陶學士先生文集二十卷　(明)陶安撰　**事迹一卷**　明弘治十二年(1499)項經刻遞修本　六冊

410000－2209－0000004　4.3/01－00005
文苑春秋四卷　(明)崔銑輯　明嘉靖十七年(1538)刻本　四冊

410000－2209－0000005　2.6/01－00007
焦太史編輯國朝獻徵錄一百二十卷　(明)焦竑編　明萬曆四十四年(1616)徐象橒曼山館刻本　一百九冊　存一百十九卷(一至一百十、一百十二至一百二十)

410000－2209－0000006　4.2/06－00018
寒松堂全集十二卷　(清)魏象樞著　清康熙四十七年(1708)刻本　十二冊

410000－2209－0000007　2.14/01－00008
太常因革禮一百卷　(宋)歐陽修等撰　清抄本　六冊　存八十三卷(一至五十、六十八至一百)

410000－2209－0000008　2.4/01－00009
歷代小史一百五卷　(明)李栻輯　明萬曆十二年(1584)刻本　二十九冊　存九十九卷(一至三十二、三十九至一百五)

410000－2209－0000009　1.10/01－00010
五車韻瑞一百六十卷　(明)淩稚隆輯　明萬曆金閶葉瑤池刻本　二十四冊

410000－2209－0000010　3.13/01－00011
水月齋指月錄三十二卷　(明)瞿汝稷撰　明萬曆三十年(1602)刻本　十五冊　存三十卷(一至十七、二十至三十二)

410000－2209－0000011　4.2/02－00013
空同集六十四卷　(明)李夢陽撰　明萬曆二十九年(1601)刻本　二十冊

410000－2209－0000012　4.2/03－00014
荊川文集十八卷　(明)唐順之撰　清康熙五十一年(1712)二南堂刻本　八冊

410000－2209－0000013　4.2/04－00015
蠙衣生傳草二十二卷首一卷　(明)郭子章著　明萬曆刻本　二十冊

410000－2209－0000014　4.2/05－00016
徐文長文集三十卷　(明)徐渭撰　(明)袁宏道點評　明刻本　六冊

410000－2209－0000015　4.3/02－00017
宋文鑒一百五十卷　(宋)呂祖謙輯　明嘉靖五年(1526)刻本　二十四冊　存一百十卷(一至一百十)

410000－2209－0000016　4.2/07－00019
劉文烈公全集十二卷　(明)劉理順著　清順治十七年(1660)覺于軒刻本　十三冊

410000－2209－0000017　4.2/08－00020
黃梨洲先生南雷文約四卷　(清)黃宗羲撰　(清)鄭性訂　清乾隆鄭性刻本　六冊

410000－2209－0000018　4.2/09－00021
震川先生集三十卷別集十卷　(明)歸有光撰　清康熙刻本　八冊

410000－2209－0000019　3.10/01－00022
世說新語三卷　(南朝宋)劉義慶撰　(南朝梁)劉孝標注　明嘉靖十四年(1535)袁褧嘉趣堂刻本　五冊

410000－2209－0000020　5.1/02－00023
寶顏堂秘笈　(明)陳繼儒輯　明萬曆繡水沈氏刻本　十二冊　存續集二十三種五十二卷

410000－2209－0000021　2.14/02－00024
文獻通考三百四十八卷　(元)馬端臨著　明嘉靖刻本　十四冊　存一百二十一卷(十三至二十、二十九至三十五、六十一至八十一、一百二十八至一百六十四、一百八十二至二百四、二百五十三至二百五十九、二百八十五

至二百九十三、三百二十至三百二十八）

410000－2209－0000022　2.14/03－00025
文獻通考三百四十八卷　（元）馬端臨著　明萬曆三十二年（1604）梅墅石渠閣刻本　四十九册　存一百八十九卷（七十六至二百六十四）

410000－2209－0000023　2.14/04－00026
杜氏通典二百卷　（唐）杜佑撰　明嘉靖十八年（1539）刻本　二十册　存九十六卷（一百五至二百）

410000－2209－0000024　4.2/10－00027
唐十二家詩　（明）張遜業輯　明嘉靖三十一年（1552）江都黄埻東壁圖書府刻本　一册　存一種二卷

410000－2209－0000025　5.1/03－00028
秘書廿一種　（清）汪士漢輯　清乾隆文盛堂刻本　五册　存五種四十六卷

410000－2209－0000026　2.6/02－00029
明儒學案六十二卷師説一卷　（清）黄宗羲著　清乾隆慈谿二老閣刻本　二十四册

410000－2209－0000027　2.6/03－00030
明儒學案六十二卷師説一卷　（清）黄宗羲著　清道光刻本　二十册

410000－2209－0000028　5.1/04－00031
梅氏叢書輯要　（清）梅文鼎撰　清乾隆二十六年（1761）梅瑴成承學堂刻本　二十四册

410000－2209－0000029　3.2/01－00032
劉向説苑二十卷　（漢）劉向撰　明嘉靖二十六年（1547）刻本　一册　存十卷（一至十）

410000－2209－0000030　4.2/11－00033
蠛蠓集五卷　（明）盧柟著　明萬曆三十年（1602）張其忠刻清乾隆十年（1745）補修本　五册

410000－2209－0000031　5.1/40－00034
王氏書苑十卷　（明）王世貞編　**補益十卷**　（明）詹景鳳編　**王氏畫苑十卷**　（明）王世貞編　**補益四卷**　（明）詹景鳳編　明萬曆刻本　四册　存二十九卷（書苑十卷，補益一至八、十一至十二）

410000－2209－0000032　2.1/02－00035
十七史　明崇禎至清順治間琴川毛氏汲古閣刻本　一百四册　存五種五百九卷

410000－2209－0000033　5.2/04－00036
兼濟堂纂刻梅勿菴先生曆算全書　（清）梅文鼎輯　清雍正刻咸豐九年（1859）梅體萱補刻本　八册　存四種二十卷

410000－2209－0000034　5.1/07－00037
武英殿聚珍版書　清乾隆武英殿木活字印本　二十三册　存三種四十二卷

410000－2209－0000035　1.9/01－00038
呂晚邨先生四書講義四十三卷　（清）呂留良撰　（清）陳鏦編　清康熙刻本　八册　存二十卷（一至三、十三、十八至二十九、三十七至四十）

410000－2209－0000036　4.2/13－00039
南塢集十八卷　（明）賈詠撰　明嘉靖二十一年（1542）刻本　八册

410000－2209－0000037　4.2/14－00040
弇州山人讀書後八卷　（明）王世貞撰　明崇禎刻本　三册　存七卷（一、三至八）

410000－2209－0000038　4.3/03－00041
書記洞詮一百十六卷　（明）梅鼎祚輯　明萬曆刻本　一册　存三卷（十二至十四）

410000－2209－0000039　2.10/01－00042
［乾隆］禹州志十四卷　（清）邵大業修　（清）孫廣生纂　清乾隆十二年（1747）刻本　十二册

410000－2209－0000040　2.10/02－00043
［乾隆］許州志十六卷　（清）甄汝舟修　（清）談起行纂　清乾隆十年（1745）刻本　十三册　存十四卷（一、四至十六）

410000－2209－0000041　2.10/03－00044
［乾隆］臨潁縣續志八卷　（清）劉沇修　（清）魏運嘉纂　清乾隆十二年（1747）刻本

二册

410000－2209－0000042　2.10/04－00045
[順治]臨潁縣志八卷　(清)李馥先修　(清)吳中奇纂　清順治十七年(1660)刻本　四册

410000－2209－0000043　2.14/05－00046
陳侯實政錄三卷　題(清)襄城士民編　清康熙四十一年(1702)刻本　一册

410000－2209－0000044　2.10/05－00047
[乾隆]少林寺志不分卷　(清)施奕簪修　(清)焦如蘅等纂　清乾隆十三年(1748)刻本　四册

410000－2209－0000045　1.9/02－00048
四書疏注撮言大全三十七卷　(清)胡蓉芝輯　清乾隆二十八年(1763)刻本　二十四册　存三十七卷(大學一卷、中庸二卷、論語二十卷、孟子十四卷)

410000－2209－0000046　4.2/15－00049
黃詩全集五十八卷　(宋)黃庭堅撰　清乾隆五十三年(1788)刻本　八册　存二十卷(一至二十)

410000－2209－0000047　4.3/04－00050
欽定國朝詩別裁集三十二卷　(清)沈德潛纂修　清乾隆二十六年(1761)刻本　十六册

410000－2209－0000048　4.2/16－00051
玉谿生詩詳注三卷　(唐)李商隱撰　(清)馮浩注　**年譜一卷**　(清)程夢星編　清乾隆四十五年(1780)德聚堂刻本　四册

410000－2209－0000049　4.3/05－00052
古文淵鑒六十四卷　(清)徐乾學等編注　清康熙二十四年(1685)五色套印本　三十二册

410000－2209－0000050　4.2/17－00053
趙文敏公松雪齋全集十卷外集一卷續集一卷　(元)趙孟頫撰　清康熙五十二年(1713)曹氏城書室刻本　四册

410000－2209－0000051　1.5/01－00054
禮記旁訓辯體合訂六卷　(清)徐立綱輯　清乾隆刻本　六册

410000－2209－0000052　4.3/06－00055
唐宋八家鈔八卷　(清)高嵣輯　清乾隆五十三年(1788)雙桐書屋刻本　八册

410000－2209－0000053　1.5/02－00056
欽定儀禮義疏四十八卷首二卷　(清)朱軾等撰　清尊經閣刻本　二十册　存三十三卷(一至二十四、二十七至三十三,首二卷)

410000－2209－0000054　2.15/01－00057
經義考三百卷　(清)朱彝尊撰　清乾隆四十二年(1777)刻本　十八册　存一百九卷(一至三十五、七十至七十二、七十六至一百四十六)

410000－2209－0000055　4.2/18－00058
蒼谷全集十二卷附錄一卷　(明)王尚絅撰　清乾隆二十三年(1758)密止堂刻本　六册

410000－2209－0000056　3.12/01－00059
淵鑑類函四百五十卷目錄四卷　(清)張英　(清)王士禛等纂　清康熙四十九年(1710)清吟堂刻本　一百二十三册　存三百八十八卷(一至二百十九、二百二十三至二百二十九、二百三十四至二百三十七、二百四十二至二百八十八、二百九十六至三百四十九、三百五十三至三百七十九、三百八十三至四百十二)

410000－2209－0000057　4.2/19－00060
敬恕堂文集紀年十卷紀事略一卷　(清)耿介撰　清康熙四十八年(1709)柘城竇氏刻本　四册　存五卷(一至四、紀事略一卷)

410000－2209－0000058　4.2/20－00061
范文正公集四十八卷　(宋)范仲淹撰　清康熙歲寒堂刻本　十册

410000－2209－0000059　2.17/01－00062
讀史備忘八卷　(明)鄭儒泰纂　明嘉靖刻本　一册　存二卷(五至六)

410000－2209－0000060　4.2/21－00063
唐陸宣公集二十二卷　(唐)陸贄撰　明萬曆九年(1581)光裕堂刻本　六册

410000－2209－0000061　2.1/06－00064
續弘簡錄元史類編四十二卷　(清)邵遠平撰　清康熙三十八年(1699)刻本　十六册

410000－2209－0000062　1.9/03－00065
寄願堂四書玩注詳說一百六十卷　(清)冉觀祖輯　清康熙二十八年(1689)寄願堂刻本　十册　存九卷(一至五、七至十)

410000－2209－0000063　1.1/02－00066
五經旁訓辨體合訂　(清)徐立綱輯　清乾隆五十四年(1789)刻本　十四册

410000－2209－0000064　1.3/02－00068
書經體注大全合參六卷　(清)錢希祥纂輯　清雍正三年(1725)聚魁堂刻本　六册

410000－2209－0000065　1.3/01－00067
書經體注大全合參六卷　(清)錢希祥纂輯　清雍正三年(1725)經文堂刻本　四册

410000－2209－0000066　1.3/03－00069
書經體注大全合參六卷　(清)錢希祥纂輯　清雍正三年(1725)學源堂刻本　四册

410000－2209－0000067　1.4/01－00071
欽定詩經傳説彙纂二十一卷首二卷詩序二卷　(清)王鴻緒撰　清雍正五年(1727)刻本　二十四册

410000－2209－0000068　1.5/02－00072
五禮通考二百六十二卷目録二卷首四卷　(清)秦蕙田編　清乾隆刻本　三十二册　存八十四卷(一至八十四)

410000－2209－0000069　4.2/22－00073
文清公薛先生文集二十四卷　(明)薛瑄撰　(明)張鼎校正編輯　清雍正十二年(1734)刻本　十二册

410000－2209－0000070　4.2/23－00074
黄詩全集五十八卷　(宋)黄庭堅撰　清刻本　八册　存十七卷(外集注一至十七)

410000－2209－0000071　2.2/01－00075
御撰資治通鑑綱目三編二十卷　(清)張廷玉等撰　清乾隆刻本　六册

410000－2209－0000072　2.4/02－00077
十國春秋一百十四卷補遺一卷備考一卷　(清)吴任臣撰　清乾隆五十三年(1788)刻本　十八册　存八十九卷(二十八至一百十四、補遺一卷、備考一卷)

410000－2209－0000073　4.2/24－00078
文貞公集十二卷　(清)張玉書著　清乾隆五十七年(1792)松蔭堂刻本　十二册

410000－2209－0000074　4.2/25－00079
晦庵先生朱文公文集一百卷目録二卷續集五卷别集七卷　(宋)朱熹撰　清康熙二十七年(1688)晚翠堂刻本　二十六册　存七十七卷(八至二十一、二十五至三十、五十四至七十四、七十九至一百,目録二卷,續集五卷,别集七卷)

410000－2209－0000075　2.1/09－00082
弘簡録二百五十四卷　(明)邵經邦撰　(清)邵遠平校閲　清康熙刻本　四十八册　存一百九十六卷(五十九至二百五十四)

410000－2209－0000076　4.2/26－00084
宋黄文節公文集首四卷正集三十二卷續集十卷外集二十四卷别集十九卷　(宋)黄庭堅撰　**黄青社先生伐檀集二卷**　(宋)黄庶著　清刻本　十六册　存四十二卷(外集二十四卷、别集二至十九)

410000－2209－0000077　1.5/03－00085
讀禮通考一百二十卷　(清)徐乾學撰　清康熙三十五年(1696)冠山堂刻本　三十二册

410000－2209－0000078　5.1/08－00086
劉氏二書三十卷　(明)何良俊輯　明嘉靖二十六年(1547)刻本　六册

410000－2209－0000079　4.2/27－00088
唐丞相曲江張文獻公集十二卷千秋金鑑録五卷附録一卷　(唐)張九齡撰　清雍正十二年(1734)刻本　四册

410000－2209－0000080　5.1/09－00089
薛文清公集　(明)薛瑄撰　清康熙五十二年(1713)刻本　六册　存六種二十一卷

410000－2209－0000081　5.2/03－00090
增定笠翁一家言四集四卷　(清)李漁著　清康熙三年(1664)刻本　二册

410000－2209－0000082　4.3/07－00091
古唐詩合解十六卷　(清)王堯衢注　清雍正十年(1732)竹秀山房刻本　五册　存十二卷(唐詩十二卷)

410000－2209－0000083　4.2/28－00092
夢月巖詩集二十卷　(清)呂履恒著　清雍正三年(1725)刻本　四册

410000－2209－0000084　4.3/08－00093
味蘭軒百篇賦鈔四卷　(清)張世燾　(清)彭克惠編輯　清乾隆三十八年(1773)刻本　四册

410000－2209－0000085　5.2/02－00094
王漁洋遺書　(清)王士禛撰　清刻本　二十六册　存十七種七十七卷

410000－2209－0000086　3.7/01－00095
新刻石函平砂玉尺經全書真機六卷　(元)劉秉忠述　(明)劉基解　清乾隆十二年(1747)刻本　三册　存二卷(玉尺經上、中)

410000－2209－0000087　3.14/02－00096
道德經二卷附陰符經一卷　(清)徐大椿注　清乾隆二十五年(1760)刻本　一册

410000－2209－0000088　4.2/29－00097
讀杜心解六卷首二卷　(清)浦起龍撰　清雍正二年(1724)錫上浦氏寧我齋刻本　十二册

410000－2209－0000089　2.6/04－00098
歷代名臣傳三十五卷首一卷　(清)朱軾　(清)蔡世遠訂　清雍正七年(1729)刻本　十册　存二十一卷(一至二十一)

410000－2209－0000090　4.2/30－00099
朱文公校昌黎先生文集四十卷外集十卷遺文一卷傳一卷　(唐)韓愈撰　(宋)朱熹攷異　(宋)王伯大音釋　(明)朱吾弼重編　明萬曆三十三年(1605)刻本　十六册

410000－2209－0000091　4.3/09－00100
歸餘鈔四卷　(清)高塘集評　清乾隆五十三年(1788)刻本　九册

410000－2209－0000092　4.3/10－00101
國朝詩別裁集三十二卷　(清)沈德潛纂評　清乾隆二十六年(1761)刻本　十六册

410000－2209－0000093　3.10/02－00102
世說新語補四卷　(明)何良俊撰補　(明)王世貞刪定　(明)張文柱校註　(明)淩濛初攷訂　**世說新語三卷**　(南朝宋)劉義慶撰　(南朝梁)劉峻(劉孝標)注　(明)淩濛初訂　清康熙承德堂刻本　九册

410000－2209－0000094　2.17/02－00103
十七史商榷一百卷　(清)王鳴盛撰　清乾隆五十二年(1787)洞涇艸堂刻本　二十四册

410000－2209－0000095　4.2/31－00104
寒松堂全集十二卷　(清)魏象樞著　清康熙四十七年(1708)下學堂刻本　十一册

410000－2209－0000096　5.1/10－00105
古今說海　(明)陸楫輯　明嘉靖二十三年(1544)雲間陸氏儼山書院刻本　十册　存十八種二十三卷

410000－2209－0000097　2.14/06－00106
西魏書二十四卷附錄一卷　(清)謝啟昆撰　清乾隆六十年(1795)樹經堂刻本　六册

410000－2209－0000098　4.2/32－00107
何大復先生集三十八卷　(明)何景明撰　清乾隆刻本　九册

410000－2209－0000099　4.2/33－00108
王百穀全集　(明)王穉登撰　明萬曆四十七年(1619)聚星館刻本　二册　存四種七卷

410000－2209－0000100　5.1/11－00109
八大家文鈔　(明)茅坤輯　清康熙四十二年(1703)蕓林大盛堂刻本　十册　存二種四十八卷

410000－2209－0000101　3.10/02－00110
小窗幽記十二卷　(明)陳繼儒輯　清乾隆三十五年(1770)刻本　四册

410000－2209－0000102　4.2/34－00111
斜川集六卷附録二卷　(宋)蘇過撰　清乾隆五十三年(1788)刻本　二册

410000－2209－0000103　4.2/35－00112
蘇老泉先生全集二十卷附録二卷　(宋)蘇洵著　清康熙三十七年(1698)安樂居刻本　四册

410000－2209－0000104　5.1/12－00113
秘書廿一種　(清)汪士漢輯　清刻本　四册　存四種十七卷

410000－2209－0000105　1.5/04－00114
周官精義十二卷　(清)連斗山撰　清乾隆四十一年(1776)致和堂刻本　六册

410000－2209－0000106　1.5/05－00115
周官精義十二卷　(清)連斗山編　清乾隆四十一年(1776)刻本　四册

410000－2209－0000107　4.2/36－00116
在陸草堂文集六卷　(清)儲欣著　清雍正元年(1723)淑慎堂刻本　六册

410000－2209－0000108　4.2/37－00117
鐵崖樂府註十卷咏史註八卷逸編註八卷　(明)楊維楨著　(清)樓卜瀍註　清乾隆三十九年(1774)刻本　六册

410000－2209－0000109　1.10/1－00118
字彙十二卷首一卷末一卷　(明)梅膺祚音釋　明萬曆四十三年(1615)崇文堂刻本　十三册　缺一卷(申集)

410000－2209－0000110　4.2/38－00119
杜詩集説二十卷目録一卷末一卷　(清)江浩然纂輯　清刻本　十册　缺十三卷(一至十三)

410000－2209－0000111　4.2/39－00120
三魚堂文集十二卷外集六卷　(清)陸隴其著　清康熙四十年(1701)刻本　九册

410000－2209－0000112　1.9/04－00121
日講四書解義二十六卷　(清)喇沙里　(清)陳廷敬等撰　清康熙十六年(1677)刻本　十二册

410000－2209－0000113　3.12/02－00122
廣事類賦四十卷　(清)華希閔著　清康熙三十八年(1699)劍光閣刻本　十一册

410000－2209－0000114　1.3/04－00123
書經體注大全合參六卷　(清)錢希祥纂輯　清雍正三年(1725)學源堂刻本　四册

410000－2209－0000115　4.4/01－00124
古唐詩合解十六卷　(清)王堯衢注　清雍正十年(1732)積秀堂刻本　六册

410000－2209－0000116　3.8/02－00125
漢溪書法通解八卷　(清)戈守智纂著　清乾隆霽雲閣刻本　三册　存三卷(四至五、八)

410000－2209－0000117　4.2/40－00126
真志堂詩集五卷　(清)仝軌稿　清乾隆十一年(1746)尊經閣刻本　五册

410000－2209－0000118　2.2/02－00127
御撰資治通鑑綱目三編二十卷　(清)張廷玉等撰　清乾隆十一年(1746)刻本　四册

410000－2209－0000119　2.2/03－00128
資治通鑑綱目前編二十五卷　(明)南軒撰　(明)陳仁錫評閲　清康熙四十年(1701)郁郁堂刻本　九册　存二十三卷(一至二十三)

410000－2209－0000120　2.2/04－00129
續資治通鑑綱目二十七卷　(明)商輅等撰　(明)陳仁錫評閲　明弘治十八年(1505)崇道堂刻本　十五册　存十三卷(一至二、六、八至十、十四至十六、十八、二十三、二十六至二十七)

410000－2209－0000121　2.2/05－00130
續資治通鑑綱目二十七卷　(明)商輅等撰　(明)陳仁錫評閲　清康熙六十一年(1722)四喜堂刻本　十六册　存十五卷(一至四、十、十八至二十七)

410000－2209－0000122　4.3/12－00131
文選六十卷　(南朝梁)蕭統撰　(唐)李善注　清乾隆寶華堂刻本　十六册

410000－2209－0000123　4.2/12－00133
正誼堂文集十二卷　(清)張伯行著　清乾隆三年(1738)刻本　六冊

410000－2209－0000124　5.2/03－00134
高文襄公文集　(明)高拱撰　清康熙二十五年(1686)新鄭高有聞籠春堂刊本　四冊　存五種十一卷

410000－2209－0000125　5.2/04－00135
高文襄公文集　(明)高拱著　清乾隆十六年(1751)新鄭高氏籠春堂刻本　九冊　存六種十八卷

410000－2209－0000126　4.3/13－00136
文選六十卷　(南朝梁)蕭統撰　(唐)李善注　清乾隆三十七年(1772)海錄軒朱墨套印本　十六冊

410000－2209－0000127　2.16/01－00137
兩漢金石記二十二卷　(清)翁方綱撰　清乾隆刻本　六冊

410000－2209－0000128　4.3/14－00138
文選六十卷　(南朝梁)蕭統撰　(唐)李善注　清乾隆三十七年(1772)海錄軒刻本　八冊　存三十二卷(一至三十二)

410000－2209－0000129　1.10/02－00139
隸辨八卷　(清)顧藹吉撰　清乾隆八年(1743)刻本　八冊

410000－2209－0000130　4.2/42－00140
新刊五百家注音辨昌黎先生文集四十卷　(唐)韓愈撰　清乾隆二十八年(1763)刻本　十二冊

410000－2209－0000131　1.1/03－00141
疑辯錄三卷　(明)周洪謨撰　明嘉靖十三年(1534)刻本　二冊

410000－2209－0000132　1.2/01－00142
讀易大旨五卷　(清)孫奇逢纂　(清)耿極較訂　清刻本　四冊

410000－2209－0000133　3.14/03－00143
新刻黃掌綸先生評訂神仙鑑三集二十二卷　(清)徐道述　清康熙刻本　二十冊　存二十卷(二至三、五至二十二)

410000－2209－0000134　4.2/43－00144
宋黃文節公文集首四卷正集三十二卷外集二十四卷別集十九卷　(宋)黃庭堅撰　**伐檀集二卷**　(宋)黃庶撰　清乾隆三十年(1765)刻本　十六冊　存三十六卷(首四卷、正集三十二卷)

410000－2209－0000135　2.4/03－00145
尺木堂綱鑑易知錄九十二卷　(清)吳乘權等輯　清雍正二年(1724)刻本　九冊　存二十一卷(一至二十一)

410000－2209－0000136　3.5/01－00146
長沙藥解四卷　(清)黃元御著　清乾隆十八年(1753)燮龢精舍刻本　二冊

410000－2209－0000137　1.7/02－00147
曲江書屋新訂批註左傳快讀十八卷首一卷　(清)李紹崧選訂　清乾隆五十二年(1787)令得堂刻本　九冊　存十二卷(一至四、六至八、十一至十二、十四至十五,首一卷)

410000－2209－0000138　4.2/44－00148
思綺堂文集十卷　(清)章藻功撰　清康熙六十一年(1722)刻本　五冊　存五卷(一至五)

410000－2209－0000139　4.2/45－00149
賴古堂尺牘新鈔三選結鄰集十六卷　(清)周在浚等輯　清康熙九年(1670)賴古堂刻本　十二冊

410000－2209－0000140　3.2/02－00150
顏氏家訓二卷　(北齊)顏之推著　(清)朱軾評點　清康熙五十八年(1719)刻本　二冊

410000－2209－0000141　4.2/46－00151
憑山閣增輯留青新集三十卷　(清)陳枚選　(清)陳德裕增輯　清康熙刻本　四冊　存七卷(四、九至十一、十三至十四、三十)

410000－2209－0000142　2.1/10－00153
宋書一百卷　(南朝梁)沈約撰　清乾隆刻本　十二冊　存四十卷(一至四十)

410000－2209－0000143　4.3/15－00154

鳳池集不分卷　(清)沈玉亮　(清)吳陳琰集錄　清康熙四十四年(1705)三樂齋刻本　六冊

410000－2209－0000144　4.2/47－00155

周濂溪先生全集十三卷　(宋)周敦頤撰　(清)張伯行編輯　清康熙四十七年(1708)正誼堂刻本　四冊

410000－2209－0000145　3.12/03－00156

事類賦三十卷　(宋)吳淑撰註　(明)華麟祥校刊　清劍光閣刻本　五冊　存二十五卷(一至二十五)

410000－2209－0000146　1.4/02－00157

御纂詩義折中二十卷　(清)傅恒等撰　清乾隆二十年(1755)經元堂刻本　十冊

410000－2209－0000147　4.2/48－00158

夢月巖詩集二十卷　(清)呂履恒著　清康熙三十四年(1695)刻本　六冊

410000－2209－0000148　4.2/49－00159

夢月巖詩集二十卷附詩餘　(清)呂履恒著　清雍正三年(1725)刻本　三冊　存十五卷(一至十五)

410000－2209－0000149　1.7/03－00160

左繡三十卷首一卷　(清)馮李驊　(清)陸浩評輯　清康熙五十九年(1720)經綸堂刻本　十六冊

410000－2209－0000150　4.2/50－00161

壯悔堂文集十卷遺稿一卷　(清)侯方域著　清康熙三十四年(1695)刻本　十二冊

410000－2209－0000151　2.2/06－00162

續資治通鑑綱目二十七卷　(明)商輅撰　(明)陳仁錫評閱　清康熙四十年(1701)刻本　二十二冊　存二十一卷(一、四至六、八至十一、十三至二十四、二十七)

410000－2209－0000152　1.4/03－00163

御纂詩義折中二十卷　(清)傅恒等撰　清乾隆二十年(1755)刻本　五冊

410000－2209－0000153　1.9/05－00164

松陽講義十二卷　(清)陸隴其著　清康熙二十九年(1690)刻本　六冊

410000－2209－0000154　5.1/13－00165

稗海　(明)商濬輯　(清)李孝源重訂　清刻本　五十六冊　存五十四種三百十四卷

410000－2209－0000155　4.2/51－00166

趙徵君東山先生存稿七卷附錄一卷　(元)趙汸著　清康熙二十年(1681)職思堂刻本　四冊

410000－2209－0000156　4.2/52－00167

范忠宣公文集二十卷奏議二卷遺文一卷附錄一卷補編一卷　(宋)范純仁撰　清康熙四十六年(1707)歲寒堂刻本　四冊　存二十卷(范忠宣公文集二十卷)

410000－2209－0000157　4.4/02－00168

古唐詩合解十六卷　(清)王堯衢注　清雍正十年(1732)宏道堂刻本　三冊

410000－2209－0000158　5.1/14－00169

大廣益會玉篇三十卷　(宋)陳彭年等重修　清康熙四十三年(1704)吳郡張氏刻本　六冊

410000－2209－0000159　5.1/15－00170

御纂七經　清康熙至乾隆間刻本　二十三冊

410000－2209－0000160　1.4/05－00171

欽定詩經傳說彙纂二十一卷首二卷詩序二卷　(清)王鴻緒等纂　清刻本　十三冊　存十四卷(四至五、八、十至十一、十三至二十,首下)

410000－2209－0000161　5.1/17－00174

徐氏醫書六種　(清)徐大椿撰　清乾隆半松齋刻本　十冊　存五種十四卷

410000－2209－0000162　4.2/53－00175

杜詩詳註二十五卷首一卷補注二卷　(唐)杜甫撰　(清)仇兆鰲輯注　清康熙三十二年(1693)善成堂刻本　二十七冊　存二十六卷(杜詩詳註二十五卷、補注下)

410000－2209－0000163　3.8/03－00176

汪氏墨藪不分卷　(清)汪近聖撰　清乾隆刻本　三冊

410000－2209－0000164　5.2/04－00172
渠亭山人半部稾　(清)張貞撰　清康熙刻本　四冊　存二種二卷

410000－2209－0000165　1.10/69－00173
大宋重修廣韻五卷　(宋)陳彭年等撰　清康熙四十三年(1704)蘇州張氏澤存堂小學彙函本　五冊

410000－2209－0000166　3.8/04－00177
清河書畫舫十二卷　(明)張丑撰　清乾隆二十八年(1763)池北草堂刻本　十二冊

410000－2209－0000167　3.10/03－00179
日知錄三十二卷　(清)顧炎武撰　清乾隆六十年(1795)刻本　六冊　存九卷(一至九)

410000－2209－0000168　3.8/05－00180
清河書畫舫十二卷補遺一卷　(明)張丑撰　清乾隆二十八年(1763)池北草堂刻本　六冊　存六卷(一至六)

410000－2209－0000169　3.7/02－00182
河洛理數六卷　(宋)陳摶著　(宋)邵雍述　明崇禎五年(1632)三讓堂刻本　六冊

410000－2209－0000170　5.1/73－00183
武英殿聚珍版書　清乾隆浙江刻本　六十一冊　存二十七種一百六十四卷

410000－2209－0000171　1.10/03－00184
韻府約編二十四卷　(清)鄧愷輯　清乾隆二十四年(1759)聚學堂刻本　二十四冊

410000－2209－0000172　4.2/55－00185
板橋集六卷　(清)鄭燮撰　清文富堂刻本　四冊

410000－2209－0000173　5.1/18－00178
[重訂七種古文選]　(清)儲欣評選　清乾隆四十九年(1784)刻本　六冊　存四種八卷

410000－2209－0000174　5.1/19－00181
[易維]八種　(漢)鄭玄注　清乾隆三十八年(1773)抄本　三冊

410000－2209－0000175　4.2/56－00186
二林居集五卷　(清)彭紹升著　清抄本　五冊

410000－2209－0000176　4.2/57－00187
管緘若時文全集不分卷　(清)管世銘著　清乾隆刻本　四冊

410000－2209－0000177　4.2/58－00002
詩持四集□□卷　(清)魏憲評選　清康熙十九年(1680)枕江堂刻本　四冊　存八卷(一至八)

410000－2209－0000178　3.13/02－00188
佛爾雅八卷　(清)周春撰　清乾隆五十六年(1791)刻本　二冊

410000－2209－0000179　1.7/04－00189
全本春秋遵解三十卷　(清)胡必豪　(清)胡紹曾輯　**春秋讀本三十卷綱領一卷題要一卷列國圖說一卷諸國興廢說一卷**　清乾隆六十年(1795)慎詒堂刻本　九冊　存五十四卷(春秋遵解一至十一、十五至三十,春秋讀本一至十一、十五至三十)

410000－2209－0000180　4.4/03－00190
父師善誘法二卷讀書作文譜十二卷　(清)唐彪輯著　清康熙四十七年(1708)刻本　一冊　存十二卷(父師善誘法二卷、讀書作文譜一至十)

410000－2209－0000181　2.9/01/00191
水經註釋四十卷附錄二卷水經注箋刊誤十二卷　(清)赵一清錄　清刻本　十五冊　存三十一卷(一、十五至四十,附錄二卷,刊誤一至二)

410000－2209－0000182　4.3/16－00192
庚辰集五卷唐人試律說一卷　(清)紀昀編　清乾隆文盛堂刻本　五冊　存五卷(庚辰集一至二、四至五,唐人試律說一卷)

410000－2209－0000183　4.3/17－00193
文章正宗復刻三十卷目錄一卷　(宋)真德秀撰　清乾隆三十三年(1768)刻本　十六冊　存二十九卷(一至二十八、目錄一卷)

410000－2209－0000184　4.2/59－00194
陳文恭公手札節要三卷　(清)陳弘謀撰　清刻本　一冊

410000－2209－0000185　3.11/01－00195
山海經廣注十八卷讀山海經語一卷山海經雜述一卷圖五卷　(清)吳任臣注　清康熙三十五年(1696)刻本　五冊　存十二卷(一至十二)

410000－2209－0000186　1.1/25－00513
璜川吳氏經學叢書　(清)吳志忠等輯　清嘉慶二十五年(1820)璜川吳氏真意堂刻本　十三冊　存七種二十六卷

410000－2209－0000187　3.11/03－00197
東周列國全志二十三卷一百八回　(清)蔡界評點　清乾隆十七年(1752)刻本(有圖)　一冊　存一卷(一)

410000－2209－0000188　3.10/04－00198
居易錄三十四卷　(清)王士禛著　清刻本　八冊

410000－2209－0000189　2.2/07－00199
東華錄三十二卷(天命朝至雍正朝)　(清)蔣良騏撰　清乾隆三十年(1765)刻本　四冊　存十六卷(一至十六)

410000－2209－0000190　2.2/08－00200
東華錄三十二卷(天命朝至雍正朝)　(清)蔣良騏撰　清刻本　六冊　存十六卷(七至九、十三至十五、十九至二十八)

410000－2209－0000191　4.2/60－00201
李義山詩集三卷　(唐)李商隱撰　(清)朱鶴齡箋注　(清)沈厚塽輯評　清三色套印本　二冊　存二卷(上、中)

410000－2209－0000192　5.1/20－00202
仿宋相臺五經附考證　(宋)岳珂輯　清光緒十年(1884)柚香閣刻本　三十六冊

410000－2209－0000193　5.1/21－00203
重刊宋本十三經注疏　(清)阮元撰校勘記　(清)盧宣旬摘錄　清嘉慶二十年(1815)南昌府學刊本　六十三冊　存九種三百十四卷

410000－2209－0000194　1.9/06－00204
四書大全四十二卷　(明)胡廣等撰　(清)汪份輯　清康熙四十二年(1703)遄喜齋刻本　十五冊　存二十二卷(大學章句大全三卷、大學或問一卷、中庸章句大全三卷、中庸或問一卷、孟子集注大全一至十四)

410000－2209－0000195　4.2/61－00205
湯子遺書十卷附錄一卷　(清)湯斌撰　清乾隆六年(1741)樹德堂刻本　十二冊

410000－2209－0000196　1.7/05－00206
高梅亭讀書叢鈔　(清)高嵣輯評　清乾隆五十三年(1788)雙桐書屋刻本　十冊　存三種八卷

410000－2209－0000197　1.9/07－00207
四書摭餘說六卷　(清)曹之升撰　清嘉慶三年(1798)蕭山曹氏家塾刻本　六冊

410000－2209－0000198　1.4/06－00208
奎壁詩經八卷　(宋)朱熹集傳　清光緒七年(1881)善成堂刻本　四冊

410000－2209－0000199　1.2/02－00209
易酌十四卷周易雜卦圖一卷　(清)刁包學　清道光五年(1825)祁陽學署刻本　十四冊

410000－2209－0000200　1.1/05－00210
茶香室經說十六卷　(清)俞樾撰　清光緒十四年(1888)刻本　四冊　存十卷(一至二、九至十六)

410000－2209－0000201　1.7/06－00211
評點春秋綱目左傳句解彙雋六卷　(清)韓菼重訂　清咸豐八年(1858)聚秀堂刻本　六冊

410000－2209－0000202　1.7/07－00212
太史張天如詳節春秋綱目左傳句解六卷　(清)韓菼重訂　清光緒四年(1878)有益堂刻本　六冊

410000－2209－0000203　1.5/06－00213
禮記心典傳本三卷　(清)胡瑤光輯　清刻本　四冊

410000－2209－0000204　5.1/22－00214
五經精義　(清)黄淦纂　清嘉慶十年(1805)刻本　九册　存五種二十六卷

410000－2209－0000205　1.9/08－00215
孟子讀法附記十四卷　(清)周人麒輯　清嘉慶二十年(1815)古檜啟心堂刻本　七册

410000－2209－0000206　1.1/06－00216
有竹石軒經句説二十二卷　(清)吴英學　清嘉慶二十三年(1818)有竹石軒刻本　十八册

410000－2209－0000207　1.4/07－00217
御案詩經備旨八卷　(清)鄒聖脈纂輯　清乾隆二十八年(1763)善成堂刻本　六册

410000－2209－0000208　1.7/08－00218
評點春秋綱目左傳句解彙雋六卷　(清)韓菼重訂　清令德堂刻本　六册

410000－2209－0000209　1.7/09－00219
評點春秋綱目左傳句解彙雋六卷　(清)韓菼重訂　清令德堂刻本　六册

410000－2209－0000210　1.9/09－00220
四書人名考二十卷　(清)胡之煜校　清嘉慶六年(1801)刻本　十册

410000－2209－0000211　1.5/07－00221
周官精義十二卷　(清)連斗山編　清嘉慶二十三年(1818)三益堂刻本　四册

410000－2209－0000212　1.2/03－00222
周易四卷篇義一卷卦歌一卷圖説一卷　(宋)朱熹本義　清慎詒堂刻本　四册

410000－2209－0000213　4.2/86－01009
倭文端公遺書八卷首二卷末一卷　(清)倭仁撰　清光緒元年(1875)六安求我齋刻本　四册

410000－2209－0000214　1.10/04－00223
爾雅三卷　(晉)郭璞注　(唐)陸德明音釋　清同治十三年(1874)湖南書局刻本　三册

410000－2209－0000215　1.2/04－00224
易漢學八卷　(清)慧棟學　清刻本　一册　存三卷(一至三)

410000－2209－0000216　1.7/10－00225
春秋左傳五十卷　(晉)杜預　(宋)林堯叟註釋　(唐)陸德明音義　(明)孫鑛等評點　清光緒二十三年(1897)文瑞樓刻本　十五册　存四十七卷(一至三十八、四十二至五十)

410000－2209－0000217　1.5/08－00226
周官精義十二卷　(清)連斗山編　清嘉慶七年(1802)學源堂刻本　六册

410000－2209－0000218　1.2/05－00227
周禮疑義舉要七卷　(清)江永修注　清乾隆五十六年(1791)刻本　一册　存四卷(一至四)

410000－2209－0000219　1.7/11－00228
春秋體注大全合參四卷　(清)周熾纂輯　(清)范翔鑒定　清康熙五十年(1711)刻本　一册

410000－2209－0000220　1.2/06－00229
周易函書約存十八卷約注十八卷别集十六卷　(清)胡煦述　**卜法詳考四卷**　(清)胡煦輯　清雍正二年(1724)葆璞堂刻本　八册　存十九卷(周易函書約存一至三、周易函書别集篝燈約旨一至十、别集孔朱辯異一至三、别集易學須知一至三)

410000－2209－0000221　1.1/07－00230
鄉黨圖考十卷　(清)江永著　清乾隆二十一年(1756)文□堂刻本　四册

410000－2209－0000222　1.2/07－00231
易漢學八卷　(清)慧棟學　清清來堂刻本　一册

410000－2209－0000223　1.10/05－00232
五方元音二卷　(清)樊騰鳳撰　(清)年希堯增補　清雍正五年(1727)善成堂刻本　一册　存一卷(上)

410000－2209－0000224　1.4/08－00233
詩經體註大全合參八卷　(清)高朝瓔定　(清)沈世楷輯　清光緒十七年(1891)經文堂刻本　四册

410000－2209－0000225　1.2/08－00234

焦氏易林四卷　（漢）焦贛撰　清光緒元年(1875)湖北崇文書局刻子書百家本　二冊　存二卷(一、三)

410000－2209－0000226　1.10/06－00235

六書通十卷　（明）閔齊伋撰　（清）畢宏述篆訂　清乾隆六十年(1795)刻本　六冊

410000－2209－0000227　1.7/12－00236

春秋左傳音訓不分卷　（清）楊國楨撰　清道光十年(1830)刻本　八冊

410000－2209－0000228　1.7/13－00237

春秋左傳音訓不分卷　（清）楊國楨撰　清道光十年(1830)刻本　四冊

410000－2209－0000229　1.4/09－00238

詩經八卷　（宋）朱熹集傳　清慎詒堂刻本　四冊

410000－2209－0000230　1.10/07－00239

小學六卷附文公朱夫子年譜一卷　（清）高愈纂注　清刻本　一冊　存三卷(五至六、年譜一卷)

410000－2209－0000231　1.9/10－00240

新訂四書補注備旨十卷　（明）鄧林著　（清）杜定基增訂　清乾隆四十四年(1779)寶興堂刻本　三冊　存四卷(大學一,中庸一,上孟二、下孟四)

410000－2209－0000232　5.1/23－00241

五經旁訓　（清）徐立綱撰　清嘉慶八年(1803)至道光間吴郡張氏匠門書屋刻本　九冊　存四種十七卷

410000－2209－0000233　1.3/05－00242

奎壁書經六卷　（宋）蔡沈集傳　清光緒十九年(1893)莆陽鄭氏金陵奎壁齋刻本　四冊

410000－2209－0000234　1.4/10－00243

重訂詩經衍義合參集注八卷　（明）江環輯著　清嘉慶二十一年(1816)崇文堂刻本　四冊

410000－2209－0000235　1.3/06－00244

書經六卷　（宋）蔡沈集傳　清刻本　六冊　存五卷(二至六)

410000－2209－0000236　1.9/11－00245

四書貫解十九卷　（清）朱良玉纂輯　清光緒十七年(1891)學庫山房刻本　六冊

410000－2209－0000237　1.9/12－00246

四書貫解十九卷　（清）朱良玉纂輯　清刻本　一冊　存二卷(孟子四至五)

410000－2209－0000238　1.9/13－00247

四書貫解十九卷　（清）朱良玉纂輯　清刻本　二冊　存五卷(孟子一至三、六至七)

410000－2209－0000239　1.19/14－00248

四書貫解十九卷　（清）朱良玉纂輯　清刻本　一冊　存二卷(孟子四至五)

410000－2209－0000240　4.3/75－01010

古文苑二十一卷　（宋）章樵注　清光緒十二年(1886)江蘇書局刻本　三冊　存十七卷(一至十、十五至二十一)

410000－2209－0000241　1.19/15－00249

四書貫解十九卷　（清）朱良玉纂輯　清三讓堂刻本　一冊　存二卷(大學一卷、中庸一卷)

410000－2209－0000242　1.2/09－00250

易經大全會解四卷　（清）來爾繩纂輯　清刻本　二冊　存三卷(二至四)

410000－2209－0000243　1.9/16－00251

四書貫解十九卷　（清）朱良玉纂輯　清經元堂刻本　四冊　存十二卷(大學一卷,中庸一卷,論語一至五,孟子一至三、六至七)

410000－2209－0000244　1.9/17－00252

四書諸儒輯要四十卷　（清）李沛霖參訂　清康熙五十七年(1718)三樂齋刻本　九冊　存十三卷(大學一至三、中庸一至三、論語十八至二十、孟子十一至十四)

410000－2209－0000245　1.10/08－00253

古今韻略五卷　（清）邵長蘅纂　（清）宋犖閱定　清康熙三十五年(1696)刻本　三冊

410000－2209－0000246　1.9/18－00254

書經體注大全合參六卷 (清)錢希祥纂輯 清光緒十年(1884)善成堂刻本 四册

410000－2209－0000247 1.5/09－00255
禮記大全傳本三卷 (清)胡瑤光輯 清刻本 一册 存一卷(一)

410000－2209－0000248 1.5/10－00256
禮記十卷 (元)陳澔集説 清三樂齋刻本 一册 存一卷(一)

410000－2209－0000249 1.5/11－00257
全本禮記體注十卷 (清)徐瑄撰 清刻本 一册 存一卷(十)

410000－2209－0000250 1.9/19－00258
增訂二論詳解四卷 (清)劉忠輯 清刻本 一册 存二卷(三至四)

410000－2209－0000251 1.9/20－00259
增訂二論詳解四卷 (清)劉忠輯 清光緒二十八年(1902)經元書局刻本 一册 存一卷(一)

410000－2209－0000252 1.2/10－00260
易傳十七卷 (唐)李鼎祚集解 **經典釋文周易音義一卷** (唐)陸德明撰 清雅雨堂刻本 二册 存八卷(十一至十七、經典釋文周易音義一卷)

410000－2209－0000253 1.9/21－00261
孟子七卷 (宋)朱熹集注 清刻本 一册 存三卷(一至三)

410000－2209－0000254 1.9/22－00262
論語十卷 (宋)朱熹集注 清刻本 一册 存五卷(六至十)

410000－2209－0000255 1.3/07－00263
書經六卷 (宋)蔡沈集傳 清刻本 六册

410000－2209－0000256 1.4/11－00264
新鐫江晋雲先生詩經衍義八卷 (明)江環輯著 **詩經八卷** (宋)朱熹集注 清嘉慶四年(1799)江南省狀元境内三多齋汪氏刻本 二册 存四卷(詩經一至四)

410000－2209－0000257 1.4/12－00265
詩經喈鳳詳解八卷圖說一卷 (清)陳抒孝輯著 清雍正十一年(1733)大文堂刻本 一册 存三卷(一至二、圖說一卷)

410000－2209－0000258 1.4/13－00266
詩經八卷 (宋)朱熹集傳 清許昌文成堂刻本 一册 存二卷(一至二)

410000－2209－0000259 1.10/09－00267
爾雅會編音注□字辯考二卷 (清)顧澍纂 清嘉慶十三年(1808)刻本 一册

410000－2209－0000260 1.4/14－00268
詩經融注大全體要八卷 (清)高朝瓔定 (清)沈世楷輯 清周口文富堂刻本 一册 存二卷(一至二)

410000－2209－0000261 1.4/15－00269
詩經體注大全合參八卷 (清)高朝瓔定 清乾隆三十六年(1771)懷德堂刻本 一册 存二卷(一至二)

410000－2209－0000262 1.4/16－00270
詩經體注大全合參八卷 (清)高朝瓔定 清刻本 二册 存四卷(五至八)

410000－2209－0000263 1.4/17－00271
詩經體注大全合參八卷 (清)高朝瓔定 清刻本 一册 存二卷(一至二)

410000－2209－0000264 1.5/12－00272
全本禮記體注大全合參十卷 (清)范翔原定 (清)徐瑄補輯 清乾隆三十一年(1766)致和堂刻本 二册 存二卷(一至二)

410000－2209－0000265 1.5/13－00273
淑芳軒合纂禮記體注四卷 (清)范翔參訂 清乾隆五十五年(1790)刻本 一册 存一卷(一)

410000－2209－0000266 1.7/14－00274
左繡三十卷首一卷 (清)馮李驊 (清)陸浩評輯 清道光五年(1825)華川書屋刻本 四册 存九卷(一至二、六至八、十二至十五)

410000－2209－0000267 5.1/24－00275
十三經讀本 清同治金陵書局刻本 十一册

存三種三十卷

410000－2209－0000268　1.9/23－00276
四書朱子本義匯參四十三卷首四卷　(清)王步清撰　清乾隆十年(1745)敦復堂刻本　二冊　存三卷(大學章句本義匯參一至三)

410000－2209－0000269　1.2/11－00277
周易傳義大全二十四卷　(明)胡廣等輯　清刻本　十冊　存十五卷(二至三、七至十三、十五至十八、二十一至二十二)

410000－2209－0000270　5.1/35－00278
雅雨堂藏書十二種附一種　(清)盧見曾輯　清乾隆二十一年(1756)德州盧氏刻本　十三冊　存十種九十五卷

410000－2209－0000271　1.7/16－00279
左繡三十卷首一卷　(清)馮李驊　(清)陸浩評輯　清道光二年(1822)敬書堂刻本　十冊　存十九卷(一、四至九、十四至十五、二十一至三十)

410000－2209－0000272　1.7/17－00280
如西所刻諸名家評點春秋綱目左傳句解彙雋六卷　(清)韓菼重訂　清光緒三十年(1904)崇實書局刻本　二冊　存二卷(一至二)

410000－2209－0000273　1.3/08－00281
新刻書經備旨輯要善本六卷　(清)馬大猷輯　(清)汪右衡鑒定　清光緒二十二年(1896)書業德刻本　五冊

410000－2209－0000274　1.3/09－00282
新刻書經備旨輯要善本六卷　(清)馬大猷輯　(清)汪右衡鑒定　清刻本　二冊　存三卷(二至四)

410000－2209－0000275　1.4/18－00283
詩經體注大全八卷　(清)高朝瓔定　(清)沈世楷輯　清刻本　二冊　存三卷(三至五)

410000－2209－0000276　1.3/10－00284
書經六卷首一卷末一卷　(宋)蔡沈集傳　清刻本　一冊　存三卷(五至六、末一卷)

410000－2209－0000277　1.4/19－00285
詩經八卷　(宋)朱熹集傳　清慎詒堂李氏刻本　二冊　存四卷(一至四)

410000－2209－0000278　1.10/10－00286
字彙十二卷首一卷末一卷韻法直圖一卷韻法橫圖一卷　(明)梅膺祚音釋　清刻本　四冊　存九卷(辰集、巳集、申集、酉集、戌集、亥集,末一卷,韻法直圖一卷,韻法橫圖一卷)

410000－2209－0000279　5.1/23－00287
皇清經解一千四百卷首一卷一百八十三種　(清)阮元輯　清道光九年(1829)廣東學海堂刻本　三百一冊　存一百四十三種一千一百二十九卷

410000－2209－0000280　5.1/24－00288
皇清經解一千四百八卷首一卷一百九十種　(清)阮元輯　清道光九年(1829)廣東學海堂刻咸豐十一年(1861)補刻本　二百七十一冊　存一百七十九種一千二百三十二卷

410000－2209－0000281　1.7/18－00289
春秋屬辭辨例編六十卷首二卷　(清)張應昌學　清同治九年(1870)江蘇書局刻本　三十二冊

410000－2209－0000282　1.10/11－00290
小學考五十卷　(清)謝啟昆錄　清嘉慶二十一年(1816)樹經堂刻本　十二冊

410000－2209－0000283　1.4/20－00291
詩經融注大全體要八卷　(清)高朝瓔定　(清)沈世楷輯　清文成堂刻本　四冊

410000－2209－0000284　1.10/12－00292
說文解字斠詮十四卷　(清)錢坫學　清刻本　二十五冊　存十三卷(二至十四)

410000－2209－0000285　1.10/13－00293
說文解字義證五十卷　(清)桂馥學　清刻本　二十四冊　存三十八卷(一至五、七至八、十一至十六、十九至二十二、二十五至二十六、二十九至三十二、三十四至四十三、四十六至五十)

410000－2209－0000286　1.7/19－00294

左傳翼三十八卷 (清)周大璋輯評 清刻本 六冊 存十三卷(五至十、十七至十九、二十六至二十七、三十六至三十七)

410000－2209－0000287 3.14/01－00012
南華真經旁注五卷 (明)方虛名輯注 (明)孫平仲音注 明萬曆二十二年(1594)刻本 五冊

410000－2209－0000288 1.1/09－00295
羣經補義五卷 (清)江永著 清璜川吴氏刻本 二冊

410000－2209－0000289 1.5/15－00296
淑芳軒合纂禮記體注四卷 (清)范翔参訂 清道光三十年(1850)萬元堂刻本 四冊

410000－2209－0000290 1.10/14－00297
小學集解六卷 (清)張伯行輯注 清咸豐元年(1851)刻本 二冊 存四卷(一至四)

410000－2209－0000291 1.10/15－00298
翰苑初編字學匯海四卷 (清)龍光甸輯 清光緒十二年(1886)京都琉璃廠秀文齋刻本 四冊

410000－2209－0000292 1.10/16－00299
藝文備覽一百二十卷補詳字義十四篇 (清)沙木集注 清嘉慶十一年(1806)刻本 二冊 存藝文備覽序、跋、題、自序、凡例、補詳字義標目

410000－2209－0000293 1.9/24－00300
新訂四書補注備旨十卷 (明)鄧林著 (清)杜定基增訂 清乾隆四十四年(1779)金谿集古閣刻本 二冊 存四卷(大學一卷、中庸一卷、上孟一至二)

410000－2209－0000294 1.9/25－00301
新訂四書補注備旨十卷 (明)鄧林著 (清)杜定基增訂 清刻本 三冊 存三卷(下論三至四、下孟三)

410000－2209－0000295 1.9/26－00302
新訂四書補注備旨十卷 (明)鄧林著 (清)杜定基增訂 清刻本 二冊 存二卷(下孟三至四)

410000－2209－0000296 1.9/27－00303
新訂四書補注備旨十卷 (明)鄧林著 (清)杜定基增訂 清刻本 一冊 存二卷(下論三至四)

410000－2209－0000297 1.9/28－00304
新訂四書補注備旨十卷 (明)鄧林著 (清)杜定基增訂 清刻本 一冊 存二卷(下論三至四)

410000－2209－0000298 1.9/29－00305
新訂四書補注備旨十卷 (明)鄧林著 (清)杜定基增訂 清刻本 一冊 存二卷(下論三至四)

410000－2209－0000299 1.9/30－00306
新訂四書補注備旨十卷 (明)鄧林著 (清)杜定基增訂 清刻本 二冊 存三卷(大學一卷、中庸一卷、下孟三)

410000－2209－0000300 1.9/31－00307
新訂四書補注備旨十卷 (明)鄧林著 (清)杜定基增訂 清同志堂刻本 一冊 存二卷(下論三至四)

410000－2209－0000301 1.9/32－00308
新訂四書補注備旨十卷 (明)鄧林著 (清)杜定基增訂 清刻本 二冊 存三卷(上孟一至二、下孟三)

410000－2209－0000302 1.9/33－00309
新訂四書補注備旨十卷 (明)鄧林著 (清)杜定基增訂 清崇文堂刻本 二冊 存四卷(上論一至二、下論三至四)

410000－2209－0000303 1.3/11－00310
書經體注大全合參六卷 (清)錢希祥纂輯 清崇文堂刻本 三冊 存五卷(二至六)

410000－2209－0000304 1.3/12－00311
書經體注大全合參六卷 (清)錢希祥纂輯 清刻本 二冊 存四卷(二至三、五至六)

410000－2209－0000305 1.3/13－00312
書經體注大全合參六卷 (清)錢希祥纂輯

清刻本　一冊　存一卷(一)

410000－2209－0000306　1.3/14－00313
書經體注大全合參六卷　(清)錢希祥纂輯　清刻本　一冊　存一卷(四)

410000－2209－0000307　1.3/15－00314
書經體注大全合參六卷　(清)錢希祥纂輯　清刻本　一冊　存二卷(五至六)

410000－2209－0000308　1.3/16－00315
書經體注大全合參六卷　(清)錢希祥纂輯　清刻本　一冊　存二卷(五至六)

410000－2209－0000309　1.13/17－00316
書經體注大全合參六卷　(清)錢希祥纂輯　清刻本　一冊　存二卷(五至六)

410000－2209－0000310　1.9/34－00317
四書味根錄三十七卷首二卷　(清)金澂輯　清刻本　三冊　存七卷(中庸一至二,孟子四至六、十一至十二)

410000－2209－0000311　1.3/18－00318
新刻書經備旨輯要善本六卷　(清)馬大猷輯　(清)汪右衡鑒定　清刻本　二冊　存二卷(五至六)

410000－2209－0000312　1.9/35－00319
四書貫解十九卷　(清)朱良玉纂輯　清三多齋刻本　一冊　存三卷(孟子一至三)

410000－2209－0000313　4.2/87－01011
邱邦士文集十八卷　(清)邱維屏著　清道光十七年(1837)金精山麓刻本　六冊

410000－2209－0000314　1.9/36－00320
四書貫解十九卷　(清)朱良玉纂輯　清乾隆四十一年(1776)尚德堂刻本　三冊　存七卷(大學一卷、中庸一卷、孟子一至五)

410000－2209－0000315　1.9/37－00321
四書貫解十九卷　(清)朱良玉纂輯　清乾隆四十一年(1776)經元堂刻本　四冊　存十二卷(大學一卷,中庸一卷,論語一至五,孟子一至三、六至七)

410000－2209－0000316　1.9/38－00322
四書貫解十九卷　(清)朱良玉纂輯　清刻本　四冊　存十四卷(孟子四至七、論語一至十)

410000－2209－0000317　1.9/39－00323
四書疏注撮言大全三十七卷　(清)胡蓉芝輯　清刻本　九冊　存十五卷(論語八至九、十一至二十,孟子七、十一至十二)

410000－2209－0000318　1.9/40－00324
四書疏注撮言大全三十七卷　(清)胡蓉芝輯　清刻本　二冊　存五卷(論語十一至十二、十七至十九)

410000－2209－0000319　1.9/41－00325
日講四書解義二十六卷　(清)喇沙里　(清)陳廷敬等撰　清康熙十六年(1677)刻本　一冊　存二卷(六至七)

410000－2209－0000320　1.7/20－00326
太史張天如詳節春秋綱目左傳句解彙雋六卷　(清)韓菼重訂　清刻本　三冊　存三卷(二至四)

410000－2209－0000321　1.9/42－00327
四書貫解十九卷　(清)朱良玉纂輯　清三多齋刻本　五冊　存十七卷(大學一卷、中庸一卷、論語十卷、孟子一至五)

410000－2209－0000322　1.9/43－00328
新訂四書補注備旨十卷　(明)鄧林著　(清)杜定基增訂　清刻本　三冊　存五卷(上論一至二、下論三至四,下孟四)

410000－2209－0000323　1.5/16－00329
淑芳軒合纂禮記體注四卷　(清)范翔參訂　清刻本　二冊　存二卷(二至三)

410000－2209－0000324　1.10/17－00330
小學集注六卷　(明)陳選集注　清刻本　一冊　存二卷(四至五)

410000－2209－0000325　1.4/21－00331
御案詩經備旨八卷　(清)鄒聖脈纂輯　清刻本　一冊　存二卷(一至二)

410000－2209－0000326　1.4/22－00332

永安堂增補詩經衍義體注大全合參八卷 (清)沈李龍增補 清刻本 一冊 存三卷(六至八)

410000－2209－0000327 1.4/23－00333
詩經體注大全合參八卷 (清)高朝瓔定 清刻本 一冊 存三卷(六至八)

410000－2209－0000328 1.4/24－00334
詩經體注大全合參八卷 (清)高朝瓔定 清刻本 一冊 存一卷(五)

410000－2209－0000329 1.4/25－00335
詩經八卷 (宋)朱熹集傳 清慎詒堂刻本 一冊 存一卷(五)

410000－2209－0000330 1.4/26－00336
詩經融注大全體要八卷 (清)高朝瓔定 (清)沈世楷輯 清刻本 一冊 存二卷(詩經一至二)

410000－2209－0000331 1.4/27－00337
詩經體注大全八卷 (清)高朝瓔定 (清)沈世楷輯 清刻本 一冊 存二卷(三至四)

410000－2209－0000332 1.7/21－00338
左繡三十卷首一卷 (清)馮李驊 (清)陸浩評輯 清刻本 三冊 存六卷(十六至十七、二十六至二十九)

410000－2209－0000333 1.5/17－00339
全本禮記體注十卷 (清)徐瑄撰 清刻本 三冊 存三卷(三至五)

410000－2209－0000334 1.10/18－00340
小學集注六卷孝經集注一卷 (明)陳選集注 **忠經集注一卷** (漢)鄭玄集注 清宣統元年(1909)仁記書局刻本 一冊 存二卷(孝經集注一卷、忠經集注一卷)

410000－2209－0000335 4.6/33－01660
第一才子書六十卷一百二十回 (明)羅本撰 (清)毛宗崗評 清石印本(有圖) 二冊 存十一卷(二十八至三十八)

410000－2209－0000336 1.5/18－00341
周禮註疏刪翼三十卷 (明)葉培恕定 (明)王志長輯 清刻本 四冊 存五卷(十至十二、十六、二十六)

410000－2209－0000337 1.2/12－00342
易經大全會解四卷 (清)來爾繩纂輯 清刻本 二冊 存二卷(一至二)

410000－2209－0000338 1.2/13－00343
易經大全會解四卷 (清)來爾繩纂輯 清刻本 一冊 存一卷(二)

410000－2209－0000339 5.1/25－00344
易經增訂旁訓三卷 (清)徐立綱撰 清吳郡張氏匠門書屋刻五經旁訓讀本本 一冊

410000－2209－0000340 1.2/14－00345
新鐫增注周易備旨一見能解六卷 (清)黄淳耀撰 (清)嚴而寬增補 清刻本 二冊 存二卷(二、四)

410000－2209－0000341 4.2/88－01012
石笥山房十集 (清)胡天游著 清嘉慶三年(1798)刻本 四冊

410000－2209－0000342 1.4/28－00346
欽定詩經傳説彙纂二十一卷首二卷詩序二卷 (清)王鴻緒等纂 清刻御纂七經本 八冊 存十卷(二、十至十四、十七至二十)

410000－2209－0000343 1.7/22－00347
欽定春秋傳説彙纂三十八卷首二卷 (清)王掞等撰 清刻御纂七經本 八冊 存十七卷(十八、二十一至二十四、二十七至三十八)

410000－2209－0000344 1.7/01－00076
曲江書屋新訂批註左傳快讀十八卷首一卷 (清)李紹崧選訂 清乾隆五十二年(1787)刻本 十六冊

410000－2209－0000345 1.7/23－00348
曲江書屋新訂批註左傳快讀十八卷首一卷 (清)李紹崧選訂 清乾隆五十二年(1787)令得堂刻本 一冊 存四卷(一至三、首一卷)

410000－2209－0000346 1.7/24－00349
春秋疑義二卷 (清)華學泉撰 清嘉慶十七年(1812)璜川吳氏真意堂刻本 一冊

410000－2209－0000347　1.5/19－00350

周官新義十六卷附考工記解二卷　（宋）王安石撰　清刻本　一册　存五卷（十四至十六、附考工記解二卷）

410000－2209－0000348　1.7/25－00351

太史張天如詳節春秋綱目左傳句解彙雋六卷　（清）韓菼重訂　清刻本　四册　存四卷（二至三、五至六）

410000－2209－0000349　1.9/44－00352

四書疏注撮言大全三十七卷　（清）胡蓉芝輯　清三讓堂刻本　十二册　存十四卷（孟子一至十四）

410000－2209－0000350　1.9/45－00353

四書大全四十二卷　（明）胡廣等撰　（清）汪份輯　清康熙四十二年（1703）致和堂刻本　二十册　存二十五卷（大學章句大全一卷、大學或問一卷，中庸章句大全一下、中庸或問一卷，論語集注大全二至八、十一至十四、十八至二十，孟子集注大全一、三至四、七、九至十一）

410000－2209－0000351　1.7/26－00354

春秋旁訓辨體合訂四卷　（清）徐立綱輯　清循陔堂刻本　一册

410000－2209－0000352　1.8/01－00355

孝經易知一卷　（清）耿介輯注　清同治十一年（1872）槐陰書屋刻本　一册

410000－2209－0000353　1.9/46－00356

四書朱子本義匯參四十三卷首四卷　（清）王步清撰　清敦復堂刻本　一册　存二卷（論語集注本義匯參十七至十八）

410000－2209－0000354　1.9/47－00357

四書大全四十二卷　（明）胡廣等撰　（清）汪份輯　清刻本　四册　存十五卷（大學或問一卷，中庸或問一卷，論語集注大全七至十三、十五至二十）

410000－2209－0000355　1.9/48－00358

新訂四書補注備旨十卷　（明）鄧林著　（清）杜定基增訂　清刻本　一册　存二卷（上論一至二）

410000－2209－0000356　1.9/49－00359

四書章句集注十九卷　（宋）朱熹撰　清光緒三十二年（1906）天津文美齋刻本　三册　存七卷（大學一卷，中庸一卷，孟子一至三、六至七）

410000－2209－0000357　1.5/21－00361

全本禮記體注十卷　（清）徐瑄撰　清刻本　三册　存三卷（二、四、九）

410000－2209－0000358　1.5/20－00360

全本禮記體注十卷　（清）徐瑄撰　清刻本　三册

410000－2209－0000359　1.7/27－00362

左繡三十卷首一卷　（清）馮李驊　（清）陸浩評輯　清刻本　一册　存一卷（二）

410000－2209－0000360　1.7/28－00363

春秋左傳五十卷　（晉）杜預　（宋）林堯叟註釋　（唐）陸德明音義　（明）孫鑛等評點　清刻本　四册　存十三卷（七至十、三十四至三十六、四十五至五十）

410000－2209－0000361　1.7/29－00364

春秋左傳五十卷　（晉）杜預　（宋）林堯叟註釋　（唐）陸德明音義　（明）孫鑛等評點　清刻本　三册　存九卷（二十一至二十三、三十五至三十七、四十一至四十三）

410000－2209－0000362　1.7/30－00365

春秋左傳五十卷　（晉）杜預　（宋）林堯叟註釋　（唐）陸德明音義　（明）孫鑛等評點　清刻本　四册　存十卷（一至十）

410000－2209－0000363　1.7/31－00366

春秋左傳五十卷　（晉）杜預　（宋）林堯叟註釋　（唐）陸德明音義　（明）孫鑛等評點　清刻本　十三册　存二十卷（六至十九、二十一至二十二、二十六至二十九）

410000－2209－0000364　1.7/32－00367

春秋左傳杜林合注五十卷　（晉）杜預注　（宋）林堯叟補注　清刻本　三册　存九卷

（十至十八）

410000－2209－0000365　1.5/22－00368
儀禮節略二十卷　（清）朱軾撰　清刻本　四冊　存五卷（十三至十七）

410000－2209－0000366　5.1/26－00369
五經味根錄　（清）闕掞生輯　清同文書局石印本　八冊　存三種二十卷

410000－2209－0000367　5.1/27－00370
七經精義　（清）黄淦纂　清光緒元年（1875）刻本　十四冊

410000－2209－0000368　1.4/29－00371
重修正文對音捷要真傳琴譜大全十卷　（明）楊表正撰　明萬曆十三年（1585）翼聖堂刻本　一冊　存一卷（一）

410000－2209－0000369　1.10/19－00372
音韻貫珠八卷　（清）賈椿齡編　清同治十年（1871）雨化堂刻本　四冊

410000－2209－0000370　1.9/50－00373
兩論大題集成不分卷　（清）□□撰　清同治六年（1867）四志居刻本　六冊

410000－2209－0000371　5.1/28－00374
增廣五經備旨　（清）鄒聖脈纂輯　清光緒十三年（1887）義德堂刻本　二十二冊　存五種四十三卷

410000－2209－0000372　5.1/29－00375
增廣五經備旨　（清）鄒聖脈纂輯　清光緒十三年（1887）義德堂刻本　十二冊　存三種二十二卷

410000－2209－0000373　1.9/51－00376
四書人物類典串珠四十卷　（清）臧志仁編輯　清刻本　九冊　存二十九卷（二至二十五、三十一至三十五）

410000－2209－0000374　1.9/52－00377
四書人物類典串珠四十卷　（清）臧志仁編輯　清刻本　六冊　存二十一卷（三至十八、三十一至三十五）

410000－2209－0000375　1.9/53－00378
四書人物類典串珠四十卷　（清）臧志仁編輯　清刻本　七冊　存二十四卷（五至十二、十五至十九、二十四至二十九、三十六至四十）

410000－2209－0000376　1.9/54－00379
四書人物類典串珠四十卷　（清）臧志仁編輯　清嘉慶四年（1799）大文堂刻本　六冊　存十八卷（一至二、五至十八、二十五至二十六）

410000－2209－0000377　1.9/55－00380
四書人物類典串珠四十卷　（清）臧志仁編輯　清嘉慶四年（1799）益和堂刻本　四冊　存十二卷（一至四、十三至十四、三十至三十五）

410000－2209－0000378　1.9/56－00381
四書人物類典串珠四十卷　（清）臧志仁編輯　清刻本　一冊　存六卷（十四至十九）

410000－2209－0000379　1.9/57－00382
四書人物類典串珠四十卷　（清）臧志仁編輯　清刻本　一冊　存六卷（三十至三十五）

410000－2209－0000380　1.9/58－00383
四書人物類典串珠四十卷　（清）臧志仁編輯　清刻本　一冊　存六卷（七至十二）

410000－2209－0000381　1.2/15－00385
郭氏傳家易說十一卷首一卷　（宋）郭雍著　清石印本　四冊　存四卷（一至四）

410000－2209－0000382　5.1/30－00384
五經揭要　（清）周蕙田輯錄　清石印本　四冊　存四種十九卷

410000－2209－0000383　1.10/20－00386
詩韻合璧五卷　（清）湯文潞輯　清同治十二年（1873）琉璃廠鉛印本　二冊

410000－2209－0000384　1.9/59－00387
註釋塾課分編八集不分卷　（清）王步清輯　清刻本　八冊

410000－2209－0000385　1.10/21－00388
說文通訓定聲十八卷分部柬韻一卷古今韻準一卷說雅一卷　（清）朱駿聲撰　**行述一卷**　朱孔彰撰　清光緒十四年（1888）上海鴻文書局石印本　八冊　存十四卷（說文通訓定聲

一至四、八至十四,分部東韻一卷,古今韻準一卷,說雅一卷)

410000－2209－0000386　1.9/60－00389
制義約選二編不分卷　(清)李錫瓚編　清刻本　五册

410000－2209－0000387　5.1/31－00390
增廣五經備旨　(清)鄒聖脈纂輯　清刻本　五册　存四種十一卷

410000－2209－0000388　1.1/10－00391
皇朝五經彙解二百七十卷　(清)抉經心室纂　清光緒十九年(1893)石印本　十七册　存一百二十四卷(易經一至四十、詩經三十五至六十九、禮記一至四十九)

410000－2209－0000389　1.1/11－00392
皇朝五經彙解二百七十卷　(清)抉經心室纂　清光緒十九年(1893)石印本　二十六册　存二百十六卷(易經一至四十,書經一至九、十一至五十二,禮記一至四十九,詩經一至七十六)

410000－2209－0000390　5.1/32－00393
重刊宋本十三經注疏　(清)阮元撰校勘記　(清)盧宣旬摘錄　清光緒十三年(1887)上海脈望仙館石印本　十四册　存九種三百四十九卷

410000－2209－0000391　5.1/33－00394
重刊宋本十三經注疏　(清)阮元撰校勘記　(清)盧宣旬摘錄　清光緒十三年(1887)上海脈望仙館石印本　十五册　存七種三百二十六卷

410000－2209－0000392　1.1/12－00395
縮本精選經藝淵海不分卷　題(清)常安室主人輯　清光緒十一年(1885)上海點石齋石印本　九册

410000－2209－0000393　1.1/13－00396
[五經文郛]□□卷　(清)□□撰　清刻本　十一册　存十一卷(易經文郛一、三,書經文郛五至七,詩經文郛八、十一,禮記文郛十五至十八)

410000－2209－0000394　1.1/14－00397
五經合纂大成四十四卷　(清)同文書局輯　清石印本　十四册　存二種十八卷(詩經合纂大成八卷、禮記合纂大成十卷)

410000－2209－0000395　1.1/15－00398
經義大醇初編十卷　(清)黄彝編　清咸豐元年(1851)刻本　十册

410000－2209－0000396　1.1/16－00399
經義大醇二編五卷　(清)黄彝編　清咸豐元年(1851)刻本　六册

410000－2209－0000397　1.1/17－00400
五經合纂大成　(清)□□輯　清石印本　十二册　存五種二十四卷(詩經一至四、禮記三至八、易經二至四、春秋一至七、書經三至六)

410000－2209－0000398　1.1/18－00401
十三經策案二十二卷首一卷　(清)王謨彙輯　(清)喻祥麟編次　清乾隆四十二年(1777)刻本　七册　存二十卷(一至二、六至二十二,首一卷)

410000－2209－0000399　3.10/05－00402
古諷籀齋目耕胜錄三十二卷　(清)泖畔閑鷗纂輯　清刻本　四册　存十三卷(二十至三十二)

410000－2209－0000400　1.9/61－00403
四書朱子本義匯參四十三卷首四卷　(清)王步青輯　清刻本　十九册　存三十一卷(大學章句本義匯參一至三、首一卷;中庸章句本義匯參一至五、首一卷;論語集注本義匯參一至三、十一至二十,首一卷;孟子集注本義匯參一至六、首一卷)

410000－2209－0000401　5.1/34－00404
王船山經史論八種　(清)王夫之撰　清光緒二十五年(1899)慎記書莊石印本　一册　缺七卷(讀通鑑論二十四至三十)

410000－2209－0000402　1.10/21－00405
康熙字典十二集三十六卷總目一卷檢字一卷辨似一卷等韻一卷補遺一卷備考一卷　(清)張玉書等纂修　清道光七年(1827)刻本　三

十五冊　存三十四卷（子集、丑集、寅集、卯集、辰集、巳集、午集、未集、申集、酉集中下、亥集中，總目一卷，檢字一卷，辨似一卷，補遺一卷）

410000－2209－0000403　1.10/22－00406
康熙字典十二集三十六卷總目一卷檢字一卷辨似一卷等韻一卷補遺一卷備考一卷　（清）張玉書等纂修　清光緒十五年（1889）上海點石齋石印本　四冊　存四十一卷（康熙字典十二集三十六卷、總目一卷、檢字一卷、等韻一卷、補遺一卷、備考一卷）

410000－2209－0000404　1.10/23－00407
康熙字典十二集三十六卷總目一卷檢字一卷辨似一卷等韻一卷補遺一卷備考一卷　（清）張玉書等纂修　清道光七年（1827）刻本　三十六冊　存二十九卷（子集、丑集、寅集中下、卯集、辰集中下、巳集、午集、未集、亥集上中，總目一卷，檢字一卷，辨似一卷，等韻一卷，備考一卷）

410000－2209－0000405　1.10/24－00408
康熙字典十二集三十六卷總目一卷檢字一卷辨似一卷等韻一卷補遺一卷備考一卷　（清）張玉書等纂修　清光緒十六年（1890）上海鴻文書局石印本　六冊

410000－2209－0000406　1.10/25－00409
康熙字典十二集三十六卷總目一卷檢字一卷辨似一卷等韻一卷補遺一卷備考一卷　（清）張玉書等纂修　清刻本　十二冊　存十四卷（丑集上下、午集、未集、申集，總目一卷，檢字一卷，辨似一卷）

410000－2209－0000407　1.10/26－00410
康熙字典十二集三十六卷總目一卷檢字一卷辨似一卷等韻一卷補遺一卷備考一卷　（清）張玉書等纂修　清光緒三十二年（1906）上海商務書館石印本　五冊

410000－2209－0000408　1.10/27－00411
康熙字典十二集三十六卷總目一卷檢字一卷辨似一卷等韻一卷補遺一卷備考一卷　（清）張玉書等纂修　清光緒二十年（1894）文寶局石印本　五冊　存三十三卷（子集、丑集、巳集、午集、未集、申集、酉集、戌集、亥集，總目一卷，檢字一卷，辨似一卷，等韻一卷，補遺一卷，備考一卷）

410000－2209－0000409　1.10/28－00412
康熙字典十二集十二卷總目一卷檢字一卷辨似一卷等韻一卷補遺一卷備考一卷　（清）張玉書等纂修　清鉛印本　三冊　存三卷（卯集一卷、辰集一卷、巳集一卷）

410000－2209－0000410　1.10/29－00413
康熙字典十二集三十六卷總目一卷檢字一卷辨似一卷等韻一卷補遺一卷備考一卷　（清）張玉書等纂修　清石印本　三冊　存二十一卷（寅集、卯集、辰集、未集、申集、酉集、戌集）

410000－2209－0000411　1.10/30－00414
康熙字典十二集三十六卷總目一卷檢字一卷辨似一卷等韻一卷補遺一卷備考一卷　（清）張玉書等纂修　清石印本　五冊　存十五卷（巳集、午集、未集、申集、戌集）

410000－2209－0000412　1.10/31－00415
康熙字典十二集三十六卷總目一卷檢字一卷辨似一卷等韻一卷補遺一卷備考一卷　（清）張玉書等纂修　清上海錦章書局石印本　二冊　存十六卷（子集、丑集、酉集、戌集，總目一卷，檢字一卷，辨似一卷，等韻一卷）

410000－2209－0000413　1.10/300416
康熙字典十二集三十六卷總目一卷檢字一卷辨似一卷等韻一卷補遺一卷備考一卷　（清）張玉書等纂修　清鴻寶齋書局石印本　三冊　存二十一卷（子集、丑集、巳集、午集、亥集，總目一卷，檢字一卷，辨似一卷，等韻一卷，補遺一卷，備考一卷）

410000－2209－0000414　1.10/33－00417
康熙字典十二集三十六卷總目一卷檢字一卷辨似一卷等韻一卷補遺一卷備考一卷　（清）張玉書等纂修　清石印本　三冊　存二十卷（寅集、卯集、辰集、巳集、午集、亥集，補遺一卷，備考一卷）

410000－2209－0000415　1.10/34－00418
康熙字典十二集三十六卷總目一卷檢字一卷辨似一卷等韻一卷補遺一卷備考一卷　（清）張玉書等纂修　清石印本　一册　存六卷（丑集、寅集）

410000－2209－0000416　1.10/35－00419
康熙字典十二集三十六卷總目一卷檢字一卷辨似一卷等韻一卷補遺一卷備考一卷　（清）張玉書等纂修　清石印本　二册　存十二卷（巳集、午集、未集、申集）

410000－2209－0000417　1.10/36－00420
康熙字典十二集三十六卷總目一卷檢字一卷辨似一卷等韻一卷補遺一卷備考一卷　（清）張玉書等纂修　清刻本　一册　存一卷（巳集上）

410000－2209－0000418　1.10/37－00421
康熙字典十二集三十六卷總目一卷檢字一卷辨似一卷等韻一卷補遺一卷備考一卷　（清）張玉書等纂修　清刻本　三十四册　存三十五卷（子集、丑集、寅集、卯集、辰集、巳集、申集、酉集、戌集、亥集，檢字一卷，辨似一卷，等韻一卷，補遺一卷，備考一卷）

410000－2209－0000419　1.10/38－00422
康熙字典十二集三十六卷總目一卷檢字一卷辨似一卷等韻一卷補遺一卷備考一卷　（清）張玉書等纂修　清刻本　一册　存一卷（未集中）

410000－2209－0000420　1.10/39－00423
康熙字典十二集三十六卷總目一卷檢字一卷辨似一卷等韻一卷補遺一卷備考一卷　（清）張玉書等纂修　清刻本　一册　存五卷（亥集、補遺一卷、備考一卷）

410000－2209－0000421　1.10/40－00424
康熙字典十二集三十六卷總目一卷檢字一卷辨似一卷等韻一卷補遺一卷備考一卷　（清）張玉書等纂修　清刻本　三十八册　存三十九卷（子集、丑集、寅集、卯集、辰集、巳集、午集、未集、申集上中、酉集上下、戌集、亥集，檢字一卷，辨似一卷，等韻一卷，補遺一卷，備考一卷）

410000－2209－0000422　1.10/41－00425
康熙字典十二集三十六卷總目一卷檢字一卷辨似一卷等韻一卷補遺一卷備考一卷　（清）張玉書等纂修　清刻本　十三册

410000－2209－0000423　1.10/42－00426
康熙字典十二集三十六卷總目一卷檢字一卷辨似一卷等韻一卷補遺一卷備考一卷　（清）張玉書等纂修　清刻本　三十二册　存三十五卷（子集、丑集、寅集、卯集、辰集、巳集、午集、未集、申集中、酉集、戌集上下、亥集，補遺一卷，備考一卷）

410000－2209－0000424　1.10/43－00427
康熙字典十二集三十六卷總目一卷檢字一卷辨似一卷等韻一卷補遺一卷備考一卷　（清）張玉書等纂修　清刻本　二十四册　存二十四卷（寅集、卯集、辰集、巳集、午集、未集、申集、酉集）

410000－2209－0000425　1.10/44－00428
康熙字典十二集三十六卷總目一卷檢字一卷辨似一卷等韻一卷補遺一卷備考一卷　（清）張玉書等纂修　清刻本　十七册　存十九卷（子集中下、丑集、寅集上、卯集、辰集中下、巳集、午集上中，總目一卷，檢字一卷，辨似一卷）

410000－2209－0000426　1.10/45－00429
康熙字典十二集三十六卷總目一卷檢字一卷辨似一卷等韻一卷補遺一卷備考一卷　（清）張玉書等纂修　清刻本　二十册　存二十卷（辰集、巳集、申集、酉集、戌集、亥集，補遺一卷，備考一卷）

410000－2209－0000427　1.10/46－00430
康熙字典十二集三十六卷總目一卷檢字一卷辨似一卷等韻一卷補遺一卷備考一卷　（清）張玉書等纂修　清道光七年（1827）善成堂刻本　五册　存七卷（辰集下、午集中、酉集上中，總目一卷，檢字一卷，辨似一卷）

410000－2209－0000428　1.10/47－00431

康熙字典十二集三十六卷總目一卷檢字一卷辨似一卷等韻一卷補遺一卷備考一卷 （清）張玉書等纂修　清刻本　三册　存三卷（寅集下、卯集上中）

410000－2209－0000429　1.10/48－00432
康熙字典十二集三十六卷總目一卷檢字一卷辨似一卷等韻一卷補遺一卷備考一卷 （清）張玉書等纂修　清刻本　五册　存五卷（未集中、申集中、酉集上、戌集中、亥集中）

410000－2209－0000430　1.9/62－00434
孟子七卷 （宋）朱熹集註　清刻本　一册　存二卷（四至五）

410000－2209－0000431　1.10/50－00435
詩韻集成十卷 （清）余照輯　清咸豐二年（1852）敬慎堂刻本　三册　存七卷（一至七）

410000－2209－0000432　1.4/30－00436
詩經八卷 （宋）朱熹集傳　清刻本　一册　存二卷（三至四）

410000－2209－0000433　1.3/19－00437
書經六卷 （宋）蔡沈集傳　清刻本　一册　存一卷（四）

410000－2209－0000434　1.10/51－00438
十三經集字摹本不分卷分畫便查一卷韻有經無各字摘錄一卷 （清）彭玉雯纂　（清）萬青銓校正　清咸豐二年（1852）刻本　四册

410000－2209－0000435　1.10/52－00439
小學韻語一卷 （清）羅澤南著　清宣統二年（1910）刻本　一册

410000－2209－0000436　1.5/23－00440
禮記體注四卷 （清）范翔參訂　清刻本　一册　存一卷（四）

410000－2209－0000437　1.5/24－00441
周禮政要二卷 （清）孫詒讓著　清光緒二十八年（1902）瑞安普通學堂刻本　一册　存一卷（上）

410000－2209－0000438　1.9/63－00442
孟子講義十二卷 （清）史可亭（廷煇）輯　清刻本　一册　存二卷（三至四）

410000－2209－0000439　1.9/64－00443
孟子七卷 （宋）朱熹集注　清刻本　一册　存二卷（六至七）

410000－2209－0000440　1.3/20－00444
書經六卷 （宋）蔡沈集傳　清刻本　四册

410000－2209－0000441　1.9/65－00445
寄願堂四書玩注詳說一百六十卷 （清）冉覲祖輯　清刻本　一册　存一卷（二）

410000－2209－0000442　1.9/66－00446
孟子七卷 （宋）朱熹集注　清刻本　一册　存三卷（一至三）

410000－2209－0000443　1.4/31－00447
詩經八卷 （宋）朱熹集傳　清維新書局刻本　二册　存五卷（一至二、六至八）

410000－2209－0000444　1.3/21－00448
書經六卷 （宋）蔡沈集傳　清刻本　一册　存一卷（一）

410000－2209－0000445　1.9/67－00449
狀元四書□□卷 （宋）朱熹章句　清許昌俊賢堂刻本　一册　存二卷（大學一卷、中庸一卷）

410000－2209－0000446　1.9/68－00450
四書疏注撮言大全三十七卷 （清）胡蓉芝輯　清刻本　一册　存二卷（孟子四、六）

410000－2209－0000447　1.2/16－00451
周易四卷 （宋）朱熹本義　清刻本　一册　存三卷（二至四）

410000－2209－0000448　1.4/32－00452
御案詩經備旨八卷 （清）鄒聖脈纂輯　清刻本　二册　存二卷（四、八）

410000－2209－0000449　1.1/19－00453
經藝璆琳續編不分卷 （清）汪承元輯　清刻本　五册

410000－2209－0000450　1.9/69－00454
四書題鏡三十六卷總論一卷 （清）汪鯉翔纂

述　清刻本　一册　存二卷(大學一卷、總論一卷)

410000－2209－0000451　1.9/70－00455
四書典制類聯音註三十三卷　(清)閻其淵輯　清刻本　六册　存二十卷(七至十四、十八至二十六、三十一至三十三)

410000－2209－0000452　1.7/33－00456
春秋左傳五十卷　(晉)杜預　(宋)林堯叟註釋　(唐)陸德明音義　清刻本　一册　存三卷(二十一至二十三)

410000－2209－0000453　1.1/20－00457
精選歷代名儒五經義三卷　(清)俞正燮等著　清鉛印本　二册　存二卷(中、下)

410000－2209－0000454　1.9/71－00458
四書集注十九卷　(宋)朱熹撰　清刻本　三册　存六卷(大學一卷、中庸一卷、孟子四至七)

410000－2209－0000455　1.9/72－00459
四書集注十九卷　(宋)朱熹撰　清刻本　一册　存二卷(孟子六至七)

410000－2209－0000456　1.9/73－00460
孟子七卷　(宋)朱熹集注　清刻本　一册　存二卷(六至七)

410000－2209－0000457　1.4/33－00461
詩經八卷　(宋)朱熹集傳　清刻本　一册　存二卷(三至四)

410000－2209－0000458　1.9/74－00462
孟子七卷　(宋)朱熹集注　清刻本　一册　存二卷(四至五)

410000－2209－0000459　1.4/34－00463
詩經八卷　(宋)朱熹集傳　清刻本　一册　存二卷(三至四)

410000－2209－0000460　1.9/75－00464
四書類典賦二十四卷　(清)甘紱著　清刻本　一册　存六卷(十二至十七)

410000－2209－0000461　1.9/76－00465
增補四書精繡圖像人物備考十二卷　(明)薛應旂輯　(明)陳仁錫增定　清刻本　一册　存二卷(五至六)

410000－2209－0000462　1.4/35－00466
御纂詩義折中二十卷　(清)傅恒等撰　清刻本　二册　存六卷(一至三、十一至十三)

410000－2209－0000463　1.10/53－00467
蒼頡篇二卷三蒼二卷　(清)任大椿敂逸　(清)任兆麟補正　清刻本　一册

410000－2209－0000464　1.10/54－00468
康熙字典十二集三十六卷總目一卷檢字一卷辨似一卷等韻一卷補遺一卷備考一卷　(清)張玉書等纂修　清刻本　一册　存一卷(卯集下)

410000－2209－0000465　1.10/55－00469
康熙字典十二集三十六卷總目一卷檢字一卷辨似一卷等韻一卷補遺一卷備考一卷　(清)張玉書等纂修　清刻本　一册　存三卷(申集)

410000－2209－0000466　1.10/56－00470
康熙字典十二集三十六卷總目一卷檢字一卷辨似一卷等韻一卷補遺一卷備考一卷　(清)張玉書等纂修　清刻本　一册　存一卷(申集下)

410000－2209－0000467　1.10/57－00471
康熙字典十二集三十六卷總目一卷檢字一卷辨似一卷等韻一卷補遺一卷備考一卷　(清)張玉書等纂修　清刻本　一册　存三卷(總目一卷、檢字一卷、辨似一卷)

410000－2209－0000468　1.10/58－00472
康熙字典十二集三十六卷總目一卷檢字一卷辨似一卷等韻一卷補遺一卷備考一卷　(清)張玉書等纂修　清刻本　一册　存一卷(備考一卷)

410000－2209－0000469　1.10/59－00473
康熙字典十二集三十六卷總目一卷檢字一卷辨似一卷等韻一卷補遺一卷備考一卷　(清)張玉書等纂修　清刻本　一册　存一卷(等韻一卷)

410000－2209－0000470　1.1/21－00474
五經鴻裁二十卷　(清)□□輯　清刻本　一冊　存一卷(書一卷)

410000－2209－0000471　1.10/60－00475
康熙字典十二集三十六卷總目一卷檢字一卷辨似一卷等韻一卷補遺一卷備考一卷　(清)張玉書等纂修　清刻本　十二冊　存十二卷(寅集下、巳集、午集、未集、申集上中)

410000－2209－0000472　1.10/61－00476
康熙字典十二集三十六卷總目一卷檢字一卷辨似一卷等韻一卷補遺一卷備考一卷　(清)張玉書等纂修　清刻本　十七冊　存十六卷(寅集、卯集、辰集、巳集中、午集、未集)

410000－2209－0000473　1.9/77－00477
四書題鏡三十六卷總論一卷　(清)汪鯉翔纂述　清嘉慶二十五年(1820)永安堂刻本　十六冊　存十一卷(大學一卷,中庸一卷,上論一至二、下論三至四,上孟一至二、下孟三至四;總論一卷)

410000－2209－0000474　1.9/78－00478
新訂四書補注備旨十卷　(明)鄧林著　(清)杜定基增訂　清刻本　二冊　存三卷(上孟一至二、四)

410000－2209－0000475　1.9/79－00479
四書人物類典串珠四十卷　(清)臧志仁編輯　清嘉慶六年(1801)刻本　一冊　存八卷(一至八)

410000－2209－0000476　1.9/80－00480
孟子七卷　(宋)朱熹集注　清刻本　一冊　存三卷(一至三)

410000－2209－0000477　1.4/36－00481
詩經精義四卷首一卷末一卷　(清)黄淦纂　清刻本　一冊　存三卷(二至四)

410000－2209－0000478　1.9/81－00482
孟子七卷　(宋)朱熹集注　清刻本　一冊　存二卷(四至五)

410000－2209－0000479　1.9/82－00483
孟子七卷　(宋)朱熹集注　清刻本　一冊　存二卷(四至五)

410000－2209－0000480　1.9/83－00484
論語十卷　(宋)朱熹集注　清刻本　一冊　存五卷(六至十)

410000－2209－0000481　1.4/37－00485
詩經八卷　(宋)朱熹集傳　清刻本　一冊　存一卷(五)

410000－2209－0000482　1.4/38－00486
詩經八卷　(宋)朱熹集傳　清刻本　一冊　存三卷(六至八)

410000－2209－0000483　1.4/39－00487
詩經八卷　(宋)朱熹集傳　清刻本　一冊　存一卷(五)

410000－2209－0000484　1.4/40－00488
詩經八卷　(宋)朱熹集傳　清刻本　二冊　存四卷(三、六至八)

410000－2209－0000485　1.4/41－00489
詩經八卷　(宋)朱熹集傳　清刻本　二冊　存五卷(三至四、六至八)

410000－2209－0000486　1.4/42－00490
詩經八卷　(宋)朱熹集傳　清刻本　一冊　存二卷(三至四)

410000－2209－0000487　1.4/43－00491
詩經八卷　(宋)朱熹集傳　清刻本　一冊　存三卷(六至八)

410000－2209－0000488　1.9/84－00492
四書貫解十九卷　(清)朱良玉纂輯　清文德堂刻本　三冊　存九卷(大學一卷、中庸一卷、論語六至十、孟子四至五)

410000－2209－0000489　1.4/44－00493
詩經八卷　(宋)朱熹集傳　清刻本　一冊　存二卷(三至四)

410000－2209－0000490　1.9/85－00494
四書集注十九卷　(宋)朱熹撰　清刻本　一冊　存二卷(大學一卷、中庸一卷)

410000 - 2209 - 0000491　1.7/34 - 00495
曲江書屋新訂批註左傳快讀十八卷首一卷
(清)李紹崧選訂　清刻本　一冊　存一卷(十四)

410000 - 2209 - 0000492　1.10/62 - 00496
字彙十二卷首一卷末一卷韻法直圖一卷韻法橫圖一卷　(明)梅膺祚音釋　明萬曆七年(1579)慎詒堂刻本　一冊　存一卷(首一卷)

410000 - 2209 - 0000493　1.7/35 - 00497
春秋左傳五十卷　(晉)杜預　(宋)林堯叟註釋　(唐)陸德明音義　清刻本　三冊　存七卷(三至五、二十二至二十三、二十九至三十)

410000 - 2209 - 0000494　1.9/86 - 00498
四書味根錄三十七卷首二卷　(清)金澂輯　清光緒十二年(1886)上海積山書局石印本　五冊　存三十五卷(大學一卷;中庸二卷;論語二十卷、首一卷;孟子一至六、十一至十四,首一卷)

410000 - 2209 - 0000495　1.7/36 - 00499
春秋左傳五十卷　(晉)杜預　(宋)林堯叟註釋　(唐)陸德明音義　清刻本　二冊　存六卷(十五至二十)

410000 - 2209 - 0000496　1.9/87 - 00500
小題四集參變二卷　(清)王步青評　(清)王士鰲編　清刻本　一冊　存一卷(下)

410000 - 2209 - 0000497　1.1/22 - 00501
欽定春秋傳說彙纂三十八卷首二卷　(清)王掞等纂　清刻本　十六冊　存二十六卷(一至十四、十七至十八、二十五至二十七、三十至三十二、三十六至三十八,首上)

410000 - 2209 - 0000498　1.3/22 - 00502
欽定書經傳說彙纂二十一卷首二卷書序一卷　(清)王頊齡等纂　清刻本　七冊　存八卷(一至四、八至十,首下)

410000 - 2209 - 0000499　1.1/23 - 00503
欽定春秋傳說彙纂三十八卷首二卷　(清)王掞等纂　清刻本　八冊　存十二卷(三至十二、十五至十六)

410000 - 2209 - 0000500　1.3/23 - 00504
欽定書經傳說彙纂二十一卷首二卷書序一卷　(清)王頊齡等纂　清刻本　十八冊　存二十卷(一至四、七至二十一,書序一卷)

410000 - 2209 - 0000501　1.2/17 - 00505
鄭氏爻辰補六卷　(清)戴棠著　清道光二十九年(1849)燕山書屋刻本　四冊

410000 - 2209 - 0000502　1.3/24 - 00506
尚書因文六卷首一卷末一卷　(清)武士選撰　清長葛武氏約六山房刻本　二冊

410000 - 2209 - 0000503　1.3/25 - 00507
尚書因文六卷首一卷末一卷　(清)武士選撰　清長葛武氏約六山房刻本　二冊　存四卷(四至六、末一卷)

410000 - 2209 - 0000504　1.4/45 - 00508
詩經八卷　(宋)朱熹集傳　清刻本　二冊

410000 - 2209 - 0000505　1.9/88 - 00509
四書集注十九卷　(宋)朱熹集注　清刻本　一冊　存二卷(大學一卷、中庸一卷)

410000 - 2209 - 0000506　1.7/37 - 00510
春秋左傳杜林合注五十卷　(晉)杜預注　(宋)林堯叟補注　清刻本　一冊　存三卷(二十四至二十六)

410000 - 2209 - 0000507　1.1/24 - 00511
寄傲山房塾課纂輯春秋備旨十二卷　(清)鄒聖脈纂輯　清刻本　一冊　存一卷(九)

410000 - 2209 - 0000508　1.4/46 - 00512
詩經八卷　(宋)朱熹集傳　清刻本　一冊　存三卷(六至八)

410000 - 2209 - 0000509　1.9/89 - 00514
廣炬訂十五卷　(明)楊松齡輯著　清刻本　一冊　存四卷(大學一卷、中庸二至四)

410000 - 2209 - 0000510　1.9/90 - 00515
狀元四書□□卷　(宋)朱熹章句　清乾元齋刻本　一冊　存二卷(大學一卷、中庸一卷)

410000 - 2209 - 0000511　1.9/128 - 01520
孟子七卷　(宋)朱熹集注　清刻本　二冊

存四卷(四至七)

410000－2209－0000512　1.9/130－01522
孟子七卷　(宋)朱熹集注　清刻本　一册　存二卷(四至五)

410000－2209－0000513　1.9/131－01523
增訂二論詳解四卷　(清)劉忠輯　清刻本　一册　存二卷(三至四)

410000－2209－0000514　1.9/129－01521
二論詳解四卷　(清)劉忠輯　清刻本　一册　存二卷(三至四)

410000－2209－0000515　2.14/07－00516
欽定學政全書八十六卷首一卷　(清)童璜等纂修　清嘉慶十七年(1812)刻本　十二册　存四十八卷(一至四十七、首一卷)

410000－2209－0000516　2.14/08－00517
新刻京板工師雕鏤正式魯班經匠家鏡三卷　(明)午榮　(明)章嚴編　清刻本　二册　存二卷(一至二)

410000－2209－0000517　2.6/05－00518
學案小識十四卷首一卷末一卷　(清)唐鑑撰　清道光二十六年(1846)刻本　八册

410000－2209－0000518　4.2/62－00519
顯志堂稿不分卷　(清)馮桂芬著　清光緒二年(1876)刻本　二册

410000－2209－0000519　2.5/01－00520
馬端肅公奏議十六卷首一卷　(明)馬文升著　(明)魏尚綸編集　清刻本　四册

410000－2209－0000520　2.6/06－00521
道光庚子恩科直省同年譜不分卷　(清)□□編　清道光二十年(1840)刻本　五册　存宗室、順天、河南、山西、山東、陝甘、江南、江西、四川、廣西、廣東、雲南、貴州、浙江、福建、湖北、湖南

410000－2209－0000521　2.16/02－00522
西清古鑑四十卷錢錄十六卷　(清)梁詩正等編纂　清光緒三十四年(1908)影印本　十八册　存三十二卷(一至十三、二十二至四十)

410000－2209－0000522　2.1/11－00523
宜稼堂叢書　(清)郁松年輯　清道光上海郁氏刻本　三十六册　存四種一百三十二卷

410000－2209－0000523　2.6/07－00524
近科全題新策法程四卷　(清)劉坦之評點　清刻本　四册

410000－2209－0000524　2.5/02－00525
黎襄勤公奏議六卷　(清)黎世序撰　清道光七年(1827)刻本　六册

410000－2209－0000525　2.16/03－00526
吉金所見錄十六卷首一卷末一卷　(清)初尚齡纂輯　清道光七年(1827)萊陽古香書屋刻本　四册

410000－2209－0000526　2.9/02－00527
[道光]許州志十六卷首一卷　(清)蕭元吉修　(清)李堯觀纂　清道光十八年(1838)刻本　十一册　存十六卷(許州志十六卷)

410000－2209－0000527　5.1/35－00528
紀事本末五種　(清)□□輯　清同治十二年至十三年(1873－1874)江西書局刻本　一百八册　存四種三百七十一卷

410000－2209－0000528　5.1/36－00529
紀事本末五種　(清)□□輯　清光緒二十四年(1898)思賢書局刻本　一百二册　存五種四百二十七卷

410000－2209－0000529　2.8/01－00530
南北史識小錄二十八卷　(清)沈名蓀　(清)朱昆田輯　(清)張應昌補正　清同治十年(1871)吳氏清來堂刻本　九册　存十六卷(南史一至九,北史四至五、八至九、十二至十四)

410000－2209－0000530　2.14/09－00531
大清律例增修統纂集成四十卷附督補則例二卷　(清)姚潤纂輯　清同治七年(1868)刻本　二十一册　存三十七卷(一至二十、二十三至三十七,督補則例二卷)

410000－2209－0000531　2.14/10－00532

大清律例會通新纂四十卷 （清）刑部訂　清道光八年(1828)刻本　二十三册　存三十二卷(一至四、十二至三十一、三十三至四十)

410000－2209－0000532　2.14/11－00533
大清律例刑案彙纂集成四十卷附督補則例二卷 （清）姚潤纂輯　清咸豐五年(1855)刻本　四册　存五卷(一至五)

410000－2209－0000533　2.9/03－00534
嶺南叢述六十卷 （清）鄧淳編輯　清道光十年(1830)色香俱古室刻本　十六册

410000－2209－0000534　2.2/09－00535
司馬溫公稽古錄二十卷 （宋）司馬光撰　清同治十一年(1872)刻本　三册　存十八卷(一至十二、十五至二十)

410000－2209－0000535　1.7/38－00536
東萊博議四卷增補虛字註釋一卷 （宋）呂祖謙撰　（清）李鴻才重梓　清光緒八年(1882)刻本　三册　存三卷(一至三)

410000－2209－0000536　5.1/37－00537
文選樓叢書 （清）阮亨輯　清嘉慶、道光間儀徵阮氏刻本　四册　存二種二卷

410000－2209－0000537　1.7/39－00538
東萊博議四卷增補虛字註釋一卷 （宋）呂祖謙撰　（清）李鴻才重梓　清刻本　一册　存三卷(二至四)

410000－2209－0000538　2.9/04－00539
[道光]許州志十六卷首一卷 （清）蕭元吉修　（清）李堯觀纂　清道光十八年(1838)刻本　八册　存十三卷(二至八、十一至十六)

410000－2209－0000539　2.9/05－00540
[道光]許州志十六卷首一卷 （清）蕭元吉修　（清）李堯觀纂　清道光十八年(1838)刻本　五册　存五卷(七至十、十六)

410000－2209－0000540　2.9/06－00541
[道光]許州志十六卷首一卷 （清）蕭元吉修　（清）李堯觀纂　清道光十八年(1838)刻本　一册　存一卷(首一卷)

410000－2209－0000541　2.6/08－00542
歷代名臣言行錄二十四卷 （清）朱桓編輯　清刻本　十三册　存十卷(二上、三、六、十至十一、十二上、十八、二十、二十一下、二十三下)

410000－2209－0000542　2.6/09－00543
應氏先型錄六卷附家規一卷 （清）應正祿編輯　清嘉慶元年(1796)刻本　一册　存六卷(應氏先型錄六卷)

410000－2209－0000543　5.1/38－00544
章氏遺書 （清）章學誠撰　清道光十三年(1833)大梁刻本　一册　存二種六卷

410000－2209－0000544　2.6/10－00545
道齊正軌二十卷 （清）鄒鳴鶴纂述　（清）蘇源生編校　清道光三十年(1850)刻本　八册

410000－2209－0000545　2.9/07－00546
[道光]許州志十六卷首一卷 （清）蕭元吉修　（清）李堯觀纂　清道光十八年(1838)刻本　三册　存七卷(七至八、十一至十五)

410000－2209－0000546　2.9/08－00547
[道光]許州志十六卷首一卷 （清）蕭元吉修　（清）李堯觀纂　清道光十八年(1838)刻本　二册　存六卷(七、十一至十五)

410000－2209－0000547　2.9/09－00548
[道光]許州志十六卷首一卷 （清）蕭元吉修　（清）李堯觀纂　清道光十八年(1838)刻本　一册　存一卷(四)

410000－2209－0000548　2.9/10－00549
[道光]許州志十六卷首一卷 （清）蕭元吉修　（清）李堯觀纂　清道光十八年(1838)刻本　二册　存二卷(五、七)

410000－2209－0000549　2.9/11－00550
[道光]舞陽縣志十二卷 （清）王德瑛纂修　清道光十五年(1835)刻本　二册　存六卷(一至六)

410000－2209－0000550　2.9/12－00551
[乾隆]登封縣志三十二卷 （清）陸繼蕚修

(清)洪亮吉纂　清刻本　一册　存二卷(二十八至二十九)

410000－2209－0000551　2.9/13－00552
[康熙]孟津縣志四卷　(清)孟常裕纂修　(清)徐元燦增補　清順治十六年(1659)刻康熙四十七年(1708)增刻本(有圖)　三册　存三卷(一、三至四)

410000－2209－0000552　2.9/14－00553
[康熙]汝陽縣志十卷　(清)邱天英修　(清)李根茂纂　清康熙二十九年(1690)刻本　二册　存四卷(四至六、九下)

410000－2209－0000553　4.3/18－00554
文章練要十卷　(清)王源評訂　清刻本　四册　存五卷(四至六、九至十)

410000－2209－0000554　2.9/15－00555
[嘉慶]四川通志二百四卷首二十二卷　(清)常明等修　(清)楊芳燦等纂　清嘉慶二十一年(1816)刻本(有圖)　一册　存七卷(四川通志一至六、二十二)

410000－2209－0000555　2.4/04－00556
南漢春秋十三卷　(清)劉應麟編輯　清刻本　一册　存二卷(八至九)

410000－2209－0000556　2.17/03－00557
史通削繁四卷　(清)紀昀撰　清道光十三年(1833)粵東省城翰墨園刻本　二册

410000－2209－0000557　4.3/19－00558
古文翼八卷　(清)唐德宜編　清刻本　一册　存一卷(四)

410000－2209－0000558　2.2/10－00559
通鑑釋文辯誤十二卷　(元)胡三省撰　清嘉慶二十一年(1816)刻本　四册

410000－2209－0000559　2.2/11－00560
資治通鑑二百九十四卷　(宋)司馬光編　(元)胡三省音注　清刻本　九十一册　存二百六十六卷(十三至一百八十八、二百五至二百九十四)

410000－2209－0000560　2.2/12－00561
資治通鑑綱目五十九卷　(宋)朱熹撰　(明)陳仁錫評閲　清康熙刻本　六十二册　存五十一卷(五至十九、二十一、二十三至五十一、五十三、五十五至五十九)

410000－2209－0000561　2.2/13－00562
資治通鑑綱目五十九卷　(宋)朱熹撰　(明)陳仁錫評閲　清崇道堂刻本　四十五册　存三十九卷(一至四、六至十、十二、十四至十七、十九至二十三、二十五至三十、三十二至三十三、三十五、三十七至三十八、四十、四十二至四十五、四十九、五十三至五十四、五十八)

410000－2209－0000562　2.2/14－00563
資治通鑑綱目前編二十五卷　(明)南軒撰　(明)陳仁錫評閲　清嘉慶八年(1803)宏道堂刻本　七册　存十六卷(一至十四、二十至二十一)

410000－2209－0000563　2.2/15－00564
續資治通鑑綱目二十七卷　(明)商輅撰　(明)陳仁錫評閲　清刻本　十二册　存十一卷(五至十五)

410000－2209－0000564　2.2/16－00565
資治通鑑綱目五十九卷　(宋)朱熹撰　(明)陳仁錫評閲　清刻本　四十册　存二十八卷(三十二至五十九)

410000－2209－0000565　2.2/17－00566
資治通鑑綱目五十九卷　(宋)朱熹撰　(明)陳仁錫評閲　清刻本　三十二册　存二十七卷(三至四、七至八、二十二、二十四至二十五、二十七、三十、三十三、三十七、三十九至四十三、四十六至五十、五十二至五十三、五十五、五十七至五十九)

410000－2209－0000566　2.2/18－00567
續資治通鑑綱目二十七卷　(明)商輅撰　(明)陳仁錫評閲　清康熙刻本　十五册　存十三卷(八、十至十七、十九、二十五至二十七)

410000－2209－0000567　2.2/19－00568

資治通鑑綱目前編二十五卷 (明)南軒撰 (明)陳仁錫評閱 清康熙六十一年(1722)四喜堂刻本 十一册

410000－2209－0000568 2.2/20－00569
資治通鑑綱目五十九卷末一卷 (宋)朱熹撰 (明)陳仁錫評閱 清康熙同文堂刻本 五十册 存四十卷(十三至二十、二十九至五十九,末一卷)

410000－2209－0000569 2.2/21－00570
續資治通鑑綱目二十七卷 (明)商輅等撰 (明)陳仁錫評閱 清刻本 十一册 存十卷(二至十一)

410000－2209－0000570 2.2/22－00571
綱鑑會編九十八卷 (清)葉澐輯録 (清)劉德芳訂正 清刻本 十三册 存二十三卷(二十九至三十三、三十五至三十七、八十四至九十八)

410000－2209－0000571 2.2/23－00572
資治通鑑綱目五十九卷 (宋)朱熹撰 (明)陳仁錫評閱 清刻本 五册 存三卷(四十至四十一、四十三)

410000－2209－0000572 2.2/24－00573
資治通鑑綱目五十九卷 (宋)朱熹撰 (明)陳仁錫評閱 清刻本 九册 存八卷(十一至十二、十五至二十)

410000－2209－0000573 2.2/25－00574
鼎鍥赵田了凡袁先生編纂古本歷史大方綱鑑補三十九卷首一卷 (明)袁黄編纂 清刻本 三十二册 存三十八卷(一至二十五、二十八至三十九,首一卷)

410000－2209－0000574 2.2/26－00575
御撰資治通鑑綱目三編二十卷 (清)張廷玉等編 清乾隆十一年(1746)刻本 二册 存十一卷(一至五、十至十五)

410000－2209－0000575 2.2/27－00576
鼎鍥赵田了凡袁先生編纂古本歷史大方綱鑑補三十九卷首一卷 (明)袁黄編纂 清刻本 十三册 存三十二卷(三至五、九至二十八、三十一至三十九)

410000－2209－0000576 2.2/28－00577
鼎鍥赵田了凡袁先生編纂古本歷史大方綱鑑補三十九卷首一卷 (明)袁黄編纂 清刻本 二十一册 存二十二卷(三至四、二十至三十九)

410000－2209－0000577 2.2/29－00578
御撰資治通鑑綱目三編二十卷 (清)張廷玉等編 清乾隆十一年(1746)益元堂刻本 三册

410000－2209－0000578 2.2/30－00579
御撰資治通鑑綱目三編二十卷 (清)張廷玉等編 清光緒三十年(1904)刻本 一册 存五卷(一至五)

410000－2209－0000579 2.2/31－00580
大文堂綱鑑易知錄九十二卷 (清)吴乘權等輯 清刻本 三册 存七卷(二十四至二十七、八十八至九十)

410000－2209－0000580 2.2/32－00581
鼎鍥赵田了凡袁先生編纂古本歷史大方綱鑑補三十九卷首一卷 (明)袁黄編纂 清光緒三十年(1904)維新書局刻本 二十八册 存三十一卷(一、三至五、七至八、十至十七、二十至二十六、二十九至三十三、三十六至三十九,首一卷)

410000－2209－0000581 2.2/33－00582
鼎鍥赵田了凡袁先生編纂古本歷史大方綱鑑補三十九卷首一卷 (明)袁黄編纂 清刻本 一册 存二卷(一、首一卷)

410000－2209－0000582 2.2/34－00583
鼎鍥赵田了凡袁先生編纂古本歷史大方綱鑑補三十九卷首一卷 (明)袁黄編纂 清光緒三十年(1904)維新書局刻本 三十六册

410000－2209－0000583 2.2/35－00584
續資治通鑑綱目二十七卷 (明)商輅等撰 (明)陳仁錫評閱 清刻本 一册 存一卷(二十五)

410000－2209－0000584　2.1/12－00585
後漢書九十卷　(南朝宋)范曄撰　(唐)李賢注　**續志三十卷**　(晉)司馬彪撰　(南朝梁)劉昭注　清刻本　十三册　存六十一卷(二十五至六十、六十六至九十)

410000－2209－0000585　2.1/13－00586
漢書一百卷　(漢)班固撰　(唐)顏師古注　清毛氏汲古閣刻本　二十九册　存九十三卷(二至七十、七十四至九十七)

410000－2209－0000586　5.1/39－00587
二十四史　清同治、光緒間五省官書局刻光緒五年(1879)湖北書局彙印本　二十四册　存三種一百七十八卷

410000－2209－0000587　2.2/36－00588
續資治通鑑綱目二十七卷　(明)商輅等撰　(明)陳仁錫評閲　清刻本　十一册　存六卷(十至十二、十四至十六)

410000－2209－0000588　2.2/37－00589
資治通鑑綱目五十九卷　(宋)朱熹撰　(明)陳仁錫評閲　清刻本　七册　存五卷(一至五)

410000－2209－0000589　2.2/38－00590
資治通鑑綱目五十九卷　(宋)朱熹撰　(明)陳仁錫評閲　清刻本　三册　存三卷(十七至十九)

410000－2209－0000590　2.2/39－00591
御撰資治通鑑綱目三編二十卷　(清)張廷玉等編　清光緒三十年(1904)刻本　四册

410000－2209－0000591　2.2/40－00592
續資治通鑑綱目二十七卷　(明)商輅等撰　(明)陳仁錫評閲　清抄本　二册　存二卷(二至三)

410000－2209－0000592　2.1/14－00593
明史三百三十二卷目録四卷　(清)張廷玉等撰　清刻本　二册　存十六卷(九至十八、二百六十五至二百七十)

410000－2209－0000593　4.3/76－01013
國朝試律匯海續選前集五卷後集四卷補編一卷　(清)黄爵滋編輯　清咸豐四年(1854)仙屏吟榭刻本　三册

410000－2209－0000594　2.2/42－00595
鼎鍥赵田了凡袁先生編纂古本歷史大方綱鑑補三十九卷首一卷　(明)袁黄編纂　清刻本　五册　存七卷(七至八、二十二、二十七、二十九、三十二至三十三)

410000－2209－0000595　2.16/04－00596
古玉圖考不分卷　(清)吴大澂撰　清光緒十五年(1889)上海同文書局石印本　四册

410000－2209－0000596　4.2/89－01014
知恥齋文集二卷詩集六卷　(清)謝振定著　清嘉慶刻本　三册　存四卷(文集二卷、詩集五至六)

410000－2209－0000597　2.14/12－00597
大清通禮五十四卷　(清)來保等纂修　(清)穆克登額等續纂　清刻本　四册　存二十二卷(十一至十三、二十二至四十)

410000－2209－0000598　2.2/43－00598
鼎鍥赵田了凡袁先生編纂古本歷史大方綱鑑補三十九卷首一卷　(明)袁黄編纂　清刻本　八册　存十卷(六、十一、十四、十七至二十一、二十四、二十九)

410000－2209－0000599　2.6/11－00599
典故列女傳四卷　(明)解縉撰　清同治二年(1863)刻本　四册

410000－2209－0000600　2.6/12－00600
典故列女傳四卷　(明)解縉撰　清光緒九年(1883)掃葉山房刻本　四册

410000－2209－0000601　2.15/01－00601
欽定四庫全書簡明目錄二十卷　(清)紀昀等編纂　清刻本　十册

410000－2209－0000602　2.15/02－00602
直齋書録解題二十二卷　(宋)陳振孫撰　清刻本　六册　存八卷(一至八)

410000－2209－0000603　2.9/16－00603

水經注四十卷首一卷 (北魏)酈道元撰 清刻本 二十册

410000－2209－0000604 4.2/90－01015
知恥齋文集二卷詩集六卷 (清)謝振定著 清嘉慶刻本 一册 存一卷(文集二)

410000－2209－0000605 5.1/54－01016
春融堂集三種 (清)王昶撰 清嘉慶中青浦王氏塾南書舍刻本 二十四册 存二種七十六卷

410000－2209－0000606 4.2/91－01017
崇百藥齋文集二十卷續集四卷三集十二卷合肥學舍札記十二卷 (清)陸繼輅撰 **五真閣吟藁一卷** (清)錢惠尊撰 清嘉慶二十五年(1820)至道光間刻本 十册

410000－2209－0000607 4.2/92－01018
續古文苑二十卷 (清)孫星衍撰 清光緒九年(1883)江蘇書局刻本 六册

410000－2209－0000608 4.2/93－01019
朱竹垞先生杜詩評本二十四卷 (唐)杜甫撰 (清)朱彝尊評 清道光十一年(1831)望雲軒刻本 八册

410000－2209－0000609 4.3/77－01020
壹齋集三十六卷秦御集二卷賦一卷二十四畫品二卷畫友録一卷遊記一卷泛槳録二卷兩朝恩賚記一卷 (清)黄鉞撰 清道光十四年(1834)刻本 八册

410000－2209－0000610 4.3/78－01021
國朝常州駢體文録三十一卷附結一宧駢體文一卷 (清)屠寄録 清光緒十六年(1890)刻本 八册

410000－2209－0000611 4.3/79－01022
三吴翹秀集不分卷 (清)孫傳鶴選 清同治十二年(1873)刻本 二册

410000－2209－0000612 4.3/80－01023
道生堂初集□卷二集□卷 (清)鍾聲撰 清光緒五年(1879)經國堂刻本 三册 存二卷(初集一、二集一上)

410000－2209－0000613 2.2/52－00613
重訂王鳳洲先生會纂綱鑑四十六卷續宋元綱鑑二十三卷 (明)王世貞纂 清刻本 二十八册 存四十六卷(一至八、十一至十八、二十至二十四、二十六至二十八、三十四至三十六、三十八至三十九、四十三至四十六,續宋元綱鑑一至二、五至九、十四至十七、二十至二十一)

410000－2209－0000614 2.14/14－00614
欽定大清會典一百卷 (清)張廷玉等纂修 清刻本 六册 存二十六卷(五十三至七十八)

410000－2209－0000615 2.1/15－00615
唐書二百二十五卷 (宋)歐陽修 (宋)宋祁等撰 清石印本 九册 存三十一卷(四十二至七十二)

410000－2209－0000616 2.2/53－00616
玉山樓綱鑑易知錄九十二卷 (清)吳乘權等輯 清刻本 二册 存四卷(五十四至五十五、七十二至七十三)

410000－2209－0000617 2.2/54－00617
綱鑑易知錄九十二卷 (清)吳乘權等輯 清刻本 七册 存十二卷(七十至七十四、七十六至八十二)

410000－2209－0000618 2.1/16－00618
史記一百三十卷 (漢)司馬遷撰 (南朝宋)裴駰集解 清道光十四年(1834)三元堂刻本 十七册 存六十八卷(四至五、十五至十七、三十至三十二、三十八至四十二、四十五至六十、七十三至一百四、一百九至一百十二、一百二十八至一百三十)

410000－2209－0000619 2.9/17－00619
水經注四十卷首一卷 (北魏)酈道元撰 清光緒元年(1875)湖北崇文書局刻本 六册 存二十三卷(一至十三、二十七至三十五,首一卷)

410000－2209－0000620 3.11/21－00622
繪圖騙術奇談四卷 (清)雷君曜輯 清石印

本　一册　存一卷(三)

410000－2209－0000621　2.14/15－00620
續增洗冤録辨正三卷　(清)瞿中溶撰　(清)李璋煜重訂　清光緒三十三年(1907)上海書局石印本　一册

410000－2209－0000622　2.17/04－00621
東社讀史隨筆二卷　題(清)獨醒主人撰　清石印本　一册

410000－2209－0000623　2.1/17－00623
後漢書九十卷　(南朝宋)范曄撰　(唐)李賢注　**續志三十卷**　(晉)司馬彪撰　(南朝梁)劉昭注　清光緒上海點石齋石印本　六册

410000－2209－0000624　6.1/01－00624
原富八卷　(英國)斯密亞丹撰　嚴復翻譯　清光緒二十七年(1901)南陽公學釋書院鉛印本　六册　存六卷(甲二卷、乙一卷、丙一卷、丁下、戊上)

410000－2209－0000625　2.9/18－00625
地球韻言四卷　(清)張士瀛撰　清鉛印本　一册　存二卷(三至四)

410000－2209－0000626　2.2/55－00626
尺木堂綱鑑易知録九十二卷　(清)吴乘權等輯　清光緒三十年(1904)上海商務印書館石印本　二册　存十二卷(一至十二)

410000－2209－0000627　2.2/56－00627
尺木堂綱鑑易知録九十二卷　(清)吴乘權等輯　清刻本　三册　存六卷(二十二至二十五、七十四至七十五)

410000－2209－0000628　2.14/16－00628
駁案新編三十二卷續編七卷　(清)全士潮等纂輯　清光緒九年(1883)圖書集成局石印本　十二册

410000－2209－0000629　2.14/17－00629
大清律集解附例三十卷圖一卷服制一卷大清律附一卷　(清)剛林等纂修　清康熙五十六年(1717)玉蘭堂刻本　三册　存九卷(一至二、十五至十八,圖一卷,服制一卷,附一卷)

410000－2209－0000630　2.14/18－00630
大清律例增修統纂集成四十卷附督補則例二卷　(清)姚潤纂輯　(清)沈之奇注　清刻本　六册　存十三卷(十一至二十三)

410000－2209－0000631　2.14/19－00631
大清律例新增統纂集成四十卷附督捕則例二卷　(清)姚潤纂輯　(清)沈之奇注　清刻本　二册　存四卷(二十九至三十二)

410000－2209－0000632　2.14/20－00632
大清律集解附例三十卷　(清)剛林等纂修　(清)沈之奇注　清康熙五十四年(1715)刻本　二册　存十九卷(八至十七、二十二至三十)

410000－2209－0000633　2.9/19－00633
[乾隆]許州志十六卷　(清)甄汝舟修　(清)談起行纂　清乾隆十年(1745)刻本　三册　存四卷(十二、十四至十六)

410000－2209－0000634　2.9/20－00634
[乾隆]許州志十六卷　(清)甄汝舟修　(清)談起行纂　清乾隆十年(1745)刻本　四册　存六卷(四至五、八、十至十一、十四)

410000－2209－0000635　2.2/57－00635
御批歷代通鑑輯覽一百二十卷　(清)傅恒等撰　清三味堂刻本　一册　存四卷(十七至二十)

410000－2209－0000636　2.2/58－00636
竹書紀年統箋十二卷前編一卷雜述一卷　(南朝梁)沈約注　(清)徐文靖統箋　清光緒二十三年(1897)圖書集成局石印本　一册　存八卷(一至六、前編一卷、雜述一卷)

410000－2209－0000637　2.17/05－00637
文史通義八卷　(清)章學誠著　清光緒二十四年(1898)長沙經文書局刻本　一册　存一卷(一)

410000－2209－0000638　1.10/63－00638
增廣字學舉隅四卷　(清)鐵珊輯　清同治十三年(1874)蘭州郡署刻本　二册

410000－2209－0000639　4.6/06－01024
繡像東漢演義十卷一百二十回　(明)謝詔撰　清光緒十八年(1892)上海廣百宋齋文淵山房石印本(有圖)　二冊

410000－2209－0000640　2.2/59－00640
御撰資治通鑑綱目三編六卷　(清)張廷玉等編　清光緒二十五年(1899)上海著易堂石印本　二冊

410000－2209－0000641　2.2/60－00641
綱鑑會纂三十九卷首一卷　(明)王世貞編　清光緒二十五年(1899)上海著易堂石印本　九冊　存三十七卷(三至三十九)

410000－2209－0000642　2.6/12－00642
宋元學案一百卷首一卷　(清)黄宗羲撰　(清)全祖望訂補　清上海文瑞樓石印本　八冊　存二十三卷(十一至十六、十九至二十五、四十六至四十八、五十四至五十八、六十七至六十八)

410000－2209－0000643　2.2/61－00643
東華錄三十二卷(天命朝至雍正朝)　(清)蔣良騏撰　清同治十一年(1872)聚錦堂刻本　十冊　存二十七卷(一至二十五、三十一至三十二)

410000－2209－0000644　5.1/42－00644
宋名臣言行錄五種　(宋)□□輯　清刻本　八冊　存三種四十一卷

410000－2209－0000645　2.9/21－00645
廣陵通典十卷　(清)汪中撰　清刻本　一冊

410000－2209－0000646　2.14/21－00646
牧令書輯要十卷　(清)徐棟編　(清)丁日昌選評　清刻本　八冊　存八卷(三至十)

410000－2209－0000647　2.6/13－00647
雙池先生[汪紱]年譜四卷　(清)余龍光編　清同治五年(1866)沱川理源刻本　二冊

410000－2209－0000648　2.4/05－00648
國語二十一卷　(三國吳)韋昭解　(宋)宋庠補音　清嘉慶十一年(1806)書業堂刻本　四冊

410000－2209－0000649　2.6/14－00649
貳臣傳十二卷逆臣傳四卷　(清)□□編　清刻本　七冊

410000－2209－0000650　2.9/22－00650
[同治]深州風土記二十二卷附表五卷　(清)吳汝綸撰　清光緒二十六年(1900)文瑞書院刻本　四冊　存九卷(一至七、十一至十二)

410000－2209－0000651　2.9/24－00652
天下郡國利病書一百二十卷　(清)顧炎武輯　清刻本　三冊　存六卷(十一至十二、四十五至四十七、一百四)

410000－2209－0000652　2.9/25－00653
讀史方輿紀要一百三十卷　(清)顧祖禹輯著　清敷文閣刻本　一冊　存一卷(二)

410000－2209－0000653　2.1/18－00654
寰宇分合志八卷增輯一卷　(明)徐樞編輯　清光緒二十八年(1902)刻本　四冊　存四卷(一至三、六)

410000－2209－0000654　2.5/03－00655
明大司馬盧公奏議十卷　(明)盧象昇著　清刻本　二冊　存二卷(七至八)

410000－2209－0000655　2.6/15－00656
汪氏學行記六卷　(清)汪喜孫撰　清道光三年(1823)刻本　二冊

410000－2209－0000656　2.1/19－00657
續漢志三十卷　(晉)司馬彪撰　(南朝梁)劉昭注　清毛氏汲古閣本　四冊

410000－2209－0000657　2.2/62－00658
後漢記三十卷　(晉)袁宏撰　清刻本　八冊　存十五卷(一至十五)

410000－2209－0000658　5.1/41－00659
平津館叢書　(清)孫星衍輯　清嘉慶蘭陵孫氏刻本　二十二冊　存三十一種一百九卷

410000－2209－0000659　2.1/20－00660
史記一百三十卷　(漢)司馬遷撰　(南朝宋)裴駰集解　清刻本　六冊　存五十二卷(四

十三至九十四)

410000－2209－0000660　2.4/06－00661
戰國策十八卷　(清)張星徽評點　清拾芥園刻本　六册　存十二卷(一至二、七至十六)

410000－2209－0000661　5.2/05－00662
景紫堂全書　(清)夏炘撰　清咸豐、同治間刻同治元年(1862)王光甲等彙印本　六册　存三種二十三卷

410000－2209－0000662　4.3/20－00663
古詩源十四卷　(清)沈德潛選　清光緒四年(1878)尊經閣刻本　二册　存十卷(一至十)

410000－2209－0000663　4.3/21－00664
古詩源十四卷　(清)沈德潛選　清刻本　二册　存八卷(四至十一)

410000－2209－0000664　1.9/91－00665
八銘塾鈔初集六卷二集六卷　(清)吴懋政編著　清乾隆四十八年(1783)刻本　三册　存五卷(初集大學一卷、上論一卷;二集中庸一卷,上孟一卷、下孟一卷)

410000－2209－0000665　1.9/92－00666
八銘塾鈔二集六卷　(清)吴懋政編次　清乾隆四十七年(1782)刻本　二册　存四卷(大學一卷,中庸一卷,上論一卷、下論一卷)

410000－2209－0000666　1.9/92－00667
八銘塾鈔初集六卷　(清)吴懋政編著　清乾隆刻本　二册　存三卷(中庸一卷、下論一卷、上孟一卷)

410000－2209－0000667　1.9/94－00668
八銘塾鈔二集六卷　(清)吴懋政編次　清乾隆四十七年(1782)文光堂刻本　四册　存五卷(大學一卷,中庸一卷,上論一卷,上孟一卷、下孟一卷)

410000－2209－0000668　1.9/95－00669
八銘塾鈔二集六卷　(清)吴懋政編次　清乾隆四十七年(1782)文光堂刻本　一册　存一卷(下孟一卷)

410000－2209－0000669　4.3/22－00670
塾課文鈔五集二卷　(清)王步青評　(清)于惺介編次　清心簡齋刻本　三册

410000－2209－0000670　4.3/23－00671
塾課文鈔六集二卷　(清)王步青評　(清)于惺介編次　清心簡齋刻本　二册

410000－2209－0000671　4.3/24－00672
塾課文鈔七集二卷　(清)王步青評　(清)于惺介編次　清心簡齋刻本　三册

410000－2209－0000672　4.3/25－00673
塾課文鈔八集二卷　(清)王步青評　(清)于惺介編次　清心簡齋刻本　二册

410000－2209－0000673　4.3/26－00674
小學弦歌八卷　(清)李元度輯　清光緒八年(1882)文昌書局刻本　四册　存七卷(一至三、五至八)

410000－2209－0000674　4.3/27－00675
古詩源十四卷　(清)沈德潛選　清康熙五十八年(1719)刻本　一册　存四卷(一至四)

410000－2209－0000675　2.9/26－00676
揚州水道記四卷　(清)劉文淇撰　清道光二十五年(1845)江西刻本(有圖)　四册

410000－2209－0000676　3.2/30－00677
孔子家語十卷　題(三國魏)王肅注　清光緒二十三年(1897)刻本　四册

410000－2209－0000677　3.2/03－00678
孔子家語八卷　(明)何孟春注　清光緒十八年(1892)維新書局刻本　三册　存六卷(一至四、七至八)

410000－2209－0000678　5.1/42－00679
子書百家　(清)崇文書局輯　清光緒元年(1875)湖北崇文書局刻本　八册　存五種二十五卷

410000－2209－0000679　2.9/27－00680
海國圖志一百卷　(清)魏源重輯　清刻本(有圖)　二册　存五卷(二至三、九十至九十二)

410000－2209－0000680　2.10/64－00681

龍文鞭影二卷　(明)蕭良有著　(清)楊臣諍增訂　清光緒三年(1877)德泰堂刻本　一册　存一卷(一)

410000－2209－0000681　2.10/65－00682
龍文鞭影二卷　(明)蕭良有著　(清)楊臣諍增訂　清刻本　一册　存一卷(二)

410000－2209－0000682　3.7/03－00683
地理辨正五卷　(清)蔣平階撰　清道光元年(1821)文奎堂刻本　二册　存四卷(一至二、四至五)

410000－2209－0000683　3.3/01－00684
孫子十家註十三卷　(宋)吉天保輯　**遺説一卷**　(宋)鄭友賢撰　**敘錄一卷**　(清)畢以珣撰　清刻本　三册　存五卷(一、七至八,遺説一卷,敘錄一卷)

410000－2209－0000684　3.12/04－00685
新增説文韻府羣玉二十卷　(元)陰時夫編輯　(元)陰中夫編注　明萬曆十八年(1590)文光堂刻本　十七册　存十七卷(一至十、十二至十五、十七至十八、二十)

410000－2209－0000685　3.5/03－00686
類經三十二卷圖翼十一卷附翼四卷　(明)張介賓注　清嘉慶四年(1799)刻本　七册　存二十卷(一至三、十六至十八、二十一至二十七,圖翼三至五、八至十一)

410000－2209－0000686　4.2/62－00687
西山先生真文忠公文集五十五卷目錄二卷　(宋)真德秀撰　清雍正元年(1723)拱極堂刻本　五册　存八卷(一至六、目錄二卷)

410000－2209－0000687　3.2/04－00688
近思錄集註十四卷考訂朱子世家一卷　(清)江永撰　清光緒十年(1884)崇德局刻本　二册

410000－2209－0000688　3.2/05－00689
近思錄集註十四卷考訂朱子世家一卷　(清)江永撰　清刻本　一册　存八卷(七至十四)

410000－2209－0000689　4.2/63－00690
賓萌集五卷　(清)俞樾撰　清同治九年(1870)廣東刻本　二册

410000－2209－0000690　4.2/64－00691
賓萌外集四卷　(清)俞樾撰　清同治五年(1866)刻本　一册

410000－2209－0000691　4.2/65－00692
賓萌集五卷　(清)俞樾撰　清同治刻本　一册　存三卷(三至五)

410000－2209－0000692　5.1/43－00693
雙楳景闇叢書十七種　葉德輝輯　清光緒、宣統間長沙葉氏郎園刻本　四册　存八種十六卷

410000－2209－0000693　1.5/25－00694
柳下堂文集四卷　(清)鄭廉著　清康熙五十四年(1715)七松園刻本　二册　存二卷(一至二)

410000－2209－0000694　2.6/16－00696
[光緒癸卯恩科]河南鄉試闈墨不分卷　(清)常三省等撰　清光緒二十九年(1903)文明堂刻本　一册

410000－2209－0000695　2.6/17－00697
浙江闈墨不分卷　(清)□□輯　清光緒元年(1875)聚奎堂刻本　一册

410000－2209－0000696　4.3/28－00700
中州試牘扶雅集不分卷　(清)趙光等輯　清刻本　一册

410000－2209－0000697　2.6/18－00701
[光緒甲辰恩科]會試闈墨不分卷　(清)□□輯　清光緒三十年(1904)文明堂刻本　一册

410000－2209－0000698　2.6/19－00702
欽命四書詩題不分卷　(清)□□輯　清刻本　一册

410000－2209－0000699　2.6/20－00703
浙江闈墨不分卷　(清)□□輯　清同治九年(1870)聚奎堂刻本　一册

410000－2209－0000700　4.2/66－00704
宋文憲公全集五十三卷首四卷　(明)宋濂撰

清嘉慶十五年(1810)浙江金華府學刻本 十四冊 存四十八卷(一至二十五、三十五至五十三,首四卷)

410000－2209－0000701 4.3/29－00705
欽定四書文選不分卷 (清)方苞輯 清刻本 十七冊

410000－2209－0000702 4.3/30－00706
欽定四書文選不分卷 (清)方苞輯 清乾隆五年(1740)刻本 十二冊

410000－2209－0000703 4.3/31－00707
賦鈔箋略十五卷 (清)雷琳 (清)張杏濱箋 清刻本 一冊 存四卷(八至十一)

410000－2209－0000704 3.12/05－00708
子史精華一百六十卷 (清)吳士玉 (清)吳襄等輯 清刻本 三冊 存十卷(九至十二、四十二至四十四、一百三十四至一百三十六)

410000－2209－0000705 4.6/01－00709
新刻批評東漢演義八卷三十二回 題(清)清遠道人重編 清同文堂刻本 三冊 存六卷(一至二、五至八)

410000－2209－0000706 4.3/32－00710
重訂古文釋義新編八卷 (清)余誠評註 清刻本 一冊 存一卷(一)

410000－2209－0000707 4.3/33－00711
味蘭軒百篇賦鈔四卷 (清)張世燾 (清)彭克惠編輯 清刻本 三冊 存三卷(二至四)

410000－2209－0000708 3.2/06－00712
狀元閣女四書二卷 (清)王相箋註 (清)鄭漢校梓 清光緒三十四年(1908)仁記書莊刻本 一冊

410000－2209－0000709 3.2/07－00713
狀元閣女四書二卷 (清)王相箋註 (清)鄭漢校梓 清光緒三十四年(1908)仁記書莊刻本 一冊

410000－2209－0000710 2.10/66－00714
經傳釋詞補一卷 (清)孫經世撰 清光緒十四年(1888)長洲蔣氏心矩齋刻本 一冊

410000－2209－0000711 3.10/06－00715
端溪硯史三卷 (清)吳蘭修編 清咸豐九年(1859)刻本(有圖) 一冊

410000－2209－0000712 2.10/67－00716
千字文釋義一卷 (清)汪嘯尹纂輯 (清)孫謙益參注 清聚奎堂刻本 一冊

410000－2209－0000713 3.6/01－00717
御定七政四餘萬年書不分卷 (清)欽天監編 清刻本 一冊

410000－2209－0000714 4.6/02－00718
醉醒石十五回 題(明)東魯古狂生編 清刻本 一冊 存二回(十四至十五)

410000－2209－0000715 3.2/08－00719
訓俗遺規摘抄四卷 (清)陳弘謀編 (清)汪廷珍摘抄 清刻本 一冊 存二卷(三至四)

410000－2209－0000716 3.2/09－00720
楊椒山先生家訓一卷 (明)楊繼盛撰 清同治十一年(1872)蘇城翠琅齋刻本 一冊

410000－2209－0000717 3.2/10－00721
楊椒山先生家訓一卷 (明)楊繼盛撰 清同治十一年(1872)蘇城翠琅齋刻本 一冊

410000－2209－0000718 4.3/34－00722
春在堂尺牘五卷 (清)俞樾撰 清刻本 二冊

410000－2209－0000719 4.6/32－01659
第一才子書十六卷一百二十回 (明)羅本著 (清)金人瑞批 (清)毛宗崗評 清末大上海書局鉛印本(有圖) 二冊 存五卷(五至八、十)

410000－2209－0000720 4.3/37－00724
唐宋八大家文分體讀本第三集八卷 (清)汪份編 清康熙五十八年(1719)遄喜齋刻本 一冊 存一卷(一)

410000－2209－0000721 4.3/37－00725
唐宋八家文讀本三十卷 (清)沈德潛評點 清刻本 二冊 存五卷(八至九、二十三至二十五)

410000－2209－0000722　4.3/38－00726
續古文辭類纂三十四卷　王先謙輯　清刻本　二冊　存八卷（七至九、十二至十六）

410000－2209－0000723　4.3/39－00727
塾課小題正鵠三集一卷　（清）李元度編輯　清光緒十三年（1887）經文堂刻本　一冊

410000－2209－0000724　4.2/67－00728
圭美堂集二十六卷　（清）徐用錫撰　清乾隆十三年（1748）刻本　六冊

410000－2209－0000725　2.14/22－00729
皇朝經世文編一百二十卷姓名總目二卷　（清）賀長齡輯　清道光六年（1826）刻本　七十六冊　存一百十三卷（一至三十六、四十六至一百二十，姓名總目二卷）

410000－2209－0000726　2.14/23－00730
皇朝經世文編一百二十卷姓名總目二卷　（清）賀長齡輯　清刻本　三十九冊　存六十三卷（三十四至四十六、七十至九十八、一百至一百二十）

410000－2209－0000727　4.2/68－00731
揅經室一集十四卷二集八卷三集五卷四集二卷四集詩十一卷續集十一卷再續集七卷外集五卷　（清）阮元撰　清道光十九年（1839）刻本（有圖）　六冊　存十一卷（續集十一卷）

410000－2209－0000728　1.7/40－00732
東萊博議四卷增補虛字註釋一卷　（宋）呂祖謙撰　（清）李鴻才重梓　清光緒二十七年（1901）刻本　四冊

410000－2209－0000729　1.7/41－00733
東萊博議四卷增補虛字註釋一卷　（宋）呂祖謙撰　（清）馮泰松重刊　清刻本　三冊　存三卷（二至四）

410000－2209－0000730　1.7/42－00734
東萊博議四卷增補虛字註釋一卷　（宋）呂祖謙撰　（清）李鴻才重梓　清光緒刻本　一冊　存二卷（三至四）

410000－2209－0000731　1.7/43－00735
東萊博議四卷增補虛字註釋一卷　（宋）呂祖謙撰　（清）李鴻才重梓　清光緒二十七年（1901）刻本　二冊　存三卷（一、四，增補虛字註釋一卷）

410000－2209－0000732　1.7/44－00736
東萊博議四卷增補虛字註釋一卷　（宋）呂祖謙撰　（清）張文炳評點　清文選樓刻本　一冊　存一卷（四）

410000－2209－0000733　4.3/40－00737
古文喈鳳新編八卷　（清）汪基輯　清刻本　三冊　存六卷（三至八）

410000－2209－0000734　4.3/41－00738
古文喈鳳新編八卷　（清）汪基輯　清刻本　三冊　存六卷（三至八）

410000－2209－0000735　4.3/42－00739
古文喈鳳新編八卷　（清）汪基輯　清刻本　五冊　存五卷（三至四、六至八）

410000－2209－0000736　4.3/43－00740
古文喈鳳新編八卷　（清）汪基輯　清刻本　三冊　存四卷（一至二、五、七）

410000－2209－0000737　4.3/44－00741
古文喈鳳新編八卷　（清）汪基輯　清刻本　二冊　存二卷（三、八）

410000－2209－0000738　4.3/45－00742
古文喈鳳新編八卷　（清）汪基輯　清刻本　一冊　存二卷（三至四）

410000－2209－0000739　4.3/46－00743
古文喈鳳新編八卷　（清）汪基輯　清刻本　一冊　存二卷（七至八）

410000－2209－0000740　4.3/47－00744
古文喈鳳新編八卷　（清）汪基輯　清刻本　一冊　存一卷（六）

410000－2209－0000741　4.3/48－00745
古文喈鳳新編八卷　（清）汪基輯　清刻本　一冊　存一卷（二）

410000－2209－0000742　4.3/49－00746
古文喈鳳新編八卷　（清）汪基輯　清刻本

一册　存二卷(三至四)

410000－2209－0000743　4.3/50－00747
古文喈鳳新編八卷　(清)汪基輯　清刻本　二册　存四卷(三至四、七至八)

410000－2209－0000744　4.3/51－00748
文光堂重訂古文釋義新編八卷　(清)余誠評註　清刻本　一册　存二卷(一至二)

410000－2209－0000745　3.2/11－00749
大學衍義四十三卷　(宋)真德秀輯　(清)楊鶚重刊　(清)丁辛重較　清道光二十一年(1841)西山真文忠公全集本　十二册

410000－2209－0000746　5.1/44－00750
皇清經解一千四百卷首一卷　(清)阮元輯　清道光九年(1829)廣東學海堂刻本　二十七册　存九十九卷(一至十七、二十至三十四、一百五十一至一百六十六、一百七十二至一百七十六、二百八十八至二百九十七、三百至三百八、三百四十五至三百五十八、三百七十五至三百七十八、六百五十六至六百六十、一千二百一至一千二百三,首一卷)

410000－2209－0000747　5.1/45－00751
重訂七種文選　(清)儲欣評　清乾隆十四年(1749)二南堂刻本　十四册　存二種二十八卷

410000－2209－0000748　4.3/52－00752
古唐詩合解十六卷　(清)王堯衢注　清刻本　二册　存七卷(唐詩十至十二、古詩一至四)

410000－2209－0000749　4.3/53－00753
古唐詩合解十六卷　(清)王堯衢注　清刻本　二册　存四卷(唐詩一至四)

410000－2209－0000750　4.3/54－00754
古唐詩合解十六卷　(清)王堯衢注　清刻本　一册　存六卷(唐詩七至十二)

410000－2209－0000751　4.3/55－00755
古唐詩合解十六卷　(清)王堯衢注　清光緒二十年(1894)竹秀山房刻本　二册　存六卷(唐詩一至二、古詩一至四)

410000－2209－0000752　4.3/56－00756
古唐詩合解十六卷　(清)王堯衢注　清刻本　一册　存四卷(古詩一至四)

410000－2209－0000753　4.3/57－00757
古唐詩合解十六卷　(清)王堯衢注　清刻本　二册　存七卷(唐詩十至十二、古詩一至四)

410000－2209－0000754　4.3/58－00758
古唐詩合解十六卷　(清)王堯衢注　清刻本　一册　存五卷(唐詩五至九)

410000－2209－0000755　4.3/59－00759
古唐詩合解十六卷　(清)王堯衢注　清刻本　一册　存五卷(唐詩三至七)

410000－2209－0000756　4.2/69－00760
韋廬初集一卷續集一卷近集一卷　(清)李秉禮撰　清乾隆五十六年至嘉慶三年(1791－1798)刻本　三册

410000－2209－0000757　4.2/70－00761
持雅堂詩鈔三卷　(清)尚鎔撰　清刻本　二册　存二卷(一、三)

410000－2209－0000758　3.12/06－00762
佩文韻府一百六卷　(清)張玉書等輯　清刻本　一册　存二卷(二至三)

410000－2209－0000759　4.2/71－00763
寄圃詩草初集四卷　(清)王庚著　清道光十六年(1836)敬業堂刻本　一册　存一卷(一)

410000－2209－0000760　4.3/60－00764
歸餘鈔四卷　(清)高嵣集評　清乾隆刻本　一册　存一卷(一)

410000－2209－0000761　5.1/46－00765
周易闡真四卷首一卷　(清)劉一明撰　清嘉慶二十四年(1819)常郡護國庵刻本　一册　存一卷(首一卷)

410000－2209－0000762　3.7/04－00766
地理六經注六卷　(清)葉泰著　清刻本　二册　存四卷(一至四)

410000－2209－0000763　3.10/07－00767

宣講拾遺六卷首一卷　(清)莊跛仙輯　清光緒九年(1883)刻本　二冊　存二卷(一、首一卷)

410000－2209－0000764　3.14/04－00768

南華全經分章句解四卷　(明)陳榮選著　清乾隆三年(1738)饒青軒刻本　二冊　存三卷(一、三至四)

410000－2209－0000765　4.2/71－00769

經畬堂稿四卷　(清)儲在文著　清刻本　一冊　存一卷(三)

410000－2209－0000766　1.8/02－00770

孝經大全二十八卷首一卷孝經或問三卷孝經翼一卷孝經本義二卷首一卷　(明)呂維祺撰　清刻本　一冊　存六卷(一至六)

410000－2209－0000767　3.8/06－00771

芥子園畫傳五卷　(清)王槩等摹古　清刻本(有圖)　二冊　存二卷(二、五)

410000－2209－0000768　1.7/45－00772

春秋左傳三十卷首一卷　(晉)杜預注　(宋)林堯叟附注　(唐)陸德明音義　(清)馮李驊集解　清光緒十二年(1886)湖北官書處刻本　一冊　存三卷(一至二、首一卷)

410000－2209－0000769　1.10/68－00773

童試捷徑秘訣不分卷　(清)□□撰　清道光十二年(1832)慶餘堂刻本　一冊

410000－2209－0000770　3.3/02－00775

孫子十家註十三卷　(宋)吉天保輯　**遺說一卷**　(宋)鄭友賢撰　**敘錄一卷**　(清)畢以珣撰　清刻本　一冊　存二卷(遺說一卷、敘錄一卷)

410000－2209－0000771　4.1/01－00774

楚辭十七卷　(漢)王逸章句　(宋)洪興祖補註　清同治十一年(1872)金陵書局刻本　四冊

410000－2209－0000772　3.13/01－00776

天方典禮擇要解二十卷後編一卷　(清)劉智纂述　清刻本　二冊　存十一卷(十一至二十、後編一卷)

410000－2209－0000773　4.2/72－00777

星齋文稾初刻不分卷　(清)陳兆崙撰　清刻本　一冊

410000－2209－0000774　3.14/05－00778

莊子雪三卷　(清)陸樹芝輯注　清刻本　一冊　存一卷(中)

410000－2209－0000775　4.3/61－00779

全唐詩九百卷目錄十二卷　(清)唐寅等輯　清道光十年(1830)彭年刻本　七十一冊　存五百六十五卷(郊廟樂章七卷,樂府一至七、十一至十三,王珪等一卷,魏徵一卷,褚亮一卷,于志寧一卷,楊師道一卷,許敬宗等一卷,虞世南一卷,王績一卷,蕭德言等一卷,陳子良等一卷,上官儀一卷,盧照鄰二卷,李百藥一卷,劉禕之等一卷,杜易簡等一卷,狄仁傑等一卷,蘇瓌一卷,張九齡三卷,楊炯一卷,宋之問三卷,崔湜等一卷,王勃二卷,李嶠五卷,杜審言一卷,董思恭等一卷,姚崇等一卷,蘇味道一卷,郭震一卷,田遊巖等一卷,崔融一卷,閻朝隱等一卷,李適一卷,劉憲一卷,高正臣等一卷,蘇頲二卷,姜晞等一卷,徐彥伯一卷,駱賓王三卷,武三思等一卷,喬知之等一卷,劉希夷一卷,陳子昂二卷,張說五卷,張均等一卷,韋嗣立等一卷,李乂一卷,盧藏用等一卷,富嘉謨等一卷,沈佺期三卷,趙冬曦等一卷,裘耀卿等一卷,包融等一卷,張子容一卷,張旭等一卷,孫逖一卷,崔國輔一卷,崔珪等一卷,李林甫等一卷,盧象一卷,盧鴻一一卷,徐安貞等一卷,王維四卷,儲光義四卷,王昌齡四卷,常建一卷,杜頠等一卷,陶翰一卷,顏真卿一卷,李華一卷,蕭穎士一卷,崔曙一卷,王翰一卷,孟雲卿一卷,張巡等一卷,孟浩然二卷,李白一至八、十八至二十五,韋應物十卷,孟彥深等一卷,張謂一卷,岑參四卷,杜甫十四至十九,元結二卷,張繼一卷,韓翃三卷,韋元甫等一卷,戴叔倫二卷,張建封等一卷,盧綸五卷,崔琮等一卷,李益二卷,李端三卷,崔元翰等一卷,陳京等一卷,朱放一卷,武元衡二卷,李吉甫等一卷,顏粲等一卷,張薦等一卷,段文昌等一卷,羊士諤一卷,楊巨源一卷,令狐楚一卷,裴度一卷,韓愈十卷,劉禹錫六至十二,孟郊十卷,張籍五卷,元稹一至九、二十至二十八,白居易十六至二十、二十五至二十九,姚合七卷,杜牧八卷,李商隱三卷,紀唐夫等一卷,喻凫一卷,劉得仁二卷,權審等一卷,朱景元等一卷,鄭薰一卷,薛逢一卷,劉威等一卷,裴休等一卷,于興宗等一卷,韓琮一卷,王傳等一卷,鄭嵎等一卷,李群玉三卷,賈島四卷,溫庭筠九卷,段成式一卷,劉駕一卷,劉滄一卷,李頻三卷,李郢一卷,崔珏一卷,曹鄴二卷,儲嗣宗一卷,于武陵一卷,司馬扎一卷,徐商等一卷,高駢一卷,于濆一卷,牛徵等一卷,李昌符一卷,汪遵一卷,許棠二卷,邵謁一卷,林寬一卷,劉鄴等一卷,皮日休九卷,陸龜蒙十四卷,張賁等一卷,司空圖三卷,周繇一卷,聶夷中一卷,顧雲一卷,張喬二卷,曹唐二卷,來鵠一卷,李山甫一卷,李咸用三卷,胡曾一卷,羅隱十一卷,羅虬一卷,鄭損等一卷,高蟾一卷,章碣一卷,秦韜玉一卷,唐彥謙二卷,周朴一卷,鄭谷四卷,許彬一卷,崔塗一卷,韓偓四卷,吳融四卷,張蠙一卷,翁承贊一卷,黃滔二卷,盧延讓等一卷,曹松二卷,蘇拯一卷,路德延等一卷,裴說一卷,李洞三卷,唐求一卷,于鄴一卷,陸貞洞等一卷,胡令能等一卷,周曇二卷,李九齡一卷,胡宿等一卷,高力士等一卷,李密等一卷,羅紹威等一卷,和凝二卷,王仁裕一卷,馮道等一卷,宋齊邱等一卷,李建勳一卷,孟賓于等一卷,陳睨等一卷,張泌一卷,孫魴等一卷,伍喬一卷,陳陶二卷,李中四卷,徐鉉六卷,徐鍇等一卷,陳元裕一卷,孟貫一卷,成彥雄一卷,周庠等一卷,徐光溥等一卷,劉昭禹等一卷,楊夔等一卷,譚用之一卷,王周一卷,劉兼一卷,孫元晏一卷,嚴識元等一卷,鄭軌等一卷,董初等一卷,宋雍等一卷,趙起等一卷,蕭意等一卷,吉師老等一卷,崔江等一卷,馮道之等一卷,邢象玉等一卷,李季華等一卷,王約等一卷,鄭蕡等一卷,趙鐸等一卷,員南溟等一卷,辛學士等一卷,景龍文館學士等一卷,無名氏三卷,李白等一卷,皇甫曾等一卷,裴度等一卷,韓愈等一卷,張祐等一卷,皮日休等一卷,清晝等一卷,李日知等一卷,無名氏句一卷,寒山一卷,拾得等一卷,慧宣等一卷,靈一一卷,靈澈等一卷,護國等一卷,清江一卷,無可一卷,皎然七卷,廣宣一卷,含曦等一卷,子蘭一卷,可止等一卷,貫休十二卷,齊巳一至七,孫思邈等一卷,馬湘等一卷,清遠道士等一卷,張雲容等一卷,洞庭龍君等一卷,慕容垂等一卷,九華山白衣等一卷,渾家門客等一卷,肅宗等一卷,褚亮等一卷,嚴維等一卷,杜牧等一卷,皮日休等一卷,曹松等一卷,盧言等一卷,靈澈等一卷,明皇帝等一卷,李景伯等一卷,杜牧等一卷,韋莊等一卷,毛文錫等一卷,薛昭蘊等一卷,魏承班等一卷,李珣等一卷,閻選等一卷,張泌等一卷,庾傳素等一卷,呂嚴等一卷;目錄十二卷)

410000－2209－0000776　3.5/04－00780
重訂外科正宗十二卷　(明)陳實功撰　清光緒三十一年(1905)經元堂刻本(有圖)　六冊

410000－2209－0000777　3.13/02－00781
成唯識論觀心法要十卷　(明)釋智旭述　清刻本　七冊　存七卷(一至四、六至七、九)

410000－2209－0000778　3.5/05－00782
學古診則四卷　(明)盧之頤輯　清乾隆三十五年(1770)刻本　一冊　存二卷(一至二)

410000－2209－0000779　5.1/47－00783
黃氏醫書八種　(清)黃元御著　清光緒三十一年(1905)經元書室刻本　二冊　存二種十二卷

410000－2209－0000780　3.5/06－00784
針灸易學二卷　(清)李守先著　清刻本　一冊　存一卷(下)

410000－2209－0000781　3.5/07－00785
嵩崖尊生書十五卷　(清)景日昣纂著　清刻本　三冊　存四卷(四至五、八至九)

410000－2209－0000782　3.5/08－00786
心眼指要四卷　(清)無心道人(章甫)纂　清

刻本(有圖)　一册　存一卷(四)

410000－2209－0000783　3.5/09－00787
新刻小兒推拿方脉活嬰秘旨全書三卷　(明)龔雲林撰　(明)姚國禎補輯　清刻本(有圖)　一册

410000－2209－0000784　3.5/10－00788
外科證治全書五卷末一卷　(清)許克昌　(清)畢法輯　清刻本　一册　存一卷(四)

410000－2209－0000785　3.5/11－00789
鍼灸甲乙經十二卷　(晉)皇甫謐撰　清刻本　一册　存三卷(三至五)

410000－2209－0000786　3.5/12－00790
注解傷寒論十卷論圖一卷　(漢)張仲景(機)撰　(晉)王叔和編　(金)成無己注解　**傷寒明理論四卷**　(金)成無己撰　清光緒二十二年(1896)湖南書局刻本　二册　存五卷(一至四、論圖一卷)

410000－2209－0000787　3.5/13－00791
痘症精言四卷　(清)袁句著　(清)潘遇隆校　清乾隆五十九年(1794)大盛堂刻本　一册　存二卷(一至二)

410000－2209－0000788　3.5/14－00792
鍼灸大成十卷　(明)楊繼洲撰　(清)章廷珪重修　清光緒十二年(1886)紫文閣刻本　二册　存二卷(一、四)

410000－2209－0000789　3.5/15－00793
藥性賦直解八卷首一卷末一卷　(明)羅必煒參訂　清光緒三十年(1904)刻本　三册　存七卷(一、三至五、八,首一卷,末一卷)

410000－2209－0000790　3.5/16－00794
雷公炮製藥性解六卷　(明)李中梓編輯　(清)王子接重訂　清刻本　二册　存五卷(二至六)

410000－2209－0000791　3.5/17－00795
醫學三字經四卷　(清)陳念祖著　清刻本　一册　存二卷(三至四)

410000－2209－0000792　3.5/18－00796
較正醫林狀元壽世保元十卷　(明)龔廷賢著　(清)周亮登校　清廣順堂刻本　一册　存一卷(八)

410000－2209－0000793　3.5/19－00797
較正醫林狀元壽世保元十卷　(明)龔廷賢著　(清)龔安國校　清卓觀樓刻本　二册　存四卷(五至八)

410000－2209－0000794　3.5/20－00798
新刊醫林狀元壽世保元十卷　(明)龔廷賢著　(清)周亮登校　清刻本　三册　存三卷(二、八、十)

410000－2209－0000795　3.5/21－00799
新刊醫林狀元壽世保元十卷　(明)龔廷賢著　(清)周亮登校　清刻本　一册　存二卷(九至十)

410000－2209－0000796　3.5/22－00800
新刊醫林狀元壽世保元十卷　(明)龔廷賢著　(清)周亮登校　清刻本　一册　存二卷(七至八)

410000－2209－0000797　3.5/23－00801
新刊醫林狀元壽世保元十卷　(明)龔廷賢著　(清)周亮登校　清刻本　一册　存一卷(三)

410000－2209－0000798　3.5/24－00802
較正醫林狀元壽世保元十卷　(明)龔廷賢著　(清)周亮登校　清宏道堂刻本　三册　存三卷(三、五、九)

410000－2209－0000799　3.5/25－00803
珍珠囊指掌補遺藥性賦四卷　題(金)李杲編輯　(清)王子接重訂　**雷公炮製藥性解六卷**　(明)李中梓編輯　(清)王子接重訂　清刻本　一册　存四卷(藥性賦三至四、藥性解五至六)

410000－2209－0000800　3.13/03－00804
成唯識論十卷　(唐)釋玄奘譯　清刻本　一册　存五卷(一至五)

410000－2209－0000801　3.14/06－00805

莊子内篇註四卷　(明)釋得清註　清光緒十四年(1888)金陵刻經處刻本　二册

410000-2209-0000802　3.13/04-00806
因明入正理論疏八卷　(唐)釋窺基撰　清光緒二十二年(1896)金陵刻經處刻本　二册

410000-2209-0000803　3.10/08-00807
容齋隨筆十六卷續筆十六卷三筆十六卷四筆十六卷五筆十卷　(宋)洪邁撰　清刻本　九册　存三十卷(三筆九至十二、四筆十六卷、五筆十卷)

410000-2209-0000804　3.14/05-00808
陰騭文圖説四卷性天真境一卷欲海慈航一卷　(清)黄正元纂輯　清道光十七年(1837)槐陰書屋刻本(有圖)　五册　存五卷(陰騭文圖説四卷、性天真境一卷)

410000-2209-0000805　3.2/12-00809
摘錄呻吟語詳説四卷　(明)吕坤撰　清道光三十年(1850)福仙堂刻本　四册

410000-2209-0000806　3.5/26-00810
圖註八十一難經辨真四卷　(戰國)秦越人著　(明)張世賢註　清刻本(有圖)　一册

410000-2209-0000807　3.5/27-00811
丹臺玉案六卷　(明)孫文胤著　清學餘堂刻本　六册

410000-2209-0000808　3.5/28-00812
陳修園醫學全集　(清)陳念祖著　清光緒二十九年(1903)湖南書局刻本　二十一册　存十五種五十九卷

410000-2209-0000809　3.12/07-00813
潛確居類書一百二十卷　(明)陳仁錫纂輯　清刻本　十二册　存二十一卷(三十一至四十七、五十一至五十二、五十四至五十五)

410000-2209-0000810　3.14/07-00814
關帝明聖經一卷附明聖經靈籤一卷　(□)□□撰　清光緒八年(1882)石印本　一册

410000-2209-0000811　3.14/08-00815
道德經解二卷　(唐)吕嵒撰　清抄本　二册

410000-2209-0000812　3.2/13-00816
弟子箴言十六卷　(清)胡達源著　清光緒二十一年(1895)湖南刻本　三册　存十一卷(一至八、十至十二)

410000-2209-0000813　3.2/14-00817
寄傲山房塾課新增幼學故事瓊林四卷首一卷　(明)程登吉撰　(清)鄒聖脈增補　清刻本　一册　存二卷(三至四)

410000-2209-0000814　3.8/07-00818
學山堂印譜八卷　(明)張灝藏　清鈐印本　一册　存一卷(四)

410000-2209-0000815　3.10/09-00819
日知錄集釋三十二卷栞誤二卷　(清)顧炎武撰　(清)黄汝成集釋　清光緒元年(1875)湖北崇文書局刻本　十五册　存三十二卷(一至二十一、二十四至三十二,栞誤二卷)

410000-2209-0000816　3.10/10-00820
嘉懿集初鈔四卷續鈔四卷　(清)高塘輯　清刻本　三册　存三卷(初鈔四、續鈔三至四)

410000-2209-0000817　3.14/09-00821
南華眞經旁註五卷　題(晉)向秀撰　(晉)郭象評　清嘉慶十一年(1806)文盛堂刻本　八册

410000-2209-0000818　3.2/15-00822
御纂性理精義十二卷　(清)李光地等輯　清刻本　五册　存十卷(三至十二)

410000-2209-0000819　3.12/08-00823
新刊校正增補圓機詩學活法全書二十四卷詩韻活法全書十四卷　(明)王世貞校　清嘉慶三年(1798)敢元堂補刻本　六册　存十一卷(詩學活法全書十七至二十四、詩韻活法全書一至三)

410000-2209-0000820　3.12/09-00824
新刊校正增補圓機詩韻活法全書十四卷　(明)王世貞校　(清)蔣先庚重訂　清刻本　二册　存四卷(一至四)

410000-2209-0000821　3.12/10-00825

新刊校正增補圓機詩學活法全書二十四卷 (明)王世貞校　清刻本　四冊　存七卷(十八至二十四)

410000－2209－0000822　3.12/11－00826
新刊校正增補圓機詩韻活法全書十四卷 (明)王世貞校　(清)蔣先庚重訂　清刻本　二冊　存四卷(五至六、十至十一)

410000－2209－0000823　3.8/08－00827
佩文齋書畫譜一百卷　(清)孫岳頒等纂　清刻本　四十一冊　存六十五卷(十五至五十四、五十九、七十七至一百)

410000－2209－0000824　3.12/12－00828
太平御覽一千卷目錄十卷經史圖書綱目一卷 (宋)李昉纂　(清)鮑崇城重校　清刻本　三十六冊　存三百十二卷(一至二十九、三十七至四十四、五十三至六十一、七十八至八十五、一百二十五至一百三十四、一百四十二至一百四十八、一百五十七至二百二十九、二百四十八至二百七十五、二百七十八至三百十三、四百二十六至四百四十四、五百七十一至六百五、六百三十四至六百六十一、六百七十二至六百七十八、七百三十五至七百四十三，目錄一至五，經史圖書綱目一卷)

410000－2209－0000825　4.2/73－00829
象山先生全集三十六卷　(宋)陸九淵撰　(清)李紱點次　**附錄少湖徐先生學則辯一卷** (明)徐階著　清雍正十年(1732)刻本　六冊　存十五卷(二十三至三十六、附錄少湖徐先生學則辯一卷)

410000－2209－0000826　3.5/29－00830
同仁堂藥目一卷　(清)樂鳳鳴輯　清光緒十五年(1889)京都同仁堂刻本　一冊

410000－2209－0000827　3.5/30－00831
同仁堂藥目一卷　(清)樂鳳鳴輯　清光緒十五年(1889)京都同仁堂刻本　一冊

410000－2209－0000828　3.5/31－00832
救偏瑣言十卷備用良方一卷　(明)費啟泰著　清慧迪堂刻本　五冊　存八卷(一至六、十，備用良方一卷)

410000－2209－0000829　3.5/32－00833
救偏瑣言十卷備用良方一卷　(明)費啟泰著　清慧迪堂刻本　一冊　存四卷(一至四)

410000－2209－0000830　3.5/33－00834
慈恩玉歷彙錄五卷附良方續錄一卷補遺一卷 (清)俞大文輯　清刻本　一冊　存二卷(續錄一卷、補遺一卷)

410000－2209－0000831　3.5/34－00835
傷寒明理論四卷　(金)成無己撰　清刻本　一冊

410000－2209－0000832　3.5/35－00836
沈氏尊生書五種　(清)沈金鰲撰　清刻本　一冊　存一種三卷(五至七)

410000－2209－0000833　3.5/36－00837
新刊纂圖元亨療馬集六卷　(明)喻本元　(明)喻本亨著　清乾隆元年(1736)經國堂刻本(有圖)　三冊

410000－2209－0000834　3.5/37－00838
濟陰綱目十四卷　(明)武之望輯著　(清)汪淇釋　清刻本　一冊　存二卷(十二至十三)

410000－2209－0000835　3.5/38－00839
醫方集解三卷　(清)汪昂輯　清刻本　一冊　存一卷(中)

410000－2209－0000836　3.10/11－00840
通雅五十二卷首三卷　(清)方以智輯著　(清)姚文燮較訂　清刻本　八冊　存二十四卷(二十九至五十二)

410000－2209－0000837　3.5/39－00841
醫方集解六卷　(清)汪昂著輯　清乾隆五年(1740)三讓堂刻本　二冊　存三卷(一至二、六)

410000－2209－0000838　3.5/40－00842
痘疹集要一卷　(清)李代棨著　清光緒二十年(1894)瀏陽刻本　一冊

410000－2209－0000839　3.5/41－00843
痘疹集要一卷　(清)李代棨著　清光緒二十

年(1894)瀏陽刻本　一册

410000－2209－0000840　3.5/42－00844
醫方集解六卷　(清)汪昂著輯　清乾隆五年(1740)聚錦堂刻本　二册　存四卷(一至四)

410000－2209－0000841　3.5/43－00845
問心堂温病條辨六卷首一卷　(清)吳瑭著　清刻本　二册　存三卷(一至三)

410000－2209－0000842　3.5/44－00846
醫學從衆八卷　(清)陳念祖著　(清)陳元犀參訂　清刻本　一册　存二卷(五至六)

410000－2209－0000843　3.5/45－00847
本草原始十二卷　(明)李中立纂輯　(明)葛鼐校閲　清經餘堂刻本(有圖)　一册　存四卷(四至七)

410000－2209－0000844　3.5/46－00848
芷園素社痎瘧論疏一卷痎瘧疏方一卷　(明)盧之頤疏　清刻本　一册

410000－2209－0000845　3.5/47－00849
痳科活人全書四卷　(清)謝玉瓊纂輯　清刻本　一册　存一卷(三)

410000－2209－0000846　3.5/48－00850
醫方集解六卷　(清)汪昂著輯　清刻本　一册　存一卷(六)

410000－2209－0000847　3.5/49－00851
醫方集解三卷　(清)汪昂輯　清刻本　一册　存一卷(一)

410000－2209－0000848　3.5/50－00852
醫方捷徑指南全書二卷　(明)王宗顯輯　清刻本　一册

410000－2209－0000849　3.5/51－00853
本草備要八卷　(清)汪昂輯著　清刻本　一册　存一卷(一)

410000－2209－0000850　3.5/52－00854
素問靈樞類纂約注三卷　(清)汪昂纂輯　(清)汪桓訂定　清嘉慶二十二年(1817)宏德堂刻本　一册　存一卷(上)

410000－2209－0000851　3.5/53－00855
古今醫鑑十六卷　(明)龔信纂輯　清刻本　一册　存一卷(十三)

410000－2209－0000852　3.5/54－00856
傷寒明理論四卷　(金)成無己撰　清刻本　一册　存三卷(二至四)

410000－2209－0000853　3.5/55－00857
傷寒明理論四卷　(金)成無己撰　清刻本　一册

410000－2209－0000854　3.10/12－00858
讀書樂趣八卷　(清)伍涵芬定　清乾隆十年(1745)華日堂刻本　三册　存六卷(一至六)

410000－2209－0000855　3.5/56－00859
洄溪醫案一卷附慎疾芻言一卷　(清)徐大椿著　(清)王士雄編　清咸豐十年(1860)海昌蔣氏刻本　一册

410000－2209－0000856　2.17/06－00860
太和書局增訂鑑略妥注善本六卷　(明)李延機著　(明)張瑞圖校正　(清)鄒聖脈校訂　清光緒二十九年(1903)太和書局刻本　一册　存三卷(一至三)

410000－2209－0000857　2.14/24－00861
在官法戒錄摘鈔四卷　(清)陳弘謀編輯　清刻本　一册　存二卷(三至四)

410000－2209－0000858　2.14/25－00862
荒政輯要九卷首一卷　(清)汪志伊纂　清嘉慶十一年(1806)刻本　一册　存五卷(一至四、首一卷)

410000－2209－0000859　3.6/21－00863
優復恩例不分卷　(清)孔繼善等彙集　清同治六年(1867)刻本　一册

410000－2209－0000860　3.3/03－00864
守城救命書一卷　(明)呂坤著　(明)喬允訂　清咸豐十年(1860)刻本　一册

410000－2209－0000861　3.5/57－00865
女科二卷　(清)傅山著　清同治八年(1869)湖北崇文書局刻本　二册

410000－2209－0000862　3.5/58－00866
新刊纂圖元亨療馬集六卷　(明)喻本元　(明)喻本亨著　清刻本(有圖)　一册　存一卷(五)

410000－2209－0000863　3.5/59－00867
元亨療牛集二卷　(明)喻本元　(明)喻本亨集　清道光二十四年(1844)經國堂刻本(有圖)　一册

410000－2209－0000864　3.5/60－00868
新刊纂圖元亨療馬集六卷　(明)喻本元　(明)喻本亨著　清刻本(有圖)　一册　存二卷(一至二)

410000－2209－0000865　3.5/61－00869
圖像水黄牛經合併大全二卷　(明)喻本元　(明)喻本亨著　清宣統元年(1909)刻本(有圖)　一册

410000－2209－0000866　3.5/62－00870
新刊醫林狀元壽世保元十卷　(明)龔廷賢編　(清)周亮登校　清卓觀樓刻本　一册　存二卷(一至二)

410000－2209－0000867　3.5/63－00871
御纂醫宗金鑑九十卷首一卷　(清)吴謙等編纂　清乾隆刻本(有圖)　八册　存十二卷(一、十九至二十、二十七至二十九、三十五至三十六、六十五、八十四至八十五,首一卷)

410000－2209－0000868　3.5/64－00872
編輯外科心法要訣十六卷　(清)吴謙等輯　清刻本(有圖)　五册　存六卷(三至七、九)

410000－2209－0000869　3.5/65－00873
御纂醫宗金鑑九十卷首一卷　(清)吴謙等輯　清刻本(有圖)　二册　存一種六卷(編輯刺灸心法要訣五至七、十二至十四)

410000－2209－0000870　3.5/66－00874
編輯刺灸心法要訣八卷　(清)吴謙等輯　清善成堂刻本(有圖)　一册　存三卷(五至七)

410000－2209－0000871　3.5/67－00875
[道光]許州志十六卷首一卷　(清)蕭元吉修　(清)李堯觀纂　清道光十八年(1838)刻本　一册　存五卷(十一至十五)

410000－2209－0000872　3.11/02－00876
世説新語六卷　(南朝宋)劉義慶撰　(南朝梁)劉孝標注　清光緒三年(1877)湖北崇文書局刻本　四册

410000－2209－0000873　3.2/16－00877
養正遺規摘鈔一卷補鈔一卷　(清)陳弘謀編　(清)汪廷珍摘抄　清同治七年(1868)崇文書局刻本　一册

410000－2209－0000874　3.12/13－00878
新增説文韻府羣玉二十卷　(元)陰時夫編輯　(元)陰中夫編注　清崇文堂刻本　十五册　存十五卷(六至二十)

410000－2209－0000875　3.7/05－00879
卜筮正宗十四卷　(清)王維德輯　清光緒三年(1877)經元堂刻本　六册

410000－2209－0000876　3.11/22－00880
東周列國全志二十三卷一百八回　(清)蔡奡評點　清刻本　七册　存十四卷(八至九、十二至二十三)

410000－2209－0000877　3.11/04－00881
東周列國全志二十三卷一百八回　(清)蔡奡評點　清刻本　十六册　存十六卷(三至十二、十五至二十)

410000－2209－0000878　3.5/68－00882
本草從新十八卷　(清)吴儀洛輯　清光緒十二年(1886)刻本　二册

410000－2209－0000879　3.5/69－00883
醫宗必讀十卷　(明)李中梓著　清光緒三十三年(1907)崇實書局刻本(有圖)　三册　存四卷(一至二、五至六)

410000－2209－0000880　3.5/70－00884
醫宗必讀十卷　(明)李中梓著　清光緒三十三年(1907)崇實書局刻本(有圖)　一册　存二卷(一至二)

410000－2209－0000881　3.10/13－00885

諸子評議三十五卷　(清)俞樾輯　清同治刻本　八册

410000－2209－0000882　3.5/71－00886
增補藥性雷公炮製八卷增補藥性賦一卷　(清)張光斗增補　清同治十二年(1873)維經堂刻本　六册

410000－2209－0000883　2.6/22－00887
校正尚友録二十二卷　(明)廖用賢編纂　(清)張伯琮補輯　清光緒二十九年(1903)經元書室刻本　十二册

410000－2209－0000884　3.11/05－00888
希夷夢四十卷　(清)王寄撰　清光緒四年(1878)翠筠山房刻本(有圖)　二十二册　存三十六卷(一至十一、十四至十五、十八至四十)

410000－2209－0000885　3.8/09－00889
佩文齋書畫譜一百卷　(清)孫岳頒等纂輯　清光緒九年(1883)上海同文書局石印本　十六册

410000－2209－0000886　3.11/06－00890
閱微草堂筆記五種　(清)觀弈道人(紀昀)撰　清道光二十七年(1847)小蓬萊山館刻本　十四册

410000－2209－0000887　3.12/14－00891
小嫏嬛山館彙刊類書十二種二十三卷　(清)□□輯　清咸豐元年(1851)刻本　十一册　存十種二十二卷

410000－2209－0000888　3.12/15－00892
崇辦堂墨選不分卷　(清)胡希周評選　清道光二十七年(1847)崇辦堂刻本　六册

410000－2209－0000889　3.12/16－00893
壹是紀始二十二卷　(清)魏崧著　清道光二十二年(1842)刻本　八册

410000－2209－0000890　3.12/17－00894
策學總纂大成四十六卷目録二卷　(清)蔡壽祺輯　清刻本　七册　存四十六卷(策學總纂大成四十六卷)

410000－2209－0000891　3.10/14－00895
困學紀聞注二十卷目録一卷　(宋)王應麟撰　(清)翁元圻輯　清光緒五年(1879)京都明道堂石印本　二十册

410000－2209－0000892　3.10/15－00896
困學紀聞注二十卷　(宋)王應麟撰　(清)翁元圻輯　清樂善堂石印本　四册　存十三卷(一至五、九至十六)

410000－2209－0000893　3.10/16－00897
困學紀聞注二十卷首一卷　(宋)王應麟撰　(清)翁元圻輯　清光緒石印本　三册　存十卷(一、五至七、十二至十六,首一卷)

410000－2209－0000894　3.7/06－00898
新編評註通玄先生張果星宗大全十卷　題(唐)張果撰　(明)陸位校　清光緒五年(1879)同志堂刻本　四册　存八卷(一至八)

410000－2209－0000895　3.12/18－00899
事類統編九十三卷首一卷　(清)王鳳喈撰注　清刻本　三十册　存六十卷(十至十二、十九、二十四至二十六、二十九至三十一、三十四至三十九、四十一至五十一、五十四至五十七、六十三至七十一、七十四至九十三)

410000－2209－0000896　3.12/19－00900
增補事類統編九十三卷首一卷　(清)黄葆真增輯　清敦好堂刻本　十三册　存四十卷(二十一至四十四、七十二至七十八、八十三至八十七、九十至九十三)

410000－2209－0000897　3.5/72－00901
本草綱目五十二卷　(明)李時珍撰　清刻本　十三册　存三十八卷(三至四、十至十七、二十二至四十二、四十五至五十一)

410000－2209－0000898　3.5/73－00902
本草綱目五十二卷　(明)李時珍撰　清刻本　七册　存十一卷(八、十一、十七、二十七至二十九、三十七至三十八、四十五至四十七)

410000－2209－0000899　3.5/74－00903
本草綱目五十二卷瀕湖脉學一卷奇經八脉攷一卷脉訣攷證一卷圖三卷　(明)李時珍撰

清光緒十四年(1888)石印本　五册　存二十四卷(九至十五、十九至二十五、四十三至四十八,瀕湖脉學一卷,奇經八脉攷一卷,脉訣攷證一卷,圖上)

410000－2209－0000900　3.5/75－00904
御纂醫宗金鑑九十卷首一卷　(清)吴謙等撰　清刻本　十七册　存六十一卷(二十二至六十四、七十至七十五、七十九至九十)

410000－2209－0000901　3.5/76－00905
本草萬方鍼線八卷　(清)蔡烈先輯　清宣統元年(1909)上海經香閣石印本　一册

410000－2209－0000902　3.5/77－00906
本草綱目五十二卷　(明)李時珍撰　清上海鴻寶齋石印本　六册　存十四卷(七至十八、三十五至三十六)

410000－2209－0000903　3.5/78－00907
驗方新編八卷首一卷　(清)鮑相璈編輯　**痧症全書三卷**　(清)王凱編輯　**咽喉秘集二卷**　(清)海山仙館輯　清同治元年(1862)海山仙館維經堂刻本　九册　存十卷(一至五、七至八,首一卷,痧症全書一上,咽喉秘集二下)

410000－2209－0000904　3.12/20－00908
類類聯珠初編三十二卷二編十二卷　(清)李堃編　清同治九年(1870)刻本　八册

410000－2209－0000905　3.11/07－00909
世説新語六卷　(南朝宋)劉義慶撰　(南朝梁)劉孝標注　清光緒十七年(1891)思賢講舍刻本　三册

410000－2209－0000906　3.12/21－00910
讀書紀數略五十四卷　(清)宫夢仁編　清刻本　六册　存四十一卷(八至十七、十九至三十三、三十九至五十四)

410000－2209－0000907　3.2/17－00911
訓俗遺規摘抄四卷　(清)陳弘謀編　(清)汪廷珍摘抄　清同治七年(1868)崇文書局刻本　二册

410000－2209－0000908　2.8/02－00912
經綸局增定課讀鑑畧妥註善本五卷　(明)李廷機著　(明)張瑞圖校正　(清)鄒聖脈原訂　清光緒二十一年(1895)學庫山房刻本　一册　存二卷(一至二)

410000－2209－0000909　2.8/03－00913
太和書局增定鑑畧妥註善本六卷　(明)李廷機著　(明)張瑞圖校正　(清)鄒聖脈原訂　清光緒十九年(1893)太和書局刻本　二册

410000－2209－0000910　2.8/04－00914
令德堂增定課兒鑑畧妥註善本五卷　(明)李廷機著　(明)張瑞圖校正　(清)鄒聖脈原訂　清刻本　二册

410000－2209－0000911　3.12/22－00915
淵鑑類函四百五十卷目録四卷　(清)張英等輯　清刻本　二册　存七卷(二百三十四至二百三十七、三百二十七至三百二十九)

410000－2209－0000912　3.12/23－00916
淵鑑類函四百五十卷目録四卷　(清)張英等輯　清刻本　一册　存四卷(二百三十至二百三十三)

410000－2209－0000913　3.17/01－00917
楞伽阿跋多羅寶經會譯四卷　(南朝宋)釋求那跋陀羅初譯　(東魏)釋菩提留支再譯　(唐)釋實叉難陀後譯　(明)釋員訶會譯　清刻本　一册　存一卷(一)

410000－2209－0000914　2.6/23－00918
頤志齋四譜四卷　(清)丁晏編　清道光十七年(1837)刻本　一册

410000－2209－0000915　2.6/24－00919
[穀城]殷氏族譜□□卷　(清)□□纂修　清刻本　一册　存一卷(四)

410000－2209－0000916　2.6/25－00920
[竹園]馬氏族譜不分卷　(清)□□撰　清道光二十二年(1842)刻本　一册

410000－2209－0000917　4.4/03－00921
分類賦學雞跖集三十卷附録一卷　(清)張維城輯　清光緒八年(1882)淞隱閣石印本　十

二册

410000－2209－0000918　3.12/24－00922
重訂事類賦三十卷　(宋)吳淑撰注　(明)華麟祥校　清道光七年(1827)宏德堂刻本　六册

410000－2209－0000919　4.4/04－00923
分類賦學雞跖集三十卷附錄一卷　(清)張維城輯　清刻本　四册　存二十四卷(三至五、十一至三十,附錄一卷)

410000－2209－0000920　3.12/25－00924
藝林類擷十六卷　(清)謝輔坫選　(清)馮可鋑校訂　清咸豐五年(1855)刻本　十六册

410000－2209－0000921　3.7/07－00925
選擇捷要一卷　(清)賀汝田輯　(清)邱德屋訂　清光緒二十六年(1900)許昌修文齋刻本　一册

410000－2209－0000922　4.3/62－00926
策問新編六卷　(清)荷香書屋輯　清光緒五年(1879)京都琉璃廠刻本　五册　存五卷(一、三至六)

410000－2209－0000923　3.12/26－00927
續廣事類賦三十卷　(清)王鳳喈注　清嘉慶二十五年(1820)芸生堂刻本　十五册　存二十九卷(一至十一、十三至三十)

410000－2209－0000924　5.1/48－00928
中西匯通醫書五種　(清)唐宗海撰　清光緒三十四年(1908)上海千頃堂書局石印本　五册　存四種二十七卷

410000－2209－0000925　5.1/49－00929
兵法七種　(清)胡林翼選　清光緒二十四年(1898)文昌會刻本　二册　存五種九卷

410000－2209－0000926　3.5/79－00930
女科二卷產後編二卷　(清)傅山著　清咸豐五年(1855)刻本　一册

410000－2209－0000927　3.5/80－00931
女科二卷續一卷產後編二卷　(清)傅山著　清同治二年(1863)刻本　一册　存四卷(女科一、續一卷、產後編二卷)

410000－2209－0000928　3.5/81－00932
女科二卷產後編二卷　(清)傅山著　清道光十一年(1831)鉛印本　一册

410000－2209－0000929　3.5/82－00933
女科二卷　(清)傅山著　清道光十一年(1831)鉛印本　一册

410000－2209－0000930　3.11/08－00934
坐花誌果八卷　(清)汪道鼎述　清刻本　三册　存六卷(三至八)

410000－2209－0000931　3.10/17－00935
尸子二卷存疑一卷　(西周)尸佼撰　(清)汪繼培輯　**商君書五卷附考一卷**　(戰國)商鞅撰　(清)嚴萬里(可均)校　清光緒二十三年(1897)圖書集成書局湖海樓鉛印本　一册

410000－2209－0000932　4.3/63－00936
試律大觀三十二卷　題(清)竹屏居士輯　清刻本　四册　存二十四卷(三至二十六)

410000－2209－0000933　3.5/83－00937
痘疹指南四卷　(清)宋麟祥著　清道光元年(1821)刻本　一册　存二卷(一至二)

410000－2209－0000934　3.5/84－00938
痘證慈航一卷　(明)歐陽調律撰　(清)郭士珩編輯　清同治四年(1865)益元堂刻本　一册

410000－2209－0000935　3.5/85－00939
新刻校正大字李東垣先生珍珠囊二卷　(金)李杲編輯　清敬慎堂刻本(有圖)　一册

410000－2209－0000936　3.5/86－00940
本草萬方鍼線八卷　(清)蔡烈先輯　清刻本　一册　存二卷(七至八)

410000－2209－0000937　3.5/87－00941
士材三書　(明)李中梓著　(清)尤乘增補　清刻本　一册　存二種二卷(診家正眼下、病機沙篆上)

410000－2209－0000938　3.5/88－00942
痘疹精詳十卷　(清)周冠編輯　清刻本　一

册　存四卷(四至七)

410000－2209－0000939　3.7/08－00943

新刻增定劭康節先生梅花觀梅拆字數全集五卷　(宋)邵雍著　清刻本　一册

410000－2209－0000940　2.6/26－00944

增廣尚友錄統編二十二卷　(清)應祖錫編輯　清光緒二十八年(1902)鴻寶齋石印本　七册　存九卷(一、五至六、十至十一、十五、二十至二十二)

410000－2209－0000941　3.5/89－00945

御纂醫宗金鑑九十卷首一卷　(清)吴謙等撰　清石印本(有圖)　十册　存五十卷(一至三、八至三十五、三十九至四十九、六十三至七十)

410000－2209－0000942　2.16/05－00946

歷代鐘鼎彝器款識法帖二十卷　(宋)薛尚功撰　清光緒八年(1882)上海點石齋石印本(有圖)　二册　存二卷(一、十六)

410000－2209－0000943　2.4/07－00947

東征集六卷　(清)藍鼎元撰　(清)王者輔評　清咸豐七年(1857)抄本　二册

410000－2209－0000944　4.6/03－00948

第一才子書三國志六十卷首一卷一百二十回　(明)羅本撰　(清)毛宗崗評　(清)杭永年定　清咸豐三年(1853)善成堂刻本(有圖)　一册　存六卷(一至五、首一卷)

410000－2209－0000945　4.6/04－00949

四大奇書第一種五十一卷首一卷一百二十回　(明)羅本撰　(清)毛宗崗評　清刻本　四册　存十一卷(三十四至四十一、四十五至四十七)

410000－2209－0000946　3.10/08－00950

日知錄集釋三十二卷首一卷刊誤二卷續刊誤二卷　(清)黄汝成撰　**策學纂要正續編十六卷首一卷**　(清)萬南泉　(清)戴莨圃編　清光緒十三年(1887)石印本　四册

410000－2209－0000947　3.11/09－00951

槐西雜志四卷　(清)紀昀撰　清刻本　一册　存一卷(一)

410000－2209－0000948　5.1/50－00952

二十五子彙函　(清)鴻文書局輯　清光緒十九年(1893)上海鴻文書局石印本　四册　存十四種一百九十八卷

410000－2209－0000949　1.9/97－00953

四書味根錄三十七卷首二卷　(清)金澂輯　清石印本　一册　存五卷(孟子十至十四)

410000－2209－0000950　3.12/27－00954

事類統編九十三卷首一卷　(清)王鳳喈撰注　清刻本　一册　存二卷(十五至十六)

410000－2209－0000951　3.5/90－00955

御纂醫宗金鑑九十卷首一卷　(清)吴謙等撰　清刻本　一册　存三卷(六十九至七十一)

410000－2209－0000952　3.12/28－00956

增補事類統編九十三卷首一卷　(清)黄葆真增輯　清石印本　四册　存二十七卷(二十三至三十四、四十五至五十、六十七至七十五)

410000－2209－0000953　3.12/29－00957

續廣事類賦三十卷　(清)王鳳喈撰注　清嘉慶二十五年(1820)芸生堂刻本　八册　存十二卷(一至十二)

410000－2209－0000954　4.2/74－00958

龍譽集十六卷　題(清)愛月居主人識　清咸豐五年(1855)刻本　十六册

410000－2209－0000955　4.3/64－00959

藝林珠玉□□卷　題(清)玉玲瓏山館主人輯　清道光十七年(1837)刻本　十四册　存十四卷(中庸三至四、六,上論七至十一、下論十三至十四,孟子十七至十九、二十一)

410000－2209－0000956　4.3/65－00960

續制藝淵藪十三卷　(清)□□輯　清光緒十四年(1888)京都琉璃廠刻本　六册

410000－2209－0000957　4.3/66－00961

制藝淵藪三十二卷　(清)□□輯　清光緒十

四年(1888)京都琉璃廠刻本　十册　存二十卷(大學一至二、中庸一至七、孟子一至十一)

410000－2209－0000958　2.6/27－00962
近科鄉會墨僅見不分卷　(清)謝輔坫選評　清同治五年(1866)刻本　六册

410000－2209－0000959　4.3/67－00963
韞山堂時文初集不分卷二集不分卷三集不分卷　(清)管世銘著　**蒙香草堂時文全集不分卷**　(清)周景益著　清同治十二年(1873)刻本　五册　存韞山堂時文初集不分卷,二集不分卷,三集不分卷,蒙香草堂時文全集不分卷

410000－2209－0000960　3.8/10－00964
陰隲文不分卷　(清)聶際茂纂　(清)李文沐摹　清嘉慶十八年(1813)紅藥州堂刻本(有圖)　一册

410000－2209－0000961　2.14/26－00965
約章分類輯要三十八卷首一卷　(清)蔡乃煌等撰　清光緒石印本　一册　存一卷(三十一)

410000－2209－0000962　4.3/68－00966
試帖玉芙蓉集四卷　(清)同文書局主人選輯　清光緒十年(1884)上海同文書局石印本　一册　存一卷(一)

410000－2209－0000963　3.7/09－00967
欽定協紀辨方書三十六卷　(清)允祿等編纂　清刻本(有圖)　一册　存二卷(六至七)

410000－2209－0000964　4.4/05－00968
分類賦學雞跖集三十卷附錄一卷目錄一卷　(清)張維城輯　清古香齋刻本　五册　存十四卷(一至二、八至十三、二十七至三十,附錄一卷,目錄一卷)

410000－2209－0000965　1.1/27－00969
經藝璆琳不分卷　(清)汪承元輯　清咸豐二年(1852)安和軒刻本　六册

410000－2209－0000966　3.10/09－00970
策府統宗六十五卷　(清)劉昌齡編　清石印本　四册　存十三卷(六、八至十、十三至十六、二十五至二十九)

410000－2209－0000967　3.10/10－00971
策府統宗六十五卷　(清)劉昌齡編　清石印本　六册　存二十六卷(十三至十六、二十一至三十三、四十七至五十五)

410000－2209－0000968　4.3/69－00972
試律大觀三十二卷　題(清)竹屏居士輯　清刻本　十册　存三十卷(一至四、七至三十二)

410000－2209－0000969　4.3/70－00973
續試律大觀三十二卷　(清)周夢熊輯　清石印本　一册　存二卷(一至二)

410000－2209－0000970　4.3/71－00974
五朝詩別裁集　(清)沈德潛輯　清刻本　三册　存二種五卷

410000－2209－0000971　1.9/98－00975
小題三萬選不分卷　題(清)求是齋主人輯　清石印本　九册

410000－2209－0000972　1.5/26－00976
經文三編不分卷　(清)蔣丹林鑒定　清刻本　三册

410000－2209－0000973　1.4/47－00977
經文二編不分卷　(清)何仙楂鑒定　清刻本　一册

410000－2209－0000974　3.12/30－00978
策學淵萃四十六卷目錄二卷　(清)□□輯　清刻本　一册　存四卷(三十六至三十九)

410000－2209－0000975　5.1/51－00979
河南二程全書　(宋)程頤　(宋)程顥編　清同治四年(1865)河南嵩邑兩程故里影堂刻本(有圖)　二十册

410000－2209－0000976　4.2/75－00980
敬恕堂存稿不分卷　(清)耿介著　清康熙三十年(1691)敬恕堂刻本　五册　存詩稿

410000－2209－0000977　4.2/76－00981
小倉山房文集三十五卷　(清)袁枚撰　清刻

本　十一冊　存三十卷(一至二十四、二十七至三十二)

410000－2209－0000978　4.2/77－00982
敬恕堂文集紀年十卷　(清)耿介撰　清刻本　四冊　存六卷(五至十)

410000－2209－0000979　5.1/52－00983
玉海二百卷　(宋)王應麟撰　清刻本　十六冊　存三十七卷(六十五至一百一)

410000－2209－0000980　4.1/02－00985
楚辭十七卷　(戰國)屈原撰　(漢)劉向集　(漢)王逸章句　(宋)洪興祖補註　清天德堂刻本　八冊

410000－2209－0000981　4.3/72－00984
重訂文選集評十五卷首一卷末一卷　(清)于光華編次　清同治十一年(1872)江蘇書局刻本　七冊　存六卷(一至二、五、九、十二至十三)

410000－2209－0000982　3.7/10－00986
欽定協紀辨方書三十六卷　(清)允祿等編纂　清刻本　三冊　存六卷(五、十一至十三、三十二至三十三)

410000－2209－0000983　4.4/06－00987
文心雕龍十卷　(南朝梁)劉勰撰　(清)黄叔琳注　(清)紀昀評　清道光十三年(1833)粤東省城翰墨園刻朱墨套印本　四冊

410000－2209－0000984　4.4/07－00988
文心雕龍十卷　(南朝梁)劉勰撰　(清)黄叔琳注　(清)紀昀評　清道光十三年(1833)刻朱墨套印本　三冊　存八卷(三至十)

410000－2209－0000985　4.2/78－00989
昌黎先生集四十卷外集十卷遺文一卷　(唐)韓愈撰　(唐)李漢編　**朱子校昌黎先生集傳一卷**　(宋)朱熹撰　清同治八年(1869)江蘇書局刻本　五冊　存三十六卷(十七至四十、外集十卷、遺文一卷、朱子校昌黎先生集傳一卷)

410000－2209－0000986　4.2/79－00990
韓集點勘四卷　(清)陳景雲撰　清同治九年(1870)江蘇書局刻東雅堂本　一冊

410000－2209－0000987　4.2/80－00991
燕川集十四卷　(清)范泰恒著　清嘉慶十四年(1809)顧起廬刻本　五冊

410000－2209－0000988　4.2/81－00992
小謨觴館詩集八卷詩餘一卷文集四卷續集二卷　(清)彭兆蓀撰　清嘉慶十一年(1806)刻本　四冊

410000－2209－0000989　4.2/82－00993
有正味齋駢文十六卷　(清)吳錫麒著　(清)葉金泉原校　(清)葉聯芬箋注　(清)陳起榮重校　清同治七年(1868)慈北葉氏刻本　六冊

410000－2209－0000990　4.2/83－00994
二曲集二十六卷　(清)李顒著　**揮遜庵先生遺集一卷**　(清)揮珠錄存　清道光八年(1828)雲蔭堂刻本　九冊

410000－2209－0000991　4.3/73－00995
同人集十二卷　(清)冒襄輯　清道光五年(1825)刻本　十二冊

410000－2209－0000992　4.3/74－00996
明詩綜一百卷　(清)朱彝尊錄　(清)杜庭珠輯評　清刻本　四十二冊　存九十一卷(十至一百)

410000－2209－0000993　4.2/84－00997
海騷□□卷　(清)陳曇著　清刻本　五冊　存十卷(一至十)

410000－2209－0000994　4.2/85－00998
陳檢討集二十卷　(清)陳維崧撰　(清)程師恭注　清道光二年(1822)刻本　六冊

410000－2209－0000995　4.6/05－00999
新鐫批評出相韓湘子三十回　(明)雉衡山人(楊爾曾)編　題(明)泰和仙客評閲　清光緒三年(1877)樂書堂刻本　六冊

410000－2209－0000996　3.10/11－01000
浪跡叢談十一卷　(清)梁章鉅撰　清刻本

四冊

410000－2209－0000997　4.2/86－01001
述學内篇三卷外篇一卷補遺一卷别錄一卷　(清)汪中撰　清嘉慶二十年(1815)刻本　二冊

410000－2209－0000998　4.2/87－01002
李太白文集三十卷　(唐)李白著　清刻本　三冊　存二十五卷(六至三十)

410000－2209－0000999　3.2/18－01003
西山先生真文忠公讀書記四十卷　(宋)真德秀輯　清刻本　九冊　存十二卷(十五至二十六)

410000－2209－0001000　5.1/53－01004
三蘇全集　(清)弓翊清校　清道光十二年(1832)眉州三蘇祠刻本　七十八冊　存四種二百二卷

410000－2209－0001001　4.2/84－01005
二曲集二十六卷首一卷　(清)李顒著　清咸豐元年(1851)刻本　一冊　存八卷(一至八)

410000－2209－0001002　3.10/12－01006
浪跡叢談十一卷　(清)梁章鉅撰　清刻本　四冊

410000－2209－0001003　3.10/13－01007
浪跡續談八卷　(清)梁章鉅撰　清道光二十八年(1848)刻本　四冊

410000－2209－0001004　4.2/85－01008
李太白文集三十卷附錄六卷　(唐)李白著　(清)王琦輯注　清乾隆二十四年(1759)文聚堂刻本　十六冊

410000－2209－0001005　4.6/07－01025
繡像西漢演義八卷一百回　(明)甄偉撰　清光緒十八年(1892)上海廣百宋齋文淵山房石印本(有圖)　三冊　存六卷(一至二、五至八)

410000－2209－0001006　4.3/81－01026
小題正鵠初集不分卷二集不分卷三集不分卷　(清)李元度編輯　清光緒八年(1882)益元堂刻本　五冊

410000－2209－0001007　4.3/82－01027
皇朝經世文三編八十卷　(清)陳忠倚輯　清光緒二十七年(1901)上海書局石印本　十三冊　存六十五卷(一至五、十一至二十、二十六至六十五、七十一至八十)

410000－2209－0001008　4.6/08－01028
東周列國全志二十三卷一百八回　(清)蔡奡評點　清光緒九年(1883)上海裕德堂刻本(有圖)　七冊　存十三卷(一至三、八至十三、十六至十七、二十二至二十三)

410000－2209－0001009　4.2/93－01029
存悔齋集二十八卷外集四卷　(清)劉鳳誥撰　清道光十年(1830)刻本　八冊

410000－2209－0001010　4.2/94－01030
道援堂詩集十三卷　(清)屈大均著　清刻本　六冊

410000－2209－0001011　4.2/95－01031
青山集三十卷續集五卷　(宋)郭祥正著　清道光九年(1829)刻本　六冊

410000－2209－0001012　4.2/96－01032
魯齋遺書十四卷　(元)許衡輯　(明)江學詩等編輯　明萬曆二十四年(1596)怡愉刻清雍正增刻本(有圖)　四冊

410000－2209－0001013　5.1/55－01033
甌北全集七種　(清)趙翼輯　清乾隆、嘉慶間湛貽堂刻本　十五冊　存二種二十八卷

410000－2209－0001014　4.3/83－01034
紫陽書院課藝不分卷　(清)駱金藻編次　清同治六年(1867)刻本　二冊

410000－2209－0001015　4.3/84－01035
山左校士錄四卷　(清)徐樹銘鑒定　清咸豐五年(1855)四照樓刻本　四冊

410000－2209－0001016　4.2/97－01036
韓文起十二卷　(唐)韓愈撰　(清)林雲銘評註　清刻本　五冊　存十卷(三至十二)

410000－2209－0001017　4.3/85－01037

湖海詩傳四十六卷 (清)王昶編 清刻本 十四册 存三十九卷(五至二十五、二十九至四十六)

410000－2209－0001018 4.3/86－01038
唐詩別裁集引典備註二十卷 (清)沈德潛選 (清)俞汝昌增注 清道光十七年(1837)白鹿山房刻本 八册 存九卷(一至五、七至八、十四至十五)

410000－2209－0001019 4.3/87－01039
古唐詩合解十六卷 (清)王堯衢注 清光緒二十年(1894)澹雅書局刻本 六册 存十二卷(唐詩十二卷)

410000－2209－0001020 4.2/98－01040
王文莊公集十卷 (明)王鴻儒著 **席上寱語一卷** (明)王鴻漸著 (明)曹學栓選 **王文莊公凝齋集校勘記一卷** (明)張嘉謀撰 清刻本 三册 存九卷(四至十、寱話一卷、校勘記一卷)

410000－2209－0001021 4.2/99－01041
陸象山先生文集三十六卷 (宋)陸九淵撰 (清)李紱點次 (清)陸邦瑞刊 **附錄少湖徐先生學則辯一卷** (明)徐階著 清道光三年(1823)金谿槐堂書屋刻本(有圖) 六册 存二十二卷(一至二十二)

410000－2209－0001022 4.2/100－01042
銅鼓書堂遺稾三十二卷 (清)查禮撰 清乾隆五十三年(1788)刻本 二册 存十六卷(十七至三十二)

410000－2209－0001023 4.2/101－01043
陳忠裕公全集三十卷年譜三卷首一卷末一卷 (明)陳子龍撰 (清)王昶輯 清嘉慶八年(1803)簳山草堂刻本 六册 缺十八卷(十三至三十)

410000－2209－0001024 4.2/102－01044
寶硯齋詩集八卷 (清)戚芸生撰 清嘉慶二十三年(1818)刻本 二册

410000－2209－0001025 4.2/103－01045
桐城吴先生文集四卷詩集一卷 (清)吴汝綸撰 清光緒三十年(1904)王恩紱等刻桐城吴先生全書本 三册 存四卷(文集一至二、四,詩集一卷)

410000－2209－0001026 4.3/88－01046
全上古三代秦漢三國六朝文七百四十一卷 (清)嚴可均輯 清刻本 四十三册 存三百二十四卷(全上古三代文六至十一,全漢文一至七、十五至二十、三十一至三十八、四十七至五十五,全後漢文九至十六、二十四至三十一、四十至五十四、九十至九十八,全三國文八至十四、三十七至五十一、六十一至六十七,全晉文一至十五、四十五至五十九、六十二至七十三、一百四至一百十、一百十八至一百二十四、一百四十至一百四十六、一百五十四至一百六十一,全宋文一至八、十八至四十、五十至五十七,全齊文一至七,全梁文七至十三、二十八至四十九,全陳文七至十二,全後魏文十七至二十六、三十六至四十四、五十四至六十,全北齊文一至四,全後周文一至八,全隋文一至七、十六至三十六,先唐文一卷)

410000－2209－0001027 4.3/89－01047
湖海文傳七十五卷 (清)王昶輯 清道光十七年(1837)經訓堂刻本 十五册 存七十一卷(一至二十九、三十四至七十五)

410000－2209－0001028 4.3/90－01048
唐宋八大家類選八卷 (清)儲欣評 清寶興堂刻本 三册 存四卷(一至四)

410000－2209－0001029 4.3/91－01049
分體利試文中初集六卷 (清)郝朝昇評選 清嘉慶二十二年(1817)書叢堂刻本 五册 存五卷(一至三、五至六)

410000－2209－0001030 4.2/104－01050
春在堂詩編六卷 (清)俞樾撰 清同治七年(1868)杭州刻本 二册

410000－2209－0001031 4.2/105－01051
春在堂詞錄二卷 (清)俞樾撰 清同治九年(1870)刻本 一册

410000－2209－0001032　4.2/107－01053
天根文鈔四卷詩鈔二卷文鈔續集一卷　（清）何家琪著　清光緒三十二年（1906）大梁刻本　六冊

410000－2209－0001033　4.2/106－01052
船山詩草二十卷　（清）張問陶撰　清嘉慶二十年（1815）崇文堂刻本　七冊　存十七卷（一至六、十至二十）

410000－2209－0001034　4.3/92－01061
國朝中州文徵五十四卷首一卷　（清）蘇源生編　清刻本　十二冊　存二十五卷（三至五、十五至二十二、二十五至二十八、三十一至三十三、三十六至四十二）

410000－2209－0001035　5.1/56－01062
歸雲別集十種七十四卷　（明）陳士元著　清道光十三年（1833）應城吳毓梅刻本　六冊　存三種十六卷

410000－2209－0001036　4.2/108－01054
聖雨齋詩文集十卷　（清）周拱辰著　清道光三年（1823）刻本　二冊　存八卷（一至八）

410000－2209－0001037　4.2/109－01055
笥河文集十六卷首一卷　（清）朱筠撰　清嘉慶二十年（1815）椒華唫舫刻本　六冊

410000－2209－0001038　4.2/110－01056
三家宮詞三卷二家宮詞二卷　（明）毛晉輯　清同治十二年（1873）刻本　一冊

410000－2209－0001039　5.1/57－01063
國朝文錄八十九種附一種　（清）李祖陶輯　清道光十九年（1839）瑞州府鳳儀書院刻本　三十四冊　存六十一種一百二十一卷

410000－2209－0001040　4.3/97－01057
賦學正鵠十卷　（清）李元度輯　清同治十二年（1873）晉豐書屋刻本　一冊　存三卷（一至三）

410000－2209－0001041　4.2/111－01058
杜律通解四卷　（清）李文煒箋釋　清刻本　一冊　存二卷（一至二）

410000－2209－0001042　4.2/112－01059
韞山堂文集八卷詩集十六卷　（清）管世銘撰　清嘉慶六年（1801）讀雪山房刻本　五冊　存二十一卷（文集八卷、詩集四至十六）

410000－2209－0001043　3.10/14－01060
萍海墨雨四卷　（清）李匡濟輯　清光緒二年（1876）刻本　一冊　存二卷（一至二）

410000－2209－0001044　4.2/113－01581
游定夫先生集六卷首一卷末一卷　（宋）游酢撰　清同治六年（1867）和州官舍刻本　二冊

410000－2209－0001045　4.3/93－01073
塾課小題正鵠初集不分卷　（清）李元度編輯　清光緒十三年（1887）宏義堂刻本　一冊

410000－2209－0001046　4.3/94－01074
試律淺說易知集四卷　（清）任兆松評選　清光緒十一年（1885）文富堂刻本　一冊

410000－2209－0001047　4.2/114－01075
藝香詞鈔四卷　（清）吳綺著　（清）吳琥繡校　清刻本　一冊　存二卷（三至四）

410000－2209－0001048　4.2/115－01064
有竹居集十六卷　（清）任兆麟著　清道光十一年（1831）刻本　九冊　存十五卷（一至十五）

410000－2209－0001049　4.3/95－01076
古文眉詮七十九卷　（清）浦起龍論次　清乾隆九年（1744）三吳書院刻本　六冊　存二十卷（二十至三十九）

410000－2209－0001050　5.1/58－01065
項城袁氏家集七種　丁振鐸輯　清宣統三年（1911）清芬閣鉛印本　十三冊　存三種七十七卷

410000－2209－0001051　4.3/96－01077
唐人試帖四卷　（清）毛奇齡論定　清康熙四十年（1701）蕭山毛氏刻本　一冊

410000－2209－0001052　4.4/08－01078
新刻詩料裁對典故二卷　（清）巴承爵採訂　（清）巴鍾霖編輯　清乾隆二十五年（1760）積

德堂刻本　一冊

410000－2209－0001053　4.2/117－01066
柳下堂文集四卷詩集四卷　（清）鄭廉著　清刻本　四冊　存五卷（文集一、三，詩集一至三）

410000－2209－0001054　4.2/116－01079
教經堂詩集十二卷　（清）徐書受撰　清乾隆五十年（1785）刻本　四冊

410000－2209－0001055　4.3/98－01080
重訂古文釋義新編八卷　（清）余誠評注　清埽葉山房鉛印本　一冊　存一卷（八）

410000－2209－0001056　4.4/09－01067
聞妙香室試帖選註三卷　（清）胡光瑩選　清刻本　二冊　存二卷（中、下）

410000－2209－0001057　5.1/59－01081
侯官嚴氏叢刻五種　嚴复著　清光緒二十七年（1901）南昌讀有用書之齋刻本　二冊　存二種二卷

410000－2209－0001058　4.2/118－01068
樂園詩稿六卷　（清）嚴如熤撰　清刻本　四冊

410000－2209－0001059　3.10/15－01083
人生必讀書十二卷　（清）唐彪撰録　清光裕堂刻本　二冊

410000－2209－0001060　4.2/119－01069
石經閣文初集八卷　（清）馮登府撰　清道光十一年（1831）刻本　一冊　存四卷（一至四）

410000－2209－0001061　3.7/11－01070
欽定協紀辨方書三十六卷　（清）允祿等撰　清刻本　一冊　存二卷（三十五至三十六）

410000－2209－0001062　3.4/01－01084
商君書五卷附攷一卷　（清）嚴萬里校刊　清光緒二年（1876）浙江書局刻本　一冊

410000－2209－0001063　4.2/120－01085
茗柯文初編一卷二編二卷三編一卷四編一卷　（清）張惠言撰　清刻本　一冊　存二卷（三編一卷、四編一卷）

410000－2209－0001064　4.2/121－01101
岳忠武王文集八卷首一卷末一卷　（宋）岳飛著　清乾隆三十七年（1772）刻本　一冊　存一卷（首一卷）

410000－2209－0001065　4.2/122－01086
問魚篇二卷附録一卷　（清）周拱辰著　（清）周宷校閲　清道光三年（1823）聖雨齋刻本　二冊

410000－2209－0001066　4.3/99－01102
國朝試帖鳴盛六卷　（清）杜定基類註　清乾隆二十三年（1758）刻本　一冊　存一卷（一）

410000－2209－0001067　1.9/99－01103
書疑九卷　（宋）王柏撰　（清）胡鳳丹校梓　清同治八年（1869）永康胡氏退補齋刻本　一冊　存四卷（一至四）

410000－2209－0001068　4.3/100－01087
七十家賦鈔六卷　（清）張惠言輯　清光緒八年（1882）廣東載文堂刻本　一冊　存一卷（一）

410000－2209－0001069　4.3/101－01088
詳註分韻試帖青雲集四卷　（清）楊逢春　（清）蕭應櫆輯　清道光二十九年（1849）令德堂刻本　一冊　存二卷（一至二）

410000－2209－0001070　4.3/102－01089
吴汝綸全集□□卷　（清）吴汝綸著　清刻本　一冊　存一卷（三）

410000－2209－0001071　4.3/103－01104
合諸名家評註三蘇文定十八卷　（宋）蘇洵等撰　（明）楊慎選　（明）李維楨評註　清刻本　一冊　存三卷（七至九）

410000－2209－0001072　4.3/104－01105
古文釋義新編八卷　（清）余誠評註　清三槐堂刻本　一冊　存一卷（二）

410000－2209－0001073　1.5/27－01090
司馬氏書儀十卷　（宋）司馬光撰　（清）汪郊校訂　清同治七年（1868）江蘇書局刻本　一冊

410000－2209－0001074　4.2/123－01091
籀書外篇二卷　(清)曹金籀纂　清同治八年(1869)石屋藏書刻本　一冊

410000－2209－0001075　4.3/105－01092
八代詩選二十卷　王闓運撰　清光緒刻本　一冊　存二卷(十六至十七)

410000－2209－0001076　3.7/12－01106
風水一書七卷　題(漢)青烏子著　(清)歐陽純補傳　清嘉慶十九年(1814)南山歐陽書院刻本(有圖)　二冊　存三卷(一至三)

410000－2209－0001077　4.4/10－01107
而菴說唐詩二十二卷首一卷　(清)徐增述　清刻本　一冊　存三卷(四至六)

410000－2209－0001078　4.3/107－01093
新鐫五言千家詩箋註一卷新鐫五律千家詩箋註一卷　(清)王相選註　**諸名家百花詩一卷諸名家百壽詩一卷諸名家贈賀詩一卷**　(清)王相選輯　**增補重訂千家詩註解二卷**　(宋)謝枋得選　(清)王相註　清慶德堂刻本　一冊

410000－2209－0001079　4.3/106－01108
古文辭類纂七十四卷　(清)姚鼐纂集　清刻本　二冊　存八卷(二十八至三十、五十二至五十六)

410000－2209－0001080　4.2/124－01094
趙子常選杜律五言註三卷　(唐)杜甫撰　(元)趙汸選　(清)查弘道　(清)金集補注　清刻本　二冊

410000－2209－0001081　4.2/125－01095
虞伯生選杜律七言註三卷　(唐)杜甫撰　(元)虞集選　(清)查弘道補　清刻本　二冊

410000－2209－0001082　4.2/126－01096
楊忠愍公遺墨不分卷　(明)楊繼盛撰　清光緒三十一年(1905)刻本(有圖)　一冊

410000－2209－0001083　4.2/127－01097
舊雨草堂時文不分卷　(清)陳康祺撰　清同治九年(1870)刻本　二冊

410000－2209－0001084　1.9/100－01109
敬業堂窗課續編不分卷　(清)王雲錦撰　清光緒四年(1878)刻本　一冊

410000－2209－0001085　4.3/108－01098
詠霓小譜一卷續譜一卷　(清)費庚吉輯　清道光寶素堂刻本　二冊

410000－2209－0001086　4.2/128－01110
魏鶴山先生渠陽詩一卷　(宋)魏了翁撰　(宋)王德文注　清光緒二十七年(1901)富歸堂刻本　一冊

410000－2209－0001087　2.14/27－01099
新刻註釋故事白眉十卷　(明)許以忠輯　清刻本　一冊　存二卷(四至五)

410000－2209－0001088　3.12/31－01100
淵鑑類函四百五十卷目錄四卷　(清)張英等輯　清刻本　二冊　存六卷(二百二十至二百二十二、三百八十至三百八十二)

410000－2209－0001089　4.2/129－01120
曾文正公詩集不分卷　(清)曾國藩撰　清宣統三年(1911)掃葉山房石印本　一冊

410000－2209－0001090　4.2/130－01121
白蕤詩集十六卷　(清)張開東著　(清)張兆騫編校　清乾隆刻本　一冊　存三卷(二至三、十)

410000－2209－0001091　3.5/92－01122
傷寒明理論四卷　(金)成無己撰　清刻本　一冊　存三卷(一至三)

410000－2209－0001092　1.9/99－01123
續刻文苑集成十二卷　(清)孫星衍輯　清榴紅書屋刻本　六冊

410000－2209－0001093　4.3/109－01124
文苑集成大學三卷中庸六卷論語十二卷孟子十二卷續編三卷　題(清)榴紅書屋主人輯　清刻本　十二冊　存二十四卷(中庸三至四,論語十二卷,上孟一至六、下孟三至六)

410000－2209－0001094　4.3/110－01125
文苑菁華不分卷　(清)蔣其章輯　清同治十

二年(1873)鉛印本　六册

410000－2209－0001095　1.10/70－01126
詩韻集成十卷　(清)余照輯　清正一齋刻本　四册

410000－2209－0001096　4.3/189－01127
辛亥至乙丑十六科鄉會墨醇補編不分卷　(清)平步青編　清同治六年(1867)求是齋刻本　三册

410000－2209－0001097　4.3/190－01128
求是齋墨醇二編不分卷　(清)杜聯選評　清同治四年(1865)求是齋刻本　三册

410000－2209－0001098　4.3/191－01129
求是齋墨醇三編不分卷　(清)杜聯選評　清同治刻本　三册

410000－2209－0001099　3.5/131－01130
御纂醫宗金鑑九十卷首一卷　(清)吴謙等輯　清刻本　一册　存一卷(十一)

410000－2209－0001100　4.2/131－01111
涵芬樓古今文鈔一百卷　吴曾祺纂錄　清宣統二年(1910)上海商務印書館鉛印本　三十二册　存三十二卷(一至二、四、八至九、十一、二十六、二十八、三十、三十五、四十三至四十四、四十六、四十八、五十二、五十四、五十六至五十八、六十二至六十三、六十八、七十、七十二、七十四、七十八、九十三至九十六、九十八、一百)

410000－2209－0001101　3.7/13－01112
楹聯叢話十二卷續話四卷巧對録八卷　(清)梁章鉅輯　清咸豐元年(1851)刻本　八册

410000－2209－0001102　5.1/60－01131
五經揭要　(清)周蕙田輯錄　(清)許寶善原定　清刻本　五册　存三種十卷

410000－2209－0001103　4.2/132－01113
笠翁文集十卷　(清)李漁著　清刻本　一册　存一卷(四)

410000－2209－0001104　4.3/111－01132
古詩源十四卷　(清)沈德潛選　清刻本　四册

410000－2209－0001105　4.3/112－01114
精選大題文鵠不分卷　(□)□□輯　清刻本　七册

410000－2209－0001106　4.3/113－01115
古詩源十四卷　(清)沈德潛選　清刻本　一册　存一卷(十四)

410000－2209－0001107　4.3/114－01116
欽定國朝詩別裁集三十二卷　(清)沈德潛纂評　清刻本　一册　存二卷(四至五)

410000－2209－0001108　3.11/10－01133
觚賸八卷續編四卷　(清)鈕琇輯　清時中書局石印本(有圖)　一册　存十卷(一至二、五至八,續編四卷)

410000－2209－0001109　1.9/101－01117
先得月樓課草不分卷　(清)潘江著　清光緒五年(1879)刻本　一册

410000－2209－0001110　5.1/61－01118
精選新政應試必讀六種　(清)顧厚焜編　清石印本　一册　存一卷(三)

410000－2209－0001111　3.8/12－01134
佩文齋書畫譜一百卷　(清)孫岳頒等纂　清刻本　三册　存十四卷(二十四至二十七、三十七至四十二、五十五至五十八)

410000－2209－0001112　1.3/26－01135
書經六卷　(宋)蔡沈集傳　清刻本　一册　存一卷(一)

410000－2209－0001113　4.4/11－01119
聯章備體不分卷　(□)□□輯　清刻本　二册

410000－2209－0001114　2.14/28－01136
洋務經濟通攷十六卷　(清)應祖錫纂定　(清)徐毓洙　(清)沈維培校正　清石印本　一册　存二卷(十三至十四)

410000－2209－0001115　4.3/115－01151
五經樓小題拆字不分卷　(清)山仲甫輯　清刻本　一册

410000－2209－0001116　4.3/116－01152

訓蒙草不分卷　(清)路德著　清道光二十六年(1846)平江李氏家塾刻本　一册

410000－2209－0001117　4.2/133－01153

魯巖所學集十五卷　(清)張宗泰撰　清刻本　四册　存十二卷(一至十二)

410000－2209－0001118　3.5/93－01137

本草綱目拾遺十卷　(清)趙學敏輯　清光緒三十年(1904)經香閣書莊石印本　二册

410000－2209－0001119　3.12/32－01154

精選黄眉故事十卷　(明)鄧百拙彙編　清刻本　四册　存七卷(三至九)

410000－2209－0001120　1.9/102－01155

學庸引端二卷　(清)劉忠輯　清光緒二十八年(1902)維新書局刻本　一册

410000－2209－0001121　3.5/94－01138

本草萬方鍼線八卷　(清)蔡烈先輯　張紹棠刊　清石印本　一册

410000－2209－0001122　3.7/13－01156

敬竈章不分卷　(清)□□撰　清道光二十二年(1842)刻本　一册

410000－2209－0001123　3.5/95－01139

本草綱目五十二卷　(明)李時珍撰　清刻本　八册　存三十七卷(四至五、七至十一、十五至十七、二十四至五十)

410000－2209－0001124　4.3/117－01157

八家四六文注八卷補註一卷　(清)孫星衍著　清光緒十八年(1892)上海圖書集成印書局鉛印本　三册　存六卷(一至二、五至六、八，補註一卷)

410000－2209－0001125　3.5/96－01140

本草綱目圖不分卷　(明)李時珍編輯　清刻本(有圖)　一册

410000－2209－0001126　3.5/97－01141

本草綱目五十二卷　(明)李時珍編輯　(清)吳毓昌較訂　清石印本　三册　存十六卷(一至九、十八至二十四)

410000－2209－0001127　3.7/14－01158

重刊選擇集要六卷　(清)黄一鳳編集　**齊安堂集一卷**　(清)余朝相彙集　清刻本　一册　存五卷(三至六、齊安堂集一卷)

410000－2209－0001128　4.5/01－01159

蜃中樓傳奇二卷　(清)李漁編次　清抄本　一册　存一卷(下)

410000－2209－0001129　3.5/98－01160

辨證錄十四卷　(清)陳士鐸著述　(清)陶式玉条訂　清刻本　一册　存一卷(九)

410000－2209－0001130　4.3/118－01142

新鐫五言千家詩註解二卷新鐫七言千家詩註解二卷　(清)王相選註　(清)車爾鉽校正　**笠翁對韻二卷**　(清)李漁撰　清刻本　一册

410000－2209－0001131　3.12/33－01162

新增説文韻府羣玉二十卷　(元)陰時夫編輯　(元)陰中夫編註　清刻本　一册　存二卷(四、十六)

410000－2209－0001132　4.3/119－01163

經史百家雜鈔二十六卷首一卷　(清)曾國藩纂　清石印本　三册　存六卷(一至四、二十五至二十六)

410000－2209－0001133　4.3/120－01143

時藝引不分卷　(清)路德選　清刻本　一册

410000－2209－0001134　4.3/121－01164

隨園三十六種　(清)袁枚輯　清光緒十八年(1892)上海圖書集成書局石印本　二十册　存十四種一百十二卷

410000－2209－0001135　1.9/103－01144

四書人物類典串珠四十卷　(清)臧志仁編輯　清嘉慶六年(1801)刻本　一册　存三卷(一至三)

410000－2209－0001136　1.9/104－01145

四書人物類典串珠四十卷　(清)臧志仁編輯　清尚德堂刻本　六册　存二十一卷(一、二十一至四十)

410000－2209－0001137　5.1/63－01165

寧都三魏全集附三種 (清)林時益輯 清易堂刻本 十三册 存二種二十六卷

410000－2209－0001138 3.5/99－01146
瘍科捷徑三卷 (清)時世瑞集 清道光十一年(1831)許閒書屋刻本 三册

410000－2209－0001139 4.3/122－01166
文選六十卷附文選考異十卷 (南朝梁)蕭統撰 (唐)李善注 **文選考異十卷** (清)胡克家撰 清鄱陽胡氏石印本 八册 存三十七卷(三十四至六十、考異十卷)

410000－2209－0001140 4.3/123－01167
國朝律賦新機初集二卷二集四卷續集一卷 (清)孫理評輯 清道光三年(1823)刻本 六册

410000－2209－0001141 4.3/124－01168
新刻出像大字千家詩二卷 (宋)謝枋得選 清刻本 一册 存一卷(上)

410000－2209－0001142 3.10/16－01147
重訂增補陶朱公致富全書四卷 (明)陳繼儒輯 清刻本 一册

410000－2209－0001143 4.4/12－01148
滄浪詩話註五卷 (宋)嚴羽撰 (清)胡鑑註 (清)任世熙校 清刻本 一册 存二卷(四至五)

410000－2209－0001144 4.2/134－01149
西堂雜組三集八卷 (清)尤侗撰 清中華圖書館石印本 一册 存四卷(五至八)

410000－2209－0001145 4.3/125－01169
續中州名賢文表六十八卷 邵松年輯 清光緒石印本 九册 存三十卷(四至六、十至二十七、三十一至三十九)

410000－2209－0001146 4.3/126－01170
澹香齋試帖不分卷 (清)王廷紹著 (清)張熙宇輯評 **澹香齋試帖註不分卷** (清)張咏編輯 清同治八年(1869)榮興堂刻本 三册

410000－2209－0001147 4.3/127－01171
青雲集分韻試帖詳註四卷 (清)楊逢春輯 清刻本 三册 存三卷(二至四)

410000－2209－0001148 2.9/28－01150
鴻雪因緣圖記三集六卷 (清)麟慶著 清光緒五年(1879)上海點石齋石印本(有圖) 四册 存四卷(一集下、二集上、三集上下)

410000－2209－0001149 4.3/128－01172
試律青雲集四卷 (清)楊逢春輯 清刻本 一册 存二卷(三至四)

410000－2209－0001150 3.14/10－01580
莊子集解八卷 王先謙輯 清宣統元年(1909)涵芬樓影印本 三册

410000－2209－0001151 4.4/13－01173
隨園詩話十六卷補遺十卷 (清)袁枚著 清刻本 四册 存九卷(十至十六、補遺一至二)

410000－2209－0001152 2.6/33－01202
歷代名臣言行錄二十四卷 (清)朱桓編輯 (清)潘永季校定 清光緒二十九年(1903)上海錦章書局石印本 四册

410000－2209－0001153 4.3/129－01174
醒夢齋雲水集四卷覺世風雅集四卷 題(清)一了山人著 清宣統元年(1909)萬全堂刻本 二册 存四卷(雲水集一至二、風雅集三至四)

410000－2209－0001154 2.6/34－01203
歷代名臣言行錄二十四卷 (清)朱桓編輯 (清)潘永季校定 (清)沈維堉重校 清光緒三十年(1904)同文升記書局石印本 五册 存二十卷(一至八、十三至二十四)

410000－2209－0001155 4.4/14－01175
五代詩話八卷 (清)王士禛撰 (清)王如金校 清石印本 四册

410000－2209－0001156 4.4/15－01176
仁在堂全集十一集續刻三集不分卷 (清)路德輯 清道光十七年(1837)同文堂刻本 二册

410000－2209－0001157 2.6/35－01204

歷代名臣言行錄二十四卷 （清）朱桓編輯 （清）潘永季校定 （清）沈維堉重校 清光緒三十年（1904）同文升記書局石印本 七册 存十四卷（一至四、七至八、十三至二十）

410000－2209－0001158 2.6/36－01205
歷代名臣言行錄二十四卷 （清）朱桓編輯 （清）潘永季校定 清廣益書局石印本 四册 存十三卷（一至三、八至十一、十二至十四、二十二至二十四）

410000－2209－0001159 4.3/130－01206
急悃齋評選癸卯鄉墨不分卷 （清）常堉璋評選 清光緒二十九年（1903）華北書局鉛印本 二册

410000－2209－0001160 3.10/17－01177
傳家寶初集八卷二集八卷三集八卷四集八卷 （清）石成金纂輯 清刻本（有圖） 一册 存二卷（四集一至二）

410000－2209－0001161 4.3/131－01207
詩律淺說易知集四卷 （清）汪兆松評選 清刻本 一册

410000－2209－0001162 4.3/132－01178
唐詩三百首注疏六卷 （清）蘅塘退士（孫洙）編 （清）章燮注 清石印本 三册 存三卷（二、五至六）

410000－2209－0001163 4.2/135－01179
胡文忠公遺集八十六卷首一卷 （清）胡林翼撰 （清）鄭敦謹等編輯 清刻本 一册 存三卷（八十一至八十三）

410000－2209－0001164 2.8/05－01208
史記菁華錄六卷 （清）姚祖恩摘錄 清光緒二十二年（1896）上海書局石印本 六册

410000－2209－0001165 4.3/133－01180
重訂文選集評十五卷首一卷末一卷 （清）于光華編次 清刻本 九册 存十卷（一、四、九至十五，末一卷）

410000－2209－0001166 2.6/37－01209
歷代畫史彙傳七十二卷 （清）彭蘊璨編 清上海錦章圖書局石印本 九册 存五十九卷（一至三、十至六十五）

410000－2209－0001167 2.10/07－01181
史論觀止正集十卷 （清）何秉諴撰 清光緒二十八年（1902）文華局石印本 二册 存二卷（一、八）

410000－2209－0001168 3.10/18－01210
任兆麟述記三卷 （清）任兆麟撰 清廣益書局石印本 一册 存一卷（一）

410000－2209－0001169 3.5/100－01182
景岳全書六十四卷 （明）張介賓著 清刻本 一册 存二卷（五十九至六十）

410000－2209－0001170 1.10/71－01211
增補五方元音四卷 （清）樊騰鳳撰 （清）年希堯增補 清上海錦章書局石印本 一册 存二卷（三至四）

410000－2209－0001171 4.3/134－01183
御選唐宋詩醇四十七卷目錄二卷 （清）高宗弘曆輯 清乾隆二十五年（1760）聚秀堂刻本 二十一册 存四十七卷（一至四十五、目錄二卷）

410000－2209－0001172 1.10/72－01212
增補五方元音四卷 （清）樊騰鳳撰 （清）年希堯增補 清錦章書局石印本 一册

410000－2209－0001173 3.5/101－01184
痘疹定論四卷 （清）朱純嘏編輯 清道光二十八年（1848）刻本 四册

410000－2209－0001174 3.5/102－01213
本草求真十二卷 （清）黃宮繡纂 （清）黃宮轂校訂 （清）黃學昌校字 清刻本 二册 存二卷（四至五）

410000－2209－0001175 1.10/73－01185
音韻貫珠八卷 （清）賈椿齡編 清同治十一年（1872）許昌同文堂刻本 一册

410000－2209－0001176 1.10/74－01186
音韻貫珠八卷 （清）賈椿齡編 清咸豐七年（1857）雨化堂刻本 四册

410000－2209－0001177　3.5/103－01214
咽喉脈證通論一卷　（清）姚晏撰　清刻本　一册

410000－2209－0001178　1.10/75－01187
音韻貫珠八卷　（清）賈椿齡編　清刻本　二册

410000－2209－0001179　1.10/76－01188
四聲便覽四集　（清）余六師編　清嘉慶十五年（1810）刻本　一册

410000－2209－0001180　3.5/104－01215
辨證奇聞十卷　（清）錢松著　清廣益書局石印本　四册　存七卷（三至八、十）

410000－2209－0001181　3.5/105－01189
瘟疫條辨摘要一卷　（清）陳良佐論　（清）呂田集録　（清）呂慎檢編次　清道光四年（1824）慎術堂抄本　一册

410000－2209－0001182　2.2/44－01216
東華録一百九十五卷續録二百三十卷（天命朝至同治朝）　王先謙輯　清光緒石印本　七册　存五十七卷（順治朝二十三至三十六、康熙朝五十六至七十一，續録乾隆朝六十九至七十四，咸豐朝十至十八、五十五至六十、七十七至八十二）

410000－2209－0001183　3.12/34－01217
詩學含英十四卷　（清）劉文蔚輯　清刻本　一册　存七卷（一至七）

410000－2209－0001184　4.3/135－01218
桐雲閣試帖不分卷　（清）楊庚著　（清）張熙宇輯評　**桐雲閣試帖注**　（清）張昶註釋　（清）王潤生校刊　清刻本　一册

410000－2209－0001185　2.6/38－01190
國朝先正事略六十卷　（清）李元度纂　清石印本　一册　存六卷（十五至二十）

410000－2209－0001186　4.4/16－01219
滄浪詩話註五卷　（宋）嚴羽撰　清刻本　一册　存二卷（一至二）

410000－2209－0001187　3.11/11－01220
東周列國全志二十三卷一百八回　（清）蔡昇評點　清刻本　一册　存二卷（十五、二十二）

410000－2209－0001188　3.3/04－01191
趙注孫子五卷　（春秋）孫武撰　（明）趙本學注　清鉛印本　一册

410000－2209－0001189　1.10/77－01221
三字經訓蒙便覽不分卷　（清）王聿修纂輯　（清）楊立方增補　清光緒十年（1884）刻本　一册

410000－2209－0001190　3.7/15－01222
柳氏家藏宅元秘訣三卷　（明）柳鈴纂輯　清樹本堂刻本　一册

410000－2209－0001191　2.6/39－01223
歷代名臣言行録二十四卷　（清）朱桓編輯　（清）潘永季技定　（清）許時庚重技　清刻本　四册　存八卷（五至六、十一至十二、十九至二十二）

410000－2209－0001192　3.10/18－01192
鑄史駢言十二卷　（清）孫玉田編　清光緒元年（1875）上海慎記石印本　一册

410000－2209－0001193　3.10/19－01193
鑄史駢言十二卷　（清）孫玉田編　清刻本　二册　存七卷（三至六、十至十二）

410000－2209－0001194　2.6/40－01224
歷代名臣言行録二十四卷　（清）朱桓編輯　清石印本　一册　存六卷（七至十二）

410000－2209－0001195　4.2/136－01225
李太白文集三十卷　（唐）李白著　（清）王琦輯註　清刻本　三册　存六卷（八至十一、十五至十六）

410000－2209－0001196　2.17/07－01226
新輯分類史論大成十九卷首一卷　題（清）海濱行素生編輯　清石印本　四册　存四卷（十一、十三至十四、十七）

410000－2209－0001197　3.3/05－01227
孫子十家註十三卷　（宋）吉天保輯　（清）孫

星衍　(清)吳人驥校　清刻本　二冊　存六卷(五至七、十一至十三)

410000－2209－0001198　3.3/06－01228
孫子十家註十三卷首一卷末一卷　(宋)吉天保輯　(清)孫星衍　(清)吳人驥校　(清)王儒舲點句　清上海廣益書局石印本　二冊

410000－2209－0001199　2.2/45－01229
御撰資治通鑑綱目三編二十卷　(清)張廷玉等編　清刻本　一冊　存四卷(五至八)

410000－2209－0001200　2.2/46－01230
重訂王鳳洲先生綱鑑會纂四十六卷　(明)王世貞纂　清刻本　一冊　存五卷(七至十一)

410000－2209－0001201　3.5/106－01194
時方妙用四卷　(清)陳念祖著　清刻本　一冊　存二卷(三至四)

410000－2209－0001202　2.2/47－01359
御批歷代通鑑輯覽一百二十卷　(清)傅恒等撰　清刻本　二冊　存十一卷(二十八至三十三、六十三至六十七)

410000－2209－0001203　3.10/19－01195
明道書院約言三卷　(清)黃舒昺撰　清光緒二十四年(1898)刻本　一冊

410000－2209－0001204　3.2/19－01196
覺世格言不分卷　(清)□□輯　清許昌縣清善局刻本　一冊

410000－2209－0001205　3.5/107－01231
御纂醫宗金鑑九十卷首一卷　(清)吳謙等輯　清光緒十八年(1892)上海圖書集成印書局鉛印本　二冊　存五卷(四至七、首一卷)

410000－2209－0001206　3.2/20－01197
小學六卷　(宋)朱熹撰　(明)陳選集注　清刻本　一冊　存二卷(一至二)

410000－2209－0001207　2.8/06－01198
令德堂增定課兒鑑畧妥註善本五卷　(明)李廷機著　清刻本　一冊　存二卷(一至二)

410000－2209－0001208　3.5/108－01232
御纂醫宗金鑑九十卷首一卷　(清)吳謙等輯　清刻本　一冊　存五卷(十九至二十三)

410000－2209－0001209　3.5/109－01233
編輯外科心法要訣十六卷　(清)吳謙等輯　清刻本(有圖)　一冊　存一卷(十四)

410000－2209－0001210　3.5/110－01234
御纂醫宗金鑑九十卷首一卷　(清)吳謙等輯　清宣統元年(1909)簡青齋書局石印本　一冊　存四卷(一至三、首一卷)

410000－2209－0001211　3.5/111－01235
御纂醫宗金鑑九十卷首一卷　(清)吳謙等輯　清竹秀山房刻本(有圖)　四冊　存七卷(六十六至六十八、七十一至七十二、七十八,首一卷)

410000－2209－0001212　3.5/112－01236
編輯外科心法要訣十六卷　(清)吳謙等輯　清上海昌文書局石印本(有圖)　一冊　存十卷(七至十六)

410000－2209－0001213　3.8/11－01199
奕理指歸圖三卷　(清)施定庵著　(清)錢長澤繪圖　清鉛印本　六冊

410000－2209－0001214　3.5/113－01237
編輯外科心法要訣十六卷　(清)吳謙等輯　清馬啟新書局石印本(有圖)　三冊　存十四卷(三至十六)

410000－2209－0001215　2.6/39－01200
直省鄉墨快觀□□卷　(清)□□輯　清刻本　一冊

410000－2209－0001216　4.3/136－01260
留茹盦尺牘叢殘四卷　(清)嚴籀士撰　清刻本　二冊　存二卷(一、四)

410000－2209－0001217　3.5/114－01238
御纂醫宗金鑑九十卷首一卷　(清)吳謙等輯　清刻本(有圖)　三冊　存三十五卷(十七至二十、二十五至四十四、六十四至七十四)

410000－2209－0001218　4.3/137－01239
欽定隆萬四書文不分卷　(明)黃洪憲等撰　(清)方苞等評選　清刻本　二冊

410000－2209－0001219　4.3/138－01240
浙江鄉試硃卷同門姓氏不分卷　清刻本　三冊　存道光庚子恩科第十四房、道光庚子恩科第十五房、道光庚子恩科第十六房

410000－2209－0001220　1.7/46－01241
春秋左傳五十卷　(晉)杜預　(宋)林堯叟註釋　(唐)陸德明音義　(明)鍾惺　(明)韓友一評閲　清刻本　一冊　存二卷(二至三)

410000－2209－0001221　1.9/105－01242
四書集成二十九卷　(清)趙燦英撰　清刻本　一冊　存一卷(十三)

410000－2209－0001222　5.1/64－01243
國朝文録八十九種附一種　(清)李祖陶輯　清刻本　二冊　存三種四卷

410000－2209－0001223　4.3/139－01244
古文淵鑒六十四卷　(清)徐乾學等編　清五色套印本　一冊　存二卷(三十至三十一)

410000－2209－0001224　3.3/07－01261
孫子十家註十三卷　(宋)吉天保輯　(清)孫星衍　(清)吳人驥校　**敘録一卷**　(清)畢以珣撰　**遺說一卷**　(宋)鄭友賢撰　清光緒二十三年(1897)文瑞樓鉛印本　一冊　存六卷(一至四、敘録一卷、遺說一卷)

410000－2209－0001225　2.6/41－01245
墨林今話十八卷續編一卷　(清)蔣寶齡撰　清宣統三年(1911)上海掃葉山房石印本　六冊

410000－2209－0001226　3.5/115－01246
增廣驗方新編十六卷　(清)鮑相璈編輯　張紹棠增輯　清光緒三十四年(1908)上海久敬齋書局石印本(有圖)　一冊　存十卷(一至十)

410000－2209－0001227　3.5/116－01262
本草綱目五十二卷圖二卷　(明)李時珍撰　清刻本　二冊　存二卷(圖二卷)

410000－2209－0001228　1.10/78－01263
玉堂字彙四集　(明)梅膺祚集　清宏道堂刻本　四冊

410000－2209－0001229　3.5/117－01247
訂正東醫寶鑑二十三卷目録二卷　(朝鮮)許浚撰　清上海校經山房石印本　七冊　存十卷(内景篇一至二,湯液篇一至二,雜病篇三至四、十一,外形篇一至二;目録一)

410000－2209－0001230　3.2/21－01248
李氏蒙求補注六卷　(唐)李瀚撰　(清)金三俊輯　清刻本　六冊

410000－2209－0001231　4.6/09－01250
聊齋志異新評十六卷　(清)蒲松齡著　(清)王士禛評　(清)但明倫新評　清朱墨套印本　三冊　存三卷(四、七、十六)

410000－2209－0001232　4.6/10－01251
聊齋志異新評十六卷　(清)蒲松齡著　(清)王士禛評　(清)但明倫新評　(清)呂湛恩注　清刻本　三冊　存三卷(二、七至八)

410000－2209－0001233　3.11/12－01264
新齊諧二十四卷　(清)袁枚編　清嘉慶二十年(1815)英德堂刻本　六冊　存十四卷(一至十二、二十一至二十二)

410000－2209－0001234　4.6/11－01252
聊齋志異十六卷　(清)蒲松齡著　(清)沈道寬校訂　(清)何垠註釋　(清)何彤文校刊　清道光二十三年(1843)刻本　七冊　存十四卷(一至十二、十五至十六)

410000－2209－0001235　3.6/02－01253
筆算數學三卷　(美國)狄考文輯　(清)鄒立文述　清光緒二十四年(1898)上海美華書館鉛印本　二冊　存二卷(一至二)

410000－2209－0001236　3.7/16－01254
六壬神課金口訣三卷　(清)熊大本校正　(清)周儆弦重訂　清刻本　一冊

410000－2209－0001237　4.2/137－01255
新刻校正音釋詞家便覽蕭曹遺筆四卷　(清)閒子訂註　清刻本　一冊

410000－2209－0001238　5.1/65－01265

唐書二百二十五卷 （宋）歐陽修 （宋）宋祁等撰 **釋音二十五卷** （宋）董衝撰 清光緒二十九年（1903）上海五洲同文書局石印本 四十一册 存二百二十卷（一至四十一、七十二至二百二十五，釋音二十五卷）

410000－2209－0001239 4.3/140－01256
養雲山館試帖四卷 （清）許球著 （清）王榮紱注釋 （清）汪廷儒 （清）徐景軾參訂 清光緒十四年（1888）禹州朱聚魁刻本 二册

410000－2209－0001240 4.2/138－01266
龍川文集三十卷首一卷補遺一卷考異二卷附錄三卷 （宋）陳亮撰 清宣統三年（1911）掃葉山房石印本 二册

410000－2209－0001241 3.7/17－01267
代數術二十五卷首一卷 （英國）華里司輯（英國）傅蘭雅口譯 （清）華蘅芳筆述 清光緒二十二年（1896）上海璣衡堂石印本 四册

410000－2209－0001242 4.6/12－01257
增像全圖三國志演義第一才子書十卷讀法一卷繡像一卷一百二十回 （明）羅本撰 （清）金人瑞評 清光緒三十年（1904）上海永記石印本（有圖） 一册 存四卷（一至二、讀法一卷、繡像一卷）

410000－2209－0001243 3.2/22－01258
繪圖改良女兒經不分卷 （清）□□著 清上海錦章書局石印本（有圖） 一册

410000－2209－0001244 1.9/106－01268
縮本精選大題文彙不分卷 題（清）問潮館主人輯 清光緒十一年（1885）上海點石齋石印本 九册

410000－2209－0001245 4.6/13－01259
增像全圖東漢演義四卷六十四回 （明）謝詔撰 清石印本（有圖） 二册

410000－2209－0001246 4.6/14－01300
繡像西漢演義八卷一百回 （明）甄偉撰 清石印本（有圖） 二册 存二卷（二、四）

410000－2209－0001247 4.6/15－01301
繡像繪圖東漢演義二卷一百二十六回 （明）謝詔撰 清上海錦章書局石印本（有圖） 一册 存一卷（一）

410000－2209－0001248 4.6/16－01302
評注圖像水滸傳三十五卷七十回 （元）施耐庵撰 （清）金人瑞評 清石印本（有圖） 一册 存五卷（十六至二十）

410000－2209－0001249 4.6/17－01303
評注圖像水滸傳三十五卷七十回 （元）施耐庵撰 （清）金人瑞評 清鉛印本（有圖） 二册 存二卷（五至六）

410000－2209－0001250 4.6/18－01304
評注圖像水滸傳三十五卷七十回首一卷 （元）施耐庵撰 （清）金人瑞評 （清）王望如總論 清上海中新書局鉛印本（有圖） 十册 存二十九卷（一至二十八、首一卷）

410000－2209－0001251 2.2/41－00594
御撰資治通鑑綱目三編二十卷末一卷 （清）張廷玉等編 清刻本 一册 存五卷（十七至二十、末一卷）

410000－2209－0001252 4.6/19－01306
聊齋志異新評十六卷 （清）蒲松齡著 （清）王士禛評 （清）但明倫新評 （清）呂湛恩注 （清）管斯駿校 清上海中新書局鉛印本（有圖） 三册 存三卷（一、十三至十四）

410000－2209－0001253 4.2/139－01269
隨園同人尺牘四卷 （清）袁枚編 清同治三年（1864）志雅堂刻本 四册

410000－2209－0001254 4.6/20－01307
聊齋志異新評十六卷 （清）蒲松齡著 （清）王士禛評 （清）但明倫新評 （清）呂湛恩注 （清）管斯駿校 清上海中新書局鉛印本（有圖） 六册 存六卷（四、九至十一、十三、十六）

410000－2209－0001255 5.1/66－01270
隨園三十種 （清）袁枚撰 清乾隆、嘉慶間刻本 四册 存八種二十四卷

410000－2209－0001256　1.9/107－01308

四書題鏡三十六卷　(清)汪鯉翔纂述　清同治十年(1871)刻本　四冊　存二十九卷(大學一卷、中庸一卷、論語一至二十、孟子八至十四)

410000－2209－0001257　4.3/141－01309

海棠花館七家詩補註七卷　(清)張熙宇評　(清)申珠　(清)杜炳南補註　清光緒元年(1875)同文堂刻本　四冊　存四卷(澹香齋試帖一卷、修竹齋試帖一卷、尚絅堂試帖一卷、樫花館試帖一卷)

410000－2209－0001258　4.6/21－01271

增補齊省堂儒林外史六十回　(清)吳敬梓撰　清光緒十五年(1889)鴻章書局石印本　四冊　存四十四回(一至九、二十至五十四)

410000－2209－0001259　1.10/79－01272

分類韻錦十二卷附錄一卷　(清)郭化霖編　清道光二十三年(1843)喜雨山房刻本　四冊　存六卷(一至二、五至七、九)

410000－2209－0001260　4.3/142－01310

海棠七家詩七卷　(清)張熙宇評　(清)申珠　(清)杜炳南補註　清刻本　四冊　存五卷(簡學齋試帖補註一卷、西漚試帖一卷、修竹齋試帖一卷、尚絅堂試帖一卷、樫花館試帖一卷)

410000－2209－0001261　3.10/20－01273

白虎通德論二卷　(漢)班固纂　清刻本　一冊　存一卷(二)

410000－2209－0001262　1.7/47－01274

足本東萊博議四卷首一卷注釋一卷　(宋)呂祖謙撰　清宣統元年(1909)上海章福記石印本　一冊

410000－2209－0001263　4.3/143－01311

養雲山館試帖四卷　(清)許球著　(清)王榮紱注釋　(清)汪廷儒　(清)徐景軾參訂　清同治五年(1866)三才堂刻本　二冊　存二卷(一、四)

410000－2209－0001264　4.3/144－01275

古文筆法八卷首一卷　(清)李扶九編輯　清光緒二十九年(1903)石印本　一冊　存三卷(一至二、首一卷)

410000－2209－0001265　3.12/35－01312

重訂廣事類賦四十卷　(清)華希閔著　(清)鄒升恒彔　(清)華希閎重訂　清刻本　一冊　存四卷(二十三至二十六)

410000－2209－0001266　2.1/02－01313

前漢書一百卷　(漢)班固撰　(唐)顏師古注　清乾隆四年(1739)刻本　一冊　存十四卷(三十一至四十四)

410000－2209－0001267　4.6/22－01276

繡像永慶昇平四卷九十七回　(清)郭廣瑞編　清上海廣益書局石印本　一冊

410000－2209－0001268　3.5/118－01314

明吳又可先生瘟疫論二卷　(明)吳有性撰　(清)孔毓禮評閱　(清)楊大任　(清)陳元校　清文光堂刻本　一冊

410000－2209－0001269　1.10/80－01315

佩文詩韻釋要五卷　(清)周兆基輯　(清)馮文蔚重刊　清刻本　一冊　存四卷(二至五)

410000－2209－0001270　3.2/23－01277

朱子家訓衍義一卷　(清)朱鳳鳴注　清咸豐十年(1860)河南省城文馨齋刻本　一冊

410000－2209－0001271　1.10/81－01316

四聲便覽四集　(清)余六師編　清乾隆五十六年(1791)鳴盛堂刻本　一冊

410000－2209－0001272　3.10/21－01278

歸田瑣記八卷　(清)梁章鉅撰　清道光二十五年(1845)北東園刻本　四冊

410000－2209－0001273　3.7/18－01317

奇門遁甲秘笈大全三十卷　(明)劉基校訂　清光緒三十一年(1905)上海校經山房石印本　四冊　存十一卷(七至九、十九至二十、二十二至二十七)

410000－2209－0001274　3.6/02－01279

見龍樓新較算法全書四卷　(清)□□輯　清

光緒三年(1877)崇文堂刻本(有圖)　四册

410000－2209－0001275　3.6/03－01280
見龍樓新較算法全書四卷　(清)□□輯　清刻本(有圖)　四册

410000－2209－0001276　5.1/74－01318
子書二十八種　(清)□□輯　清光緒二十三年(1897)文瑞樓石印本　十册　存十一種七十六卷

410000－2209－0001277　1.4/48－01319
詩經體註大全八卷　(清)高朝瓔定　(清)沈世楷輯　(清)沈存仁條　清刻本(有圖)　一册　存二卷(三至四)

410000－2209－0001278　5.1/67－01281
陳修園醫書四十種　(清)陳念祖撰　清光緒三十二年(1906)上海文新書局石印本　四册　存七種二十六卷

410000－2209－0001279　3.11/13－01320
姑妄聽之四卷　(清)紀昀撰　清刻本　一册　存二卷(一、三)

410000－2209－0001280　4.3/145－01321
填詞圖譜六卷　(清)賴以邠著　(清)查繼超增輯　清木石居影印本　一册　存二卷(一至二)

410000－2209－0001281　4.3/146－01282
近墨花樣一新不分卷　(清)林簡録　清咸豐九年(1859)刻本　二册

410000－2209－0001282　4.3/147－01283
連章新鵠不分卷　(清)□□輯　清日新堂刻本　二册

410000－2209－0001283　3.8/13－01322
東坡題跋四卷山谷題跋四卷　(宋)蘇軾　(宋)黄庭堅撰　(清)黄嘉惠校　清影印本　三册　存三卷(東坡題跋三、山谷題跋一至二)

410000－2209－0001284　3.2/24－01284
御纂性理精義十二卷　(清)李光地等編　清咸豐二年(1852)芥子園刻本　五册　存十卷(一至八、十一至十二)

410000－2209－0001285　3.7/19－01285
柳氏家藏宅元秘訣三卷　(明)柳鈐纂輯　清刻本　一册

410000－2209－0001286　1.10/82－01323
爾雅三卷　(晉)郭璞注　(唐)陸德明音釋　清刻本　二册　存二卷(二至三)

410000－2209－0001287　3.17/02－01286
敬信録四卷　(清)周鼎臣輯　清道光十五年(1835)汴城張龍文齋刻字鋪刻本　二册　存二卷(一至二)

410000－2209－0001288　4.1/03－01324
楚辭十七卷　(戰國)屈原撰　(漢)劉向集　(宋)洪興祖補註　清上海文瑞樓影印本　四册

410000－2209－0001289　3.2/25－01287
國朝先正學規彙鈔不分卷　(清)黄舒昺編　清光緒十九年(1893)刻本　一册

410000－2209－0001290　4.3/148－01325
選詩八卷　(元)劉履補註　清埽葉山房刻本　五册　存七卷(一至二、四至八)

410000－2209－0001291　3.10/22－01288
述記□□卷　(清)任兆麟述　清遂古堂刻本　一册　存六卷(司馬法一卷、周易乾鑿度一卷、尸子一卷、荀卿子一卷、莊子一卷、楚辭一卷)

410000－2209－0001292　4.3/149－01326
六朝文絜箋注十二卷　(清)許槤評選　(清)黎經誥箋注　清光緒十五年(1889)上海朝記書莊石印本　四册

410000－2209－0001293　4.3/150－01327
分類蓮仙尺牘六卷　(清)繆艮撰　(清)趙古農選　清富春堂刻本　六册

410000－2209－0001294　4.3/151－01328
蓮仙尺牘六卷　(清)繆艮撰　(清)趙古農選　清同治三年(1864)經綸堂刻本　六册

410000－2209－0001295　4.3/152－01329

六梅書屋尺牘不分卷　(清)淩丹陛撰　(清)淩雲霄校閲　(清)淩承家加評　清同治十一年(1872)刻本　二册

410000－2209－0001296　4.2/140－01330
茹古山房詩集四卷　(清)田依渠撰　清同治十一年(1872)刻本　一册

410000－2209－0001297　2.4/08－01331
熙朝新語十六卷　(清)余金輯　清道光十二年(1832)文光堂刻本　二册　存八卷(一至四、九至十二)

410000－2209－0001298　2.14/29－01332
皇朝經世文編一百二十卷姓名總目二卷生存姓名一卷　(清)賀長齡輯　清光緒二十五年(1899)中西書局石印本　二十三册　存一百十八卷(一至五、十一至一百二十,姓名總目二卷,生存姓名一卷)

410000－2209－0001299　2.14/30－01333
皇朝經世文續編一百二十卷　(清)葛士濬輯　清光緒二十二年(1896)寶善書局石印本　七册　存四十三卷(一至三十七、一百九至一百十四)

410000－2209－0001300　3.5/119－01334
元亨療馬集六卷　(明)喻本元　(明)喻本亨著　清刻本(有圖)　一册　存二卷(三至四)

410000－2209－0001301　4.3/153－01335
皇朝經世文三編八十卷　(清)陳忠倚輯　清石印本　二册　存十卷(六至十、十六至二十)

410000－2209－0001302　4.2/141－01336
笠翁文集十卷　(清)李漁著　(清)余三垣　(清)李將開訂　清刻本　八册　存八卷(二至九)

410000－2209－0001303　4.2/142－01337
笠翁偶集六卷　(清)李漁著　(清)沈心友　(清)李將舒訂　清刻本　三册

410000－2209－0001304　2.8/07－01338
續中州明賢文表六十八卷　邵松年纂修　清刻本　二册　存六卷(四十至四十五)

410000－2209－0001305　4.3/143－01289
古香齋新刻袖珍御選古文淵鑒六十四卷　(清)徐乾學等編　清刻本　一册　存二卷(十二至十三)

410000－2209－0001306　3.2/26－01290
輶軒語七卷　(清)張之洞撰　清刻本　一册

410000－2209－0001307　5.1/68－01291
經訓堂叢書二十一種　(清)畢沅輯　清光緒十三年(1887)上海大同書局石印　十七册　存十七種一百四十四卷

410000－2209－0001308　2.6/42－01339
宋元學案一百卷首一卷　(清)黄百家纂輯　清上海文瑞樓石印本　五册　存十六卷(二至三、二十三至二十五、五十六至六十六)

410000－2209－0001309　4.3/154－01340
子史輯要詩賦題解四卷　(清)胡本淵編輯　清刻本　一册　存二卷(三至四)

410000－2209－0001310　3.6/04－01341
見龍樓新較算法全書四卷　(清)□□輯　清刻本(有圖)　一册

410000－2209－0001311　3.2/27－01342
家範十卷　(宋)司馬光撰　清刻本　二册

410000－2209－0001312　2.10/08－01292
史通通釋二十卷附録一卷　(唐)劉知幾撰　(清)浦起龍釋　清光緒十九年(1893)上海文瑞樓石印本　六册　存十六卷(一至三、六至十二、十六至二十,附録一卷)

410000－2209－0001313　3.10/23－01293
燕下鄉脞録十六卷　(清)陳康祺著　清光緒七年(1881)上海文明書局石印本　一册　存六卷(一至六)

410000－2209－0001314　3.13/05－01343
念佛鏡二卷　(唐)釋道鏡　(唐)釋善道集　清刻本　一册

410000－2209－0001315　1.9/108－01294
大學章句一卷　(宋)朱熹撰　清刻本　一册

410000－2209－0001316　1.9/109－01295
中庸章句本義滙參六卷首一卷　(清)王步青輯　清刻本　一册　存一卷(六)

410000－2209－0001317　4.2/144－01296
陶淵明文集十卷　(晉)陶淵明撰　清石印本　一册　存六卷(五至十)

410000－2209－0001318　3.13/06－01344
摩訶般若波羅蜜多心經一卷　(唐)釋玄奘譯　題(清)玉山老人秘解　(清)孫會一　(清)王履中校刊　清刻本(有圖)　一册

410000－2209－0001319　3.13/07－01345
大悲咒註解不分卷　(清)□□輯　清宣統奇文齋刻本　一册

410000－2209－0001320　5.1/69－01297
增訂漢魏叢書九十六種　(清)王謨輯　清石印本　一册　存三種二十五卷

410000－2209－0001321　3.14/12－01346
新刻黄掌綸先生評訂神仙鑑三集二十二卷　(清)徐道述　清宣統刻本　一册　存一卷(四)

410000－2209－0001322　4.2/145－01298
唐柳先生集四十五卷外集二卷龍城錄二卷　(唐)柳宗元撰　清石印本　二册　存七卷(三十九至四十一、外集二卷、龍城錄二卷)

410000－2209－0001323　3.5/120－01347
醫學心悟六卷　(清)程國彭著　清刻本　一册　存三卷(四至六)

410000－2209－0001324　4.3/155－01299
求是齋墨醇不分卷　(清)杜聯選評　清同治三年(1864)京都琉璃廠求是齋刻本　三册

410000－2209－0001325　2.5/04－01348
憲廟硃批諭旨□□卷　(清)鄂爾泰等輯　清朱墨套印本　五册　存五卷(四、六、九、十二、十七)

410000－2209－0001326　4.3/156－01349
詞韻二卷　(明)仲恒編次　(清)王又華補切　清木石居石印本　一册

410000－2209－0001327　3.5/121－01400
時方妙用四卷　(清)陳念祖著　清刻本　一册　存二卷(三至四)

410000－2209－0001328　4.3/157－01350
古文雅正十四卷　(清)蔡世遠選評　清刻本　一册　存三卷(十二至十四)

410000－2209－0001329　3.8/14－01401
景德鎮陶錄十卷　(清)藍浦著　(清)鄭廷桂補輯　清上海朝記書莊石印本(有圖)　四册

410000－2209－0001330　3.11/14－01351
音釋坐花誌果八卷　(清)汪道鼎著　題(清)鷲峰樵者音釋　清光緒刻本　一册　存四卷(一至四)

410000－2209－0001331　4.3/158－01352
古文喈鳳新編八卷　(清)汪基鈔輯　(清)程兆俊　(清)鮑瀚校　清上海廣益書局石印本　一册　存二卷(三至四)

410000－2209－0001332　3.10/24－01353
論衡三十卷　(漢)王充撰　清掃葉山房石印本　二册

410000－2209－0001333　3.2/28－01354
潛夫論十卷　(漢)王符撰　清掃葉山房石印本　二册

410000－2209－0001334　3.5/122－01355
石室秘籙四卷　(清)陳士鐸撰　清上海錦章書局石印本　一册

410000－2209－0001335　3.12/36－01356
子史輯要題解續編四卷　(清)胡本淵編輯　清刻本　一册　存二卷(三至四)

410000－2209－0001336　1.9/110－01357
新訂四書補註附考備旨十卷　(明)鄧林著　(清)鄧煜編次　(清)祁文友重校　(清)杜定基增訂　清滄雅書局刻本　一册　存二卷(上孟一至二)

410000－2209－0001337　4.6/23－01358
鏡花緣二十卷一百回　(清)李汝珍撰　清刻本　一册　存二卷(十三至十四)

410000－2209－0001338　1.9/111－01360

四書玩註詳説四十卷　（清）冉覲祖撰　清寄願堂刻本　一册　存一卷（下孟八）

410000－2209－0001339　2.2/48－01361

綱鑑會纂三十九卷首一卷　（明）王世貞編　清刻本　四册　存五卷（一至五）

410000－2209－0001340　2.2/49－01362

資治通鑑綱目前編二十五卷　（明）南軒撰（明）陳仁錫評閲　清刻本　三册　存九卷（十三至二十一）

410000－2209－0001341　2.2/50－01363

資治通鑑綱目續編二十七卷　（明）商輅等撰（明）陳仁錫評閲　清刻本　二册　存二卷（二十一至二十二）

410000－2209－0001342　2.2/51－01364

資治通鑑綱目五十九卷　（宋）朱熹撰　清刻本　一册　存一卷（二十）

410000－2209－0001343　3.10/25－01365

繪圖宣講拾遺六卷首一卷　（清）莊跛仙輯　清上海鑄記書棧石印本（有圖）　一册　存三卷（一至二、首一卷）

410000－2209－0001344　4.2/143－01366

茹古山房讀史餘吟六卷　（清）田依渠撰　清同治十一年（1872）刻本　一册

410000－2209－0001345　4.3/159－01367

茹古山房試帖初集不分卷　（清）田依渠著　清同治十一年（1872）刻本　一册

410000－2209－0001346　3.12/37－01368

詩學含英十四卷　（清）劉文蔚輯　清刻本　一册　存七卷（八至十四）

410000－2209－0001347　3.12/38－01369

子史精華一百六十卷　（清）吳士玉（清）吳襄等輯　清刻本　一册　存二十卷（六十一至八十）

410000－2209－0001348　4.3/160－01370

繪像第六才子書八卷　（元）王德信撰（清）金人瑞評　清朱墨套印本　一册　存一卷（五）

410000－2209－0001349　2.6/43－01371

歷代名臣言行錄二十四卷　（清）朱桓編輯　清刻本　一册　存四卷（九至十二）

410000－2209－0001350　3.5/123－01372

編輯外科心法要訣十六卷首一卷　（清）吳謙等輯　清刻本　一册　存二卷（十五至十六）

410000－2209－0001351　3.5/124－01373

御纂醫宗金鑑九十卷首一卷　（清）吳謙等輯　清刻本（有圖）　一册　存四卷（七、五十一、五十六、八十）

410000－2209－0001352　1.9/112－01374

二論詳解四卷　（清）劉忠輯　清刻本　一册　存二卷（三至四）

410000－2209－0001353　1.9/113－01375

增訂二論詳解四卷　（清）劉忠輯　清刻本　一册　存一卷（二）

410000－2209－0001354　1.2/19－01376

易經體註大全合叅四卷　（清）來爾繩纂輯　清刻本　一册　存一卷（二）

410000－2209－0001355　4.2/146－01377

舊雨草堂時文不分卷　（清）陳康祺撰　清刻本　一册

410000－2209－0001356　3.11/15－01378

東周列國全志二十三卷一百八回　（清）蔡昇評點　清刻本　一册　存一卷（六）

410000－2209－0001357　1.10/83－01379

詩韻合璧五卷　（清）湯文潞輯　清鉛印本　一册　存一卷（二）

410000－2209－0001358　3.10/26－01380

宣講拾遺六卷首一卷　（清）莊跛仙輯　清刻本　三册　存五卷（一、三、五至六，首一卷）

410000－2209－0001359　3.10/27－01381

宣講拾遺六卷首一卷　（清）莊跛仙輯　清刻本　三册　存三卷（二、四、六）

410000－2209－0001360　3.10/28－01382

宣講拾遺六卷首一卷 （清）莊跛仙輯　清刻本　一冊　存一卷（三）

410000－2209－0001361　2.6/44－01383
歷代名臣傳三十五卷首一卷 （清）朱軾（清）蔡世遠訂　清刻本　一冊　存三卷（二十至二十二）

410000－2209－0001362　4.3/161－01384
紫陽書院課藝不分卷 （清）駱金藻編次　清刻本　三冊

410000－2209－0001363　1.9/114－01385
孟子七卷 （宋）朱熹集註　清刻本　一冊　存二卷（六至七）

410000－2209－0001364　2.17/08－01386
文史通義八卷 （清）章學誠著　清光緒刻本　一冊　存一卷（八）

410000－2209－0001365　3.5/125－01387
御纂醫宗金鑑九十卷首一卷 （清）吴謙等纂　清刻本（有圖）　三冊　存十二卷（六十四至六十八、七十一至七十四、八十四至八十六）

410000－2209－0001366　4.4/17－01388
分類賦學雞跖集三十卷附錄一卷目錄一卷 （清）張維城輯　清道光三十年（1850）棃花吟館刻本　一冊　存二卷（附錄一卷、目錄一卷）

410000－2209－0001367　3.5/126－01389
銀海指南四卷 （清）顧錫著　清文華書局石印本　一冊

410000－2209－0001368　1.1/28－01390
雪樵經解三十卷附錄三卷 （清）馮世瀛輯　清鉛印本　一冊　存四卷（二十一至二十四）

410000－2209－0001369　4.2/147－01391
味閒堂課鈔五卷 （清）陶然著　清刻本　一冊　存三卷（二、四至五）

410000－2209－0001370　3.5/127－01392
急救應驗良方一卷 （清）費山壽編　（清）杜璘光校刊　清光緒二十七年（1901）知聖教齋刻本（有圖）　一冊

410000－2209－0001371　2.14/31－01393
重刊補註洗冤錄集證五卷 （清）王又槐輯　清石印本　一冊　存三卷（三至五）

410000－2209－0001372　3.7/20－01394
新鐫陳氏二十四山造葬吉凶起例藏書十二卷首一卷 （清）陳應選著　（清）陳衍粲訂　（清）陳式基　（清）陳式猷纂輯　清刻本　四冊

410000－2209－0001373　2.2/63－01395
尺木堂綱鑑易知錄九十二卷 （清）吴乘權等輯　清刻本　一冊　存二卷（三十六至三十七）

410000－2209－0001374　1.9/115－01396
新訂四書補註備旨十卷 （明）鄧林著　（清）祁文友重校　（清）杜定基增訂　清刻本　一冊　存一卷（一）

410000－2209－0001375　3.5/128－01397
筆花醫鏡四卷 （清）江涵暾著　**增補救急中毒跌打瘡毒諸驗方一卷** （清）黄鼎鎮輯　清刻本　一冊　存三卷（三至四、諸驗方一卷）

410000－2209－0001376　4.3/162－01398
隨園詩話補遺十卷 （清）袁枚著　清刻本　一冊

410000－2209－0001377　4.3/163－01399
歷科試策大成二編□□卷 （清）□□輯　清影印本　一冊　存一卷（六）

410000－2209－0001378　3.12/39－01402
增廣留青新集二十四卷 （清）陳枚選　（清）馮善長輯　清石印本　二冊　存五卷（十一至十二、二十至二十二）

410000－2209－0001379　3.7/21－01403
新訂王氏羅經透解二卷首一卷 （清）王道亨輯錄　（清）王紹之校正　清刻本（有圖）　一冊　存二卷（上、首一卷）

410000－2209－0001380　2.2/64－01404
尺木堂綱鑑易知錄九十二卷 （清）吴乘權等

輯　清刻本　一冊　存二卷(八十二至八十三)

410000－2209－0001381　1.2/20－01405
易經旁訓辨體合訂三卷　(清)徐立綱輯　清刻本　一冊

410000－2209－0001382　1.4/49－01406
詩經體註大傳合參八卷　(清)高朝瓔定　(清)沈世楷輯　清刻本　一冊　存一卷(五)

410000－2209－0001383　4.3/164－01407
重訂古文釋義新編八卷　(清)余誠評註　(清)余芝虎叅閲　清刻本　一冊　存一卷(六)

410000－2209－0001384　2.2/65－01408
鼎鍥趙田了凡袁先生編纂古本歷史大方綱鑑補三十九卷首一卷　(明)袁黄撰　清刻本　五冊　存五卷(九、十二、十九、二十九、三十八)

410000－2209－0001385　2.2/66－01409
續資治通鑑綱目二十七卷　(明)商輅等撰　清刻本　二冊　存二卷(十六至十七)

410000－2209－0001386　1.1/29－01410
經藝璆琳不分卷　(清)汪承元輯　清同治三年(1864)琉璃厰刻本　一冊

410000－2209－0001387　1.10/84－01411
音韻貫珠八卷　(清)賈椿齡編　清刻本　一冊

410000－2209－0001388　4.3/165－01412
御選唐宋詩醇四十七卷目錄二卷　(清)高宗弘曆輯　清刻本　一冊　存三卷(二十至二十二)

410000－2209－0001389　1.1/30－01413
經藝璆琳續編不分卷　(清)汪承元輯　清刻本　一冊

410000－2209－0001390　2.6/45－01414
尚友錄二十二卷　(明)廖用賢編纂　(清)張伯琮補輯　(清)張坦讓叅訂　(清)張任鄭　(清)張任郎校正　清刻本　一冊　存二卷(二至三)

410000－2209－0001391　2.2/67－01415
重訂王鳳洲先生綱鑑會纂四十六卷　(明)王世貞纂　(明)陳仁錫訂　(明)吕一經較　清刻本　五冊

410000－2209－0001392　2.2/68－01416
御撰資治通鑑綱目三編二十卷末一卷　(清)張廷玉等編　清刻本　二冊　存六卷(九至十二、二十,末一卷)

410000－2209－0001393　1.9/116－01417
新訂四書補註備旨十卷　(明)鄧林著　(清)祁文友重校　(清)杜定基增訂　清刻本　一冊　存一卷(三)

410000－2209－0001394　4.3/166－01418
庚辰集五卷　(清)紀昀編　清刻本　一冊　存一卷(二)

410000－2209－0001395　4.3/167－01419
文選六十卷　(南朝梁)蕭統撰　清刻本　三冊　存十二卷(三十一至三十八、四十五至四十八)

410000－2209－0001396　3.10/29－01420
歸田雜咏續稿不分卷　(清)秦篤新撰　清同治九年(1870)刻本　一冊

410000－2209－0001397　3.13/08－01421
三世因果經不分卷　芬陁利子輯　清刻本　一冊

410000－2209－0001398　3.9/01－01422
文房肆攷圖說八卷　(清)唐秉鈞纂　清刻本　一冊　存一卷(四)

410000－2209－0001399　1.10/85－01423
四聲便覽四集　(清)余六師編　清刻本　一冊　存一集(利集)

410000－2209－0001400　1.9/117－01424
論語十卷　(宋)朱熹集註　清刻本　一冊　存五卷(六至十)

410000－2209－0001401　2.4/09－01425
國語二十一卷　(三國吴)韋昭解　**札記一卷**

（清）黄丕烈撰　清刻本　三册

410000－2209－0001402　3.10/30－01426
日知錄集釋三十二卷栞誤二卷　（清）黄汝成撰　清刻本　八册　存十四卷（十八至十九、二十二至二十五、二十七至三十二，栞誤二卷）

410000－2209－0001403　3.10/30－01427
日知錄集釋三十二卷　（清）黄汝成撰　清刻本　一册　存三卷（二十四至二十六）

410000－2209－0001404　4.3/168－01428
試律大觀三十二卷　題（清）竹屏居士輯　清刻本　一册　存二卷（六至七）

410000－2209－0001405　3.7/22－01429
繪圖精校陰宅全書四卷　（清）姚瞻旂輯　清上海廣益書局石印本　八册

410000－2209－0001406　4.6/24－01430
新鐫許真君玉匣記增補諸家選擇日用通書十卷　（清）朱說霖重校　（清）王相識　清康熙二十三年（1684）刻本　八册　存九卷（一、三至十）

410000－2209－0001407　3.7/23－01431
繪圖精校陰宅全書四卷　（清）姚瞻旂輯　清上海廣益書局石印本　三册　存三卷（一至三）

410000－2209－0001408　3.14/13－01432
新刻黄掌綸先生評訂神仙鑑三集二十二卷（清）徐道述　清上海江東書局石印本　二十册　存十九卷（一至三、七至二十二）

410000－2209－0001409　2.14/32－01433
文獻通考詳節二十四卷　（元）馬端臨著（清）嚴虞惇錄　清刻本　一册　存三卷（十七至十九）

410000－2209－0001410　2.14/33－01434
廣治平畧正集三十六卷續集八卷　（清）蔡方炳撰　清刻本　二册　存二十四卷（正集十三至三十六）

410000－2209－0001411　4.3/169－01435
廿二史策案十二卷　（清）王鋆輯　清咸豐十一年（1861）綠蔭山房刻本　一册　存三卷（一至三）

410000－2209－0001412　2.9/30－01436
泰西新史攬要二十四卷　（英國）馬懇西撰（英國）李提摩太譯　蔡爾康述稿　清刻本二册　存七卷（十四至十五、二十至二十四）

410000－2209－0001413　3.12/40－01437
子史輯要題解合編四卷　（清）胡本淵編輯清道光二十二年（1842）刻本　四册

410000－2209－0001414　4.3/170－01438
重訂增廣試帖玉芙蓉□□卷　（□）□□撰清刻本　一册　存目錄

410000－2209－0001415　3.12/41－01439
增廣詩句題解滙編四卷　（清）□□編　清石印本　一册　存一卷（二）

410000－2209－0001416　4.3/171－01440
御定歷代賦彙一百四十卷　（清）陳元龍編清雙梧書屋刻本　三册　存三十四卷（七十七至八十六、八十八至一百十一）

410000－2209－0001417　2.14/34－01441
資治新書十四卷首一卷　（清）李漁輯　清刻本　二册　存八卷（一至三、十一至十四，首一卷）

410000－2209－0001418　2.14/35－01442
資治新書二集二十卷　（清）李漁輯　（清）沈心友訂　清刻本　五册　存十四卷（三至十六）

410000－2209－0001419　1.4/50－01443
永安堂增補詩經衍義體註大全合衆八卷（清）顧且菴定　（清）沈李龍增補　清刻本一册　存三卷（六至八）

410000－2209－0001420　2.4/10－01444
國語韋解補正二十一卷　吴曾祺補正　清上海商務印書館鉛印本　一册　存四卷（一至四）

410000－2209－0001421　1.9/118－01445

詳註典制文琳三集　(清)許錢輯　清刻本　一冊　存一卷(三集一卷)

410000－2209－0001422　1.7/48－01446
春秋精義四卷首一卷　(清)黄淦纂　清刻本　一冊　存二卷(三至四)

410000－2209－0001423　3.5/129－01447
靈素提要淺註十二卷　(清)陳念祖集註　清光緒三十二年(1906)上海文新書局石印本(有圖)　一冊　存五卷(一至五)

410000－2209－0001424　1.9/119－01448
四書味根錄三十七卷首二卷　(清)金澂撰　清石印本　一冊　存十五卷(論語一至十四、孟子首一卷)

410000－2209－0001425　1.9/120－01449
四書味根錄三十七卷首二卷　(清)金澂撰　清刻本　二冊　存六卷(論語一至三、首一卷,孟子三至四)

410000－2209－0001426　1.9/121－01450
大學中庸引端增補燕說二卷　(清)劉忠輯　清光緒十年(1884)劉對月堂刻本　一冊

410000－2209－0001427　3.5/130－01451
太醫院增補醫方捷徑二卷　(明)羅必煒条定　(清)楊能儒梓行　清刻本　一冊

410000－2209－0001428　2.9/31－01452
月令粹編二十四卷　(清)秦嘉謨編　清刻本　一冊

410000－2209－0001429　4.3/172－01453
繩正堂墨繩不分卷　(清)□□輯　清刻本　一冊

410000－2209－0001430　3.10/31－01454
豈有此理四卷　題(清)絳雪草廬主人撰　清刻本　一冊　存一卷(三)

410000－2209－0001431　3.12/42－01455
古香齋新刻袖珍淵鑑類函四百五十卷目錄四卷　(清)張英等撰　清刻本　一冊　存二卷(五十至五十一)

410000－2209－0001432　1.10/86－01456
經籍纂詁不分卷　(清)阮元撰集　清刻本　一冊

410000－2209－0001433　4.3/173－01457
覃懷遺文錄初刻十卷　(清)崔梅溪　(清)孟伯遇評閲　(清)原應三編輯　清刻本　二冊　存二卷(六至七)

410000－2209－0001434　2.2/69－01458
增評加批歷史綱鑑補三十九卷首一卷　(明)王世貞　(明)袁黄編纂　清上海廣益書局影印本　十六冊

410000－2209－0001435　2.2/70－01459
增評加批歷史綱鑑補三十九卷首一卷　(明)王世貞　(明)袁黄編纂　清錦章圖書局影印本　十三冊　存三十四卷(一、四至九、十二至十九、二十二至三十九,首一卷)

410000－2209－0001436　5.1/70－01501
二十四史　清光緒上海集成圖書公司石印本　一百五十五冊　存二十二種一千二百十七卷

410000－2209－0001437　3.7/24－01460
王公神斷□□卷　(清)□□撰　清開源遠記印刷局鉛印本　一冊　存一卷(一)

410000－2209－0001438　4.3/174－01461
進呈策問不分卷　(清)□□輯　清刻本　一冊

410000－2209－0001439　4.6/25－01462
新鐫許真君玉匣記增補諸家選擇日用通書四卷　(清)鄭漢校　清刻本(有圖)　一冊

410000－2209－0001440　1.7/49－01463
左傳選十四卷　(清)儲欣評　(清)儲芝条述　(清)董南紀校訂　清乾隆四十九年(1784)受祉堂刻本　二冊

410000－2209－0001441　3.14/14－01464
列子八卷　(晉)張湛注　清上海廣益書局石印本　一冊

410000－2209－0001442　1.9/122－01465
孟子七卷　(宋)朱熹集註　清刻本　一冊

存二卷(六至七)

410000－2209－0001443　1.10/87－01466
詩學平仄旁訓五卷　(清)陸發祥輯　清刻本　三冊　存三卷(二至四)

410000－2209－0001444　4.1/04－01467
楚辭十七卷　(漢)劉向編集　(漢)王逸章句　(明)朱燮　(明)朱一龍校刻　清上海會文堂書局石印本　一冊　存四卷(十四至十七)

410000－2209－0001445　4.3/175－01468
文選六十卷　(南朝梁)蕭統撰　清刻本　二冊　存十五卷(四十六至六十)

410000－2209－0001446　4.3/176－01469
文選六十卷　(南朝梁)蕭統撰　清朱墨套印本　四冊　存十九卷(二十六至四十四)

410000－2209－0001447　1.9/123－01470
孟子七卷　(宋)朱熹集註　清刻本　一冊　存二卷(六至七)

410000－2209－0001448　3.11/16－01471
增補註釋故事白眉十卷　(明)許以忠集　清刻本　一冊　存一卷(六)

410000－2209－0001449　1.10/88－01472
新鍥考數問奇諸家字法五侯鯖四卷　(明)陳三策編著　清刻本　一冊　存一卷(三)

410000－2209－0001450　2.1/21－01502
史記一百三十卷　(漢)司馬遷撰　(南朝宋)裴駰集解　清光緒石印本　五冊　存八十四卷(十三至十八、三十一至九十、一百十三至一百三十)

410000－2209－0001451　1.3/27－01473
尚書離句六卷　(清)錢在培輯解　清刻本　一冊　存三卷(四至六)

410000－2209－0001452　1.3/28－01474
尚書離句六卷　(清)劉梅垞(元燮)鑒定　(清)錢在培輯解　清刻本　一冊　存三卷(四至六)

410000－2209－0001453　4.2/148－01475
河南穆參軍集三卷附錄一卷　(宋)穆修撰　清刻本　一冊

410000－2209－0001454　3.8/15－01476
芥子園畫傳五卷　(清)王槩等摹古　清刻本(有圖)　一冊　存一卷(五)

410000－2209－0001455　2.1/22－01503
前漢書一百卷　(漢)班固撰　(唐)顏師古注　清光緒二十五年(1899)慎記書莊石印本　九冊　存六十四卷(一至十一、十三至三十、四十五至五十五、五十七至七十六、九十七至一百)

410000－2209－0001456　3.8/16－01477
芥子園畫傳五卷　(清)王槩等摹古　清刻本(有圖)　一冊　存一卷(三)

410000－2209－0001457　2.1/23－01504
後漢書九十卷　(南朝宋)范曄撰　(唐)李賢注　**續志三十卷**　(晉)司馬彪撰　(南朝梁)劉昭注　清光緒二十五年(1899)慎記書莊石印本　八冊

410000－2209－0001458　1.10/89－01478
辨字摘要四卷　(清)盧紹麒　(清)楊占鰲編　清積秀堂刻本　一冊

410000－2209－0001459　2.1/24－01505
欽定四史□□卷　(清)高宗弘曆編　清石印本　九冊　存二百十八卷(史記八十八至一百三十、前漢書一至八十七、後漢書三十三至一百二十)

410000－2209－0001460　3.4/03－01479
韓非子二十卷　(戰國)韓非撰　清光緒二十三年(1897)圖書集成局影印本　一冊　存五卷(一至五)

410000－2209－0001461　4.3/177－01480
皇朝經世文三編八十卷　(清)陳忠倚輯　清石印本　四冊　存二十卷(十一至十五、三十六至四十、四十六至五十五)

410000－2209－0001462　3.10/32－01481
浪跡叢談十一卷浪跡續談八卷　(清)梁章鉅撰　清刻本　八冊

410000－2209－0001463　1.5/28－01482
禮記節本十卷　(清)汪基撰　(清)江永校纂　清廣益書局石印本(有圖)　五册

410000－2209－0001464　3.5/131－01483
補註黄帝内經素問二十四卷末一卷黄帝内經靈樞十二卷　(唐)啓玄子(王冰)注　(宋)林億等校正　清刻本　一册　存五卷(素問二十至二十四)

410000－2209－0001465　3.7/25－01484
卜筮正宗十四卷　(清)王維德著　清刻本　一册

410000－2209－0001466　2.2/71－01506
御批歷代通鑑輯覽一百二十卷　(清)傅恒等編纂　清光緒三十年(1904)上海商務書館鉛印本　十一册　存五十五卷(一至十、十六至二十、三十六至四十、六十六至八十、九十一至九十五、一百一至一百十、一百十六至一百二十)

410000－2209－0001467　4.4/18－01485
文心雕龍十卷　(南朝梁)劉勰撰　清上海會文堂書局石印本　二册　存四卷(四至五、九至十)

410000－2209－0001468　2.2/72－01507
綱鑑會纂三十九卷首一卷　(明)王世貞編　清光緒上海圖書集成局石印本　十三册　存二十七卷(一至二、六至十二、十五至十六、二十至二十一、二十五至三十五、三十八至三十九,首一卷)

410000－2209－0001469　4.6/26－01486
增評補像全圖金玉緣一百二十回　(清)曹霑　(清)高鶚著　清石印本(有圖)　一册　存八回(四十九至五十六)

410000－2209－0001470　3.11/17－01487
東周列國全志二十三卷一百八回　(清)蔡界評點　清刻本　一册　存二卷(四至五)

410000－2209－0001471　2.17/09－01508
讀通鑑論十六卷附宋論十五卷　(清)王夫之撰　清光緒三十年(1904)上海商務印書館鉛印本　十册

410000－2209－0001472　2.17/10－01509
讀通鑑論十六卷附宋論十五卷　(清)王夫之撰　清光緒上海商務印書館鉛印本　十册　存三十卷(讀通鑑論十六卷、宋論一至十四)

410000－2209－0001473　3.11/18－01488
東周列國全志二十三卷一百八回　(清)蔡界評點　清刻本　一册　存一卷(二十一)

410000－2209－0001474　3.5/132－01489
增補珍珠囊雷公炮製藥性解六卷　(明)李中梓編輯　(清)王子接重訂　**增補珍珠囊指掌補遺雷公炮製藥性賦四卷**　(金)李杲編輯　清上海昌文書局石印本　二册

410000－2209－0001475　3.8/18－01510
歷代畫史彙纂七十二卷目錄三卷首一卷末一卷　(清)彭藴璨輯　清同治十三年(1874)三夢畊餘堂邱氏刻本　三十一册　存七十五卷(一至八、十一至七十二,目錄三卷,首一卷,末一卷)

410000－2209－0001476　3.5/133－01490
醫宗金鑑九十卷首一卷　(清)吳謙等輯　清上海廣益書局石印本(有圖)　六册　存二十八卷(一至三、十七至二十、四十五至五十、五十五至五十八、六十四至七十四)

410000－2209－0001477　2.2/73－01511
綱鑑易知錄九十二卷明鑑易知錄十五卷　(清)吳乘權等輯　清石印本　十五册　存一百一卷(綱鑑易知錄七至九十二、明鑑易知錄十五卷)

410000－2209－0001478　3.13/09－01491
金剛經真解不分卷　(清)□□撰　清上海宏大善書局石印本　一册

410000－2209－0001479　1.9/124－01492
增删四書朱子大全精言四十一卷　(清)周大璋重訂　清刻本　三册　存三卷(孟子十一至十二、論語十二)

410000－2209－0001480　3.5/134－01493

血證論八卷 (清)唐宗海著 清刻本 一冊 存三卷(六至八)

410000－2209－0001481 4.3/178－01495
味蘭軒百篇賦鈔四卷 (清)張世燾 (清)彭克惠編輯 清刻本 一冊 存一卷(一)

410000－2209－0001482 2.14/36－01496
蒙學修身教科書四章 (清)李嘉谷編 清光緒二十九年(1903)鉛印本 一冊

410000－2209－0001483 1.4/51－01497
詩經八卷 (宋)朱熹集註 清刻本 一冊 存一卷(五)

410000－2209－0001484 1.9/125－01498
論語十卷 (宋)朱熹集註 清刻本 一冊 存五卷(一至五)

410000－2209－0001485 1.10/90－01499
韻學全書十四卷 (明)王世貞校勘 清刻本 一冊 存一卷(十一)

410000－2209－0001486 2.2/74－01512
尺木堂綱鑑易知錄九十二卷明鑑易知錄十五卷 (清)吳乘權等輯 清石印本 十二冊 存八十八卷(綱鑑易知錄二十至九十二、明鑑易知錄十五卷)

410000－2209－0001487 2.2/75－01513
尺木堂綱鑑易知錄九十二卷明鑑易知錄十五卷 (清)吳乘權等輯 清石印本 十二冊 存八十卷(綱鑑易知錄十三至二十七、三十五至九十二,明鑑易知錄一至七)

410000－2209－0001488 3.3/08－01500
讀史兵略四十六卷 (清)胡林翼纂 清刻本 一冊 存三卷(九至十一)

410000－2209－0001489 2.8/08－01560
令德堂增定課兒鑑畧妥註善本五卷 (明)李廷機著 (明)張瑞圖校正 (清)鄒聖脈原訂 清刻本 一冊 存二卷(一至二)

410000－2209－0001490 2.2/76－01514
尺木堂綱鑑易知錄九十二卷明鑑易知錄十五卷 (清)吳乘權等輯 清光緒二十六年(1900)上海圖書集成印書局鉛印本 十五冊 存九十三卷(綱鑑易知錄一至二十二、二十六至七十三、八十二至九十二,明鑑易知錄一至三、七至十五)

410000－2209－0001491 2.8/09－01561
經綸局增定課讀鑑略妥註善本五卷 (明)李廷機著 (明)張瑞圖校閲 (清)鄒聖脈原訂 清刻本 一冊 存三卷(三至五)

410000－2209－0001492 2.2/77－01515
綱鑑易知錄九十二卷明鑑易知錄十五卷 (清)吳乘權等輯 清石印本 三冊 存十九卷(綱鑑易知錄五十九至七十七)

410000－2209－0001493 2.2/78－01516
綱鑑易知錄九十二卷明鑑易知錄十五卷 (清)吳乘權等輯 清石印本 三冊 存二十一卷(綱鑑易知錄十九至二十五、三十三至三十九、四十七至五十三)

410000－2209－0001494 1.9/126－01562
四書朱子本義匯条四十三卷 (清)王步青輯 清刻本 一冊 存一卷(論語集註本義匯条十五)

410000－2209－0001495 2.2/79－01517
尺木堂明鑑易知錄十五卷 (清)吳乘權等輯 清光緒三十年(1904)上海吳雲記鉛印本 一冊 存七卷(一至七)

410000－2209－0001496 3.2/29－01563
孔氏家語十卷 (三國魏)王肅注 清同德堂刻本 一冊 存五卷(一至五)

410000－2209－0001497 2.2/80－01518
尺木堂綱鑑易知錄九十二卷明鑑易知錄十五卷 (清)吳乘權等輯 清鉛印本 五冊 存三十六卷(綱鑑易知録十九至二十五、四十至五十三,明鑑易知錄十五卷)

410000－2209－0001498 2.2/81－01519
尺木堂綱鑑易知錄九十二卷明鑑易知錄十五卷 (清)吳乘權等輯 清石印本 一冊 存七卷(綱鑑易知録十二至十八)

410000－2209－0001499　4.2/161－01661

曹子建集十卷　(三國魏)曹植撰　清末刻本　一冊　存四卷(七至十)

410000－2209－0001500　2.4/11－01564

皇朝政典挈要八卷　(日本)增田貢著　清鉛印本　一冊　存六卷(一至六)

410000－2209－0001501　1.9/127－01565

四書題鏡三十六卷總論一卷　(清)汪鯉翔纂述　清刻本　一冊　存七卷(大學一、中庸一、論語一至五)

410000－2209－0001502　2.8/10－01566

二十一史約編八卷首一卷　(清)鄭元慶述　(清)祁雲公　(清)祉介繁輯　清刻本　一冊

410000－2209－0001503　2.2/82－01567

鼎鍥趙田了凡袁先生編纂古本歷史大方綱鑑補三十九卷首一卷　(明)袁黄撰　清刻本　十六冊　存十六卷(二、五至十九)

410000－2209－0001504　2.14/37－01568

刑部比照加減成案三十二卷首一卷　(清)許槤輯　(清)熊莪訂　清刻本　一冊　存二卷(七至八)

410000－2209－0001505　4.2/149－01569

鴻爪集□□卷　(清)陸襄鉞等撰　清刻本　一冊　存二卷(一至二)

410000－2209－0001506　4.2/150－01570

楊園先生全集五十四卷　(清)張履祥撰　清刻本　一冊　存二卷(九至十)

410000－2209－0001507　4.3/179－01571

第六才子書八卷　(元)王實甫撰　(清)金人瑞評　清刻本　一冊　存二卷(七至八)

410000－2209－0001508　4.3/180－01572

天下才子必讀書十五卷　(清)金人瑞評　清上海國學進化社石印本　二冊　存六卷(六至十一)

410000－2209－0001509　4.3/181－01573

試律說注二卷　(清)何汾輯釋　清刻本　一冊　存一卷(一)

410000－2209－0001510　4.3/182－01574

文選六十卷　(南朝梁)蕭統撰　清上海文會堂書局影印本　四冊　存十六卷(一至十六)

410000－2209－0001511　4.3/183－01575

八代詩選二十卷目錄一卷　王闓運撰　清章氏經濟堂刻本　四冊　存十一卷(一至五、十三至十四、十八至二十,目錄一卷)

410000－2209－0001512　4.2/151－01576

胡文忠公遺集八十六卷首一卷　(清)胡林翼撰　(清)鄭敦謹　(清)曾國荃纂輯　(清)胡鳳丹重編　(清)涂家樑校正　清光緒十四年(1888)上海著易堂鉛印本　八冊

410000－2209－0001513　4.3/184－01577

孫批胡刻文選五卷附考異一卷　(南朝梁)蕭統撰　(唐)李善注　(清)胡克家校刊　清光緒二十一年(1895)寶文書局石印本　六冊

410000－2209－0001514　4.2/152－01578

寄嶽雲齋試體詩選詳註四卷　(清)聶銑敏撰　(清)張學蘇箋　(清)王茂松等校　清同元堂刻本　一冊　存二卷(一至二)

410000－2209－0001515　2.16/06－01579

礦學須知不分卷　(英國)傅蘭雅著　清光緒十九年(1893)刻本　一冊

410000－2209－0001516　2.14/38－01582

二十四史九通政典類要合編三百二十卷　(清)黄書霖輯　清石印本　一冊　存八卷(二十三至三十)

410000－2209－0001517　2.2/83－01583

增評加批歷史綱鑑補三十九卷首一卷　(明)王世貞　(明)袁黄編纂　清刻本　一冊　存二卷(三十八至三十九)

410000－2209－0001518　2.2/84－01584

資治明紀綱目二十卷首一卷　(清)張廷玉撰　清鉛印本　一冊　存十四卷(一至十三、首一卷)

410000－2209－0001519　2.2/85－01585

御批增補了凡綱鑑四十卷首一卷　(明)袁黄

編纂　清上海文盛堂石印本　一册　存四卷(三十七至四十)

410000－2209－0001520　2.2/86－01586
綱鑑會纂三十九卷首一卷　(明)王世貞編　(清)李遜齋重校　清光緒二十五年(1899)上海著易堂石印本　一册　存三卷(一至二、首一卷)

410000－2209－0001521　2.2/87－01587
御批資治通鑑綱目五十九卷　(宋)朱熹撰　清美華書局石印本　一册　存五卷(十一至十五)

410000－2209－0001522　2.2/88－01588
御撰資治通鑑綱目三編六卷　(清)張廷玉等編　清上海富強齋鉛印本　二册

410000－2209－0001523　1.9/129－01589
慎齋四書會纂□□卷　(清)浦泰纂輯　清刻本　二册　存十卷(論語一至十)

410000－2209－0001524　4.2/153－01590
山曉閣選唐大家柳柳州全集四卷　(唐)柳宗元著　(清)孫琮評　清石印本　二册　存二卷(三至四)

410000－2209－0001525　3.12/43－01591
新增說文韻府羣玉二十卷　(元)陰時夫編輯　(元)陰中夫編註　(明)王元貞校正　清刻本　一册　存一卷(十九)

410000－2209－0001526　2.6/46－01592
宋元學案一百卷首一卷　(清)黄宗羲撰　(清)全祖望修定　清上海文瑞樓石印本　一册　存三卷(五十一至五十三)

410000－2209－0001527　2.2/89－01524
御批歷代通鑑輯覽一百二十卷　(清)傅恒等編纂　清鉛印本　七册　存十八卷(二十一至二十三、四十二至四十四、五十六至五十七、六十七至六十九、九十七至一百、一百十至一百十二)

410000－2209－0001528　2.2/90－01525
御批歷代通鑑輯覽一百二十卷　(清)傅恒等編纂　清石印本　十一册　存五十九卷(二十二至二十七、三十四至四十六、五十三至五十四、五十七至六十二、七十四至七十五、九十一至一百二十)

410000－2209－0001529　2.2/91－01526
御批歷代通鑑輯覽一百二十卷　(清)傅恒等編纂　清石印本　五册　存二十三卷(六十三至七十一、九十一至九十八、一百三至一百八)

410000－2209－0001530　2.2/92－01527
御批歷代通鑑輯覽一百二十卷　(清)傅恒等編纂　清石印本　四册　存二十一卷(六十三至六十七、七十三至八十三、九十六至一百)

410000－2209－0001531　1.9/133－01593
四書析義大全□□卷　(清)杜定基訂　清刻本　一册　存五卷(論語六至十)

410000－2209－0001532　2.2/93－01528
御批歷代通鑑輯覽一百二十卷　(清)傅恒等編纂　清華文齋石印本　一册　存十二卷(八十四至九十五)

410000－2209－0001533　2.3/01－01529
通鑑紀事本末二百三十九卷　(宋)袁樞輯　(明)張溥論正　清光緒二十一年(1895)上海積山書局石印本　十六册　存五卷(一至五)

410000－2209－0001534　3.12/44－01594
重訂廣事類賦四十卷　(清)華希閔著　(清)尤世紳彖　(清)華希閎重訂　清刻本　三册　存十六卷(十八至二十二、二十四至二十八、三十一至三十六)

410000－2209－0001535　4.2/154－01595
朱淑真斷腸詩後集七卷斷腸詞一卷　(宋)朱淑真著　**潄玉詞一卷**　(宋)李清照著　清石印本　一册

410000－2209－0001536　2.2/94－01530
御批增補了凡綱鑑三十九卷首一卷　(明)袁黄編纂　清光緒三十年(1904)同文升記書局石印本　十册　存十卷(御批增補了凡綱鑑

一至十、首一卷)

410000－2209－0001537　4.2/155－01596
白香山詩長慶集二十卷後集十七卷別集一卷補遺二卷　(唐)白居易撰　(清)汪立名編訂　清石印本　二册　存七卷(後集十至十三、十七,別集一卷,補遺二)

410000－2209－0001538　1.5/29－01531
附釋音禮記注疏六十三卷　(漢)鄭玄注　(唐)陸德明音義　(唐)孔穎達疏　**校勘記六十三卷**　(清)阮元撰　(清)盧宣旬摘錄　清光緒十三年(1887)上海脈望仙石印刻宋本十三經注疏附校勘記本　一册　存十三卷(附釋音禮記注疏十四至二十六)

410000－2209－0001539　3.11/19－01597
繡像繪圖足本東周列國志二十三卷一百八回　(清)蔡昇評點　清刻本　五册　存五卷(三至四、六至八)

410000－2209－0001540　1.7/50－01532
監本附音春秋穀梁注疏二十卷　(晉)范甯集解　(唐)陸德明音義　(唐)楊士勛疏　**校勘記二十卷**　(清)阮元撰　(清)盧宣旬摘錄　清光緒十三年(1887)袖海山房石印本　一册

410000－2209－0001541　3.11/20－01598
增像全圖東周列國志二十三卷一百八回　(清)蔡昇評點　清鑄記書局石印本(有圖)　五册　存十六卷(三至五、十一至十三、十八至二十七)

410000－2209－0001542　1.9/132－01533
張九達先生四書尊註會意解三十六卷　(清)張庸德補　清康熙三十六年(1697)刻本　一册　存一卷(大學一)

410000－2209－0001543　3.5/136－01599
編輯外科心法要訣十六卷首一卷　(清)吳謙等輯　清刻御纂醫宗金鑑本(有圖)　一册　存三卷(十一至十三)

410000－2209－0001544　4.2/156－01534
栢藴臯稿不分卷　(清)栢謙著　清刻本　一册

410000－2209－0001545　4.3/185－01600
經史百家雜鈔二十六卷首一卷　(清)曾國藩纂　(清)李鴻章校刊　清石印本　一册　存二卷(七至八)

410000－2209－0001546　2.2/95－01601
新鐫趙田了凡袁先生編纂古本歷史大方綱鑑補三十九卷首一卷　(明)袁黄撰　清刻本　七册　存七卷(十三、二十二至二十三、三十一至三十二、三十五、三十七)

410000－2209－0001547　2.17/11－01535
新鐫元墨二宜不分卷　(清)袁銑編　清道光十四年(1834)刻本　一册

410000－2209－0001548　2.1/25－01536
漢書一百卷　(漢)班固撰　(唐)顔師古注　清桐城方氏刻本　一册　存二卷(二十五至二十六)

410000－2209－0001549　1.10/91－01537
康熙字典十二集三十六卷總目一卷檢字一卷辨似一卷等韻一卷補遺一卷備考一卷　(清)張玉書等撰　清光緒刻本　一册　存十卷(子集、丑集,總目一卷,檢字一卷,辨似一卷,等韻一卷)

410000－2209－0001550　3.1/01－01602
墨子十六卷　(戰國)墨翟撰　清刻本　一册　存四卷(五至八)

410000－2209－0001551　3.13/10－01538
調賢家音不分卷　(□)□□撰　清刻本　二册

410000－2209－0001552　2.6/47－01539
姓氏彙選不分卷　(清)□□撰　清刻本　一册

410000－2209－0001553　1.9/134－01540
論語十卷　(宋)朱熹集注　清刻本　一册　存二卷(八至九)

410000－2209－0001554　3.12/45－01603
古事比五十二卷　(清)方中德輯著　(清)王梓較　清光緒十三年(1887)上海點石齋石印

本　一冊　存六卷(一至六)

410000－2209－0001555　4.3/186－01541
浮玉山房時文鈔不分卷　(清)丁紹周著　清同治十二年(1873)刻本　一冊

410000－2209－0001556　1.9/135－01542
敦復堂稿不分卷　(清)王步青輯　清刻本　二冊

410000－2209－0001557　1.10/92－01543
爾雅郭注義疏三卷　(清)郝懿行學　清石印本　二冊

410000－2209－0001558　2.1/26－01544
明史三百三十二卷目錄四卷　(清)張廷玉等修　清刻本　一冊　存二卷(三百十三至三百十四)

410000－2209－0001559　1.9/136－01604
新訂四書補註備旨十卷　(明)鄧林著　(清)祁文友重校　(清)杜定基增訂　清刻本　一冊　存一卷(下孟四)

410000－2209－0001560　1.10/93－01545
說文通檢十四卷首一卷末一卷　(清)黎永椿編　清光緒湖北崇文書局刻本　一冊　存七卷(一至六、首一卷)

410000－2209－0001561　4.3/187－01605
增補千家詩七言絕句二卷　(清)補留生重輯　清宣統元年(1909)上海□福記石印本(有圖)　一冊

410000－2209－0001562　4.5/02－01606
晚翠軒詞韻不分卷　(清)舒夢蘭輯　清宣統元年(1909)春州軒石印本　一冊

410000－2209－0001563　3.14/15－01607
莊子集解八卷　王先謙輯　清上海埽葉山房石印本　四冊

410000－2209－0001564　1.10/94－01608
讀書雜誌八十二卷餘編二卷　(清)王念孫撰　清上海文瑞樓刻本　十七冊　存五十六卷(逸周書一至四、戰國策一、史記三至六、漢書一至八、管子十二、晏子春秋一至二、墨子一至六、荀子一至八、淮南內篇四至二十二、漢隸拾遺一,餘編一至二)

410000－2209－0001565　1.5/30－01546
儀禮注疏五十卷　(漢)鄭玄注　(唐)陸德明音義　(唐)賈公彥疏　**校勘記五十卷**　(清)阮元撰　(清)盧宣旬摘錄　清刻宋本十三經注疏附校勘記本　三冊　存十八卷(儀禮二十五至二十七、四十五至五十,校勘記二十五至二十七、四十五至五十)

410000－2209－0001566　4.2/157－01609
魏季子文集十六卷　(清)魏禮著　(清)魏禧訂　清刻寧都三魏全集本　六冊　存八卷(一至八)

410000－2209－0001567　2.2/96－01610
增評加批歷史綱鑑補三十九卷首一卷　(明)王世貞　(明)袁黄編纂　清上海富強齋刻本　六冊　存十八卷(二至七、十一至十六、三十一至三十六)

410000－2209－0001568　5.1/71－01547
皇清經解一千四百卷　(清)阮元輯　清光緒十三年(1887)石印本　十冊　存四十種二百八十二卷

410000－2209－0001569　2.2/97－01611
增評加批歷史綱鑑補三十九卷首一卷　(明)王世貞　(明)袁黄編纂　清錦章圖書局影印本　三冊　存七卷(十二至十六、三十三至三十四)

410000－2209－0001570　5.1/72－01548
陽宅大成五種　(清)魏青江撰　清石印本　一冊　存三種八卷

410000－2209－0001571　2.2/98－01612
資治明紀綱目二十卷首一卷　(清)張廷玉撰　清上海廣益書局石印本　二冊

410000－2209－0001572　3.5/137－01549
增廣足本驗方新編十八卷續集五卷　(清)鮑相璈編　清光緒三十四年(1908)石印本　一冊　存十三卷(十一至十八、續集五卷)

410000－2209－0001573　2.2/99－01613

袁王綱鑑合編三十九卷首一卷　(明)袁黄輯　(明)王世貞編　清鉛印本　一册　存三卷(十三至十五)

410000－2209－0001574　2.2/100－01614

御批增補了凡綱鑑四十卷首一卷　(明)袁黄編纂　(清)李遜齋校　清上海著易堂石印本　一册　存七卷(二十六至三十二)

410000－2209－0001575　2.2/101－01615

御批增補了凡綱鑑四十卷首一卷　(明)袁黄編纂　清石印本　一册　存四卷(二十一至二十四)

410000－2209－0001576　2.2/102－01616

御批增補了凡綱鑑三十九卷首一卷　(宋)劉恕外紀　(明)袁黄編纂　清光緒三十年(1904)上海同文升記書局石印本　十册　存十一卷(一至十、首一卷)

410000－2209－0001577　2.2/103－01617

御撰資治通鑑綱目三編二十卷　(清)張廷玉等編　清鉛印本　二册　存二卷(一至二)

410000－2209－0001578　2.2/104－01618

袁王綱鑑合編三十九卷首一卷　(明)袁黄輯　(明)王世貞編　清育文書局石印本　三册　存八卷(二十二至二十四、三十三至三十七)

410000－2209－0001579　4.2/54－01619

陳檢討四六二十卷　(清)陳維崧撰　(清)程師恭註　(清)陳明善校閲　清刻本　一册　存七卷(十四至二十)

410000－2209－0001580　3.7/26－01620

增補地理直指原真大全六卷首一卷　(清)釋如玉著　清宣統三年(1911)石印本(有圖)　一册　存二卷(中卷一至二)

410000－2209－0001581　4.6/27－01621

增像全圖第一才子三國志演義十卷一百二十回　(明)羅本撰　(清)毛宗崗評　清天寶書局石印本(有圖)　二册　存六卷(一至四、七至八)

410000－2209－0001582　3.14/16－01550

莊子十卷　(晉)郭象注　(唐)陸德明音義　清光緒十九年(1893)上海鴻文書局石印本　一册

410000－2209－0001583　2.3/02－01551

宋史紀事本末一百九卷　(明)陳邦瞻編輯　(明)張溥論正　清石印本　一册　存十七卷(四十至五十六)

410000－2209－0001584　2.2/105－01622

綱鑑擇語十卷　(清)司徒修撰　清石印本　一册　存六卷(一至六)

410000－2209－0001585　2.1/27－01552

廿四史菁華録　(清)□□撰　清石印本　三册　存十八卷(十四至十九、四十至五十一)

410000－2209－0001586　3.7/27－01553

集富堂球記通書不分卷　(清)□□撰　清同治五年(1866)敬義堂刻本　一册

410000－2209－0001587　1.10/94－01554

明文小題解不分卷　(清)□□輯　清刻本　一册

410000－2209－0001588　5.1/75－01071

政藝通報二篇第五年丙午　(清)政藝通報社輯　清光緒三十二年(1906)鉛印本　一册

410000－2209－0001589　3.5/123－01201

白喉治法忌表抉微一卷附經驗救急諸方不分卷　(清)耐修子輯　清光緒十七年(1891)許昌錦章印刷局鉛印本　一册

410000－2209－0001590　3.5/124－01555

白喉治法忌表抉微一卷附經驗救急諸方不分卷　(清)耐修子録　清光緒十七年(1891)許昌錦章印刷局鉛印本　一册

410000－2209－0001591　3.5/125－01556

白喉治法忌表抉微一卷附經驗救急諸方不分卷　(清)耐修子録　清光緒十七年(1891)許昌錦章印刷局鉛印本　一册

410000－2209－0001592　3.5/126－01557

白喉治法忌表抉微一卷附經驗救急諸方不分

卷　(清)耐修子録　清鉛印本　一册

410000－2209－0001593　1.2/21－01558
周易兼義九卷　(三國魏)王弼　(晉)韓康伯注　(唐)孔穎達正義　**音義一卷**　(唐)陸德明撰　**注疏校勘記九卷釋文校勘記一卷**　(清)阮元撰　(清)盧宣旬摘錄　清光緒十三年(1887)上海脈望仙館石印宋本十三經注疏附校勘記本　一册

410000－2209－0001594　1.3/29－01559
附釋音尚書注疏二十卷　(漢)孔安國傳　(唐)陸德明音義　(唐)孔穎達疏　**校勘記二十卷**　(清)阮元撰　(清)盧宣旬摘錄　清石印刻宋本十三經注疏附校勘記本　一册　存三十卷(十一至二十、校勘記二十卷)

410000－2209－0001595　4.3/188－01623
蕺山書院課藝不分卷　(清)馬傳煦等輯　清刻本　一册

410000－2209－0001596　3.10/33－01624
宣講至理□□卷　(清)□□撰　清刻本　一册　存一卷(六)

410000－2209－0001597　3.10/34－01625
宣講至理□□卷　(清)□□撰　清刻本　一册　存一卷(六)

410000－2209－0001598　3.10/35－01626
宣講再好聽□□卷　(清)□□撰　清刻本　一册　存一卷(六)

410000－2209－0001599　1.9/136－01627
四書駢體類聯人物典林富豔四卷　(清)□□撰　清刻本　三册　存三卷(一、三至四)

410000－2209－0001600　1.9/137－01628
小搭藏珎□□卷　(清)□□撰　清刻本　一册　存二卷(四、二十二)

410000－2209－0001601　1.1/31－01629
五經文鵠不分卷　題(清)文印山房主人輯　清道光二十九年(1849)文印山房刻本　零册

410000－2209－0001602　1.1/32－01630
五經文鵠二集不分卷　題(清)文印山房主人輯　清道光三十年(1850)文印山房刻本　一册

410000－2209－0001603　1.1/33－01631
經義鴻裁初集五卷　(清)何瑾編　清同治十二年(1873)刻本　五册

410000－2209－0001604　4.5/03－01632
樓外樓訂正妥注第六才子書六卷首一卷　(元)王德信撰　(清)鄒聖脈注　清九如堂刻本(有圖)　一册　存三卷(一至二、首一卷)

410000－2209－0001605　3.17/03－01633
慧靈真經不分卷　(□)□□撰　清瞿炎□抄本　一册

410000－2209－0001606　4.2/158－01634
醉迷齋稿不分卷　(清)韓□次著　清光緒十六年(1890)刻本　一册

410000－2209－0001607　3.7/28－01635
地理山平相法造命秘訣一卷　(清)□□撰　清光緒七年(1881)刻本(有圖)　一册

410000－2209－0001608　3.8/17－01636
得其真趣一卷　(清)□□撰　清光緒二年(1876)刻本(有圖)　一册

410000－2209－0001609　3.8/19－01637
學千字文一卷　(南朝梁)周興嗣撰　清光緒二十二年(1896)刻本　一册

410000－2209－0001610　1.7/51－01638
增批輯注東萊博議四卷注釋一卷　(宋)吕祖謙撰　劉紫山(鍾英)輯注　清光緒二十八年(1902)石印本　一册

410000－2209－0001611　4.2/159－01639
韞山堂時文初集一卷二集一卷三集一卷　(清)管世銘撰　**周稿全集一卷**　(清)周景益撰　清刻本　一册

410000－2209－0001612　3.10/36－01640
類腋五十五卷　(清)姚培謙輯　清刻本　一册　存三卷(九至十一)

410000－2209－0001613　2.8/11－01641
前漢書精華録四卷後漢書精華録二卷　(清)

□□輯　清石印本　一冊　存三卷(前漢書四、後漢書二卷)

410000－2209－0001614　3.5/127－01642
瘟疫論補註二卷　(明)吳有性著　(清)鄭重光補註　清上海錦章書局石印　一冊

410000－2209－0001615　2.1/28－01643
明史三百三十二卷目錄四卷　(清)張廷玉等修　清刻本　一冊　存三卷(三百二十七至三百二十九)

410000－2209－0001616　3.7/29－01644
邵子神數不分卷　(宋)邵康節著　清抄本　十五冊

410000－2209－0001617　3.14/17－01645
莊子十卷　(戰國)莊周撰　(晉)郭象注　(唐)陸德明音義　清石印本　一冊　存四卷(七至十)

410000－2209－0001618　5.1/76－00006
陳修園醫書五十種　(清)陳念祖撰　清光緒三十一年(1905)上海商務印書館排印本　四冊　存十一種三十八卷

410000－2209－0001619　5.1/77－00070
陳修園醫書四十二種　(清)陳念祖撰　清光緒上海久敬齋石印本　三冊　存七種四十卷

410000－2209－0001620　5.1/78－00080
陳修園醫書四十八種　(清)陳念祖撰　清光緒上海昌文書局石印本　五冊　存七種二十六卷

410000－2209－0001621　1.5/31－00081
周禮音訓不分卷　(清)楊國楨撰　清刻本　四冊

410000－2209－0001622　4.6/28－00083
第一才子書六十卷一百二十回　(明)羅本撰　(清)毛宗崗評　清刻本　十八冊　存五十九卷(二至六十)

410000－2209－0001623　4.6/29－00087
第一才子書六十卷一百二十回　(明)羅本撰　(清)毛宗崗評　清刻本　一冊　存九卷(三十至三十八)

410000－2209－0001624　3.2/31－00132
種子金丹不分卷　(清)徐士珩編輯　清道光二十六年(1846)益元堂刻本　一冊

410000－2209－0001625　3.5/128－00196
時方歌括二卷　(清)陳念祖撰　清石印本　一冊

410000－2209－0001626　3.5/129－00723
醫學心悟五卷　(清)程國彭著　清石印本　一冊　存二卷(一至二)

410000－2209－0001627　3.5/130－00433
醫學心悟六卷　(清)程國彭著　清石印本　一冊

410000－2209－0001628　4.3/192－01646
御選唐宋詩醇四十七卷目錄二卷　(清)高宗弘曆輯　清刻本　一冊　存二卷(十五至十六)

410000－2209－0001629　4.4/19－01647
分類賦學雞跖集三十卷附錄一卷目錄一卷　(清)張維城輯　清刻本　二冊　存五卷(三至五、八至九)

410000－2209－0001630　1.10/95－01648
康熙字典十二集三十六卷總目一卷檢字一卷辨似一卷等韻一卷補遺一卷備考一卷　(清)張玉書等撰　清刻本　一冊　存九卷(寅集、卯集、辰集)

410000－2209－0001631　1.10/96－01649
康熙字典十二集三十六卷總目一卷檢字一卷辨似一卷等韻一卷補遺一卷備考一卷　(清)張玉書等撰　清刻本　二冊　存十二卷(未集、申集、酉集、戌集)

410000－2209－0001632　1.10/97－01650
康熙字典十二集三十六卷總目一卷檢字一卷辨似一卷等韻一卷補遺一卷備考一卷　(清)張玉書等撰　清石印本　一冊　存九卷(寅集、卯集、辰集)

410000－2209－0001633　1.10/98－01651

康熙字典十二集三十六卷總目一卷檢字一卷辨似一卷等韻一卷補遺一卷備考一卷 （清）張玉書等撰　清石印本　二册　存十五卷(寅集、卯集、辰集、未集、申集)

410000－2209－0001634　1.10/99－01652
康熙字典十二集三十六卷總目一卷檢字一卷辨似一卷等韻一卷補遺一卷備考一卷 （清）張玉書等撰　清刻本　一册　存一卷(亥集下)

410000－2209－0001635　4.6/30－01653
四大奇書第一種六十卷 （明）羅本撰　（清）毛宗崗評　清刻本　一册　存三卷(十四至十六)

410000－2209－0001636　2.2/106－01654
御撰資治通鑑綱目三編六卷 （清）張廷玉等編　清石印本　一册　存二卷(三至四)

410000－2209－0001637　1.10/100－01655
草字彙十二卷 （清）石梁集　清石印本　一册　存二卷(子集、丑集)

410000－2209－0001638　4.2/160－01657
虙禬集不分卷 （清）□□撰　清刻本　一册　存"君子和而不同,小人同而不和"篇至"食之以時"篇

410000－2209－0001639　1.9/138－01658
易□□卷 （清）□□撰　清刻本　一册　存井谷謝鮒甕敝漏篇至兑見而巽伏也篇

410000－2209－0001640　4.6/31－00003
第一才子書六十卷一百二十回 （明）羅本撰　清石印本(有圖)　十二册　存三十九卷(七至十二、十九至二十二、二十六至四十一、四十五至五十七)

410000－2209－0001641　2.14/13－00604
吾學錄初編二十四卷 （清）吳榮光述　清道光十二年(1832)刻本　十二册

410000－2209－0001642　2.2/44－00605
綱鑑易知錄九十二卷 （清）吳乘權等輯　清刻本　三十二册　存七十二卷(三至三十五、三十八至四十、四十四至四十六、四十九至五十六、五十九至七十六、七十九至八十、八十五至八十六、八十九至九十一)

410000－2209－0001643　2.2/45－00606
重訂王鳳洲先生會纂綱鑑四十六卷 （明）王世貞纂　清刻本　四册　存九卷(二十九至三十七)

410000－2209－0001644　2.2/46－00607
御批歷代通鑑輯覽一百二十卷 （清）傅恒等撰　清光緒上海書局石印本　二十四册

410000－2209－0001645　2.2/47－00608
尺木堂綱鑑易知錄九十二卷 （清）吳乘權等輯　清刻本　二十册　存五十二卷(二十六至三十四、三十八至五十三、五十六至七十一、七十四至八十四)

410000－2209－0001646　2.2/48－00609
尺木堂綱鑑易知錄九十二卷 （清）吳乘權等輯　清光緒二十七年(1901)上海文瑞樓鉛印本　十一册　存七十一卷(一至十八、二十六至三十九、五十四至九十二)

410000－2209－0001647　2.2/49－00610
芸居樓綱鑑易知錄九十二卷 （清）吳乘權等輯　清光緒四年(1878)芸居樓刻本　二十七册　存七十八卷(一至四十一、五十四至六十五、六十八至九十二)

410000－2209－0001648　2.2/50－00611
芸居樓綱鑑易知錄九十二卷 （清）吳乘權等輯　清光緒四年(1878)芸居樓刻本　五册　存十五卷(一至十五)

410000－2209－0001649　2.2/51－00612
重訂王鳳洲先生會纂綱鑒四十六卷 （明）王世貞纂　**御撰資治通鑑綱目三編二十卷末一卷** （清）張廷玉等編　清光緒二十六年(1900)善成堂刻本　二十七册　存五十七卷(會纂綱鑒金卷三至六、九至十二,土卷三至四、八至九,石卷十三至十九,革卷十二至二十三,竹卷二十九、三十六至三十七,匏卷四十三、四十六;綱目三編二十卷、末一卷)

河南省武陟縣圖書館古籍普查登記目録

全國古籍普查登記目録

國家圖書館出版社
National Library of China Publishing House

410000－2211－0000001　叢/20
靜修先生文集十二卷　(元)劉因著　清光緒五年(1879)定州王氏謙德堂刻畿輔叢書本　四冊

410000－2211－0000002　叢/21
楊園先生全集五十四卷年譜一卷　(清)張履祥撰　(清)姚璉輯　清同治十二年(1873)大成會刻本　二十冊

410000－2211－0000003　集/5
倭文端公遺書十一卷　(清)倭仁撰　清刻本　八冊

410000－2211－0000004　集/6
龍壁山房文集八卷　(清)王拯(錫振)著　清光緒七年(1881)刻本　四冊

410000－2211－0000005　史/156
章氏遺書　(清)章學誠著　清道光十二年至十三年(1832－1833)章華紱刻本　四冊

410000－2211－0000006　集/8
龍川文集三十卷首一卷　(宋)陳亮撰　**辨譌考異二卷**　(清)胡鳳丹撰　**附錄二卷**　清光緒元年(1875)湖北崇文書局刻本　十冊

410000－2211－0000007　集/9
望溪集不分卷　(清)方苞撰　(清)程崟編輯　清乾隆十一年(1746)刻本　十冊

410000－2211－0000008　集/10
國朝中州文徵五十四卷　(清)蘇源生編　清道光刻本　二十八冊

410000－2211－0000009　集/11
二曲集正編二十二卷外編六卷　(清)李中孚(顒)著　清光緒九年(1883)刻本　八冊

410000－2211－0000010　叢/24
記過齋藏書　(清)蘇源生撰　清咸豐、光緒間鄢陵蘇氏刻本　九冊　存六種二十二卷

410000－2211－0000011　集/13
樹廬文鈔十卷　(清)彭士望撰　清道光四年(1824)刻本　四冊

410000－2211－0000012　集/15
漢魏六朝百三家集　(明)張溥輯　清光緒十一年(1885)刻本　八十三冊　存九十三種一百九卷

410000－2211－0000013　集/16
庾子山全集十卷　(北周)庾信撰　(清)吳兆宜箋注　清刻本　八冊　缺一卷(三)

410000－2211－0000014　集/17
明張文忠公全集四十八卷　(明)張居正撰　清光緒二十七年(1901)刻朱印本　十六冊

410000－2211－0000015　集/18
陳檢討集二十卷　(清)陳維崧撰　清康熙三十二年(1693)刻本　八冊

410000－2211－0000016　叢/27
張子全書十五卷　(宋)張載撰　(宋)朱熹註　清同治九年(1870)刻本　四冊

410000－2211－0000017　集/206
壯悔堂文集十卷　(清)侯方域著　清刻本　二十九冊

410000－2211－0000018　集/21
何大復先生集三十八卷　(明)何景明撰　清宣統元年(1909)厚生印書館石印本　八冊

410000－2211－0000019　集/22
本朝應制和聲集六卷　(清)沈德潛　(清)王居正評定　清乾隆二十四年(1759)刻本　十五冊

410000－2211－0000020　集/23
潛菴先生擬明史稿二十卷　(清)湯斌擬　(清)田蘭芳評　清刻本　五冊　存七卷(一至二、六至八、十一至十二)

410000－2211－0000021　集/24
何文定公文集十一卷　(明)何瑭撰　明萬曆四年(1576)賈待問刻本　四冊

410000－2211－0000022　集/26
有正味齋詩集十六卷詞集八卷駢體文二十四卷外集五卷續集八卷　(清)吳錫麒撰　清刻本　五冊　存十九卷(詩集五至十六,駢體文三至四、二十二至二十四,外集一至二)

410000－2211－0000023　集/27

庚辰集五卷　（清）紀昀編　清刻本　四册

410000－2211－0000024　集/213

庚辰集五卷附唐人試律説一卷　（清）紀昀編　清乾隆二十六年(1761)太和堂刻本　五册

410000－2211－0000025　集/28

楊忠愍公全集四卷　（明）楊繼盛撰　清刻本　一册

410000－2211－0000026　叢/32

聰山集　（清）申涵光著　清刻本　五册　存四種十一卷

410000－2211－0000027　集/30

新刻諸葛宗岳史四公文集　（清）劉質慧輯　清同治十二年(1873)三原劉氏述荊堂刻本　十四册

410000－2211－0000028　史/157

明大司馬盧公奏議十卷首一卷文集一卷　(明)盧象昇撰　清刻本　八册

410000－2211－0000029　集/32

來鹿堂全集八卷　（清）張鵬飛撰　清光緒八年(1882)刻本　十二册

410000－2211－0000030　集/212

胡文忠公遺集十卷首一卷　（清）胡林翼撰　清刻本　八册

410000－2211－0000031　集/34

求志山房文稿六卷　（清）胡具慶撰　清宣統元年(1909)鉛印本　六册

410000－2211－0000032　集/35

用六集十二卷　（清）刁包著　清道光二十三年(1843)刻本　六册　存十一卷(一至十一)

410000－2211－0000033　集/36

夏峯先生集十四卷補遺二卷首一卷　（清）孫奇逢撰　清道光二十五年(1845)大梁書院刻本　三十六册

410000－2211－0000034　集/38

夏峰集三十六卷　（清）孫奇逢撰　清刻本　二十四册

410000－2211－0000035　集/37

笠翁文集十卷閑情偶集六卷　（清）李漁撰　清雍正八年(1730)芥子園刻本　六册　存十卷(笠翁文集十卷)

410000－2211－0000036　叢/31

三丰全書　（明）張君實撰　清道光二十四年(1844)刻本　十一册　存七種三十三卷

410000－2211－0000037　集/39

窺園稿六卷　（清）賀振能撰　清道光二年(1822)刻本　五册

410000－2211－0000038　集/40

趙文肅公文集二十三卷　（清）赵貞吉撰　清光緒十七年(1891)刻本　八册

410000－2211－0000039　史/164

福惠全書三十二卷　（清）黄六鴻撰　清刻本　十六册

410000－2211－0000040　集/43

燕川集十四卷　（清）范泰恒撰　清嘉慶十四年(1809)顧起廬刻本　六册

410000－2211－0000041　集/45

二曲集正編二十二卷　（清）李顒撰　**外編六卷**　（清）劉大來輯　清光緒九年(1883)刻本　八册

410000－2211－0000042　子/53

二程全書　（宋）程顥　（宋）程頤撰　清同治五年(1866)河南嵩邑兩程故里影堂刻本　二十册

410000－2211－0000043　叢/42

湯文正公遺書　（清）湯斌撰　清道光七年(1827)刻本　七册　存五種十三卷

410000－2211－0000044　集/48

敬恕堂文集紀年十卷首一卷　（清）耿介録　清同治三年(1864)敬恕堂刻本　八册　存五卷(一至二、五至六,首一卷)

410000－2211－0000045　集/49

國朝中州名賢集二十卷　（清）黄舒昺編集　清光緒十七年(1891)睢陽洛學書院刻本　十

六冊

410000－2211－0000046　集/50

中州名賢文表三十卷　(明)劉昌輯　清光緒三十年(1904)鴻文書局石印本　二十八冊

410000－2211－0000047　史/167

曾文正公奏稿三十卷　(清)曾國藩撰　清光緒十四年(1888)鴻文書局鉛印曾文正公全集本　五十三冊

410000－2211－0000048　叢/36

庸庵全集　(清)薛福成撰　清光緒二十三年(1897)上海醉六堂石印本　十二冊

410000－2211－0000049　集/55

小題三萬選不分卷　(□)□□編　清光緒二十年(1894)石印本　九冊　存下論憲問至堯曰、上孟梁惠下至公孫下

410000－2211－0000050　集/56

寒松堂全集十二卷　(清)魏家樞撰　清康熙四十七年(1708)刻本　六冊

410000－2211－0000051　集/57

馮少墟集二十二卷續集五卷　(明)馮從吾撰　清康熙十二年(1673)刻本　十八冊

410000－2211－0000052　叢/38

隨園三十種　(清)袁枚撰　清刻本　三十八冊　存五種一百二十八卷

410000－2211－0000053　集/59

蘇東坡詩集注三十二卷年譜一卷本傳一卷目錄一卷　(宋)蘇軾撰　(宋)呂祖謙編　(宋)王十朋輯注　清刻本　十二冊

410000－2211－0000054　集/61

王陽明先生全集二十二卷首一卷　(明)王守仁撰　(清)俞嶙編　清刻本　二十六冊

410000－2211－0000055　集/63

范忠貞公文集三卷首一卷　(清)范承謨撰　清康熙四十七年(1708)刻本　一冊

410000－2211－0000056　集/64

唐陸宣公集二十二卷　(唐)陸贄撰　(清)年羹尧重訂　清乾隆五年(1740)刻本　三冊

410000－2211－0000057　叢/43

天中許子政學合一集□□種政學集續編□□種　(清)許三禮撰　(清)許吉樟補　清康熙十六年(1677)刻本　十二冊　存二十種二十卷

410000－2211－0000058　史/165

攝山志八卷首一卷　(清)陳毅撰　清康熙三十二年(1693)刻本　二冊

410000－2211－0000059　集/68

白氏長慶集六十卷補遺六卷　(唐)白居易撰　清刻本　十一冊

410000－2211－0000060　子/74

淵鑒齋御纂朱子全書六十六卷　(宋)朱熹撰　(清)李光地等纂　清刻本　四十二冊　存二十八卷(一至二十、二十三至三十)

410000－2211－0000061　子/65

淵鑒齋御纂朱子全書六十六卷　(宋)朱熹撰　(清)李光地等纂　清刻本　三十六冊

410000－2211－0000062　集/71

潛庵文正公家書一卷　(清)湯斌撰　清乾隆十七年(1752)刻本　十冊

410000－2211－0000063　集/76

庚辰集五卷附唐人試律說一卷　(清)紀昀編　清嘉慶八年(1803)刻本　三冊

410000－2211－0000064　子/66

輶軒博紀四卷　邵松年編　清光緒二十年(1894)刻本　二冊

410000－2211－0000065　集/78

許文正公遺書十二卷首一卷末一卷　(元)許衡撰　清乾隆五十五年(1790)刻本　八冊

410000－2211－0000066　集/79

二程文集十二卷　(宋)程顥　(宋)程頤撰　清康熙四十七年(1708)正誼堂刻本　六冊

410000－2211－0000067　集/80

胡文忠公遺集十卷首一卷　(清)胡林翼撰　清同治五年(1866)刻本　四冊

410000－2211－0000068　集/82

楊龜山先生集四十二卷 （宋）楊時撰 **宋儒楊龜山先生通紀五卷** （清）楊起佐編 清康熙四十九年(1710)刻本 十冊

410000－2211－0000069 集/83
澹泊齋誦芬集二卷 （清）劉廷鏞著 清同治六年(1867)靜默書塾刻本 一冊

410000－2211－0000070 集/84
孟塗文集十卷前集十卷後集二十二卷駢體文二卷 （清）劉開撰 清道光六年(1826)刻本 八冊

410000－2211－0000071 集/85
望溪先生文集三十二卷 （清）方苞撰 （清）戴鈞衡編 清宣統二年(1910)戴氏刻本 十冊

410000－2211－0000072 子/77
薛文清公讀書錄十一卷續錄十二卷 （明）薛瑄撰 清乾隆十一年(1746)刻本 八冊

410000－2211－0000073 叢/39
惜抱軒遺書三種 （清）姚鼐撰 清光緒五年(1879)桐城徐氏刻本 四冊

410000－2211－0000074 叢/40
馬文莊公文集選十五卷 （明）馬自強撰 **敘述一卷** （明）魏學曾撰 清同治九年(1870)關中馬氏敦倫堂刻馬氏叢刻本 四冊

410000－2211－0000075 叢/41
羅忠節公遺集 （清）羅澤南撰 清咸豐同治間刻本 八冊 存七種十七卷

410000－2211－0000076 集/90
夏峰先生集十四卷補遺二卷首一卷 （清）孫奇逢撰 清道光二十五年(1845)刻孫夏峰全集本 四冊

410000－2211－0000077 叢/37
藻川堂全集 （清）邓繹撰 清光緒十四年(1888)刻本 四冊 存三種十四卷

410000－2211－0000078 集/92
玉磬山房詩集六卷文集四卷 （清）劉大觀撰 清嘉慶十五年(1810)刻本 十冊

410000－2211－0000079 子/54
五種遺規 （清）陳弘謀撰 清道光五年(1825)王康乂開封刻二十九年(1849)瑛桂補刻光緒十六年至十七年(1890－1891)海豐吳重憙重修補刻印本 八冊 存四種十四卷

410000－2211－0000080 子/86
顏氏家訓二卷 （北齊）顏之推撰 清光緒元年(1875)湖北崇文書局刻本 一冊

410000－2211－0000081 集/97
昭明文選集成六十卷首二卷 （清）方廷珪評點 清乾隆二十年(1755)刻本 六冊 存十卷(一至十)

410000－2211－0000082 史/166
章氏遺書 （清）章學誠撰 清道光十二年至十三年(1832－1833)章華紱刻本 二冊

410000－2211－0000083 經/1
十三經注疏 清同治十年(1871)刻本 一百二十一冊 存十種三百三十二卷

410000－2211－0000084 集/289
畿輔人物考八卷 （清）孫奇逢撰 清同治八年(1869)刻本 二十五冊

410000－2211－0000085 經/2
易說醒四卷 （明）洪守美撰 清同治十一年(1872)新豐刻本 三冊

410000－2211－0000086 經/3
周易初學快觀六卷 （清）高賢輯注 清光緒二十七年(1901)刻本 六冊

410000－2211－0000087 經/4
論語集註序說二卷 （清）楊京元輯編 清道光十年(1830)刻本 一冊

410000－2211－0000088 經/6
大學衍義補一百六十卷 （明）丘濬撰 （明）陳仁錫評 明萬曆三十三年(1605)刻本 四十冊

410000－2211－0000089 經/7
毛詩注疏二十卷 （漢）毛亨傳 （漢）鄭玄箋 （唐）孔穎達疏 清同治十年(1871)刻本

二十四冊

410000－2211－0000090　經/196
毛詩草木鳥獸蟲魚疏二卷　（三國吳）陸璣撰　清咸豐五年（1855）刻本　一冊

410000－2211－0000091　經/8
禮記約編十卷　（清）汪基鈔譔　（清）江永校纂　清雍正十年（1732）刻本　四冊

410000－2211－0000092　經/10
儀禮十七卷監本正誤一卷石經正誤一卷　（漢）鄭玄註　（清）張爾岐句讀　清乾隆八年（1743）刻本　六冊

410000－2211－0000093　經/11
春秋旁訓辨體合訂四卷　（清）徐立綱輯　清嘉慶刻本　一冊

410000－2211－0000094　經/12
公羊春秋經傳驗推補證十一卷　廖平撰　清光緒二十九年（1903）則柯軒刻本　十冊

410000－2211－0000095　經/13
尚書注疏二十卷　（漢）孔安國傳　（唐）陸德明音義　（唐）孔穎達疏　清同治十年（1871）刻本　十冊

410000－2211－0000096　經/14
左繡三十卷首一卷　（清）馮李驊　（清）陸浩評輯　清乾隆五十九年（1794）刻本　十六冊

410000－2211－0000097　經/15
論語注二十卷　康有為學　清光緒二十八年（1902）刻本　五冊

410000－2211－0000098　經/16
御纂詩義折中二十卷　（清）傅恒等撰　清光緒十六年（1890）刻本　五冊　存十七卷（一至十七）

410000－2211－0000099　經/17
周官精義十二卷　（清）連斗山撰　清嘉慶二十二年（1817）刻本　二冊　存五卷（一至三、六至七）

410000－2211－0000100　經/18
全本禮記體註十卷　（清）范翔撰　（清）徐瑄補輯　清刻本　五冊　存五卷（四至五、八至十）

410000－2211－0000101　經/19
鄉黨圖考十卷　（清）江永撰　清乾隆二十一年（1756）刻本　七冊

410000－2211－0000102　經/35
四書記悟十四卷　（清）王汝謙撰　（清）李棠階評　清同治十年（1871）刻本　四冊

410000－2211－0000103　經/20
孟子讀本二卷　（清）王汝謙輯評　清同治十三年（1874）刻本　二冊

410000－2211－0000104　經/37
致用精舍講語記略十六卷　（清）王軨撰　清光緒十一年（1885）刻本　一冊　存一卷（大學一卷）

410000－2211－0000105　經/21
說文解字注三十卷六書音均表二卷汲古閣說文訂一卷　（清）段玉裁撰　清同治十一年（1872）刻本　十八冊

410000－2211－0000106　經/22
儀禮章句十七卷　（清）吳廷華撰　清刻本　六冊

410000－2211－0000107　經/23
易箋八卷首一卷圖說一卷　（清）陳法著　清乾隆三十年（1765）敬和堂刻光緒十四年（1888）陳希謙重修本（有圖）　六冊

410000－2211－0000108　經/24
詩經嗜鳳詳解八卷圖說一卷　（清）陳抒孝撰　清刻本　四冊

410000－2211－0000109　經/25
欽定春秋傳說彙纂三十八卷首二卷　（清）王掞等撰　清刻本　二十四冊　存三十八卷（一至三十六、首二卷）

410000－2211－0000110　經/26
大戴禮記十三卷　（漢）戴德撰　清刻本　一冊　存十二卷（一至十二）

410000－2211－0000111　經/27

周易例史四卷　（清）雒倫著　清石印本　四冊

410000－2211－0000112　經/28
松陽講義十二卷　（清）陸隴其撰　清康熙二十九年（1690）刻本　六冊

410000－2211－0000113　經/29
儀禮經傳通解續二十九卷　（宋）黄榦撰　清刻本　二十四冊

410000－2211－0000114　子/42
朱子語類三十卷　（清）程川編　清雍正三年（1725）刻本　八冊　存二十八卷（書四卷、詩五卷、春秋三卷、禮十六卷）

410000－2211－0000115　經/31
呂晚邨先生四書講義四十三卷　（清）呂留良撰　（清）陳鏦編　清刻本　十冊　存二十二卷（一至二十二）

410000－2211－0000116　經/32
尚書因文六卷首一卷末一卷　（清）武士選撰　清長葛武氏約六山房刻本　四冊

410000－2211－0000117　經/33
經學質疑四十卷　（清）狄子奇撰　清道光十七年（1837）安雅齋刻本　五冊

410000－2211－0000118　經/34
周禮精華六卷　（清）陳龍標編輯　清嘉慶二十一年（1816）刻本　三冊

410000－2211－0000119　經/36
四書記悟十四卷　（清）王汝謙撰　（清）李棠階評　清同治十年（1871）刻本　三冊　存十卷（一至六、十一至十四）

410000－2211－0000120　經/38
茶香室經説十六卷　（清）俞樾撰　清光緒十八年（1892）刻本　四冊

410000－2211－0000121　子/13
偽經考十四卷　康有為撰　清光緒十七年（1891）石印本　六冊

410000－2211－0000122　經/40
來瞿唐先生易註十五卷圖像一卷首一卷末一卷　（明）來知德撰　清嘉慶十四年（1809）刻本　二十二冊

410000－2211－0000123　經/41
春秋釋例十五卷　（晉）杜預撰　清光緒二十五年（1899）刻本　八冊

410000－2211－0000124　經/42
康熙字典十二集三十六卷總目一卷檢字一卷辨似一卷備考一卷　（清）張玉書等撰　清康熙五十五年（1716）刻本　四十冊　存三十八卷（康熙字典十二集三十六卷、檢字一卷、辨似一卷）

410000－2211－0000125　經/188
康熙字典十二集三十六卷總目一卷檢字一卷辨似一卷等韻一卷補遺一卷備考一卷　（清）張玉書等撰　清光緒十年（1884）石印本　六冊

410000－2211－0000126　經/43
新刻來瞿唐先生易註十五卷首一卷末一卷　（明）來知德撰　清同治十年（1871）刻本　十冊

410000－2211－0000127　經/44
周禮註疏刪翼三十卷　（明）王志長撰　清乾隆六十年（1795）刻本　十六冊

410000－2211－0000128　經/45
纂補四書大全二十卷　（清）劉嗣固撰　清刻本　十六冊

410000－2211－0000129　子/48
經餘必讀續編八卷　（清）雷琳等輯　清嘉慶十一年（1806）刻本　四冊

410000－2211－0000130　經/47
四書説約三十三卷　（明）鹿善繼撰　清道光二十八年（1848）刻本　六冊

410000－2211－0000131　經/47
四書説約三十三卷　（明）鹿善繼撰　清道光二十八年（1848）刻本　四冊

410000－2211－0000132　經/48
公羊穀梁春秋合編附註疏纂十二卷　（漢）何休學　（晉）范甯集解　（唐）楊士勛疏

(明)朱泰禎纂述　清乾隆五十九年(1794)刻本　五冊

410000－2211－0000133　子/46
小學集注六卷孝經集注一卷　(明)陳選撰
忠經集注一卷　(漢)鄭玄撰　清康熙三十六年(1697)刻本　三冊

410000－2211－0000134　經/50
周易例史二卷圖說一卷　(清)雒倫撰　清石印本　四冊

410000－2211－0000135　經/51
大學章圖一卷中庸章圖一卷　(清)杜炳撰　清刻本　一冊

410000－2211－0000136　經/52
四書新解不分卷　(清)石方敬撰　清同治三年(1864)抄本　一冊

410000－2211－0000137　經/53
中庸衍義十七卷　(明)夏良勝撰　清同治十年(1871)江西刻本　十冊

410000－2211－0000138　經/54
四書玩注詳説四十卷　(清)冉覲祖輯撰　清刻本　四冊　存六卷(十六至十七、二十四、三十二至三十三、三十五)

410000－2211－0000139　經/55
欽定書經傳説彙纂二十一卷首二卷書序一卷　(清)王頊齡等撰　清雍正八年(1730)刻本　十七冊

410000－2211－0000140　經/56
御纂春秋直解十二卷　(清)傅恒等撰　清刻本　八冊

410000－2211－0000141　經/57
郭氏易述五種　(清)郭潤德著　清光緒三十一年(1905)刻本　六冊

410000－2211－0000142　經/58
春秋左傳釋人十二卷世系圖一卷年表一卷附錄一卷　(清)范照藜撰　清嘉慶八年(1803)如不及齋刻本　六冊

410000－2211－0000143　經/59
字學舉隅一卷　(清)黄本驥　(清)龍啟瑞撰　清道光二十六年(1846)刻本　一冊

410000－2211－0000144　經/60
增廣字學舉隅二卷　(清)戴珊輯　清光緒元年(1875)刻本　二冊

410000－2211－0000145　經/61
易經大全會解四卷　(清)來爾繩輯　清同治五年(1866)刻本　一冊

410000－2211－0000146　經/62
易經大全會解四卷　(清)來爾繩輯　清道光二十年(1840)刻本　四冊

410000－2211－0000147　經/63
五經備旨四十五卷　(清)鄒聖脈纂輯　清刻本　十冊　存四種三十八卷

410000－2211－0000148　經/64
孟子微八卷　康有為撰　清光緒二十七年(1901)刻本　二冊

410000－2211－0000149　經/66
公羊義疏七十六卷　(清)陳立著　清道光十四年(1834)刻本　十三冊　存七十卷(一至三十六、四十三至七十六)

410000－2211－0000150　經/68
周禮正義八十六卷　(清)孫詒讓學　清光緒二十五年(1899)刻本　十九冊

410000－2211－0000151　史/158
皇清經解橫直縮編目十六卷　(清)淩忠照編輯　清光緒十三年(1887)上海書局石印本　四冊

410000－2211－0000152　經/70
皇清經解一千四百八卷　(清)阮元輯　清光緒十三年(1887)上海書局石印本　六十四冊

410000－2211－0000153　叢/33
佩文韻府一百六卷拾遺一百六卷　(清)張玉書等纂　清光緒十二年(1886)上海同文書局石印本　五十四冊　缺六卷(佩文韻府八十三至八十四、九十三至九十六)

410000－2211－0000154　經/73

欽定周官義疏四十八卷　(清)鄂爾泰等纂　清乾隆十三年(1748)刻本　三十四册

410000－2211－0000155　經/74
欽定儀禮義疏四十八卷　(清)朱軾等撰　清乾隆四十三年(1778)刻本　二十九册

410000－2211－0000156　經/75
隸韻十卷附碑目一卷攷證一卷　(宋)劉球撰　清嘉慶十五年(1810)刻本　五册

410000－2211－0000157　史/138
理學宗傳二十六卷　(清)孫奇逢撰　清康熙五年(1666)刻本　七册

410000－2211－0000158　史/137
理學宗傳二十六卷　(清)孫奇逢撰　清康熙五年(1666)刻本　十二册

410000－2211－0000159　經/78
載詠樓重鎸硃批孟子二卷　(宋)蘇洵批點　(清)沈李龍較閲　清乾隆十五年(1750)刻本　一册

410000－2211－0000160　經/79
大易闡微錄十二卷　(清)劉瑄著　清乾隆二十三年(1758)刻同治十二年(1873)重修本　一册　存五卷(一至五)

410000－2211－0000161　經/80
讀左補義五十卷首一卷　(清)姜炳璋輯　清乾隆三十三年(1768)刻本　十五册

410000－2211－0000162　經/81
御纂周易折中二十二卷首一卷　(清)李光地等撰　清刻本　十册

410000－2211－0000163　經/202
御纂周易折中二十二卷首一卷　(清)李光地等撰　清康熙五十四年(1715)刻本　十五册

410000－2211－0000164　叢/34
孫夏峰全集　(清)孫奇逢撰　清康熙刻道光至光緒間遞刻重印本　十一册　存四種五十七卷

410000－2211－0000165　經/83
周官精義十二卷　(清)連斗山撰　清乾隆四十一年(1776)刻本　二册　存十卷(一至二、五至十二)

410000－2211－0000166　經/84
禹貢錐指二十卷圖一卷　(清)胡渭撰　清康熙四十四年(1705)刻本(有圖)　十二册

410000－2211－0000167　經/85
全本禮記體注大全合參十卷　(清)范翔撰　(清)徐瑄補輯　清乾隆三十一年(1766)刻本　六册　存四卷(五、八至十)

410000－2211－0000168　經/88
周易四卷　(清)來爾繩纂　清乾隆五十四年(1789)刻本　二册

410000－2211－0000169　經/91
欽定詩經傳説彙纂二十一卷首二卷詩序二卷　(清)王鴻緒等纂　清雍正五年(1727)刻本　二十四册

410000－2211－0000170　經/92
欽定書經傳説彙纂二十一卷首二卷書序一卷　(清)王頊齡等撰　清雍正八年(1730)刻本　十二册

410000－2211－0000171　經/93
欽定春秋傳説彙纂三十八卷首二卷　(清)王掞等撰　清康熙六十年(1721)内府刻本　二十四册

410000－2211－0000172　經/95
周禮十二卷　(漢)鄭玄注　清嘉慶二十三年(1818)士禮居刻本　四册

410000－2211－0000173　經/86
漱芳軒合纂禮記體注四卷　(清)范翔撰　清康熙五十二年(1713)刻本　四册

410000－2211－0000174　經/87
儀禮節畧二十卷　(清)朱軾著　清康熙五十八年(1719)刻本　十六册

410000－2211－0000175　經/96
御纂七經　(清)李光地等撰　清光緒二十九年(1903)鑄記書局石印本　二十四册

410000－2211－0000176　經/97

欽定篆文六經四書　清光緒九年(1883)上海同文書局石印本　十冊

410000－2211－0000177　經/98
四書近指二十卷　(清)孫奇逢纂　清康熙元年(1662)刻本　五冊

410000－2211－0000178　經/94
周禮政要八卷　(清)孫詒讓著　清光緒三十年(1904)上海書局石印本　二冊

410000－2211－0000179　經/99
書經體註大全合叅六卷　(清)范翔鑒定　(清)錢希翔纂輯　清雍正三年(1725)刻本　四冊

410000－2211－0000180　經/100
書經近指六卷　(清)孫奇逢纂　清康熙十五年(1676)刻本　四冊

410000－2211－0000181　經/101
書經釋義六卷　(清)李沛霖論定　清乾隆八年(1743)刻本　四冊

410000－2211－0000182　史/1
宛南書院課讀經義策論三種　(清)孫葆田講授　清光緒二十一年(1895)刻本　二冊

410000－2211－0000183　史/2
司馬溫公稽古録二十卷附校勘記一卷　(宋)司馬光撰　清光緒五年(1879)江蘇書局刻本　四冊

410000－2211－0000184　史/3
通志二百卷　(宋)鄭樵撰　清刻本　六冊　存五卷(二十、七十七至七十八、一百三十、一百五十七)

410000－2211－0000185　史/5
鹿忠節公[善繼]年譜二卷　(清)陳鋐撰　清康熙六年(1667)刻本　一冊

410000－2211－0000186　史/6
李恕谷先生[塨]年譜五卷　(清)馮辰撰　清道光十六年(1836)刻本　四冊

410000－2211－0000187　史/7
三通序不分卷　(清)蔣德均輯　清道光十年(1830)刻本　三冊

410000－2211－0000188　史/8
岑襄勤公[毓英]年譜十卷　(清)趙藩撰　清光緒二十五年(1899)刻本　三冊

410000－2211－0000189　史/9
歷代鐘鼎彝器款識法帖二十卷　(宋)薛尚功撰　清光緒二十九年(1903)刻本　四冊

410000－2211－0000190　史/233
[萬曆]澤州志十八卷　(明)傅淑訓修　(明)閻期壽等纂　(明)鄭際明等續修　明萬曆刻本　六冊

410000－2211－0000191　史/12
趙文恪公自訂年譜一卷趙文恪公遺集二卷　(清)趙光撰　清光緒十六年(1890)刻本　二冊

410000－2211－0000192　史/13
宛南書院課讀經義策論三種　(清)孫葆田講授　清光緒二十七年(1901)刻本　四冊

410000－2211－0000193　史/14
桐城馬太僕奏略二卷　(明)馬孟貞撰　清嘉慶十七年(1812)刻本　二冊

410000－2211－0000194　史/15
[乾隆]河南府志一百十六卷首四卷　(清)施誠修　(清)童鈺　(清)裴希純纂　清乾隆四十四年(1779)刻本　十六冊　存五十八卷(三十四至九十一)

410000－2211－0000195　史/16
駱文忠公奏議湘中稿十六卷四川奏議十一卷附録一卷　(清)駱秉章撰　清光緒四年(1878)刻本　四十冊

410000－2211－0000196　子/57
端溪硯史三卷　(清)吴蘭修撰　清咸豐九年(1859)刻本　一冊

410000－2211－0000197　史/18
古泉匯首集四卷元集十四卷亨集十四卷利集十八卷貞集十四卷　(清)李佐賢撰　清同治三年(1864)刻石泉書屋全集本　十六冊

410000－2211－0000198　史/19

歷代名臣奏議選三十卷　(清)趙承恩輯　清刻本　四冊　存七卷(五代一卷、遼一卷、金一卷、元一卷、唐三卷)

410000－2211－0000199　史/20

御批歷代通鑑輯覽一百二十卷　(清)傅恒等撰　清同治十三年(1874)湖南書局刻本　六十冊

410000－2211－0000200　史/21

大清通禮五十卷　(清)來保等纂　清乾隆二十一年(1756)刻本　八冊

410000－2211－0000201　史/22

史記菁華錄六卷　(清)姚祖恩輯　清刻本　四冊　存四卷(一至四)

410000－2211－0000202　史/24

安陽縣金石錄十二卷　(清)武億著　清刻本　四冊

410000－2211－0000203　史/26

御批歷代通鑑輯覽一百二十卷　(清)傅恒等撰　清同治十一年(1872)湖北崇文書局刻本　五十四冊　存一百十卷(一至一百十)

410000－2211－0000204　史/27

史通削繁四卷　(唐)劉知幾撰　(清)浦起龍注　(清)紀昀刪並評　清光緒元年(1875)刻本　四冊

410000－2211－0000205　史/28

重訂王鳳洲先生綱鑑會纂四十六卷　(明)王世貞撰　(明)陳仁錫訂　清刻本　四十八冊

410000－2211－0000206　子/64

讀史兵略四十六卷　(清)胡林翼撰　清咸豐十一年(1861)武昌節署刻本　十二冊

410000－2211－0000207　史/29

中興別記六十一卷　(清)李濱撰　清宣統二年(1910)鉛印本　十二冊

410000－2211－0000208　史/32

淮軍平捻記十二卷　(清)周世澄撰　清光緒三年(1877)上海機器印書局鉛印本　二冊

410000－2211－0000209　子/63

中西兵略指掌二十四卷　(清)陳龍昌輯　清光緒二十三年(1897)東山草堂石印本　八冊

410000－2211－0000210　史/31

尺木堂綱鑑易知錄九十二卷明鑑易知錄十五卷　(清)吳乘權等輯　清光緒十三年(1887)上海廣百宋齋鉛印本　十四冊

410000－2211－0000211　史/34

史記一百三十卷　(漢)司馬遷撰　清光緒二十四年(1898)上海祥記書莊石印本　二十八冊

410000－2211－0000212　史/35

資治通鑑綱目前編二十五卷　(明)南軒撰　(明)陳仁錫評閱　清同治十二年(1873)刻本　二十九冊

410000－2211－0000213　史/36

史記評林一百三十卷　(明)淩稚隆輯　清光緒二十七年(1901)上海天章書局石印本　十冊

410000－2211－0000214　史/38

天下郡國利病書一百二十卷　(清)顧炎武撰　清光緒二十五年(1899)上海二林齋石印本　二十八冊

410000－2211－0000215　史/39

續資治通鑑二百二十卷　(清)畢沅編集　清光緒二十六年(1900)鉛印本　二十八冊

410000－2211－0000216　史/40

資治通鑑二百九十四卷目錄三十卷　(宋)司馬光撰　(元)胡三省音註　清光緒二十六年(1900)圖書集成局鉛印本　四十四冊

410000－2211－0000217　史/41

[左恪靖侯奏稿]初編三十八卷續編七十六卷　(清)左宗棠撰　清同治七年(1868)刻本　八冊　存十七卷(初編一至十七)

410000－2211－0000218　史/42

東華錄一百九十五卷(天命朝至雍正朝)東華續錄三百九十九卷(乾隆朝至道光朝)　王先

謙編　清光緒十七年(1891)上海廣百宋齋石印本　六十三册　存三百十一卷(東華錄天聰朝十一卷,崇德朝八卷,順治朝三十六卷,康熙朝一至四十四、五十四至一百十,雍正朝二十六卷;續錄乾隆朝一至六十一、六十六至一百二十,道光朝一至十三)

410000－2211－0000219　史/43
東華錄詳節二十四卷　(清)鄢樹庭編　清光緒二十六年(1900)上海東文學堂石印本　十六册

410000－2211－0000220　史/44
漢書評林一百卷　(明)淩稚隆輯　清光緒二十七年(1901)石印本　十二册

410000－2211－0000221　史/48
歷代地圖集　(清)□□撰　清鉛印本　一册

410000－2211－0000222　史/50
地理問答二卷　(清)□□撰　清光緒二十八年(1902)鉛印本　三册

410000－2211－0000223　史/45
歷代名臣言行錄二十四卷　(清)朱桓編輯　清光緒二十八年(1902)上海煥文書局石印本　八册

410000－2211－0000224　史/51
前漢書一百卷　(漢)班固撰　(唐)顔師古注　清光緒三十一年(1905)武林竹簡齋石印本　十册

410000－2211－0000225　史/52
後漢書九十卷　(南朝宋)范曄撰　(唐)李賢注　**志三十卷**　(晉)司馬彪撰　(南朝梁)劉昭注　清光緒三十一年(1905)武林竹簡齋石印本　十册

410000－2211－0000226　史/162
廿二史劄記三十六卷補遺一卷　(清)趙翼撰　清光緒二十六年(1900)上海書局石印本　八册

410000－2211－0000227　史/53
廿二史劄記三十六卷　(清)趙翼撰　清光緒三十一年(1905)上海廣益書局鉛印本　四册

410000－2211－0000228　史/163
廿二史劄記三十六卷補遺一卷　(清)趙翼撰　清光緒二十六年(1900)上海書局石印本　八册　存三十二卷(一至九、十五至三十六,補遺一卷)

410000－2211－0000229　史/47
三通考輯要七十六卷　湯壽潛輯　清光緒二十五年(1899)圖書集成局鉛印本　二十七册　缺七卷(欽定續文獻通考輯要一、九至十一、十五至十七)

410000－2211－0000230　史/55
三通考輯要七十六卷　湯壽潛輯　清光緒二十五年(1899)圖書集成局鉛印本　二十六册　缺三卷(文獻通考輯要九至十一)

410000－2211－0000231　史/56
國朝先正事略六十卷　(清)李元度撰　清光緒二十五年(1899)鉛印本　八册

410000－2211－0000232　史/94
中興名臣事略八卷　朱孔彰撰　清光緒二十五年(1899)上海圖書集成印書局鉛印本　四册

410000－2211－0000233　子/37
策府統宗六十五卷　(清)劉昌齡撰　清光緒十四年(1888)鴻寶齋石印本　五册

410000－2211－0000234　史/59
綱鑑易知錄九十二卷明鑑易知錄十五卷　(清)吴乘權等輯　清光緒十三年(1887)上海同文書局石印本　八册

410000－2211－0000235　史/62
史記一百三十卷　(漢)司馬遷撰　(南朝宋)裴駰集解　(唐)司馬貞索隱　(唐)張守節正義　清光緒三十一年(1905)武林竹簡齋石印本　八册

410000－2211－0000236　史/61
畿輔人物考八卷　(清)孫奇逢輯　清同治八年(1869)刻本　八册

410000－2211－0000237　史/63

中州人物考八卷　(清)孫奇逢撰　清道光二十四年(1844)刻本　八冊

410000－2211－0000238　史/65

如山于公[成龍]年譜二卷遺本一卷　(清)宋犖　(清)李樹德撰　清道光十八年(1838)于鄉保刻本　二冊

410000－2211－0000239　史/66

關聖帝君聖蹟圖誌全集五卷　(清)盧湛輯　(清)于成龍鑒定　清嘉慶二年(1797)刻本　五冊

410000－2211－0000240　史/67

重訂王鳳洲先生綱鑑會纂四十六卷　(明)王世貞撰　清刻本　八冊　存十七卷(一至十七)

410000－2211－0000241　史/68

國朝先正事略六十卷　(清)李元度撰　清同治八年(1869)刻本　二十四冊

410000－2211－0000242　史/70

大清搢紳全書不分卷　清光緒元年(1875)榮晉齋刻本　四冊

410000－2211－0000243　史/71

[乾隆]天津府志四十卷　(清)李梅賓　(清)程鳳文修　(清)吳廷華　(清)汪沆纂　清乾隆四年(1739)刻本　十六冊

410000－2211－0000244　史/75

忠武誌八卷　(清)張鵬翮輯　**臥龍崗志二卷**　(清)羅景輯　清康熙五十一年(1712)刻本　二冊

410000－2211－0000245　史/76

新鐫通鑑集要十卷　(明)諸燮輯　明末刻本　七冊

410000－2211－0000246　史/78

朱子年譜綱目十二卷首一卷末一卷　(清)李元祿編輯　清嘉慶七年(1802)刻本　六冊

410000－2211－0000247　史/80

史通削繁四卷　(清)紀昀撰　清刻本　四冊

410000－2211－0000248　史/82

貳臣傳十二卷逆臣傳二卷　(清)國史館編　清都城琉璃廠半松居士刻本　八冊

410000－2211－0000249　史/79

金石契不分卷　(清)張燕昌撰　清光緒二十二年(1896)刻本　三冊

410000－2211－0000250　史/83

戰國策三十三卷　(宋)鮑彪校注　(元)吳師道重校　清乾隆三十年(1765)刻本　四冊

410000－2211－0000251　史/86

[正德]武功縣志三卷首一卷　(明)康海纂　(清)孫景烈評註　清同治十二年(1873)湖北崇文書局刻本　二冊

410000－2211－0000252　史/87

[康熙]靈壽縣志十卷末一卷　(清)陸隴其修　(清)傅維檉纂　清康熙二十五年(1686)刻本(有圖)　四冊

410000－2211－0000253　史/81

東華錄三十二卷(天命朝至乾隆朝)　(清)蔣良騏撰　清刻本　八冊

410000－2211－0000254　史/88

風俗通義十卷　(漢)應劭撰　清刻本　一冊

410000－2211－0000255　史/91

三通序不分卷　(清)蔣德均輯　清道光十年(1830)刻本　一冊

410000－2211－0000256　子/36

理學張抱初[信民]先生年譜一卷　(明)馮奮庸編輯　(清)張弘文續編　清同治八年(1869)刻本　二冊

410000－2211－0000257　史/94

中興名臣事略八卷　朱孔彰撰　清光緒二十五年(1899)上海圖書集成印書局鉛印本　二冊

410000－2211－0000258　叢/28

湘軍志十六卷　王闓運撰　清宣統元年(1909)刻湘綺樓全書本　六冊

410000－2211－0000259　子/9

博物志十卷　(晋)張華撰　清光緒元年(1875)湖北崇文書局刻本　一冊

410000－2211－0000260　史/99
虞初續志十二卷　(清)鄭澍編　清刻本　二冊

410000－2211－0000261　史/105
中國名相傳二卷　(清)潘博編輯　清光緒三十四年(1908)廣智書局鉛印本　二冊

410000－2211－0000262　史/109
中國六大政治家　梁啓超著　清宣統元年(1909)上海廣智書局鉛印本　三冊

410000－2211－0000263　子/9
博物志十卷　(晋)張華撰　清光緒元年(1875)湖北崇文書局刻本　一冊

410000－2211－0000264　子/42
明辯錄一卷　(清)陳法撰　清乾隆三十五年(1770)山右荊如棠刻本　一冊

410000－2211－0000265　集/208
河干問答一卷　(清)陳法著　清道光八年(1828)刻本　一冊

410000－2211－0000266　經/195
定齋制藝不分卷　(清)陳法撰　清刻本　二冊

410000－2211－0000267　集/210
陳定齋先生醒心集二卷　(清)陳法撰　清嘉慶十七年(1812)刻本　二冊

410000－2211－0000268　集/209
内心齋詩稿十一卷　(清)陳法撰　清道光五年(1825)刻本　二冊

410000－2211－0000269　集/211
定齋先生猶存集八卷　(清)陳法撰　(清)陳若疇編　清道光十六年(1836)刻本　四冊

410000－2211－0000270　經/26
大戴禮記十三卷　(漢)戴德撰　清刻本　四冊

410000－2211－0000271　經/8
禮記約編十卷　(清)汪基撰　(清)江永校纂　清刻本　四冊

410000－2211－0000272　集/101
望溪先生文外集不分卷　(清)方苞撰　(清)方傳貴輯　清嘉慶十八年(1813)桐城方氏刻抗希堂十六種本　二冊

410000－2211－0000273　集/102
校讎通義三卷　(清)章學誠著　清道光十三年(1833)大梁刻本　一冊

410000－2211－0000274　經/98
四書近指二十卷　(清)孫奇逢纂　清康熙元年(1662)中州學署刻本　五冊

410000－2211－0000275　經/102
四書引左彙解十卷　(清)蕭榕年撰　清乾隆三十九年(1774)謙牧堂刻本　四冊

410000－2211－0000276　經/103
新訂四書補註備旨十卷　(明)鄧林撰　(清)杜定基增訂　清同治十一年(1872)文會堂刻本　四冊

410000－2211－0000277　經/104
御纂詩義折中二十卷　(清)傅恒等撰　清光緒十六年(1890)善成堂刻本　六冊

410000－2211－0000278　經/106
周官精義十二卷　(清)連斗山撰　清乾隆五十九年(1794)崇義書院刻本　六冊

410000－2211－0000279　叢/35
七經精義　(清)黄淦纂　清嘉慶八年(1803)刻本　八冊　存四種二十二卷

410000－2211－0000280　經/107
御纂周易折中二十二卷首一卷　(清)李光地等撰　清刻本　十二冊

410000－2211－0000281　經/108
尚書離句六卷　(清)錢在培撰　清雍正八年(1730)寶寧堂刻本　四冊

410000－2211－0000282　經/109
詩經嗜鳳詳解八卷圖說一卷　(清)陳抒孝撰　(清)汪基增訂　清雍正十一年(1733)刻本

八册

410000－2211－0000283　史/159

文史通義八卷校讎通義三卷　（清）章學誠撰　清宣統三年（1911）上海廣益書局鉛印本　四册

410000－2211－0000284　經/111

宋葉文康公禮經會元節本四卷　（宋）葉時撰　（清）陸隴其點定　（清）許元淮删節並評　清嘉慶五年（1800）瘦竹山房刻本　四册

410000－2211－0000285　經/112

漱芳軒合纂禮記體註四卷　（清）范翔輯　清乾隆五十五年（1790）刻本　四册

410000－2211－0000286　經/113

全本禮記體注十卷　（清）范翔撰　（清）徐瑄補輯　清乾隆三十一年（1766）刻本　九册

410000－2211－0000287　經/114

公羊傳十二卷穀梁傳十二卷　（清）王源評訂　（清）程茂參正　清康熙五十五年（1716）程茂刻本　四册

410000－2211－0000288　經/115

五經旁訓讀本　（清）徐立綱撰　清乾隆五十四年（1789）刻本　二册　存二種十卷

410000－2211－0000289　經/164

禮記增訂旁訓六卷　（清）徐立綱撰　清康熙五十四年（1715）刻本　五册

410000－2211－0000290　經/116

春秋體註大全四卷　（清）范翔鑒定　（清）徐寅賓纂　（清）解志元參訂　清乾隆四十一年（1776）三多齋刻本　四册

410000－2211－0000291　經/117

左傳翼三十八卷　（清）周大璋輯評　清乾隆五年（1740）刻本　十六册

410000－2211－0000292　經/118

太史張天如詳節春秋綱目左傳句解六卷　（清）韓菼重訂　清光緒四年（1878）有益堂刻本　六册

410000－2211－0000293　經/119

欽定春秋左傳讀本三十卷　（清）英和等撰　清同治八年（1869）刻本　十六册

410000－2211－0000294　經/120

四書朱子本義匯杂四十三卷首四卷　（清）王步青輯　清乾隆十年（1745）敦復堂刻本　十二册　存二十一卷（論語一至二十、首一卷）

410000－2211－0000295　經/122

說文解字注三十卷六書音均表二卷汲古閣說文訂一卷　（清）段玉裁注　清同治十一年（1872）湖北崇文書局刻本　三十二册

410000－2211－0000296　史/12

趙文恪公自訂年譜不分卷附趙文恪公遺集二卷　（清）趙光撰　清光緒十六年（1890）刻本　四册

410000－2211－0000297　經/123

禹貢錐指二十卷圖一卷　（清）胡渭著　清康熙四十四年（1705）漱六軒刻本（有圖）　十六册

410000－2211－0000298　經/124

東塾讀書記二十五卷　（清）陳澧撰　清刻本　六册

410000－2211－0000299　經/125

朱子四書或問三十九卷　（宋）朱熹著　清刻本　三册　存三十六卷（大學二卷、中庸三卷、論語四至二十、孟子十四卷）

410000－2211－0000300　經/126

日講四書解義二十六卷　（清）喇沙里　（清）陳廷敬等撰　清康熙十五年（1676）刻本　十一册　存二十四卷（一至三、六至二十六）

410000－2211－0000301　經/127

曲江書屋新訂批注左傳快讀十八卷　（清）李紹崧輯　清乾隆五十四年（1789）刻本　十六册

410000－2211－0000302　經/128

御纂春秋直解十二卷　（清）傅恒等撰　清乾隆二十三年（1758）刻本　八册

410000－2211－0000303　經/130

松陽講義十二卷　(清)陸隴其撰　清康熙二十九年(1690)刻本　四冊

410000－2211－0000304　經/131
禮記十卷　(元)陳澔集說　清刻本　十冊

410000－2211－0000305　經/132
大戴禮記補注十三卷序録一卷　(清)孔廣森撰　清同治十三年(1874)淮南書局刻本　二冊

410000－2211－0000306　經/135
左繡三十卷首一卷　(清)馮李驊　(清)陸浩評輯　清康熙五十九年(1720)刻本　八冊

410000－2211－0000307　經/149
欽定書經傳説彙纂二十一卷首二卷書序一卷　(清)王頊齡等撰　清雍正八年(1730)刻本　十六冊

410000－2211－0000308　經/136
欽定書經傳説彙纂二十一卷首二卷書序一卷　(清)王頊齡等撰　清雍正八年(1730)刻本　二十冊

410000－2211－0000309　經/137
書經體註大全合參六卷　(清)范翔鑒定　(清)錢希祥纂輯　清乾隆五十七年(1792)刻本　四冊

410000－2211－0000310　經/138
中庸注一卷　康有為注　清光緒二十七年(1901)鉛印本　一冊

410000－2211－0000311　經/145
易圖明辨十卷　(清)胡渭著　清康熙四十五年(1706)刻本　二冊

410000－2211－0000312　經/146
周易姚氏學十六卷　(清)姚配中撰　清光緒三年(1877)湖北崇文書局刻本　五冊

410000－2211－0000313　經/147
尚書大傳四卷考異一卷補遺一卷續補遺一卷　(漢)鄭玄注　(清)盧紹撰　清光緒三年(1877)湖北崇文書局刻本　一冊

410000－2211－0000314　經/148
尚書因文六卷　(清)武士選撰　清光緒十八年(1892)關中書院刻本　四冊

410000－2211－0000315　經/151
重刊宋本十三經註疏附校勘記　(清)阮元撰　校勘記　(清)盧宣旬摘録　清嘉慶二十年(1815)江西南昌府學刻本　三十六冊　存五種二百七十六卷

410000－2211－0000316　子/52
吕新吾先生閨範圖說四卷　(明)吕坤註　明萬曆十八年(1590)刻本　五冊

410000－2211－0000317　經/153
爾雅註疏十一卷　(晉)郭璞注　(宋)邢昺疏　清嘉慶十年(1805)三樂齋刻本　三冊

410000－2211－0000318　經/153
爾雅注疏十一卷　(晉)郭璞註　(宋)邢昺疏　清嘉慶二十年(1815)刻本　三冊

410000－2211－0000319　經/154
小學修身教科書三卷　蔣智由撰　清光緒三十四年(1908)鉛印本　三冊

410000－2211－0000320　經/156
僞經考十四卷　康有為學　清光緒二十三年(1897)刻本　六冊

410000－2211－0000321　經/157
春秋筆削大義微言考十一卷　康有為學　清光緒十五年(1889)刻本　九冊

410000－2211－0000322　經/158
小學韻語一卷　(清)羅澤南著　清咸豐六年(1856)刻本　一冊

410000－2211－0000323　子/56
三字經注解備要一卷　(宋)王應麟著　(清)賀興思注解　清光緒三十年(1904)刻本　一冊

410000－2211－0000324　經/159
三字經訓詁一卷　(清)王相撰　清光緒十三年(1887)刻徐氏三種本　一冊

410000－2211－0000325　子/58
訓俗遺規四卷　(清)陳弘謀撰　清道光十年

(1830)培遠堂刻本　二册

410000－2211－0000326　經/162
誠齋先生易傳二十卷　(宋)楊萬里撰　清道光、咸豐間大梁書院刻同治七年(1868)王儒行等印經苑本　五册

410000－2211－0000327　子/43
閨閣女四書集注四卷　(清)王相箋注　清刻本　二册

410000－2211－0000328　經/163
欽定禮記義疏八十二卷首一卷　(清)鄂爾泰等撰　清乾隆十三年(1748)內府刻本　三十二册

410000－2211－0000329　史/161
宋元學案一百卷首一卷　(清)黄宗羲撰　(清)全祖望修定　清光緒五年(1879)長沙寄廬刻本　四十八册

410000－2211－0000330　子/2
闕里述聞十四卷補七卷　(清)鄭曉如撰　清同治七年(1868)廣州華文堂刻本　八册

410000－2211－0000331　史/118
涑水記聞十六卷　(宋)司馬光撰　清光緒三年(1877)湖北崇文書局刻本　四册

410000－2211－0000332　子/4
語石十卷　葉昌熾撰　清宣統元年(1909)刻本　四册

410000－2211－0000333　子/5
救生船四卷　(清)□□編　清光緒元年(1875)刻本　四册

410000－2211－0000334　叢/35
七經精義　(清)黄淦撰　清嘉慶十三年(1808)刻本　八册　存四種二十二卷

410000－2211－0000335　子/51
呂新吾閨範圖說四卷　(明)呂坤注　明萬曆十八年(1590)刻本　四册　存三卷(一至三)

410000－2211－0000336　子/10
治平大略四卷　(清)張秉直著　清光緒元年(1875)刻本　一册

410000－2211－0000337　經/165
洪範宗經三卷　(清)丁裕彦纂注　清道光十五年(1835)刻本　三册

410000－2211－0000338　史/117
古今僞書考一卷　(清)姚際恒著　清光緒三年(1877)刻本　一册

410000－2211－0000339　集/103
古文辭類纂七十四卷　(清)姚鼐纂　清乾隆四十四年(1779)刻本　十四册

410000－2211－0000340　子/12
人譜正篇一卷續篇二卷人譜類記六卷　(明)劉宗周著　清同治七年(1868)刻本　二册　存六卷(正篇一卷、類記一至五)

410000－2211－0000341　集/104
澹香齋試帖二卷　(清)王廷紹撰　清嘉慶二十一年(1816)刻本　一册

410000－2211－0000342　子/17
佐治芻言三十一章　(英國)傅蘭雅口譯　清光緒二十四年(1898)湖南寶學書局刻本　二册

410000－2211－0000343　子/18
酉陽雜俎二十卷　(唐)段成式撰　清光緒三年(1877)湖北崇文書局刻本　四册

410000－2211－0000344　史/119
鄉守輯要合鈔十卷　(清)許乃釗輯　清道光二十九年(1849)刻本　二册

410000－2211－0000345　經/166
靜涵書屋詩存四卷　(清)王蘭廣著　清同治十三年(1874)刻本　二册

410000－2211－0000346　集/106
培遠堂手札節存一卷　(清)陳弘謀著　清光緒十七年(1891)刻本　一册

410000－2211－0000347　子/24
思辨錄輯要二十二卷後集十三卷　(清)陸世儀撰　清鉛印本　六册

410000－2211－0000348　子/26
游藝錄三卷　(清)蔣湘南撰　清光緒十四年

(1888)鉛印本　二册

410000－2211－0000349　子/27
朱子原訂近思錄十四卷　(清)江永集注　清光緒刻本　四册

410000－2211－0000350　子/29
南華真經解六卷　(清)宣穎撰　清康熙六十年(1721)刻本　六册

410000－2211－0000351　子/1
崇文書局彙刻書　(清)崇文書局輯　清光緒元年(1875)湖北崇文書局刻本　一册　存二種三卷

410000－2211－0000352　集/106
向湖邨舍詩初集十二卷　(清)趙藩著　清光緒十四年(1888)刻本　一册

410000－2211－0000353　集/107
讀選樓詩稿十卷　(清)王采蘋撰　清光緒二十年(1894)刻本　一册

410000－2211－0000354　集/108
果齋詩鈔二卷　(清)胡方朔撰　清光緒十八年(1892)刻本　一册

410000－2211－0000355　史/120
地球韻言四卷　(清)張士瀛撰　清光緒二十五年(1899)刻本　二册

410000－2211－0000356　集/109
居易軒詩遺鈔一卷文遺鈔一卷　(清)趙炳龍撰　清光緒十四年(1888)刻本　一册

410000－2211－0000357　子/28
子書百家　(清)崇文書局輯　清光緒元年(1875)湖北崇文書局刻本　七册　存十六種四十二卷

410000－2211－0000358　史/119
天外歸帆草一卷海國勝遊草一卷　(清)斌椿撰　清同治七年(1868)刻本　一册

410000－2211－0000359　叢/1
秘書廿一種　(清)汪士漢輯　清康熙七年(1668)新安汪氏據古今逸史刻版重編印本　十六册　存十六種七十二卷

410000－2211－0000360　集/112
爾爾書屋詩草八卷　(清)史夢蘭撰　清光緒元年(1875)刻本　二册

410000－2211－0000361　叢/2
風燭學鈔四卷　(清)馬時芳輯　清道光十八年(1838)刻本　二册

410000－2211－0000362　集/113
放言百首一卷　(清)史夢蘭著　清光緒十六年(1890)刻本　一册

410000－2211－0000363　新/1
測地繪圖十一卷附一卷　(英國)富路瑪撰　(英國)傅蘭雅口譯　(清)徐壽筆述　清江南制造總局刻本　四册

410000－2211－0000364　史/121
不慊齋漫存七卷　(清)徐賡陛撰　清光緒八年(1882)南海官署刻本　六册

410000－2211－0000365　集/114
澹泊齋誦芬集二卷目録二卷　(清)劉廷鏞撰　清同治六年(1867)静默書塾刻本　一册

410000－2211－0000366　集/115
聽秋廬詩偶存三卷補遺二卷　(清)陳應元撰　清光緒三十年(1904)刻本　二册

410000－2211－0000367　集/116
雪青閣詩集四卷　(清)謝維藩撰　清刻本　二册

410000－2211－0000368　子/54
訓俗遺歸四卷　(清)陳弘謀撰　清道光十年(1830)培遠堂刻本　二册

410000－2211－0000369　子/59
天演論二卷　(英國)赫胥黎撰　嚴復譯　清光緒二十九年(1903)申江同文社鉛印本　二册

410000－2211－0000370　子/60
強學錄四卷　(清)夏錫疇撰　清道光十四年(1834)刻本　二册

410000－2211－0000371　集/117
唐詩別裁集引典備注二十卷　(清)沈德潛選

（清）俞汝昌增訂　清道光十八年（1838）刻本　十二册

410000－2211－0000372　集/118
墨花軒詩詞刪存一卷　（清）張葆謙撰　清同治四年（1865）刻本　一册

410000－2211－0000373　集/119
鄭齋漢學文編六卷　孫雄撰　清光緒三十四年（1908）鉛印本　二册

410000－2211－0000374　集/120
山曉堂詩選一卷困亨錄約編二卷　（清）趙㯭眾撰　清道光九年（1829）刻本　二册

410000－2211－0000375　集/121
玉磬山房詩集八卷　（清）劉大觀著　清嘉慶十五年（1810）刻本　四册

410000－2211－0000376　集/123
兩忘齋詩鈔一卷　（清）邢伊撰　清道光二十六年（1846）刻本　一册

410000－2211－0000377　集/122
寸草軒詩存四卷　（清）徐盛持撰　清光緒十九年（1893）東河督署刻本　二册

410000－2211－0000378　史/122
洛學編四卷　（清）湯斌輯　**續編一卷**　（清）尹會一輯　**補編一卷**　（清）郭程先輯　清光緒二年（1876）有不為齋刻本　一册

410000－2211－0000379　子/72
原富五部　（英國）斯密亞丹撰　嚴復譯　清光緒二十八年（1902）南洋公學譯書院鉛印本　八册

410000－2211－0000380　史/123
大清刑律總則十七章　清光緒三十四年（1908）法政學堂鉛印本　一册

410000－2211－0000381　集/124
西園詩鈔四卷文集一卷詩鈔遺編四卷　（清）張擴庭著　清同治四年（1865）張氏墨花軒刻本　一册

410000－2211－0000382　子/75
練兵實紀九卷雜記六卷　（明）戚繼光撰　清光緒二十一年（1895）上海醉經慶石印本（有圖）　四册

410000－2211－0000383　集/125
西園詩鈔四卷文集一卷詩鈔遺編四卷文集遺編一卷　（清）張擴庭撰　清同治四年（1865）張氏墨花軒刻本　一册

410000－2211－0000384　子/76
練兵實紀九卷雜記六卷　（明）戚繼光撰　清道光二十三年（1843）刻本　四册

410000－2211－0000385　集/127
菘粱小草一卷　（清）□□撰　清刻本　二册

410000－2211－0000386　子/77
夢溪筆談二十六卷補三卷續一卷　（宋）沈括撰　**校字記一卷**　（清）陶福祥撰　清光緒三十二年（1906）番禺陶氏愛廬刻本　四册

410000－2211－0000387　子/81
朱子近思錄十四卷　（清）朱顯祖輯　清康熙二十八年（1689）刻本　二册

410000－2211－0000388　經/167
文公家禮儀節八卷　（宋）朱熹編　（明）楊慎輯　（明）丘濬訂　清振賢堂刻本　四册

410000－2211－0000389　子/84
近思錄集注十四卷　（清）江永著　**校勘記一卷**　清同治八年（1869）刻本　二册

410000－2211－0000390　子/82
廣近思錄十四卷　（清）張伯行編　清光緒二十年（1894）學署刻本　一册

410000－2211－0000391　集/126
小題正鵠二集二卷三集三卷　（清）李元度輯　**訓蒙草詳註一卷**　（清）路德撰　（清）李元度注　清道光二十六年（1846）刻本　三册

410000－2211－0000392　子/83
近思錄集解十四卷　（宋）朱熹原編　（宋）葉采集解　清刻本　三册

410000－2211－0000393　子/85
明儒詠二卷首一卷　（清）郭程先撰　清道光二十四年（1844）刻本　一册

410000－2211－0000394　史/124
迴瀾紀要二卷安瀾紀要二卷　(清)徐端撰　清同治十二年(1873)刻本　四册

410000－2211－0000395　子/87
近思録集注十四卷考訂朱子世家一卷　(清)江永撰　清同治八年(1869)江蘇書局刻本　四册

410000－2211－0000396　子/91
伍柳僊宗四種附一種　(明)伍守陽　(清)柳華陽等撰　(清)鄧徽績輯　清宣統二年(1910)刻本　六册

410000－2211－0000397　史/125
人壽金鑑二十二卷　(清)程得齡輯　清光緒元年(1875)刻本　六册

410000－2211－0000398　子/94
瀕湖脈學一卷　(明)李時珍撰　清刻本　一册

410000－2211－0000399　子/98
新刊增補萬病回春原本八卷　(明)龔廷賢編　清刻本　四册

410000－2211－0000400　子/95
周禮醫官詳説一卷　(清)顧成章著　清光緒十九年(1893)鉛印本　一册

410000－2211－0000401　子/97
仙拈集四卷　(清)李文炳纂　清嘉慶十五年(1810)刻本　四册

410000－2211－0000402　子/99
醫法圓通四卷　(清)鄭壽全編　清光緒二十九年(1903)刻本　二册

410000－2211－0000403　子/104
徐氏醫書八種　(清)徐大椿著　清光緒十九年(1893)上海圖書集成印書局鉛印本　十二册

410000－2211－0000404　史/126
資治新書初集十四卷首一卷二集二十卷　(清)李漁輯　清光緒二十年(1894)上海圖書集成印書局鉛印本　十二册

410000－2211－0000405　集/128
賦則四卷　(清)鮑桂星評選　清道光二年(1822)刻本　二册

410000－2211－0000406　子/100
黄帝内經素問註證發微九卷　(明)馬蒔撰　明刻本　六册　存四卷(六至九)

410000－2211－0000407　子/101
靈樞經九卷　(清)張志聰集注　清刻本　五册　存四卷(五、七至九)

410000－2211－0000408　子/92
四註悟真篇　(清)傅金銓輯　清道光二十一年(1841)善成堂刻本　六册

410000－2211－0000409　叢/5
鄭氏四種　(清)鄭曉如撰　清同治八年(1869)廣州華文堂刻本　四册　存二種八卷

410000－2211－0000410　子/106
子書二十八種　集成圖書公司輯　清光緒三十四年(1908)上海集成圖書公司鉛印本　四十八册

410000－2211－0000411　子/108
明道書院約言三卷　(清)黄舒昺撰　清光緒二十四年(1898)刻本　一册

410000－2211－0000412　子/109
明道書院約言三卷　(清)黄舒昺撰　清光緒二十四年(1898)刻本　一册

410000－2211－0000413　集/130
笠翁偶集六卷　(清)李漁著　清康熙十年(1671)刻本　六册

410000－2211－0000414　子/110
庚子銷夏記八卷　(清)孫承澤撰　清宣統三年(1911)掃葉山房石印本　四册

410000－2211－0000415　集/129
明道書院鈔存續編四卷附晚悔莽詩草一卷　(清)黄舒昺著　清光緒二十五年(1899)刻本　四册

410000－2211－0000416　集/131
明道書院鈔存續編四卷附晚悔莽詩草一卷

(清)黄舒昺撰　清光緒二十五年(1899)刻本　二册

410000－2211－0000417　史/129
牧令全書　(清)丁日昌輯　清同治十年(1871)刻本　四册　存四種七卷

410000－2211－0000418　子/113
太上十三經注解四卷　(清)李西月注　清道光二十六年(1846)刻本　四册

410000－2211－0000419　經/168
縮本精選大題文彙不分卷　(清)□□輯　清光緒十一年(1885)上海點石齋石印本　十二册

410000－2211－0000420　子/118
玉皇宥罪錫福寶懺一卷　(□)辛漢臣撰　清刻本　一册

410000－2211－0000421　子/114
大佛頂如來密因修證了義諸菩薩萬行首楞嚴經會歸十卷　(清)蔡珽注　清刻本　十册

410000－2211－0000422　集/134
皇朝經世文編一百二十卷　(清)賀長齡輯　清光緒十三年(1887)上海點石齋石印本　十二册

410000－2211－0000423　集/135
皇朝經世文編一百二十卷　(清)賀長齡輯　清光緒十六年(1890)廣百宋齋鉛印本　二十四册

410000－2211－0000424　史/130
荒政輯要九卷首一卷　(清)汪志伊撰　清嘉慶十一年(1806)刻本　二册

410000－2211－0000425　集136
皇朝經世文續編一百二十卷　(清)葛士濬輯　清光緒十四年(1888)石印本　十八册　存一百十卷(一至三十七、四十三至七十、七十六至一百二十)

410000－2211－0000426　史/131
大清光緒新法令不分卷　商務印書館輯　清宣統元年(1909)上海商務印書館鉛印本　七册

410000－2211－0000427　集/137
隨園詩話十六卷補遺十卷　(清)袁枚撰　清光緒三十四年(1908)上海集成圖書公司鉛印本　六册

410000－2211－0000428　集/138
隨園詩話十六卷補遺十卷　(清)袁枚撰　清道光二十四年(1844)刻本　十册　存二十二卷(一至十二、十五至十六,補遺三至十)

410000－2211－0000429　子/128
子史精華一百六十卷　(清)吳士玉　(清)吳襄等輯　清刻本　二十四册

410000－2211－0000430　史/132
學案小識十四卷首一卷末一卷　(清)唐鑑著　清光緒十年(1884)上海文瑞樓石印本　六册

410000－2211－0000431　子/129
池上草堂筆記八卷　(清)梁恭辰著　清同治十二年(1873)刻本　八册

410000－2211－0000432　叢/6
重訂事類賦三十卷　(宋)吳淑撰注　清刻本　六册

410000－2211－0000433　叢/7
重訂廣事類賦四十卷　(清)華希閔著　清乾隆二十九年(1764)刻本　十册

410000－2211－0000434　集/140
詩觸十五種附一種　(清)朱琰輯　清嘉慶三年(1798)刻本　六册　存十二種十三卷

410000－2211－0000435　集/139
梅村詠物詩鈔三卷　(清)吳偉業著　清嘉慶二十五年(1820)刻本　二册　存二卷(一、三)

410000－2211－0000436　子/134
九數通考十一卷　(清)屈曾發輯　清光緒十四年(1888)上海點石齋鉛印本　五册

410000－2211－0000437　叢/8
增廣詩句題解彙編四卷姓氏考一卷　(清)同

文書局輯　清光緒十年(1884)上海同文書局石印本　四冊

410000－2211－0000438　經/169

詩韻合璧五卷　(清)湯文潞輯　清咸豐七年(1857)刻本　五冊

410000－2211－0000439　叢/9

新編詩句題解續集五卷　(清)同文書局輯　清光緒十四年(1888)同文書局石印本　二冊

410000－2211－0000440　子/131

秘傳花鏡六卷　(清)陳淏子輯　清乾隆四十八年(1783)刻本(有圖)　六冊

410000－2211－0000441　經/170

詩韻合璧五卷　(清)湯文潞輯　清光緒十三年(1887)廣百宋齋鉛印本　五冊

410000－2211－0000442　經/171

詩韻含英四卷　(清)劉文蔚輯　清乾隆二十三年(1758)刻本　二冊

410000－2211－0000443　子/143

太上感應篇注一卷附定善篇一卷　(明)賀仲軾撰　清康熙三十六年(1697)刻本　一冊

410000－2211－0000444　子/144

大六壬大全十三卷　(清)郭載騋輯　清康熙四十三年(1704)刻本　十二冊

410000－2211－0000445　叢/10

類腋五十五卷　(清)姚培謙　(清)張卿雲輯　清乾隆刻本　十五冊　存四十七卷(九至五十五)

410000－2211－0000446　經/172

願學堂課藝六卷續編一卷　(清)吳鴻恩編　清光緒六年(1880)京都琉璃廠刻本　四冊

410000－2211－0000447　子/139

新論十卷　(南朝梁)劉勰著　清刻本　一冊

410000－2211－0000448　集/141

笠子山人詞一卷　(清)侯玨撰　稿本　一冊

410000－2211－0000449　史/135

學治臆說二卷　(清)汪輝祖撰　清嘉慶十八年(1813)刻宦海指南本　一冊

410000－2211－0000450　子/142

卜筮正宗十四卷　(清)王維德輯　清康熙四十八年(1709)刻本　二冊

410000－2211－0000451　集/143

光霽閣詩草六卷　(清)郭猶農撰　清乾隆三十五年(1770)刻本　一冊

410000－2211－0000452　集/142

蘇門山人詩鈔三卷　(清)張符升撰　清乾隆五十六年(1791)刻本　一冊

410000－2211－0000453　子/146

御纂性理精義十二卷　(清)李光地等纂修　清刻本　五冊

410000－2211－0000454　經/173

禮學三種十六卷　(清)宋犖輯　清康熙四十年(1701)刻本　七冊

410000－2211－0000455　集/144

賦鈔箋畧十五卷　(清)雷琳　(清)張杏濱箋　清乾隆三十一年(1766)刻本　三冊　存七卷(一至四、八至十)

410000－2211－0000456　子/158

呻吟語六卷　(明)呂坤撰　明萬曆二十一年(1593)刻本　八冊

410000－2211－0000457　集/145

唐詩別裁集十卷　(清)沈德潛輯　清康熙五十六年(1717)刻本　六冊

410000－2211－0000458　集/146

御選唐宋詩醇四十七卷目錄二卷　(清)高宗弘曆選輯　清乾隆二十五年(1760)刻本　十三冊

410000－2211－0000459　史/136

水道提綱二十八卷　(清)齊召南編錄　清乾隆四十一年(1776)刻本　五冊　存二十四卷(五至二十八)

410000－2211－0000460　集/147

詞律二十卷　(清)萬樹論次　清康熙二十六年(1687)堆絮園刻本(卷三至四補配抄本)

十二册

410000－2211－0000461　子/156

歷代帝王法帖釋文十卷　（清）羅森　（清）孫際昌訂　清康熙八年（1669）刻本　一册

410000－2211－0000462　子/167

張氏醫通十六卷　（清）張璐纂述　清康熙四十八年（1709）刻本　十一册　存十卷（一至三、五至六、十二至十六）

410000－2211－0000463　集/148

古文釋義新編八卷　（清）余誠評注　清乾隆五十一年（1786）刻本　四册

410000－2211－0000464　子/165

二程語錄十八卷　（清）張伯行訂　清康熙四十八年（1709）正誼堂刻本　四册

410000－2211－0000465　子/161

南華真經旁注五卷　（戰國）莊周著　（晉）郭象評　（晉）向秀注　清康熙五十五年（1716）刻本　五册

410000－2211－0000466　子/162

刪註脈訣規正二卷　（清）沈鏡撰　清康熙三十二年（1693）刻本（有圖）　三册

410000－2211－0000467　子/163

孔氏家語十卷　（三國魏）王肅注　清乾隆五十七年（1792）刻本　四册

410000－2211－0000468　子/151

讀書樂趣八卷　（清）伍涵芬撰　清乾隆十年（1745）華日堂刻本　二册

410000－2211－0000469　史/137

孫夏峰全集　（清）孫奇逢撰　清康熙刻道光至光緒間遞刻重印本　十二册

410000－2211－0000470　集/149

絕妙好詞箋七卷　（宋）周密輯　（清）查為仁　（清）厲鶚箋　清乾隆十三年（1748）刻本　二册

410000－2211－0000471　史/138

理學宗傳二十六卷　（清）孫奇逢撰　清康熙刻孫夏峰全集本　七册　存二十三卷（一至二、六至二十六）

410000－2211－0000472　子/140

中說二卷　（隋）王通著　清刻本　一册

410000－2211－0000473　子/139

新論十卷　（南朝梁）劉勰撰　清刻本　一册

410000－2211－0000474　集/150

重訂文選集評十五卷首一卷末一卷　（清）于光華編　清乾隆四十五年（1780）刻本　十六册

410000－2211－0000475　集/151

國朝六家詩鈔八卷　（清）劉執玉撰　清乾隆三十二年（1767）刻本　四册

410000－2211－0000476　史/140

明儒學案六十二卷師說一卷　（清）黄宗羲撰　清光緒十四年（1888）刻本　三十三册

410000－2211－0000477　子/170

感應篇詳註六卷　題（□）飲水齋愚人撰　（清）小覺子編　清乾隆五十六年（1791）刻本　六册

410000－2211－0000478　集/152

全唐詩九百卷目錄十二卷　（清）曹寅等輯　清刻本　二册　存十三卷（劉長卿五卷、杜牧八卷）

410000－2211－0000479　叢/11

庸庵文編四卷續編二卷外編四卷　（清）薛福成撰　清光緒二十三年（1897）上海醉六堂石印庸庵全集本　六册

410000－2211－0000480　集/153

白香亭詩三卷　（清）鄧輔綸撰　清光緒十九年（1893）東河都署刻本　二册

410000－2211－0000481　集/155

古詩源四卷　（清）沈德潛輯　清光緒十八年（1892）湘南文章書局刻本　二册

410000－2211－0000482　子/184

二十五子彙函　（清）鴻文書局輯　清光緒十九年（1893）上海鴻文書局石印本　二册　存五種三十九卷

410000－2211－0000483　子/195

詩學含英十四卷　（清）劉文蔚輯　清道光七年（1827）刻本　三冊

410000－2211－0000484　集/159

隨園詩話十六卷補遺十卷　（清）袁枚撰　清同治八年（1869）刻本　十二冊

410000－2211－0000485　子/223

楹聯集錦八卷　（清）胡鳳丹輯　清光緒五年（1879）刻本　一冊

410000－2211－0000486　集/162

明詩別裁集十二卷　（清）沈德潛　（清）周準輯　清乾隆五十九年（1794）刻本　三冊

410000－2211－0000487　集/164

經笥堂文鈔二卷　（清）雷鋐撰　清嘉慶十六年（1811）刻本　二冊

410000－2211－0000488　集/163

古文辭類纂七十五卷附校勘記一卷附錄一卷　（清）姚鼐輯　清光緒二十七年（1901）滁州李氏求要堂刻本　十二冊

410000－2211－0000489　史/147

金石萃編補正四卷　（清）方履籛撰　清光緒二十年（1894）上海醉六堂石印本　四冊

410000－2211－0000490　子/355

救命書一卷　（明）呂坤著　清刻本　一冊

410000－2211－0000491　集/165

懷雅堂詩存四卷　（清）鄭鴻著　清光緒三十一年（1905）刻本　二冊

410000－2211－0000492　史/148

理學宗傳二十六卷　（清）孫奇逢撰　清光緒六年（1880）浙江書局刻本　十二冊

410000－2211－0000493　子/207

教女遺規三卷　（清）陳弘謀編輯　清光緒二十一年（1895）浙江書局刻五種遺規本　二冊

410000－2211－0000494　子/208

育正堂重訂幼學須知句解四卷　（明）程登吉撰　清乾隆二十二年（1757）刻本　四冊

410000－2211－0000495　集/169

懴泉書屋詩稿十六卷　（清）宋之睿撰　清道光八年（1828）刻本　五冊

410000－2211－0000496　集/166

味蘭軒百篇賦鈔四卷　（清）張世燾　（清）彭克惠輯　清乾隆三十八年（1773）刻本　六冊

410000－2211－0000497　集/167

味蘭軒百篇賦鈔四卷　（清）張世燾　（清）彭克惠輯　清乾隆三十八年（1773）刻本　六冊

410000－2211－0000498　叢/12

呂新吾全集　（明）呂坤撰　明萬曆刻清同治、光緒間修補印本　八冊　存十六種三十三卷

410000－2211－0000499　集/168

古文釋義新編八卷　（清）余誠評注　清乾隆四年（1739）刻本　四冊

410000－2211－0000500　經/176

新刊校正增補圓機詩韻活法全書十四卷　（明）王世貞增校　明刻本　八冊

410000－2211－0000501　經/177

聲類四卷　（清）錢大昕撰　清道光五年（1825）刻本　二冊

410000－2211－0000502　叢/13

南華經解三十三卷　（清）宣穎撰　清同治五年（1866）皖城刻半畝園叢書本　四冊

410000－2211－0000503　子/213

南華發覆八卷　（明）釋性涵撰　清乾隆十四年（1749）雲林懷德堂刻本　六冊

410000－2211－0000504　集/171

古文辭類纂七十四卷　（清）姚鼐輯　**續古文辭類纂三十四卷**　王先謙輯　清光緒三十三年（1907）上海商務印書館鉛印本　四冊　存三十六卷（一至二十、續八至二十三）

410000－2211－0000505　集/172

古文辭類纂七十四卷　（清）姚鼐輯　清光緒二十八年（1902）善成堂刻本　十六冊

410000－2211－0000506　經/178

大廣益會玉篇三十卷　(南朝梁)顧野王撰　清道光三十年(1850)刻本　三册

410000－2211－0000507　子/220
楹聯續話四卷　(清)梁章鉅輯　清道光二十三年(1843)刻本　二册

410000－2211－0000508　子/221
楹聯叢話十二卷　(清)梁章鉅輯　清道光二十年(1840)刻本　二册

410000－2211－0000509　經/179
廣韻五卷　(宋)陳彭年撰　清康熙四十三年(1704)刻本　二册

410000－2211－0000510　集/173
重訂文選集評十七卷　(清)于光華編　清乾隆四十七年(1782)刻本　十五册　存十六卷(一至十六)

410000－2211－0000511　集/174
欽定國朝詩別裁集三十二卷　(清)沈德潛輯　清乾隆二十六年(1761)刻本　十六册

410000－2211－0000512　集/175
古唐詩合解十六卷　(清)王堯衢註　清雍正十年(1732)刻本　六册

410000－2211－0000513　集/176
古唐詩合解十六卷　(清)王堯衢注　清道光元年(1821)刻本　五册　存六卷(唐詩一至四、十一至十二)

410000－2211－0000514　集/177
唐詩三百首箋二卷　(清)孫洙撰　清光緒二十一年(1895)刻本　二册

410000－2211－0000515　集/177
唐詩三百首箋二卷　(清)孫洙撰　清光緒二十一年(1895)刻本　二册

410000－2211－0000516　集/170
續古文辭類簒二十八卷　(清)黎庶昌輯　清光緒二十一年(1895)金陵狀元閣刻本　十二册

410000－2211－0000517　經/180
毛鄭詩三十卷附詩譜音義三卷　(漢)鄭玄箋　清嘉慶二十一年(1816)木瀆周氏刻本　十二册

410000－2211－0000518　集/178
唐詩三百首八卷　(清)孫洙撰　清光緒二十三年(1897)刻本　二册

410000－2211－0000519　集/179
朱子古文六卷　(宋)朱熹撰　清道光二十八年(1848)長沙小瑯嬛山館刻本　六册

410000－2211－0000520　集/180
七家試帖輯註彙鈔九卷　(清)王植桂輯註　清末刻本　三册　存四卷(桐雲閣試帖輯註一至二、修竹齋試帖輯註一、簡學齋試帖輯註一)

410000－2211－0000521　集/181
國朝山左詩鈔六十卷　(清)盧見曾撰　清乾隆二十三年(1758)雅雨堂刻本　十六册

410000－2211－0000522　集/182
司空詩品注釋一卷　(唐)司空圖撰　清同治九年(1870)寶文書局刻本　一册

410000－2211－0000523　子/231
思辨錄輯要三十五卷　(清)陸世儀撰　清同治十三年(1874)培德會鉛印本　八册

410000－2211－0000524　經/181
增訂韻辨摘要一卷　(清)徐鄘撰　清同治十三年(1874)刻臨文便覽本　二册

410000－2211－0000525　集/183
靜涵書屋詩存四卷　(清)王蘭廣著　清同治十三年(1874)刻本　二册

410000－2211－0000526　經/182
朱子家禮八卷首一卷　(明)丘濬輯　(明)楊廷筠補　清乾隆三十八年(1773)刻本　八册

410000－2211－0000527　集/184
懷州留別詩一卷　(清)方履籛撰　清同治八年(1869)刻本　一册

410000－2211－0000528　經/183
重校十三經不貳字一卷　(清)李鴻藻撰　清光緒十一年(1885)刻本　一册

410000－2211－0000529　叢/14
春暉閣雜著　(清)蔣湘南撰　清光緒十四年(1888)鉛印本　十三册　存三種四卷

410000－2211－0000530　史/149
晏子春秋八卷　(春秋)晏嬰撰　清光緒元年(1875)湖北崇文書局刻本　一册

410000－2211－0000531　子/264
顏氏學記十卷　(清)戴望撰　清光緒三十四年(1908)石印本　二册

410000－2211－0000532　經/185
名原三卷　(清)孫詒讓記　清光緒三十一年(1905)刻本　一册

410000－2211－0000533　叢/16
文字蒙求四卷　(清)王筠撰　清光緒五年(1879)會稽章氏刻後知不足齋叢書本　一册

410000－2211－0000534　經/184
急救篇四卷　(漢)史游撰　(唐)顏師古注　(宋)王應麟補注　清光緒十五年(1889)湘南書局刻本　二册

410000－2211－0000535　叢/17
庚子銷夏記八卷閒者軒帖考一卷　(清)孫承澤撰　清宣統三年(1911)鉛印風雨樓叢書本　四册

410000－2211－0000536　經/186
白虎通德論四卷　(漢)班固撰　清光緒元年(1875)湖北崇文書局刻本　一册

410000－2211－0000537　集/185
彙纂詩法度鍼十卷　(清)徐文弼輯　清乾隆二十四年(1759)刻本　二册

410000－2211－0000538　子/268
儒門法語一卷　(清)彭定求撰　清同治三年(1864)刻本　一册

410000－2211－0000539　子/244
太玄經十卷　(宋)司馬光撰　清光緒元年(1875)湖北崇文書局刻本　一册

410000－2211－0000540　子/267
北溪先生字義二卷補遺一卷　(宋)陳淳撰　清光緒九年(1883)學海堂刻本　二册

410000－2211－0000541　子/241
孔子家語十卷　(三國魏)王肅注　清光緒元年(1875)湖北崇文書局刻本　一册

410000－2211－0000542　子/242
孔子家語十卷　(三國魏)王肅注　清道光十五年(1835)刻本　四册

410000－2211－0000543　子/243
太上感應篇不分卷　(清)惠棟箋注　清乾隆十四年(1749)刻本　一册

410000－2211－0000544　集/186
增像全圖加批西遊記八卷　(明)吳承恩撰　清光緒三十一年(1905)上海書局石印本(有圖)　四册

410000－2211－0000545　子/272
板橋題畫一卷　(清)鄭燮撰　清乾隆八年(1743)刻本　一册

410000－2211－0000546　經/187
檀氏儀禮韻言塾課藏本二卷　(清)檀萃撰　清刻本　一册

410000－2211－0000547　集/188
古唐詩合解十六卷　(清)王堯衢注　清刻本　一册　存四卷(古詩四卷)

410000－2211－0000548　集/189
新鐫千家詩五言絕句四卷　(清)寶興堂書林輯　清光緒二十一年(1895)刻本　一册

410000－2211－0000549　經/188
尚書離句六卷　(清)錢在培撰　清光緒十年(1884)同文閣刻本　一册

410000－2211－0000550　子/248
小兒語一卷演一卷續三卷女小兒語一卷　(明)呂坤撰　明刻本　一册

410000－2211－0000551　子/249
小兒語一卷演一卷續三卷女小兒語一卷　(明)呂坤撰　明刻本　一册

410000－2211－0000552　經/184

毛詩集解訓蒙一卷　(清)鄭曉如集　清同治八年(1869)廣州華文堂刻鄭氏四種本　一冊

410000－2211－0000553　集/190
漁洋詩話三卷　(清)王士禛撰　清刻王漁洋遺書本　一冊

410000－2211－0000554　子/252
增訂輶軒語六卷　(清)趙惟熙增訂　清光緒二十一年(1895)陝西學署刻本　一冊

410000－2211－0000555　集/191
墨花軒詩詞刪存一卷　(清)張葆謙撰　清同治四年(1865)刻本　一冊

410000－2211－0000556　子/265
北溪先生字義二卷補遺一卷附講義一卷附錄一卷　(宋)陳淳撰　清光緒二十六年(1900)刻本　一冊

410000－2211－0000557　子/276
天文歌略一卷地學歌略一卷　(清)葉瀾撰　清光緒二十三年(1897)周氏刻本　一冊

410000－2211－0000558　經/190
春秋繁露十七卷　(漢)董仲舒撰　清乾隆五十年(1785)刻本　二冊

410000－2211－0000559　子/274
歷代帝王法帖釋文十卷　(清)徐朝弼集釋　清嘉慶十七年(1812)刻本　一冊

410000－2211－0000560　史/150
京師譯學館輿地學講義　韓樸存編　清光緒三十一年(1905)京師譯學館鉛印本　一冊

410000－2211－0000561　子/257
漢學商兌三卷　(清)方東樹撰　清光緒八年(1882)四明攀雨楼刻本　四冊

410000－2211－0000562　子/283
幾何原本十五卷　(意大利)利瑪竇口譯　清光緒二十二年(1896)上海積山書局石印本　四冊

410000－2211－0000563　子/278
天學入門二卷　(清)徐朝俊撰　清光緒二十八年(1902)京都廣文書舍刻本　一冊

410000－2211－0000564　子/253
聽訓齋語不分卷　(清)張英撰　清光緒二十四年(1898)京都聚文齋刻本　一冊

410000－2211－0000565　子/284
任兆麟述記三卷　(清)任兆麟撰　清光緒二十一年(1895)石印本　一冊

410000－2211－0000566　子/285
試帖淵海三十二卷　(清)茅謙撰　清光緒十四年(1888)上海石倉書局石印本　八冊

410000－2211－0000567　子/286
增廣試帖玉芙蓉五卷續二卷　(清)東壁書局輯　清光緒十三年(1887)東壁書局石印本　四冊

410000－2211－0000568　經/192
説文通訓定聲十八卷說雅一卷古今韻準一卷　(清)朱駿聲撰　清光緒十四年(1888)上海鴻文書局石印本　十二冊

410000－2211－0000569　經/191
四書味根錄三十七卷　(清)金澂撰　清光緒二十年(1894)上海文海書局石印　六冊

410000－2211－0000570　子/279
天文圖說四卷附表一卷　(英國)柯雅各撰　(美國)摩嘉立　(美國)薛承恩譯　清光緒九年(1883)益智書會刻本　一冊

410000－2211－0000571　子/280
天文圖說四卷附表一卷　(英國)柯雅各撰　(美國)摩嘉立　(美國)薛承恩譯　清光緒九年(1883)益智書會刻本　一冊

410000－2211－0000572　叢/18
類腋五十五卷　(清)姚培謙集　清乾隆七年(1742)刻本　十冊

410000－2211－0000573　集/192
漁洋山人秋柳詩牋註析解不分卷　(清)王士正著　(清)鄭鴻註　清同治十一年(1872)刻本　一冊

410000－2211－0000574　史/151
香南精舍金石契不分卷　(清)崇恩撰　清影

印本　一冊

410000－2211－0000575　子/293
四聖心源十卷　(清)黄元御撰　清同治七年(1868)刻黄氏醫書八種本　一冊

410000－2211－0000576　經/193
說文通訓定聲十八卷分部柬韻一卷說雅一卷古今韻準一卷　(清)朱駿聲撰　**行述一卷**　朱孔彰撰　清光緒十三年(1887)上海積山書局石印本　八冊

410000－2211－0000577　子/296
重訂外科正宗十二卷　(明)陳實功撰　(清)張鷟翼重訂　清乾隆十四年(1749)刻本　三冊

410000－2211－0000578　集/194
求是齋墨醇四卷　(清)杜聯輯　清咸豐九年(1859)刻本　六冊

410000－2211－0000579　集/195
墨醇三編四卷　(清)杜聯輯　清同治四年(1865)求是齋刻本　二冊

410000－2211－0000580　子/295
痘科辨證二卷　(清)陳堯道撰　清抄本　四冊

410000－2211－0000581　子/297
傅氏眼科審視瑤函六卷首一卷前賢醫案一卷　(明)傅仁宇撰　清刻本　六冊

410000－2211－0000582　子/298
石室秘錄六卷　(清)陳士鐸撰　清康熙二十八年(1689)刻本　六冊

410000－2211－0000583　子/304
新刻合併十八飛星策天紫微斗數全集六卷　(宋)陳摶撰　清同治十三年(1874)刻本　一冊　存三卷(二至四)

410000－2211－0000584　子/306
佛教初學課本一卷附注一卷　(清)楊文會撰　清光緒三十二年(1906)刻本　一冊

410000－2211－0000585　子/305
新刻袁柳庄先生秘傳相法二卷　(明)袁珙撰　清刻本　一冊

410000－2211－0000586　史/152
大清光緒二十八年歲次壬寅時憲書不分卷　(清)欽天監編　清光緒二十八年(1902)刻朱墨套印本　一冊

410000－2211－0000587　子/309
大乘起信論纂注二卷　(明)釋真界撰　清光緒二年(1876)刻本　一冊

410000－2211－0000588　子/308
禪源諸詮集都序四卷　(唐)釋宗密撰　清光緒十八年(1892)刻本　一冊

410000－2211－0000589　子/311
教觀綱宗一卷教觀觀宗釋義一卷　(明)釋智旭撰　清同治十一年(1872)刻本　一冊

410000－2211－0000590　子/312
禪宗永嘉集不分卷　(唐)釋玄覺撰　清光緒十三年(1887)刻本　一冊

410000－2211－0000591　子/322
群己權界論一卷　(英國)穆勒約翰著　嚴復譯　清光緒三十年(1904)鉛印本　一冊

410000－2211－0000592　子/307
新刊釋氏十三經　(清)吳坤修輯　清光緒十一年(1885)刻半畝園叢書本　一冊　存三種三卷

410000－2211－0000593　新/2
重學二十卷附圓錐曲線說三卷　(英國)艾約瑟口譯　(清)李善蘭筆述　清光緒二十二年(1896)上海積山書局石印本　二冊

410000－2211－0000594　子/337
則古昔齋算學二十四卷　(清)李善蘭撰　清光緒二十二年(1896)上海積山書局石印本　一冊

410000－2211－0000595　經/194
先天易貫五卷　(清)劉元龍撰　清抄本　五冊

410000－2211－0000596　史/153
孟志編略六卷　(清)孫葆田著　清光緒十六

年(1890)刻本　一冊

410000－2211－0000597　集/198

沁圃詩草一卷　(清)李位東撰　清乾隆五十四年(1789)刻本　一冊

410000－2211－0000598　子/349

地學淺釋三十八卷　(英國)雷俠兒撰　(美國)瑪高溫口譯　(清)華蘅芳筆述　(清)趙宏繪圖　清同治十二年(1873)刻本　八冊

410000－2211－0000599　集/199

甌北詠物詩鈔二卷　(清)趙翼著　清刻本　一冊　存一卷(二)

410000－2211－0000600　集/201

穀人詠物詩鈔二卷　(清)吳錫麒著　清刻本　二冊

410000－2211－0000601　叢/19

海嶽軒叢刻　杜俞撰　清光緒三十三年(1907)鉛印本　二冊　存二種四卷

410000－2211－0000602　集/200

隨園詠物詩鈔二卷　(清)袁枚著　清刻本　零冊

410000－2211－0000603　集/202

入洛集一卷　(清)靳志撰　清光緒六年(1880)刻本　一冊

410000－2211－0000604　集/204

第六才子書八卷　(元)王實甫撰　(清)金人瑞評點　清刻本　二冊

410000－2211－0000605　史/154

曾胡批牘二卷　(清)曾國藩撰　清光緒三十四年(1908)鉛印本　一冊

410000－2211－0000606　集/203

皇朝經世文三編八十卷　(清)陳忠倚輯　清光緒二十七年(1901)上海書局石印本　十六冊

410000－2211－0000607　集/205

[清四家詩抄存]　(清)王友亮等著　清乾隆五十七年(1792)刻本　二冊

410000－2211－0000608　史/155

書目答問不分卷　(清)張之洞撰　清光緒十四年(1888)上海蜚英館石印本　二冊

410000－2211－0000609　叢/22

望溪先生文外集不分卷　(清)方苞撰　清嘉慶十八年(1813)抗希堂刻本　二冊

410000－2211－0000610　叢/22

抗希堂十六種　(清)方苞撰　清康熙、嘉慶間桐城方氏抗希堂刻本　三十冊　存十五種五十六卷

410000－2211－0000611　叢/26

廣漢魏叢書　(明)何允中輯　清嘉慶刻本　五冊　存四種三十三卷

410000－2211－0000612　經/7

毛詩注疏三十卷　(漢)鄭玄箋　(唐)陸德明音義　(唐)孔穎達疏　清同治十年(1871)湖南省城尊經閣刻本　二十四冊　存二十四卷(一至二十四)

410000－2211－0000613　經/201

周禮政要四卷　(清)孫詒讓撰　清光緒三十年(1904)上海書局石印本　一冊

410000－2211－0000614　經/203

增廣字學舉隅四卷　(清)鐵珊輯　清光緒元年(1875)刻本　二冊

410000－2211－0000615　經/101

書經釋義六卷　(清)李沛霖論定　清乾隆八年(1743)刻本　四冊

410000－2211－0000616　經/99

書經體注大全合參六卷　(清)范翔鑒定　(清)錢希翔纂輯　清雍正三年(1725)刻本　四冊

410000－2211－0000617　經/100

書經近指六卷　(清)孫奇逢纂　清康熙十五年(1676)刻本　四冊

410000－2211－0000618　經/205

孟子集注本義匯參十四卷　(清)王步青輯　清乾隆敦復堂刻本　十二冊

410000－2211－0000619　經/281
左繡三十卷首一卷　(清)馮李驊　(清)陸浩評輯　清刻本　七冊　存十三卷(十八至三十)

410000－2211－0000620　博/4
易經大全會解四卷　(清)來爾繩輯　清康熙五十八年(1719)刻本　四冊

410000－2211－0000621　博/2
書業德重訂古文釋義新編八卷　(清)余誠評注　清光緒二十九年(1903)刻本　八冊

410000－2211－0000622　博/1
本草三家合注六卷　(清)郭汝驄集注　**神農本草經百種錄一卷**　(清)徐大椿撰　清道光刻本　六冊

410000－2211－0000623　博/3
書集傳六卷　(宋)蔡沈撰　清致和堂刻本　四冊

410000－2211－0000624　博/6
御纂醫宗金鑑九十卷首一卷　(清)吳謙等輯　清刻本　六冊　存十三卷(二十三至三十五)

410000－2211－0000625　博/5
左繡三十卷首一卷　(清)馮李驊　(清)陸浩評輯　清康熙五十九年(1720)刻本　六冊　存十五卷(十六至三十)

410000－2211－0000626　博/7
五方元音二卷　(清)樊騰鳳撰　清光緒善成堂刻本　四冊

410000－2211－0000627　博/8
四書朱子本義匯纂四十三卷首四卷　(清)王步青輯　清乾隆十年(1745)敦復堂刻本　三十八冊

410000－2211－0000628　博/9
陳修園五十四種　(清)陳念祖撰　清光緒三十四年(1908)上海章福記石印本　二十五冊

410000－2211－0000629　博/10
本草述三十二卷首一卷　(清)劉若金撰　清嘉慶十五年(1810)薛氏還讀山房刻本　十八冊

410000－2211－0000630　博/11
圖注八十一難經辨真四卷　(戰國)秦越人撰　(明)張世賢註　清刻本　二冊

410000－2211－0000631　博/16
詩韻合璧五卷　(清)湯文潞輯　清光緒十一年(1885)文英堂書坊刻本　五冊

410000－2211－0000632　博/19
醫學指南五卷　(清)李德中著　清光緒十八年(1892)刻本　四冊

410000－2211－0000633　博/20
本草綱目五十二卷附圖一卷　(明)李時珍撰　清宣統元年(1909)上海經香閣石印本　十二冊

410000－2211－0000634　博/21
丹溪心法附餘二十四卷首一卷　(明)方廣編　清光緒二十五年(1899)石印本　十二冊

410000－2211－0000635　博/22
本草求真十二卷　(清)黄宫繡撰　清光緒三十四年(1908)上海緯文閣石印本　六冊

410000－2211－0000636　博/25
新纂簡捷易明算法四卷　(清)沈士桂撰　清乾隆四十三年(1778)刻本　四冊

410000－2211－0000637　博/27
皇帝内經靈樞註證發微九卷補遺一卷　(明)馬蒔注　清光緒五年(1879)刻本　十二冊

410000－2211－0000638　博/28
馮氏錦囊秘錄雜症大小合𠫤二十卷首二卷　(清)馮兆張撰　清康熙四十一年(1702)刻本　十四冊

410000－2211－0000639　博/26
康熙字典十二集三十六卷總目一卷檢字一卷辨似一卷等韻一卷補遺一卷備考一卷　(清)張玉書等纂修　清康熙五十五年(1716)刻本　三十九冊　缺一卷(辰上)

410000－2211－0000640　博/29

陳修園醫書四十八種　(清)陳念祖撰　清光緒三十四年(1908)上海章福記石印本　十冊　存四十五種一百十八卷

410000－2211－0000641　博/31
黄帝内經素問九卷　(清)張志聰集註　清刻本　十二冊

410000－2211－0000642　博/30
景岳全書六十四卷　(明)張介賓撰　清刻本　二十四冊

410000－2211－0000643　博/37
馮氏錦囊秘録雜症大小合參二十卷首二卷　(清)馮兆張撰　清康熙二十五年(1686)刻本　十二冊　存十卷(二至四、十至十一、十四至十七、十九)

410000－2211－0000644　博/32
周易兼義九卷　(三國魏)王弼注　(唐)孔穎達正義　清同治十年(1871)湖南省城尊經閣刻本　五冊　存八卷(一至八)

410000－2211－0000645　博/36
禮記注疏六十三卷　(漢)鄭玄注　(唐)陸德明音義　(唐)孔穎達疏　清同治十年(1871)湖南省城尊經閣刻本　二十二冊　存四十八卷(二、九至十二、十四至十七、二十一至二十六、三十一至六十三)

410000－2211－0000646　博/34
春秋左傳注疏六十卷　(晉)杜預注　(唐)陸德明音義　(唐)孔穎達疏　清刻本　十四冊　存二十八卷(三至三十)

410000－2211－0000647　博/33
史記一百三十卷　(漢)司馬遷撰　清光緒四年(1878)金陵書局刻本　十六冊

410000－2211－0000648　博/35
三國志六十五卷　(晉)陳壽撰　(南朝宋)裴松之注　清同治九年(1870)金陵書局刻本　八冊

410000－2211－0000649　博/42
四書貫解十九卷　(清)朱良玉纂　清刻本　三冊

410000－2211－0000650　博/41
訂正東醫寶鑑二十三卷目錄二卷　(朝鮮)許浚撰　清光緒十六年(1890)上海校經山房石印本　十五冊

410000－2211－0000651　博/47
醫林改錯二卷　(清)王清任撰　清咸豐三年(1853)石印本　一冊

410000－2211－0000652　博/45
忍字輯略五卷　(清)朱錫珍輯　清光緒四年(1878)刻本　一冊

410000－2211－0000653　博/59
雷公炮製藥性解六卷　(明)李中梓撰　清刻本　一冊

410000－2211－0000654　博/54
字典考證不分卷　(清)王引之撰　清光緒十四年(1888)上海同文書局石印本　七冊

410000－2211－0000655　博/60
易經大全會解四卷　(清)來爾繩輯　清刻本　一冊　存三卷(二至四)

410000－2211－0000656　博/56
康熙字典十二集三十六卷總目一卷檢字一卷辨似一卷等韻一卷補遺一卷備考一卷　(清)張玉書等撰　清道光七年(1827)刻本　三十九冊

410000－2211－0000657　博/44
御批歷代通鑑輯覽一百二十卷　(清)傅恒等編纂　清末石印本　十九冊　存九十二卷(二十九至一百二十)

410000－2211－0000658　博/63
南華發覆八卷　(明)釋性涵撰　清刻本　一冊　存一卷(六)

410000－2211－0000659　博/64
朱子家禮十卷首一卷　(明)丘濬輯　清嘉慶六年(1801)寶寧堂刻本　一冊　存二卷(二至三)

410000－2211－0000660　博/83

女科仙方二卷　(清)傅山撰　清道光二十六年(1846)刻本　一册

410000－2211－0000661　博/66

喉科指掌六卷　(清)張宗良撰　清刻本(有圖)　一册　存三卷(四至六)

410000－2211－0000662　博/70

瘟疫論補注二卷　(明)吳有性撰　清同治三年(1864)樊川文成堂刻本　一册　存一卷(上)

410000－2211－0000663　博/67

醫方集解三卷　(清)汪昂撰　清同治八年(1869)刻本　六册

410000－2211－0000664　博/71

痘科集要一卷　(清)李代桼撰　清光緒二十年(1894)瀏陽刻本　一册

410000－2211－0000665　博/75

瘟疫明辨四卷方一卷　(清)戴天章撰　清嘉慶二十二年(1817)晉祁書業堂刻本　一册　存二卷(一至二)

410000－2211－0000666　博/80

新刻繡像牛馬經八卷　(明)喻本元　(明)喻本亨撰　清乾隆三十年(1765)刻本　六册　存六卷(一至二、四、六至八)

410000－2211－0000667　博/82

四聲便覽四卷　(清)余六師編　清嘉慶十五年(1810)刻本　一册

410000－2211－0000668　博/86

應酬彙選新集八卷　(清)潘文光輯　清康熙五十六年(1717)刻本　一册

410000－2211－0000669　博/55

康熙字典十二集三十六卷總目一卷檢字一卷辨似一卷等韻一卷補遺一卷備考一卷　(清)張玉書等撰　清刻本　三十册　缺十二卷(子下、丑中下、寅上中、巳下、戌上,總目一卷,檢字一卷,辨似一卷,補遺一卷,備考一卷)

410000－2211－0000670　博/87

分韻試帖青雲集合註四卷　(清)楊逢春輯　(清)沈品華注　清光緒四年(1878)刻本　一册　存二卷(一至二)

410000－2211－0000671　博/131

續呂氏家塾讀詩記三卷　(宋)戴溪撰　清刻本　二册

410000－2211－0000672　經/39

新定三禮圖二十卷　(宋)聶崇義集注　清康熙十五年(1676)刻本　四册

410000－2211－0000673　史/30

同治朝東華續録一百卷　王先謙編　清光緒二十四年(1898)文瀾書局石印本　十册　缺六十六卷(三十五至一百)

410000－2211－0000674　史/33

東華續録六十九卷(咸豐朝)　(清)潘頤福編　清光緒十八年(1892)上海圖書集成印書局鉛印本　十一册

410000－2211－0000675　叢/23

記過齋叢書　(清)蘇源生輯　清咸豐、光緒間鄢陵蘇氏刻本　九册

410000－2211－0000676　經/206

左繡三十卷首一卷　(清)馮李驊　(清)陸浩評輯　清刻本　十五册　缺二卷(十七至十八)

410000－2211－0000677　集/70

小題五萬選不分卷　(□)□□編　清光緒二十一年(1895)上海積山書局石印本　五十九册

410000－2211－0000678　史/168

湯文正公[斌]年譜定本一卷　(清)方苞撰　(清)楊椿重輯　清同治、光緒間刻本　一册

410000－2211－0000679　叢/43

乾坤兩卦解一卷　(清)湯斌撰　清同治九年(1870)蘇廷魁等刻湯文正公全集本　一册

410000－2211－0000680　集/86

望溪先生文集十八卷集外文十卷補遺二卷　(清)方苞撰　(清)戴鈞衡編　**方望溪先生年**

譜一卷　(清)蘇惇元撰　清咸豐元年(1851)戴鈞衡刻本　十六册

410000－2211－0000681　集/62
許文正公遺書十二卷首一卷　(元)許衡撰　清乾隆五十五年(1790)刻本　四册

410000－2211－0000682　子/66
輶軒博紀四卷　邵松年輯　清光緒二十年(1894)刻本　二册

410000－2211－0000683　史/169
御批歷代通鑑輯覽一百二十卷　(清)傅恒等撰　清刻本　十册　存五十八卷(六十三至一百二十)

410000－2211－0000684　叢/44
玉函山房輯佚書　(清)馬國翰輯　清光緒九年(1883)長沙嫏嬛館刻本　八册　存四十九種五十四卷

410000－2211－0000685　經/209
四書義經正篇續編二卷　(清)□□輯　清石印本　一册　存一卷(二)

410000－2211－0000686　經/208
四書義經正篇二卷首一卷　(清)三魚書屋輯　清光緒二十七年(1901)掃葉山房石印本　一册　存二卷(一、首一卷)

410000－2211－0000687　經/207
寄傲山房塾課纂輯御案易經備旨七卷　(清)鄒聖脈纂輯　清刻五經備旨本　一册　存二卷(三至四)

410000－2211－0000688　史/170
御批歷代通鑑輯覽一百二十卷　(清)傅恒等撰　清石印本　十册　存五十八卷(六十三至一百二十)

410000－2211－0000689　經/212
春秋左傳五十卷　(晉)杜預　(宋)林堯叟註釋　(唐)陸德明音義　清刻本　二册　存十一卷(六至十三、二十四至二十六)

410000－2211－0000690　經/211
春秋左傳類對賦不分卷　(清)高士奇補注　清刻本　一册

410000－2211－0000691　子/356
三字經註解備旨二卷　(宋)王應麟撰　(清)賀興思注解　清光緒刻本　一册　存一卷(下)

410000－2211－0000692　子/355
經餘必讀八卷　(清)雷琳等輯　清嘉慶八年(1803)刻本　一册　存二卷(一至二)

410000－2211－0000693　經/210
尚書因文六卷首一卷末一卷　(清)武士選撰　清刻本　二册　存四卷(一至三、首一卷)

410000－2211－0000694　經/220
春秋左傳五十卷　(晉)杜預　(宋)林堯叟註釋　(唐)陸德明音義　(明)孫鑛等評點　清刻本　六册　存十八卷(三十至四十七)

410000－2211－0000695　史/171
國語二十一卷　(三國吴)韋昭解　(宋)宋庠補音　清乾隆二十七年(1762)文盛堂刻本　四册

410000－2211－0000696　子/357
御纂性理精義十二卷　(清)李光地等纂修　清刻本　十二册　存四卷(三至六)

410000－2211－0000697　經/216
御纂周易折中二十二卷首一卷　(清)李光地等撰　清刻本　一册　存二卷(十三至十四)

410000－2211－0000698　經/215
欽定詩經傳説彙纂二十一卷首二卷詩序二卷　(清)王鴻緒等撰　清雍正五年(1727)刻本　二册　存三卷(二、十三,首上)

410000－2211－0000699　經/214
書經體註大全合叅六卷　(清)范翔鑒定　(清)錢希翔纂輯　清雍正三年(1725)刻本　一册　存一卷(一)

410000－2211－0000700　經/213
四書類典賦二十四卷　(清)甘紱撰　清乾隆刻本　二册　存三卷(十六至十七、二十一)

410000－2211－0000701　經/217

日講四書解義二十六卷　(清)喇沙里　(清)陳廷敬等撰　清康熙十六年(1677)刻本　十冊　存十一卷(一至四、六至十二)

410000－2211－0000702　經/218
春秋三傳體註十二卷　(清)車廷雅輯　清乾隆六十年(1795)同文堂刻本　四冊　存八卷(一至八)

410000－2211－0000703　經/219
禮書一百五十卷　(宋)陳祥道撰　清刻本　六冊　存四十三卷(六十至一百二)

410000－2211－0000704　經/221
禮記訓纂四十九卷　(清)朱彬輯　清刻本　八冊　存四十四卷(六至四十九)

410000－2211－0000705　子/358
大學衍義補一百六十卷首一卷　(明)丘濬撰　(明)陳仁錫評閱　清刻本　三十四冊　存一百十五卷(四十七至一百六十、首一卷)

410000－2211－0000706　子/359
大學衍義四十三卷　(宋)真德秀撰　(明)陳仁錫評閱　清刻本　四十五冊　存三十七卷(一至三十七)

410000－2211－0000707　經/222
讀左補義五十卷首一卷　(清)姜炳章撰　清刻本　十五冊　存二十七卷(二十五至五十、首一卷)

410000－2211－0000708　經/223
讀左補義五十卷首一卷　(清)姜炳章撰　清同治十年(1871)刻本　七冊　存四十六卷(五至五十)

410000－2211－0000709　經/224
讀左補義五十卷首一卷　(清)姜炳章撰　清刻本　十二冊　存四十一卷(一、十一至五十)

410000－2211－0000710　經/226
四書虚字講義一卷　(清)丁守存撰錄　清同治十年(1871)刻本　一冊

410000－2211－0000711　經/227
周易便蒙襯解四卷　(清)李盤輯著　清乾隆五十七年(1792)刻本　一冊

410000－2211－0000712　叢/44
夏小正四卷　(漢)戴德傳　(清)任兆麟補注　(清)武士選輯定　清約六家塾刻本　一冊

410000－2211－0000713　經/233
周禮註疏刪翼三十卷　(明)葉培恕定　(明)王志長撰　清刻本　一冊　存五卷(十八至二十二)

410000－2211－0000714　經/234
周禮註疏刪翼三十卷　(明)葉培恕定　(明)王志長撰　清刻本　二冊　存三卷(七至九)

410000－2211－0000715　經/235
書經體註大全合糸六卷　(清)范翔鑒定　(清)錢希翔纂輯　清道光四年(1824)致和堂刻本　一冊　存一卷(一)

410000－2211－0000716　經/236
禮記章句四十九卷　(清)王夫之撰　清刻船山遺書本　一冊　存九卷(四十一至四十九)

410000－2211－0000717　經/237
春秋左傳三十卷　(晉)杜預注　(宋)林堯叟附註　(唐)陸德明音釋　(清)馮李驊集解　清刻本　一冊　存二卷(二十九至三十)

410000－2211－0000718　叢/46
勸學淺語一卷　(清)沈源深撰　清光緒二十五年(1899)刻賭棋山莊全集本　一冊

410000－2211－0000719　經/239
說文解字通釋四十卷　(宋)徐鍇傳釋　清乾隆四十七年(1782)刻本　八冊

410000－2211－0000720　經/240
十三經注疏　(唐)孔穎達疏　清刻本　一冊　存四種一百四十九卷

410000－2211－0000721　經/242
易經大全會解四卷圖説一卷　(清)來爾繩輯　清刻本　一冊　存三卷(二至四)

410000－2211－0000722　經/243
欽定禮記義疏八十二卷首一卷　(清)鄂爾泰

等撰　清刻本　一冊　存十卷(三十七至三十九、四十至四十六)

410000－2211－0000723　經/244
三禮約編十九卷　(清)汪基撰　清乾隆三年(1738)刻本　三冊　缺五卷(禮記約編六至十)

410000－2211－0000724　集/215
夏峯先生集十四卷　(清)孫奇逢撰　清康熙三十八年(1699)刻本　十二冊

410000－2211－0000725　經/247
左繡三十卷首一卷　(清)馮李驊　(清)陸浩評輯　清刻本　三冊

410000－2211－0000726　經/245
欽定春秋傳説彙纂三十八卷首二卷　(清)王掞等撰　清康熙六十年(1721)刻本　十五冊　存二十卷(一至七、二十八至三十八,首二卷)

410000－2211－0000727　經/246
書經近指六卷　(清)孫奇逢撰　清康熙十五年(1676)刻本　三冊　存五卷(一至二、四至六)

410000－2211－0000728　史/172
續彙刻書目十卷　(清)傅雲龍撰　清刻本　九冊　存九卷(甲、乙、丙、丁、戊、己、辛、壬、癸)

410000－2211－0000729　經/249
説文解字通釋四十卷　(宋)徐鍇傳釋　清刻本　一冊　存六卷(十七至二十二)

410000－2211－0000730　子/360
三字經注解備旨二卷　(宋)王應麟著　(清)賀興思注解　清刻本　一冊

410000－2211－0000731　經/250
禮書一百五十卷　(宋)陳祥道撰　清刻本　一冊　存七卷(一百三至一百九)

410000－2211－0000732　經/254
皇清經解一百九十卷首一卷　(清)阮元輯　清石印本　十五冊　存八十六卷(一至三十九、一百三十二至一百四十、一百四十五至一百八十二)

410000－2211－0000733　經/253
吴文正公三禮考註六十四卷　(元)吴澄撰　清刻本　六冊　存四十二卷(二十三至六十四)

410000－2211－0000734　經/241
重刊宋本十三經註疏附校勘記　(清)阮元撰　校勘記　(清)盧宣旬摘録　清嘉慶二十年(1815)南昌府學刻本　二十七冊

410000－2211－0000735　史/173
十七史商榷一百卷　(清)王鳴盛撰　清刻本　一冊　存二卷(五十九至六十)

410000－2211－0000736　史/174
[乾隆]湯陰縣志十卷　(清)楊世達纂修　清乾隆三年(1738)刻本　一冊　存三卷(一至三)

410000－2211－0000737　經/255
先天易貫五卷　(清)劉元龍撰　清抄本　一冊　存二卷(四至五)

410000－2211－0000738　史/175
[道光]武陟縣志三十六卷　(清)王榮陛修　(清)方履籛纂　清刻本　一冊　存四卷(七至十)

410000－2211－0000739　史/176
[順治]封丘縣志九卷首一卷　(清)余縉修　(清)李嵩陽纂　清順治十六年(1659)刻本　一冊　存二卷(一至二)

410000－2211－0000740　史/177
靖逆記六卷　題(清)蘭簃外史撰　清刻本　一冊　存三卷(一至三)

410000－2211－0000741　叢/46
齊民四術農三卷禮三卷刑二卷兵四卷　(清)包世臣撰　清刻安吴四種本　一冊　存十一卷(農三卷、禮一至二、刑二卷、兵四卷)

410000－2211－0000742　史/178
重訂王鳳洲先生綱鑑會纂四十六卷　(明)王

世貞撰　清刻本　二冊　存九卷(二十九至三十七)

410000－2211－0000743　史/179
史緯三百三十卷首一卷　(清)陳允錫輯　清鉛印本　一冊　存七卷(二百八十三至二百八十九)

410000－2211－0000744　史/180
十七史商榷一百卷目錄一卷　(清)王鳴盛撰　清鉛印本　一冊　存二十二卷(二十九至五十)

410000－2211－0000745　史/182
三通考輯要七十六卷　湯壽潛輯　清刻本　二冊　存五卷(皇朝文獻通考輯要十九至二十三)

410000－2211－0000746　史/184
國朝先正事略六十卷　(清)李元度撰　清光緒二十五年(1899)上海圖書集成印書局鉛印本　五冊　存四十卷(一至九、十五至二十、二十六至三十三、四十四至六十)

410000－2211－0000747　史/185
方輿全圖總説五卷　(清)顧祖禹撰　清光緒二十五年(1899)上海二林齋石印本(有圖)　三冊　存三卷(一至三)

410000－2211－0000748　史/188
鼎鐫趙田了凡袁先生編纂古本歷史大方綱鑑補三十九卷　(明)袁黄編　清刻本　十三冊　存十四卷(十一、十五至十七、十九至二十四、二十七至三十)

410000－2211－0000749　史/186
資治通鑑綱目五十九卷　(宋)朱熹撰　清刻本　十四冊　存八卷(十四至十五、二十一、二十八至三十、三十四、三十七)

410000－2211－0000750　史/89
歷代通鑑輯覽一百二十卷　(清)傅恒等撰　清石印本　二冊　存六卷(八十四至八十六、九十三至九十五)

410000－2211－0000751　史/190
御批歷代通鑑輯覽一百二十卷　(清)傅恒等撰　清刻本　三冊　存六卷(一百至一百三、一百六至一百七)

410000－2211－0000752　史/192
近世中國秘史不分卷　(清)談虎客編　清光緒三十年(1904)上海廣智書局鉛印本　一冊

410000－2211－0000753　史/193
今世歐州外交史二卷　(法國)德比磁著　清光緒三十一年(1905)上海廣智書局鉛印本　一冊　存一卷(一)

410000－2211－0000754　史/194
[康熙]陳留縣志四十二卷首一卷　(清)趙文琳纂修　清宣統二年(1910)石印本(有圖)　三冊

410000－2211－0000755　子/363
朱子年譜考異四卷朱子論學切要語二卷朱子年譜校勘記一卷　(清)王懋竑撰　清光緒九年(1883)刻本　二冊

410000－2211－0000756　史/195
地理全志一卷　(英國)慕維廉撰　清光緒九年(1883)刻本　一冊

410000－2211－0000757　史/196
二十一史約編不分卷　(清)鄭元慶撰　清刻本　一冊

410000－2211－0000758　史/206
[宣統]重修涇陽縣志十六卷首一卷末一卷　劉懋官修　宋伯魯　周斯億纂　清宣統三年(1911)鉛印本　一冊　存三卷(一至三)

410000－2211－0000759　史/207
續資治通鑑綱目二十七卷　(明)商輅等撰　(明)陳仁錫評閲　清刻本　一冊　存十卷(一至十)

410000－2211－0000760　史/208
江西水道考五卷　(清)蔣湘南撰　清末資益館鉛印本　一冊　存三卷(一至三)

410000－2211－0000761　史/209
遼史拾遺補五卷　楊復吉撰　清道光五年

(1825)錢塘汪氏振綺堂刻本　一冊　存二卷(四至五)

410000－2211－0000762　集/218
讀杜心解六卷首二卷　(清)浦起龍撰　清刻本　六冊　存四卷(三至六)

410000－2211－0000763　子/362
時務通攷三十一卷　(清)杞廬主人撰　清石印本　十一冊　存十六卷(二、五至七、九、十四至二十一、二十三至二十五)

410000－2211－0000764　史/191
欽定吏部處分則例四十七卷　(清)吏部纂　清刻本　六冊　存十六卷(二十五至四十)

410000－2211－0000765　史/210
大清通禮五十四卷　(清)來保等纂　清刻本　六冊　存三十四卷(二十一至五十四)

410000－2211－0000766　史/202
物料價值則例八卷　(清)陳弘謀　(清)快亮等輯　清刻本　一冊　存一卷(八)

410000－2211－0000767　集/217
卷施閣詩二十卷　(清)洪亮吉撰　清刻本　一冊　存三卷(十至十二)

410000－2211－0000768　史/203
史記一百三十卷　(漢)司馬遷撰　清刻本　一冊　存四卷(一百十七至一百二十)

410000－2211－0000769　經/256
敷文書說一卷　(宋)鄭伯熊撰　清刻本　一冊

410000－2211－0000770　集/218
韓魏公集二十卷　(宋)韓琦撰　(清)張伯行訂　清正誼堂刻本　一冊　存三卷(三至五)

410000－2211－0000771　史/204
宋史四百九十六卷　(元)脱脱等撰　清刻本　一冊　存六卷(七至十二)

410000－2211－0000772　史/205
資治通鑑二百九十四卷　(宋)司馬光撰　(元)胡三省音註　清刻本　二冊　存五卷(一百九十七至一百九十九、二百二十三至二百二十四)

410000－2211－0000773　史/211
通典二百卷　(唐)杜佑撰　清咸豐九年(1859)刻本　一冊　存五卷(七十七至八十一)

410000－2211－0000774　子/365
新刻黃掌綸先生評訂神仙鑑首集二十二卷　(清)徐衜述　(清)李理贊　清刻本　十七冊　存十六卷(一至十六)

410000－2211－0000775　史/198
陸地戰例新選一卷　(瑞士)穆尼耶等撰　(美國)丁韙良譯　清光緒九年(1883)同文館鉛印本　一冊

410000－2211－0000776　叢/48
莊子章義五卷附錄一卷　(清)姚鼐撰　清光緒五年(1879)桐城徐氏刻惜抱軒遺書三種本　一冊　存一卷(附錄一卷)

410000－2211－0000777　史/199
鞠觀玉先生奏疏不分卷　(清)鞠珣著　清光緒十一年(1885)大梁刻本　一冊

410000－2211－0000778　集/216
槐軒雜箸四卷　(清)劉沅撰　清同治七年(1868)致福樓刻本　一冊　存一卷(三)

410000－2211－0000779　史/200
乾隆府廳州縣圖志五十卷　(清)洪亮吉撰　清刻本　一冊　存三卷(二至四)

410000－2211－0000780　子/364
營壘圖說　(比利時)伯里牙芒著　(美國)金楷理口譯　(清)李鳳苞筆述　清刻本　一冊

410000－2211－0000781　史/197
御批歷代通鑑輯覽一百二十卷　(清)傅恒等撰　清光緒三十年(1904)上海通元書局石印本　一冊　存一百十卷(一至一百十)

410000－2211－0000782　史/131
大清光緒新法令不分卷　商務印書館編　清宣統上海商務印書館鉛印本　二十一冊

410000－2211－0000783　集/219

國朝南亭詩鈔十卷續鈔二卷　(清)范士熊撰　清刻本　五冊　存九卷(四至十、續鈔二卷)

410000－2211－0000784　子/366
新刻性理大全書七十卷　(明)胡廣等撰　明刻本　二十六冊　缺十五卷(二十至二十七、三十九至四十五)

410000－2211－0000785　集/221
詞律二十卷　(清)萬樹撰　清刻本　六冊　存十八卷(三至二十)

410000－2211－0000786　集/222
李長吉歌詩四卷外集一卷首一卷　(唐)李賀撰　(清)王琦彙解　清乾隆二十五年(1760)刻本　二冊

410000－2211－0000787　集/220
古唐詩合解十六卷　(清)王堯衢注　清刻本　四冊　存六卷(唐詩三至六、八至九)

410000－2211－0000788　集/223
杜詩詳注二十五卷首一卷附錄二卷　(清)仇兆鰲輯注　清刻本　二十三冊　缺二卷(十八至十九)

410000－2211－0000789　集/224
春暉閣詩選六卷校勘記一卷　(清)蔣湘南撰　清刻本　一冊　存四卷(四至六、校勘記一卷)

410000－2211－0000790　集/255
梅村詩集箋注十八卷　(清)吳翌鳳撰　清刻本　六冊　存七卷(一至七)

410000－2211－0000791　子/367
士翼三卷　(明)崔銑撰　清崔氏家塾刻本　二冊　存二卷(二至三)

410000－2211－0000792　子/368
初真戒一卷中極戒一卷守戒必持一卷　(清)□□撰　清康熙十三年(1674)刻本　三冊

410000－2211－0000793　子/369
佛說四十二章經一卷　(漢)釋迦葉摩騰　(漢)釋竺法蘭譯　清刻本　一冊

410000－2211－0000794　史/207
學宮譜二卷　(清)孫錫疇撰　清光緒十二年至十三年(1886－1887)河南衛輝延津學署刻本　一冊

410000－2211－0000795　叢/50
治鄉三約一卷　(清)陸世儀撰　清光緒十五年(1889)刻本　一冊

410000－2211－0000796　史/208
四禮從宜一卷　(清)任若海著　清道光二十四年(1844)武陟觀我堂刻本　一冊

410000－2211－0000797　叢/49
隨園三十種　(清)袁枚撰　清刻本　三十九冊　存十三種一百十七卷

410000－2211－0000798　集/226
呂新吾先生去僞齋文集十卷　(明)呂坤撰　明萬曆四十五年(1617)刻本　一冊　存一卷(一)

410000－2211－0000799　子/370
天文圖說四卷附表一卷　(英國)柯雅各撰　(美國)摩嘉立　(美國)薛承恩譯　清光緒九年(1883)益智書會刻本　一冊　存四卷(天文圖說四卷)

410000－2211－0000800　子/371
訓蒙千字文一卷　(清)何桂珍撰　清道光二十四年(1844)刻本　一冊

410000－2211－0000801　集/227
賦鈔箋略十五卷　(清)雷琳　(清)張杏濱箋　清刻本　一冊　存三卷(五至七)

410000－2211－0000802　集/228
光緒甲辰恩科會試闈墨一卷　(清)□□撰　清光緒三十年(1904)刻本　一冊

410000－2211－0000803　經/257
康熙字典十二集三十六卷總目一卷檢字一卷辨似一卷等韻一卷補遺一卷備考一卷　(清)張玉書等撰　清鉛印本　一冊　存五卷(亥集、補遺一卷、備考一卷)

410000－2211－0000804　子/371

新編算學啓蒙三卷總括一卷　(元)朱世傑撰　清光緒二十一年(1895)上海著易堂石印本　一冊

410000－2211－0000805　子/377
靈寳畢法三卷　(漢)鍾離權撰　(唐)吕嵒傳　清刻本　一冊

410000－2211－0000806　子/376
太上黄庭外景經三卷　(□)涵虚子註　清刻本　一冊　存一卷(三)

410000－2211－0000807　子/374
學算筆談十二卷　(清)華蘅芳撰　清光緒二十三年(1897)慎記書莊石印行素軒算稿本　二冊

410000－2211－0000808　集/227
唐律賦選不分卷　(清)葉向葵箋注　清道光四年(1824)刻本　一冊

410000－2211－0000809　子/378
長春祖師語録一卷　(清)□□撰　清刻本　一冊

410000－2211－0000810　子/379
陰符經增註一卷　(清)張鏡心著　清滋州張氏雲隱堂刻本　一冊

410000－2211－0000811　集/228
庚訂箋釋批評古詩直解十二卷首一卷　(清)葉羲昂選解　清刻本　二冊　存十卷(一至十)

410000－2211－0000812　集/229
庚補箋釋批評唐詩直解七卷首一卷　(清)葉羲昂直解　清刻本　一冊　存二卷(三至四)

410000－2211－0000813　子/382
天文歌略一卷　(清)葉瀾撰　清刻本　一冊

410000－2211－0000814　子/381
天文歌略一卷　(清)葉瀾撰　清光緒二十三年(1897)周氏刻本　一冊

410000－2211－0000815　史/210
地理韻言四卷　(清)張士瀛撰　清光緒二十八年(1902)京都廣文書舍刻本　二冊

410000－2211－0000816　集/230
三魚堂文集十二卷　(清)陸隴其撰　清刻本　一冊　存二卷(三至四)

410000－2211－0000817　子/387
道德真經註四卷　(元)吳澄撰　清嘉慶八年(1803)刻本　二冊

410000－2211－0000818　子/388
葯師瑠璃光如來本願功德經註解一卷　(清)張國弼註　清抄本　一冊

410000－2211－0000819　子/389
金剛般若波羅密經直解一卷　(清)□□撰　清光緒三十三年(1907)刻本　一冊

410000－2211－0000820　史/211
訓學良規一卷　(清)何鏞撰　清光緒十三年(1887)刻本　一冊

410000－2211－0000821　子/390
了凡四訓一卷　(明)袁黄撰　清刻本　一冊

410000－2211－0000822　子/392
女小學四卷　戴禮編　清光緒三十四年(1908)鉛印本　一冊

410000－2211－0000823　集/233
南遊草詩集一卷　(清)張果中著　清刻本　一冊

410000－2211－0000824　集/232
受祺堂文集四卷續刻四卷　(清)李因篤撰　清刻本　一冊　存一卷(續刻三)

410000－2211－0000825　集/231
唐宋八大家文讀本三十卷　(清)沈德潛評點　清刻本　一冊　存十四卷(一至四、十至十一、十六至十八、二十五至二十六、二十八至三十)

410000－2211－0000826　史/212
敬簡堂學治雜録四卷　(清)戴傑撰　清光緒十四年(1888)刻本　一冊

410000－2211－0000827　子/393
大乘起信論科注不分卷　(南朝陳)釋真諦譯　清光緒三十年(1904)廬陵黄氏武昌刻本

一册

410000－2211－0000828　子/394
家塾邇言六卷　（清）楊汝穀撰　清刻本　一册

410000－2211－0000829　子/396
上蔡謝先生語録三卷附考證一卷　（宋）謝良佐撰　清刻本　一册

410000－2211－0000830　子/395
里謠學箕録一卷　（清）伍學愈著　清鉛印本　一册

410000－2211－0000831　經/258
字彙十二卷首一卷末一卷　（明）梅膺祚音釋　清刻本　一册　存一卷（六）

410000－2211－0000832　集/235
漁洋山人秋柳詩牋註析解不分卷　（清）王士正撰　（清）鄭鴻註　清同治十一年（1872）刻本　一册

410000－2211－0000833　集/234
乩仙降壇詩選一卷　（清）張漢賓　（清）李書樵輯　清刻本　一册

410000－2211－0000834　子/397
性命雙修萬神圭旨不分卷　清刻本　一册

410000－2211－0000835　子/398
重鐫清靜經圖註一卷　題水精子註解　題混沌子付圖　清同治十一年（1872）刻本　一册

410000－2211－0000836　子/399
聰訓齋語一卷　（清）張英撰　清光緒八年（1882）刻本　一册

410000－2211－0000837　經/259
家禮酌一卷　（清）孫奇逢撰　清光緒十年（1884）刻本　一册

410000－2211－0000838　子/400
達生編二卷　題亟齋居士著　題南方恒人述　清咸豐四年（1854）刻本　一册

410000－2211－0000839　子/401
抉私録一卷講學録一卷　（清）張傳誥撰　清刻本　一册

410000－2211－0000840　子/402
子史精華一百六十卷　（清）吴士玉　（清）吴襄等輯　清刻本　一册　存一卷（一百八）

410000－2211－0000841　子/403
陰符經一卷黄庭經一卷　（清）劉一明註　清宣統三年（1911）刻本　一册

410000－2211－0000842　子/404
陰符玄解一卷　（清）范宜賓註釋　清乾隆三十七年（1772）刻本　一册

410000－2211－0000843　經/260
十三經集字不分卷　（清）彭玉雯撰　清刻本　一册

410000－2211－0000844　集/236
東都鴻爪集一卷　（清）陸襄鉞撰　清光緒十六年（1890）刻本　一册

410000－2211－0000845　集/237
求志山房文稿六卷年譜一卷　（清）胡具慶撰　清宣統元年（1909）鉛印本　一册　存一卷（一）

410000－2211－0000846　子/405
化學源流論四卷　（清）方尼司輯　（清）王汝駣譯　清刻本　二册

410000－2211－0000847　子/406
通關文二卷　（清）劉一明撰　清刻本　一册

410000－2211－0000848　史/214
行軍測繪十卷首一卷　（英國）連提撰　（英國）傅蘭雅口譯　（清）趙元益筆述　清光緒二十三年（1897）小倉山房鉛印本　一册

410000－2211－0000849　集/238
光緒癸卯恩科順天鄉試闈墨一卷　（清）□□編　清光緒二十九年（1903）上海新昌書局刻本　一册

410000－2211－0000850　子/410
孫子十家註十三卷　（宋）吉天保輯　（清）孫星衍　（清）吳人驥校　清石印本　一册　存三卷（十一至十三）

410000－2211－0000851　史/215

金石萃編一百六十卷　(清)王昶撰　清鉛印本　四冊　存七卷(七十至七十六)

410000－2211－0000852　子/411

高上玉皇心印妙經一卷　題玄谷帝君注　(明)高時明參閲　清石印本　一冊

410000－2211－0000853　叢/51

瘳忘編二卷續論一卷附後一卷　(清)李塨撰　清光緒三十四年(1908)鉛印國粹叢書本　一冊

410000－2211－0000854　經/261

皇朝四書彙解二十二卷　(清)沈□□編　清光緒二十一年(1895)石印本　六冊　存十七卷(一至十三、十七至十八、二十一至二十二)

410000－2211－0000855　集/240

蓬萊仙館尺牘六卷　(清)翟國棟輯　清刻本　四冊　存四卷(二至五)

410000－2211－0000856　集/242

評選直省闈藝大全八卷　(清)久敬齋編　清光緒二十九年(1903)石印本　一冊　存一卷(三)

410000－2211－0000857　集/241

山谷先生詩鈔七卷　(宋)黄庭堅撰　(清)周之麟　(清)柴升選　清刻宋四名家詩本　一冊　存六卷(一至六)

410000－2211－0000858　子/412

類對集材六卷　(清)胡雲煥編釋　清同治十三年(1874)刻本　一冊　存一卷(一)

410000－2211－0000859　子/413

類腋五十五卷　(清)姚培謙　(清)張卿雲輯　清刻本　七冊　存二十四卷(人部一至十一、物部一至十三)

410000－2211－0000860　史/216

水道提綱二十八卷　(清)齊召南撰　清光緒十七年(1891)湖南崇德書局刻本　七冊　存二十五卷(一至二十一、二十五至二十八)

410000－2211－0000861　集/244

古文辭類纂七十四卷　(清)姚鼐輯　清鉛印本　一冊　存四卷(七至十)

410000－2211－0000862　經/265

音韻貫珠八卷　(清)賈椿齡撰　清嘉慶九年(1804)刻本　一冊　存一卷(一)

410000－2211－0000863　史/217

通典二百卷　(唐)杜佑撰　清光緒石印本　一冊　存十七卷(九十四至一百十)

410000－2211－0000864　經/264

剔弊廣增分韻五方元音三卷首一卷　(清)樊騰鳳撰　(清)趙培梓改正新編　清刻本　一冊

410000－2211－0000865　集/243

袁文箋正十六卷　(清)袁枚撰　(清)石韞玉箋　清刻本　二冊　存四卷(五至六、十四至十五)

410000－2211－0000866　經/262

古書疑義舉例七卷　(清)俞樾撰　清刻皇清經解續編本　一冊

410000－2211－0000867　子/414

程子十卷首一卷　(明)崔銑編　(清)張伯行集解　清嘉慶二十四年(1819)刻本　四冊

410000－2211－0000868　經/267

廣韻五卷　(宋)陳彭年等撰　清刻本　一冊　存一卷(四)

410000－2211－0000869　史/219

集古録目五卷　(宋)歐陽棐撰　清光緒吴縣朱氏槐廬家塾刻本　一冊　存三卷(三至五)

410000－2211－0000870　史/218

寰宇訪碑録十二卷　(清)孫星衍　(清)邢澍撰　清刻本　一冊　存二卷(十一至十二)

410000－2211－0000871　集/246

文心雕龍十卷　(南朝梁)劉勰撰　清刻本　一冊　存六卷(五至十)

410000－2211－0000872　經/266

白虎通四卷　(漢)班固撰　**白虎通義攷一卷**　(清)莊述祖撰　清乾隆四十九年(1784)刻

抱經堂叢書本　一册　存二卷（一至二）

410000－2211－0000873　經/269
周禮政要二卷　（清）孫詒讓著　清刻本　一册　存一卷（二）

410000－2211－0000874　集/248
國朝六家詩鈔八卷　（清）劉執玉輯　清宣統二年（1910）澄衷學堂石印本　四册　存七卷（一、三至八）

410000－2211－0000875　集/247
國朝駢體正宗十二卷　（清）曾燠輯　清光緒十三年（1887）上海蜚英館刻本　五册　存十卷（一至四、七至十二）

410000－2211－0000876　叢/54
西河合集　（清）毛奇齡撰　清刻本　三册　存五種十七卷

410000－2211－0000877　子/420
憑山閣增輯留青新集三十卷　（清）陳枚撰　清刻本　四册　存六卷（三、十四、二十四至二十五、二十九至三十）

410000－2211－0000878　史/220
金石萃編一百六十卷　（清）王昶撰　清光緒十九年（1893）上海寶善石印本　十二册　存九十卷

410000－2211－0000879　子/419
淵鑒齋御纂朱子全書六十六卷　（宋）朱熹撰　（清）李光地等編　清刻本　十八册　存五十三卷（四至九、十三至十六、二十四至六十六）

410000－2211－0000880　經/270
讀四書大全說十卷　（清）王夫之撰　清刻本　一册　存一卷（六）

410000－2211－0000881　集/249
武陟毛子遇先生文稿不分卷　（清）毛□□撰　稿本　一册

410000－2211－0000882　子/416
宇宙大觀集不分卷　（清）高清翼輯　清嘉慶二十年（1815）抄本　一册

410000－2211－0000883　經/268
說文解字句讀三十卷　（清）王筠撰　清同治四年（1865）刻本　十四册

410000－2211－0000884　集/250
劉子全書四十卷　（明）劉宗周撰　清刻本　三册　存七卷（十七、三十四至三十九）

410000－2211－0000885　集/251
庚辰集五卷附唐人試律說一卷　（清）紀昀編　清嘉慶八年（1803）刻本　三册　存五卷（庚辰集一至四、唐人試律說一卷）

410000－2211－0000886　叢/55
南海桂氏經學叢書　（清）桂文燦著　清咸豐、光緒間刻本　一册　存三種三卷

410000－2211－0000887　叢/56
梨洲遺著彙刊　（清）黄宗羲撰　清宣統二年（1910）上海時中書局鉛印本　九册　存二十種二十五卷

410000－2211－0000888　集/252
鹿忠節公集二十一卷　（明）鹿善繼撰　清刻本　五册　存十七卷（一至十一、十六至二十一）

410000－2211－0000889　集/253
習之先生全集錄二卷　（唐）李翱撰　（清）儲欣錄　清刻唐宋十大家全集錄本　一册

410000－2211－0000890　集/254
養素堂詩集三十五卷　（清）張澍撰　清刻本　三册　存六卷（三至六、十三至十四）

410000－2211－0000891　集/260
夏峯先生集十四卷補遺二卷首一卷　（清）孫奇逢撰　清刻孫夏峰全集本　一册　存一卷（七）

410000－2211－0000892　集/255
張三丰先生全集八卷　（明）張君寶撰　（清）李西月編　清刻本　一册

410000－2211－0000893　集/258
庚辰集五卷　（清）紀昀編　清刻本　一册　存一卷（三）

410000－2211－0000894　集/256
唐韓昌黎集四十卷　(唐)韓愈撰　清刻本　一冊　存一卷(九)

410000－2211－0000895　集/259
忠介公集十三卷附錄五卷末一卷　(明)楊爵撰　清刻本　一冊　存四卷(四至七)

410000－2211－0000896　叢/57
檀几叢書錄要　(清)何思鈞輯　清同治十一年(1872)刻本　一冊

410000－2211－0000897　叢/58
三魚堂日記十卷首一卷　(清)陸隴其撰　清道光二十二年(1842)刻本　一冊　存三卷(五至七)

410000－2211－0000898　集/261
日知堂集四卷首一卷末一卷　(清)鄭端撰　清同治十三年(1874)刻本　一冊

410000－2211－0000899　集/263
南山全集十六卷　(清)戴濳撰　清刻本　一冊　存二卷(十一至十二)

410000－2211－0000900　集/264
象山先生全集三十六卷　(宋)陸九淵撰　清刻本　一冊　存三卷(十三至十五)

410000－2211－0000901　集/265
南軒先生文集四十四卷　(宋)張栻撰　清刻本　一冊　存六卷(五至十)

410000－2211－0000902　集/266
呂新吾先生去偽齋文集十卷　(明)呂坤撰　清刻本　一冊　存一卷(四)

410000－2211－0000903　集/267
燕川集十四卷　(清)范泰恒撰　清刻本　一冊

410000－2211－0000904　集/268
太白山人槲葉集五卷　(清)李柏撰　清刻本　一冊　存一卷(五)

410000－2211－0000905　集/269
塾課文鈔第七集三卷第八集三卷　(清)于光華編　清刻本　六冊

410000－2211－0000906　集/272
歐陽文忠公全集一百五十三卷　(宋)歐陽修撰　清刻本　二十冊　存五十一卷(五十五至七十九、八十至一百五)

410000－2211－0000907　集/271
歐陽文忠公居士集一百五卷　(宋)歐陽修撰　清刻本　十冊　存二十五卷(一至二十五)

410000－2211－0000908　集/270
漢魏六朝百三名家集　(明)張溥輯　清刻本　十冊　存九種十卷

410000－2211－0000909　集/273
二曲集二十六卷　(清)李顒撰　清石印本　一冊　存三卷(十七至十九)

410000－2211－0000910　集/274
安陽集五十卷　(宋)韓琦撰　清乾隆四年(1739)刻本　四冊　存三十卷(一至二十三、四十至四十六)

410000－2211－0000911　集/275
豫章羅先生文集十七卷　(宋)羅從彦撰　**年譜一卷**　清刻本　八冊

410000－2211－0000912　集/276
海峰文集八卷　(清)劉大櫆撰　清同治十三年(1874)刻本　二冊　存五卷(一至五)

410000－2211－0000913　集/277
駱丞集注四卷　(唐)駱賓王撰　清刻本　三冊　存三卷(一至三)

410000－2211－0000914　叢/63
周書十卷逸文一卷　(清)朱右曾集訓校釋　清光緒三年(1877)湖北崇文書局刻三十三種叢書本　一冊　存五卷(一至五)

410000－2211－0000915　集/278
昭明文選集成六十卷首二卷　(清)方廷珪評點　清刻本　三十冊　存二十卷(十一至三十)

410000－2211－0000916　叢/60
槐廬叢書　(清)朱記榮輯　清光緒吳縣朱氏槐廬家塾刻本　五十冊　存二十六種一百六

十三卷

410000－2211－0000917　叢/61
正誼堂全書　(清)張伯行輯　清同治五年(1866)福州正誼書院刻八年至九年(1869－1870)續刻本　一百四册

410000－2211－0000918　叢/64
西學啟蒙十六種　(英國)艾約瑟譯　清光緒二十四年(1898)石印本　七册　存七種六十七卷

410000－2211－0000919　史/223
中州人物考八卷　(清)孫奇逢撰　清道光二十四年(1844)刻本　八册

410000－2211－0000920　經/272
爾雅註疏十一卷　(晉)郭璞註　(宋)邢昺疏　清乾隆十年(1745)三樂齋刻本　五册

410000－2211－0000921　集/281
新刻校正增補圓機活法詩學全書二十四卷　(明)李衡撰　(明)王世貞校　清刻本　十八册　存十七卷(八至二十四)

410000－2211－0000922　集/282
西漚試帖輯注二卷　(清)李惺撰　(清)張熙宇評選　(清)王植桂輯注　清同治九年(1870)刻七家試帖輯注匯鈔本　一册

410000－2211－0000923　集/283
本朝應制和聲集六卷首二卷　(清)沈德潛　(清)王居正評定　清刻本　四册　存四卷(二至五)

410000－2211－0000924　叢/66
船山遺書　(清)王夫之撰　清同治四年(1865)湘鄉曾氏金陵刻本　九十九册　存五十三種二百五十三卷

410000－2211－0000925　經/273
康熙字典十二集三十六卷總目一卷檢字一卷辨似一卷等韻一卷補遺一卷備考一卷　(清)張玉書等撰　清刻本　六册　存六卷(寅中下、卯中、辰下、巳中、酉下)

410000－2211－0000926　經/274
新訂四書直解正字全編二十六卷　(明)張居正撰　(明)沈鯉正字　清刻本　一册　存二卷(二十一至二十二)

410000－2211－0000927　集/286
應酬彙選新集八卷　(清)潘文光輯　清刻本　一册　存二卷(七至八)

410000－2211－0000928　經/275
字彙十二卷首一卷末一卷　(明)梅膺祚撰　清刻本　一册　存一卷(九)

410000－2211－0000929　子/422
增刪講義標題小學金丹六卷　(清)王期齡講義　(清)張惠春增刪　清刻本　一册　存一卷(五)

410000－2211－0000930　史/225
讀史方輿紀要一百三十卷　(清)顧祖禹撰　清末石印本　二册　存六卷(四十六至五十一)

410000－2211－0000931　子/423
道德經註釋四卷　(唐)呂嵒注釋　清刻本　一册　存一卷(四)

410000－2211－0000932　叢/67
李文清公遺書志節編二卷　(清)李棠階撰　清光緒八年(1882)刻本　一册

410000－2211－0000933　經/276
孟子十四卷　(漢)趙岐注　清刻本　一册　存三卷(一至三)

410000－2211－0000934　史/226
戰國策十卷　(宋)鮑彪注　清刻本　三册　存四卷(六至七、九至十)

410000－2211－0000935　子/424
陰符經一卷　(清)黄石如注　清刻本　一册

410000－2211－0000936　史/227
絳雲樓書目四卷　(清)錢謙益撰　清鈔本　一册

410000－2211－0000937　史/227
絳雲樓書目四卷　(清)錢謙益撰　清抄本　一册

410000－2211－0000938　子/426

區田編加注一卷　(清)李廷樟編　清刻本　一冊

410000－2211－0000939　子/427

區田章程一卷　(清)□□撰　清刻本　一冊

410000－2211－0000940　史/228

[史論]一卷　(□)□□輯　清抄本　一冊

410000－2211－0000941　子/424

陰符經一卷　(清)黄石如注　清刻本　一冊

410000－2211－0000942　史/226

戰國策十卷　(宋)鮑彪注　清刻本　三冊　存四卷(一、七、九至十)

410000－2211－0000943　經/277

東萊博議四卷　(宋)呂祖謙撰　(清)馮泰松重刊　清光緒二十四年(1898)刻本　四冊

410000－2211－0000944　子/429

胡曾二公集要略二卷　(清)張瑛編　清光緒十三年(1887)上海暢懷書屋鉛印本　一冊

410000－2211－0000945　集/287

敬恕堂文集紀年十卷　(清)耿介撰　清刻本　四冊　存四卷(七至十)

410000－2211－0000946　集/289

二曲集二十八卷附反身録十七卷　(清)李顒撰　清刻本　四冊　存十八卷(二曲集二十二至二十八、反身録一至十一)

410000－2211－0000947　子/431

勸學篇二卷　(清)張之洞撰　清光緒二十四年(1898)兩湖書院刻本　一冊

410000－2211－0000948　子/432

人譜一卷本傳一卷　(明)劉宗周撰　清光緒三十二年(1906)文明會社刻本　一冊

410000－2211－0000949　子/430

二如亭群芳譜三十卷首十三卷　(明)王象晉輯　清刻本　十二冊　存十九卷(蔬譜二卷、首一卷,茶譜一卷、首一卷,藥譜三卷、首一卷,木譜二卷、首一卷,花譜四卷、首一卷,卉譜一卷、首一卷)

410000－2211－0000950　史/232

資治通鑑綱目五十九卷　(宋)朱熹撰　(明)陳仁錫評閲　清刻本　五十二冊　存四十九卷(十一至五十九)

410000－2211－0000951　經/280

五經體注四十四卷　(清)來爾繩輯　清刻本　三冊　存八卷(禮記五至六,易經一、首一卷,春秋五至八)

410000－2211－0000952　子/433

類腋五十五卷　(清)姚培謙　(清)張卿雲輯　清刻本　十八冊　存十一卷(一至五、八至十三)

410000－2211－0000953　史/229

河南圖書館四部書目六卷　(清)李濵編　清末鉛印本　四冊　存二卷(一至二)

410000－2211－0000954　經/281

周易傳義大全二十四卷　(明)胡廣等輯　明内府刻本　十二冊

410000－2211－0000955　史/233

[萬曆]澤州志十八卷　(明)傅淑訓重修　明萬曆三十五年(1607)刻本　六冊

410000－2211－0000956　史/234

水經注四十卷　(漢)桑欽撰　(北魏)酈道元注　明萬曆又樞堂吳桂宇刻本　十八冊

410000－2211－0000957　史/235

實政録七卷　(明)呂坤撰　明萬曆二十六年(1598)刻本　十冊

410000－2211－0000958　史/242

[薛瑄]行實録五卷　(明)王鴻輯　明萬曆十六年(1588)刻本　一冊

410000－2211－0000959　子/434

重修正文對音捷要真傳琴譜大全十卷　(明)楊表正撰　明刻本　四冊　存七卷(四至十)

410000－2211－0000960　子/435

明儒經翼七卷　(明)杜質輯　明萬曆十六年(1588)刻本　五冊

410000－2211－0000961　子/436

程志十卷 (明)崔銑編 明刻清乾隆三十七年(1772)修補本 二册

410000－2211－0000962 集/289
袁中郎集十五卷 (明)袁宏道撰 明刻本 四册

410000－2211－0000963 子/437
快書五十種五十卷 (明)閔景賢輯 明天啓六年(1626)刻本 三册

410000－2211－0000964 叢/69
薛文清公文集二十四卷 (明)薛瑄撰 清初刻本 十二册

410000－2211－0000965 叢/68
秘書九種 (明)鍾惺評述 明萬曆金閶擁萬堂刻本 二十四册

410000－2211－0000966 經/282
春秋名號歸一圖二卷 (五代)馮繼先撰 清刻本 二册

410000－2211－0000967 集/296
自怡堂印存四卷 (清)周德華篆 清光緒二十九年(1903)刻鈐印本 四册

410000－2211－0000968 史/236
綏寇紀略十二卷 (清)吳偉業撰 清嘉慶九年(1804)刻本 六册

410000－2211－0000969 史/237
欽定剿平捻匪方略三百二十卷首一卷 (清)奕訢撰 清刻本 二十册

410000－2211－0000970 史/238
[同治]深州風土記二十二卷附表五卷 (清)吳汝綸纂 清光緒二十六年(1900)刻本 八册

410000－2211－0000971 子/438
淳化秘閣法帖考證十二卷 (清)王澍撰 清光緒十五年(1889)刻本 六册

410000－2211－0000972 子/439
烈皇小識八卷 (明)文秉撰 清刻本 四册

410000－2211－0000973 史/239
治河方略十卷首一卷 (清)靳輔撰 清乾隆三十二年(1767)聽泉齋刻本 一册 存一卷(首一卷)

410000－2211－0000974 集/99
馮少墟集二十二卷續集六卷 (清)馮從吾著 清康熙十二年(1673)洪琮刻本 十八册 存二十节卷(馮少墟集二十二卷、續集二至六)

410000－2211－0000975 集/62
許文正公遺書十二卷首一卷末一卷 (元)許衡撰 清乾隆五十五年(1790)刻本 五册

410000－2211－0000976 集/78
許文正公遺書十二卷首一卷末一卷 (元)許衡撰 清乾隆五十三年(1788)刻本 八册

410000－2211－0000977 集/60
可恨人五卷人義二卷不義人二卷 (明)賀仲軾著 清康熙四十年(1701)刻本 四册

410000－2211－0000978 子/236
省軒考古類編十二卷 (清)柴紹炳纂 清雍正澹成堂刻本 四册

410000－2211－0000979 集/90
徵君孫[奇逢]先生年譜二卷 (清)湯斌等撰 清刻本 五册

410000－2211－0000980 史/74
[乾隆]林縣志十卷首一卷末一卷 (清)楊潮觀纂修 清乾隆十七年(1752)黄華書院刻本 四册

410000－2211－0000981 史/72
[乾隆]杞縣志二十四卷 (清)周璣修 (清)朱璿纂 清乾隆五十三年(1788)刻本 二十册

410000－2211－0000982 史/46
[乾隆]陽武縣志十二卷 (清)談諟曾修 (清)楊仲震纂 清乾隆十年(1745)刻本 六册

410000－2211－0000983 史/73
[嘉慶]安陽縣志二十八卷首一卷 (清)貴泰

修 （清）武穆淳纂 清嘉慶二十四年（1819）刻本 十冊

410000－2211－0000984 史/291
續泉匯元集三卷亨集三卷利集三卷貞集五卷補遺二卷 （清）李佐賢 （清）鮑康輯 清光緒元年（1875）利津李氏石泉書屋刻本 四冊

410000－2211－0000985 集/291
文清公薛先生文集二十四卷 （明）薛文清撰 清初刻本 十一冊

410000－2211－0000986 子/441
河南鄉試墨卷光緒庚寅補行庚子辛丑恩正併科一卷 （清）孫甲榮撰 清光绪二十八年（1902）刻本 一冊

410000－2211－0000987 子/440
桃華泉奕譜二卷 （清）范世勛著 清乾隆三十年（1765）進道堂刻本 二冊

410000－2211－0000988 史/97
[乾隆]祥符縣志二十二卷 （清）張淑載修（清）鲁曾煜纂 清乾隆四年（1739）刻本 十二冊

410000－2211－0000989 史/69
史懷十七卷 （明）鍾惺撰 明崇禎刻本 二冊 410000－2211－0000990 史/241
[萬曆]武陟志不分卷 （明）秦之英修（明）趙五臣纂 清孫甲榮抄本 一冊

410000－2211－0000991 集/67
朱文公校昌黎先生文集四十卷 （唐）韓愈撰（宋）朱熹考異 （宋）王伯大音釋 （明）朱吾弼重編 明天德堂刻本 八冊

河南省鄢陵縣圖書館古籍普查登記目録

全國古籍普查登記目録

國家圖書館出版社
National Library of China Publishing House

410000－2217－0000001　0000001

樂律全書　(明)朱載堉撰　明萬曆刻本　八冊　存六種二十一卷

410000－2217－0000002　0000002

八銘堂塾鈔初集六卷二集六卷　(清)吳懋政編　清嘉慶刻本　六冊　存十一卷(初集六卷,二集一至二、四至六)

410000－2217－0000003　0000003

白耷山人文集二卷　(清)閻爾梅著　清宣統刻本　一冊

410000－2217－0000004　0000004

白沙先生遺言纂要二卷　(明)張詡遷輯　明嘉靖刻本　一冊

410000－2217－0000005　0000005

保嬰撮要二十卷　(明)薛鎧輯　明崇禎刻本　一冊　存十四卷(三至八、十三至二十)

410000－2217－0000006　0000006

卜筮正宗十四卷　(清)王維德著　清宣統刻本　四冊　存十卷(三至十二)

410000－2217－0000007　0000007

宋名臣言行錄後集十四卷　(宋)朱熹輯　清刻本　四冊

410000－2217－0000008　0000008

大清律集解附例三十卷附圖一卷服制一卷律例總類六卷　(清)朱軾　(清)常鼐纂修　清康熙刻本　二十冊

410000－2217－0000009　0000009

帶經堂集七編九十二卷　(清)王士禛著　(清)程哲編　清刻本　七冊　存二十四卷(一至四、七十三至九十二)

410000－2217－0000010　0000010

東坡先生全集七十五卷　(宋)蘇軾著　明崇禎刻本　九冊　存二十七卷(一至二十七)

410000－2217－0000011　0000011

廣治平略四十四卷　(清)蔡方炳纂　清雍正刻本　十五冊　存四十一卷(一至三、七至四十四)

410000－2217－0000012　0000012

集錄真西山文章正宗三十卷　(宋)真德秀撰　明崇禎刻本　二十二冊　存二十一卷(一至二、十一至二十八、三十)

410000－2217－0000013　0000013

焦氏澹園集四十九卷　(明)焦竑撰　明萬曆三十四年(1606)黃雲鮫刻本　十冊

410000－2217－0000014　0000014

焦氏澹園續集二十七卷　(明)焦竑撰　明萬曆三十九年(1611)金勵朱汝鰲刻本　四冊

410000－2217－0000015　0000015

晉書詮要十二卷　(明)陳臣忠輯　明刻本　四冊　存四卷(一、七、十、十二)

410000－2217－0000016　0000016

春秋大事表五十卷輿圖一卷附錄一卷　(清)顧棟高輯　清乾隆刻本　二十四冊

410000－2217－0000017　0000017

李文清公日記十六卷(清道光十四年至同治四年)　(清)李棠階著　清石印本　三冊　存十一卷(一至十一)

410000－2217－0000018　0000018

欒城集五十卷目錄二卷後集二十四卷三集十卷　(宋)蘇轍著　明活字印本　十二冊　存五十卷(欒城集三十五至五十、後集二十四卷、三集十卷)

410000－2217－0000019　0000019

力本文集十三卷　(清)馬榮祖撰　清刻本　二冊

410000－2217－0000020　0000020

劉須溪先生記鈔八卷　(宋)劉辰翁著　明刻本　二冊

410000－2217－0000021　0000021

羅經秘竅十卷　(明)甘霖撰　清刻本　一冊

410000－2217－0000022　0000022

毛孺初先生評選即山集六卷　(明)沈承著　明崇禎刻本　二冊　存三卷(一至三)

410000－2217－0000023　0000023

古印本不分卷　(清)謝脩輯　清道光九年(1829)聽松閣刻鈐印本　四冊

410000－2217－0000024　0000024
孟東野詩集十卷　(唐)孟郊著　清刻本　一冊　存三卷(四至六)

410000－2217－0000025　0000025
國朝諸老先生論語精義十卷　(宋)朱熹輯　清禦兒呂氏寶誥堂刻本　三冊　存六卷(一至六)

410000－2217－0000026　0000026
朱子遺書　(宋)朱熹撰　清禦兒呂氏寶誥堂刻本　四冊　存四種三十二卷

410000－2217－0000027　0000027
明德先生文集二十六卷　(明)呂維祺著　明刻本　六冊　存十五卷(六至九、十二至十三、十八至二十六)

410000－2217－0000028　0000028
明人尺牘選四卷　(清)王元勳　(清)程化騄輯　清刻本　四冊

410000－2217－0000029　0000029
明史紀事本末八十卷　(清)谷應泰編　清刻本　十七冊　存六十一卷(九至六十五、六十八至七十一)

410000－2217－0000030　0000030
樂府詩集一百卷目錄二卷　(宋)郭茂倩編　清汲古閣刻本　十四冊　存九十二卷(一至六十九、七十九至一百,目錄一)

410000－2217－0000031　0000031
農書二十二卷　(元)王禎撰　清乾隆刻本　二冊　存六卷(一至六)

410000－2217－0000032　0000032
華陽國志十二卷　(晉)常璩著　清嘉慶刻本　二冊

410000－2217－0000033　0000033
廣輿記二十四卷　(明)陸應陽輯　清刻本　六冊

410000－2217－0000034　0000034
東林列傳二十四卷末二卷　(清)陳鼎輯　清康熙刻本　九冊　存二十二卷(三至二十四)

410000－2217－0000035　0000035
偶記一卷　(明)佘翹撰　明崇禎刻本　一冊

410000－2217－0000036　0000036
駢枝別集二十卷　(明)黃道周著　明刻本　二冊

410000－2217－0000037　0000037
[雍正]河南通志八十卷　(清)田文鏡等纂修　清雍正十三年(1735)刻本　四十一冊

410000－2217－0000038　0000038
陳書三十六卷　(唐)姚思廉撰　清光緒鉛印本　四冊

410000－2217－0000039　0000040
舊唐書二百卷　(五代)劉昫等撰　清鉛印本　三十冊

410000－2217－0000040　0000041
遼史一百十五卷附考證　(元)脫脫等撰　清鉛印本　八冊

410000－2217－0000041　0000042
三國志六十五卷　(晉)陳壽撰　(南朝宋)裴松之注　清光緒鉛印本　四冊

410000－2217－0000042　0000043
清白士集　(清)梁玉繩撰　清刻本　五冊　存三種十四卷

410000－2217－0000043　0000044
屬雲樓印譜二卷　(清)陳鍊篆　(清)汪永楷校訂　清乾隆三十年(1765)刻鈐印本　二冊

410000－2217－0000044　0000045
青要集十二卷　(清)呂謙恒著　(清)范咸編　清宣統刻本　二冊

410000－2217－0000045　0000046
寶顏堂秘笈　(明)陳繼儒輯　明萬曆繡水沈氏刻本　一冊　存四種四卷

410000－2217－0000046　0000047
呻吟語摘二卷　(明)呂坤著　明萬曆刻本

二册

410000－2217－0000047　0000048
秋水園印譜二卷　(清)陳鍊篆　(清)張維霑校　清陳鍊刻鈐印本　二册

410000－2217－0000048　0000049
十七史百將傳十卷　(宋)張預輯　(明)張瀼評述　明刻本　一册　存二卷(九至十)

410000－2217－0000049　0000050
司馬氏書儀十卷　(宋)司馬光撰　清雍正刻本　二册

410000－2217－0000050　0000051
藉園印印不分卷　(清)□□輯　清鈐印本　一册

410000－2217－0000051　0000052
四書大成直講二十卷　(清)李錫書撰　清刻本　十八册　存十八卷(二至九、十一至二十)

410000－2217－0000052　0000053
四書朱子大全精言四十一卷　(清)周大璋編　清康熙刻本　十八册　存二十四卷(大學一至三,中庸一至四,論語一至十三、十六至十七,孟子一至二)

410000－2217－0000053　0000054
痧科一卷　(明)呂坤撰　清刻本　二册

410000－2217－0000054　0000055
宋大家蘇文定公文鈔二十卷　(宋)蘇轍撰　(明)茅坤批點　明刻本　二册　存十卷(一至十)

410000－2217－0000055　0000056
禮記增訂旁訓六卷　(清)徐立綱撰　清嘉慶匠門書屋刻本　五册　存五卷(一、三至六)

410000－2217－0000056　0000057
唐韓昌黎集四十卷外集十卷　(唐)韓愈著　(明)蔣之翹注　明刻本　十四册　存四十三卷(一至三、十至四十,外集二至十)

410000－2217－0000057　0000058
國朝中州文徵五十四卷首一卷　(清)蘇源生編　清道光刻本　二十八册　存五十三卷(一至五、八至五十四,首一卷)

410000－2217－0000058　0000059
西山先生真文忠公讀書記四十卷　(宋)真德秀撰　清乾隆刻本　十九册

410000－2217－0000059　0000061
西山先生真文忠公文集五十五卷　(宋)真德秀撰　明刻本　十册　存二十五卷(十至三十四)

410000－2217－0000060　0000062
國朝中州文徵五十四卷首一卷　(清)蘇源生編　清道光刻本　二十六册　存五十三卷(一至四十六、四十八至四十九、五十一至五十四,首一卷)

410000－2217－0000061　0000063
西山真文忠公年譜一卷　(宋)真德秀撰　清乾隆刻本　一册

410000－2217－0000062　0000064
國朝中州文徵五十四卷首一卷　(清)蘇源生編　清道光刻本　二十七册　存五十三卷(一至五、八至五十四,首一卷)

410000－2217－0000063　0000065
國朝中州文徵五十四卷首一卷　(清)蘇源生編　清道光刻本　二十七册

410000－2217－0000064　0000066
國朝中州文徵五十四卷首一卷　(清)蘇源生編　清道光刻本　六册　存十卷(三十一至三十二、三十七至三十八、四十七至五十二)

410000－2217－0000065　0000067
[光緒]扶溝縣志十六卷首一卷　(清)熊燦修　(清)張文楷纂　清光緒刻本　六册

410000－2217－0000066　0000068
國朝中州文徵五十四卷首一卷　(清)蘇源生編　清道光刻本　十六册　存三十一卷(一至五、八至十二、十五至十六、二十五至二十六、二十九至三十一、三十六至三十七、四十至四十二、四十五至五十二,首一卷)

410000－2217－0000067　0000069

國朝中州文徵五十四卷首一卷　(清)蘇源生編　清道光刻本　二十册　存四十一卷(六至十、十三至十六、十九至四十九,首一卷)

410000－2217－0000068　0000070

國朝中州文徵五十四卷首一卷　(清)蘇源生編　清道光刻本　六册　存十二卷(二十三至二十八、三十二至三十三、四十一至四十二、四十八至四十九)

410000－2217－0000069　0000071

國朝中州文徵五十四卷首一卷　(清)蘇源生編　清道光刻本　四册　存七卷(十五至十六、十九至二十、二十五至二十六,首一卷)

410000－2217－0000070　0000072

國朝中州文徵五十四卷首一卷　(清)蘇源生編　清道光刻本　一册　存二卷(十五至十六)

410000－2217－0000071　0000077

孫月峰先生批評史記一百三十卷　(明)孫鑛評述　明崇禎刻本　七册　存七十一卷(九至七十九)

410000－2217－0000072　0000078

[乾隆]平原縣志十卷首一卷　(清)黄懷祖修　(清)黄兆熊纂　清乾隆十四年(1749)刻本　一册　存二卷(八至九)

410000－2217－0000073　0000079

鄢陵文獻志四十卷補遺一卷　(清)蘇源生纂　清同治刻本　四册　存十一卷(九至十一、二十一至二十三、二十八至三十、三十六至三十七)

410000－2217－0000074　0000080

鄢陵文獻志四十卷補遺一卷　(清)蘇源生纂　清同治刻本　八册　存十五卷(三、七至八、十四至十八、二十四至二十七、三十四至三十六)

410000－2217－0000075　0000081

鄢陵文獻志四十卷補遺一卷　(清)蘇源生纂　清稿本　二册

410000－2217－0000076　0000082

字彙十二卷首一卷末一卷韻法直圖一卷韻法横圖一卷　(明)梅膺祚音釋　清刻本　十三册　存七卷(申集、酉集、戌集、亥集,末一卷,韻法直圖一卷,韻法横圖一卷)

410000－2217－0000077　0000083

三蘇策論十二卷　(宋)蘇洵著　清光緒石印本　六册

410000－2217－0000078　0000084

三蘇策論十二卷　(宋)蘇洵著　清光緒石印本　三册　存六卷(一至六)

410000－2217－0000079　0000086

禮記文海九卷　(清)□□著　清刻本　九册

410000－2217－0000080　0000087

[光緒]扶溝縣志十六卷首一卷　(清)熊燦修　(清)張文楷纂　清光緒刻本　六册

410000－2217－0000081　0000090

中州同官録不分卷　清刻本　二册

410000－2217－0000082　0000091

性理大全七十卷　(明)胡廣撰　明刻本　二十四册　存五十四卷(一至五十四)

410000－2217－0000083　0000092

徐文長文集三十卷　(明)徐渭著　明刻本　一册　存目録

410000－2217－0000084　0000093

續資治通鑑綱目二十七卷　(明)商輅等撰　(明)陳仁錫評閱　清刻本　八册　存七卷(十一、十三至十八)

410000－2217－0000085　0000094

薛文清公讀書全録類編二十卷　(明)薛瑄撰　清刻本　一册

410000－2217－0000086　0000085

揚子法言十卷　(漢)揚雄撰　(晋)李軌　(唐)柳宗元注　明刻本　一册

410000－2217－0000087　0000096

整菴先生存稿二十卷　(明)羅欽順著　明刻本　七册　存十九卷(二至二十)

410000－2217－0000088　0000097
重刊救荒活民補遺書二卷　(宋)董煟編(明)朱熊補　明刻本　二册

410000－2217－0000089　0000098
朱子年譜四卷　(清)王懋竑考訂　清刻本　二册

410000－2217－0000090　0000099
灼艾集一卷餘集二卷　(明)萬表輯　明嘉靖刻本　三册

410000－2217－0000091　0000100
資治通鑑二百九十四卷　(宋)司馬光撰(元)胡三省音註　**通鑑外紀十卷**　(宋)劉恕撰　清光緒三十四年(1908)上海積山書局石印本　二十五册

410000－2217－0000092　0000101
朱子語類一百四十卷　(宋)朱熹撰　清刻本　二十八册

410000－2217－0000093　0000102
宗伯馮先生尺牘四卷　(明)馮琦著　明刻本　一册　存二卷(二、四)

410000－2217－0000094　0000103
洴澼百金方十四卷首一卷　(清)惠麓酒民(袁宮桂)編　清乾隆刻本　六册

410000－2217－0000095　0000104
梓潼帝君陰隲文敷言二卷　(清)王士桓(清)高錦瀾輯　清道光刻本　二册

410000－2217－0000096　0000105
五子近思錄發明十四卷　(清)施璜纂註　清刻本　八册　存十一卷(一至八、十一至十三)

410000－2217－0000097　0000106
李太白文集三十六卷　(唐)李白撰　(清)王琦輯　清乾隆刻本　十九册

410000－2217－0000098　0000107
春秋大事表五十卷春秋輿圖一卷　(清)顧棟高輯　清乾隆刻本　二十四册

410000－2217－0000099　0000108
伊洛淵源錄十四卷　(宋)朱熹撰　**上蔡先生語錄三卷**　(宋)謝良佐撰　清刻本　二册

410000－2217－0000100　0000110
四書朱子本義匯參四十三卷首三卷　(清)王步青輯　清乾隆敦復堂刻本　六册　存十一卷(大學三卷,中庸一至六、首一至二)

410000－2217－0000101　0000111
續古文苑二十卷　(清)孫星衍撰　清刻本　二册　存五卷(十三至十七)

410000－2217－0000102　0000112
燕川集六卷　(清)范泰恒著　清刻本　二册

410000－2217－0000103　0000113
朱子大全一百卷目錄一卷別集七卷續集五卷　(宋)朱熹撰　清乾隆刻本　十六册

410000－2217－0000104　0000114
古文喈鳳新編八卷　(清)汪基鈔輯　清經文堂刻本　五册　存五卷(一至四、七)

410000－2217－0000105　0000115
字彙十二卷首一卷末一卷　(明)梅膺祚音釋　明萬曆刻本　七册　存七卷(子集、丑集、寅集、卯集、辰集、巳集,首一卷)

410000－2217－0000106　0000116
字彙十二卷首一卷末一卷　(明)梅膺祚音釋　清刻本　九册　存九卷(子集、丑集、卯集、辰集、巳集、午集、未集、申集、酉集)

410000－2217－0000107　0000117
續資治通鑑綱目二十七卷　(明)商輅等撰(明)陳仁錫評閱　清刻本　一册　存一卷(十二)

410000－2217－0000108　0000118
讀史亭文集二十二卷　(清)彭而述撰　清刻本　九册

410000－2217－0000109　0000119
通鑑紀事本末前編十二卷　(明)沈朝陽撰(明)焦竑校正　清刻本　六册　存十卷(一至九、十一)

410000－2217－0000110　0000120

雙虞壺齋印存不分卷 (清)吳式芬輯 清鈐印本 四册

410000－2217－0000111 0000121
宋史紀事本末十卷 (明)馮琦原編 (明)陳邦瞻纂輯 (明)徐申 (明)劉曰梧校正 (明)沈朝陽繙閲 清刻本 七册 存五卷(一至五)

410000－2217－0000112 0000122
吾學編六十九卷 (明)鄭曉撰 明嘉靖至萬曆間刻鄭端簡公全集本 一册 存十一卷(名臣記十四至十六、遜國臣記一至八)

410000－2217－0000113 0000123
國史經籍志六卷 (明)焦竑輯 (明)徐象橒校刊 明徐象橒曼山館刻本 四册 存四卷(三至六)

410000－2217－0000114 0000124
中州文徵不分卷 (清)蘇源生撰 清稿本 五十一册

410000－2217－0000115 0000126
飛鴻堂印譜初集八卷二集八卷三集八卷四集八卷五集八卷 (清)汪啟淑輯 清乾隆鈐印本 十六册 存三十二卷(初集八卷、二集八卷、三集八卷、四集一至四、五集五至八)

410000－2217－0000116 0000127
遜敏錄四卷 (清)蘇惇元著 (清)蘇求莊校刊 清同治蘇求莊刻本 一册

410000－2217－0000117 0000128
香祖筆記十二卷 (清)王士禛撰 清康熙刻本 四册

410000－2217－0000118 0000129
國朝詩人徵略六十卷 (清)張維屏輯 清道光刻本 九册 存五十四卷(一至十七、二十四至六十)

410000－2217－0000119 0000130
濂溪志十卷 (明)李楨撰 清刻本 二册 存三卷(二至四)

410000－2217－0000120 0000131
[乾隆]鄭州志十二卷首一卷 (清)張鉞修 (清)毛汝詵纂 清乾隆刻本 三册 存八卷(一至七、首一卷)

410000－2217－0000121 0000132
[乾隆]古汜城志十卷 (清)劉青芝撰 (清)劉青蓮裁定 清乾隆五年(1740)刻本 八册

410000－2217－0000122 0000133
[乾隆]西華縣志十四卷首一卷 (清)宋恂修 (清)于大猷纂 清乾隆十九年(1754)刻本 三册 存六卷(三、八至十二)

410000－2217－0000123 0000134
[乾隆]陳州府志三十卷首一卷 (清)崔應階修 (清)姚之琅纂 清乾隆十一年(1746)刻本 十六册 存二十六卷(一至十、十四、十六至三十)

410000－2217－0000124 0000135
[道光]輝縣志二十卷首一卷末一卷 (清)周際華修 (清)戴銘纂 清道光刻本 六册 存十八卷(一、四至十六、十九至二十,首一卷,末一卷)

410000－2217－0000125 0000136
[乾隆]中牟縣志十一卷首一卷 (清)孫和相修 (清)王廷宣纂 清乾隆十九年(1754)刻本 六册

410000－2217－0000126 0000137
國朝文鈔初編不分卷二編不分卷三編不分卷四編不分卷五編不分卷論文二卷 (清)高塘輯 清刻本 八册

410000－2217－0000127 0000138
[乾隆]光州志六十八卷附餘十二卷附名勝圖説一卷藝文志十二卷 (清)高兆煌纂修 清乾隆三十五年(1770)刻本 三十二册

410000－2217－0000128 0000140
古文喈鳳新編八卷 (清)汪基鈔輯 清刻本 三册 存四卷(二至四、七)

410000－2217－0000129 0000141

[乾隆]溫縣志十二卷首一卷　(清)王其華修　(清)苗於京纂　清乾隆二十四年(1759)刻本　三冊　存八卷(五至十二)

410000－2217－0000130　0000142
[宣統]林縣志九卷首一卷末一卷　(清)王玉麟重修　(清)徐岱續修　清宣統刻本　四冊

410000－2217－0000131　0000143
師友劄記四卷　(清)蘇源生輯　清咸豐刻本　二冊

410000－2217－0000132　0000144
古文喈鳳新編八卷　(清)汪基鈔輯　清刻本　一冊　存一卷(一)

410000－2217－0000133　0000145
笠翁文集十卷　(清)李漁著　清刻本　一冊　存一卷(一)

410000－2217－0000134　0000146
師友劄記四卷　(清)蘇源生輯　清咸豐刻本　二冊

410000－2217－0000135　0000147
師友劄記四卷　(清)蘇源生輯　清咸豐刻本　二冊

410000－2217－0000136　0000148
師友劄記四卷　(清)蘇源生著　清咸豐刻本　二冊

410000－2217－0000137　0000149
記過齋文稿不分卷　(清)蘇源生撰　清宣統稿本　二冊

410000－2217－0000138　0000150
記過齋文稿二卷　(清)蘇源生撰　清咸豐刻本　二冊

410000－2217－0000139　0000151
記過齋文稿二卷　(清)蘇源生撰　清咸豐刻本　二冊

410000－2217－0000140　0000152
省身錄十卷　(清)蘇源生著　清宣統刻本　二冊　存五卷(四至五、八至十)

410000－2217－0000141　0000153
省身錄十卷　(清)蘇源生著　清同治刻本　二冊　存六卷(一至三、八至十)

410000－2217－0000142　0000154
省身錄十卷　(清)蘇源生著　清同治元年(1862)刻本　四冊

410000－2217－0000143　0000155
國朝中州文徵五十四首一卷　(清)蘇源生編　清道光刻本　二十八冊

410000－2217－0000144　0000158
省身錄十卷　(清)蘇源生著　清宣統刻本　一冊　存三卷(八至十)

410000－2217－0000145　0000159
省身錄十卷　(清)蘇源生著　清同治刻本　二冊　存五卷(一至三、七至八)

410000－2217－0000146　0000160
省身錄十卷　(清)蘇源生著　清同治刻本　一冊　存三卷(一至三)

410000－2217－0000147　0000161
[康熙]河南府志二十八卷　(清)張聖業修　(清)董正纂　清康熙三十四年(1695)刻本　十五冊

410000－2217－0000148　0000162
[乾隆]偃師縣志三十卷首一卷　(清)湯毓倬　(清)孫星衍纂　清乾隆刻本　四冊　存五卷(二十四、二十六至二十八、三十)

410000－2217－0000149　0000163
[咸豐]登封縣志三十二卷　(清)陸繼萼修　(清)洪亮吉纂　清咸豐刻本　八冊

410000－2217－0000150　0000164
[乾隆]元和郡縣志四十卷　(唐)李吉甫撰　清乾隆刻本　十五冊　存三十八卷(一至三十八)

410000－2217－0000151　0000165
[康熙]開封府志四十卷　(清)管竭忠修　(清)張沐纂　清康熙三十四年(1695)刻本　四冊　存十九卷(一至十一、二十二至二十

九）

410000－2217－0000152　0000166
［同治］開封府志四十卷　（清）管竭忠修（清）張沐纂　清同治二年（1863）刻本　九册　存三十一卷（十至四十）

410000－2217－0000153　0000167
［嘉慶］寶豐縣志二十四卷　（清）陸蓉修（清）武億纂　清嘉慶二年（1797）刻本　四册

410000－2217－0000154　0000168
［光緒］續修廬州府志一百卷首一卷末一卷（清）黄雲修　（清）林之望　（清）汪宗沂纂　清光緒十一年（1885）刻本　二十五册　存五十一卷（一至二、七至十三、十七至十九、二十五至二十六、三十二至三十五、三十七至三十八、四十七至四十九、六十至六十二、六十五至六十九、七十二至七十三、七十六至八十七、九十至九十二、九十六至九十七，首一卷）

410000－2217－0000155　0000169
［光緒］廬江縣志十六卷首一卷　（清）錢鑅修（清）盧鈺　（清）俞燮奎纂　清光緒十一年（1885）銅活字印本　十六册

410000－2217－0000156　0000170
［嘉慶］安陽縣志二十八卷首一卷附刊十二卷（清）貴泰修　（清）武穆淳纂　清嘉慶二十四年（1819）刻本　十四册

410000－2217－0000157　0000172
［道光］扶溝縣志十三卷　（清）王德瑛纂修　清道光十三年（1833）刻本　一册　存四卷（十至十三）

410000－2217－0000158　0000173
［康熙］上蔡縣志十五卷　（清）楊廷望纂修（清）張沐纂　清康熙二十九年（1690）刻本　一册　存一卷（一）

410000－2217－0000159　0000174
［同治］郟縣志十二卷　（清）姜篪原本（清）張熙瑞續修　（清）郭景泰續纂　清同治四年（1865）增刻本　三册　存六卷（六至九、十一至十二）

410000－2217－0000160　0000175
［康熙］河陰縣志四卷　（清）申奇彩修（清）毛泰徵纂　清康熙三十年（1691）刻本　四册

410000－2217－0000161　0000176
歐陽文忠公新唐書抄二卷五代史抄二十卷（明）茅坤批評　明崇禎刻本　六册

410000－2217－0000162　0000177
能改齋漫録十八卷　（宋）吳曾撰　清乾隆刻本　三册　存七卷（四至五、十至十一、十六至十八）

410000－2217－0000163　0000178
兩論大題集成不分卷　（清）□□撰　清刻本　一册

410000－2217－0000164　0000180
新刻書經備旨輯要善本六卷　（清）馬大猷輯　清刻本　三册　存三卷（四至六）

410000－2217－0000165　0000181
元史氏族表三卷　（清）錢大昕撰　清宣統刻本　一册　存一卷（一）

410000－2217－0000166　0000182
三統術衍三卷三統術鈐一卷　（清）錢大昕撰　清宣統刻本　一册　存三卷（三統術衍二至三、三統術鈐一卷）

410000－2217－0000167　0000183
存吾文稾四卷　（清）余廷燦著　清嘉慶刻本　四册

410000－2217－0000168　0000186
大學衍義補一百六十卷　（明）丘濬撰　（明）陳仁錫評閲　明刻本　十二册　存四十九卷（八十一至八十五、一百十七至一百六十）

410000－2217－0000169　0000187
［道光］太康縣志八卷　（清）戴鳳翔修（清）高崧　（清）江練編輯　清道光八年（1828）刻本　三册　存三卷（一至三）

410000－2217－0000170　0000189
九章算術九卷附音義一卷策算一卷　（三國

魏)劉徽注　清光緒二十二年(1896)石印本　四册

410000－2217－0000171　0000190
聽雨軒筆記四卷　(清)清涼道人(徐□)述　清石印本　四册

410000－2217－0000172　0000191
國朝畫徵録三卷續録二卷　(清)張庚著　清石印本　二册

410000－2217－0000173　0000192
古詩歸十五卷唐詩歸三十六卷　(明)鍾惺　(明)譚元春輯　明萬曆刻本　十六册

410000－2217－0000174　0000193
桃溪淨稿□□卷　(明)謝鐸撰　清刻本　三册　存十一卷(六至十一、二十一至二十五)

410000－2217－0000175　0000194
幾亭外書續□□卷幾亭續文録八卷　(明)陳龍正撰　明崇禎刻本　三册　存九卷(幾亭外書續三、幾亭續文録八卷)

410000－2217－0000176　0000196
小萬卷齋文藁二十四卷首一卷末一卷　(清)朱琦撰　清道光刻本　十二册

410000－2217－0000177　0000197
新鐫紹聞堂精選古文覺斯八卷　(清)過珙評選　清乾隆刻本　六册

410000－2217－0000178　0000198
名法指掌新例增訂四卷　(清)沈辛田撰　清道光刻本　四册

410000－2217－0000179　0000199
括地志八卷　(清)孫星衍輯　清嘉慶抄本　二册

410000－2217－0000180　0000200
[道光]海昌備志五十二卷圖一卷附録二卷　(清)錢泰吉撰　清道光二十七年(1847)刻本　九册　存三十五卷(二至七、九至十一、十九至二十五、二十七至四十六)

410000－2217－0000181　0000201
[道光]海昌備志五十二卷圖一卷附録二卷　(清)錢泰吉撰　清抄本　一册　存一卷(藝文一)

410000－2217－0000182　0000202
金匱要略二十四卷　(清)沈明宗編訂　清康熙刻本　五册　存二十卷(一至二、七至二十四)

410000－2217－0000183　0000203
弦雪居重訂遵生八牋十九卷總目一卷　(明)高濂編　(明)鍾惺較閲　清嘉慶刻本　十二册　存十七卷(一至十五、十七,總目一卷)

410000－2217－0000184　0000204
弦雪居遵生八牋十九卷　(明)高濂編　清宣統刻本　一册　存一卷(十四)

410000－2217－0000185　0000205
四書講義困勉録三十七卷續六卷　(清)陸隴其纂輯　(清)陸公鏐編次　清宣統刻本　十三册　存三十五卷(中庸一至二,論語一至三、十一至二十,孟子一至十四;續六卷)

410000－2217－0000186　0000207
玉磬山房詩八卷　(清)劉大觀撰　清嘉慶刻本　四册

410000－2217－0000187　0000208
玉磬山房文集四卷　(清)劉大觀撰　清嘉慶刻本　四册

410000－2217－0000188　0000209
[乾隆]祥符縣志二十二卷　(清)張淑載修　(清)魯曾煜纂　清乾隆四年(1739)刻本　十二册

410000－2217－0000189　0000210
四賦體裁箋注十二卷　(清)盧文弨輯　(清)何秀毓　(清)王鴻緒箋注　清乾隆刻本　六册

410000－2217－0000190　0000211
雒閩源流録十九卷凡例一卷　(清)張夏撰　清康熙刻本　十二册

410000－2217－0000191　0000212
禹貢錐指二十卷略例圖一卷　(清)胡渭撰

清康熙刻本　九册　存十一卷(一至十一)

410000－2217－0000192　0000213
小萬卷齋經進藁四卷　(清)朱琦撰　清道光刻本　一册

410000－2217－0000193　0000214
小萬卷齋詩藁三十二卷　(清)朱琦撰　清道光刻本　六册　存二十四卷(一至八、十三至十六、二十一至三十二)

410000－2217－0000194　0000215
小萬卷齋詩續藁十二卷　(清)朱琦撰　清宣統刻本　三册

410000－2217－0000195　0000216
漁隱叢話前集六十卷後集四十卷　(宋)胡仔纂集　清宣統刻本　三册　存三十七卷(前集一至十二、五十六至六十,後集一至二十)

410000－2217－0000196　0000217
名家制義四十八卷　(清)俞長城論次　清乾隆刻本　四十七册

410000－2217－0000197　0000218
陽明先生集要　(明)王守仁著　(明)施邦曜評輯　清光緒鉛印本　十二册　存四種十六卷

410000－2217－0000198　0000219
道園學古録五十卷　(元)虞集著　清乾隆刻本　十一册　存三十九卷(一、四至五、十一至十三、十八至五十)

410000－2217－0000199　0000220
東越儒林後傳一卷　(清)陳壽祺撰　清抄本　一册

410000－2217－0000200　0000221
芙蓉山館詩稿十六卷詞稿四卷　(清)楊芳燦撰　清乾隆刻本　四册

410000－2217－0000201　0000222
南雅堂醫書全集　(清)陳念祖著　(清)陳元犀衆訂　清同治刻本　九册　存四種十九卷

410000－2217－0000202　0000223
海峰文集八卷　(清)劉大櫆著　清抄本　一册

410000－2217－0000203　0000224
高淳義學義倉輯略一卷　(清)王檢心纂　清道光刻本　一册

410000－2217－0000204　0000225
河朔書院課藝貳編三卷　(清)劉毓枏輯　清光緒刻本　三册

410000－2217－0000205　0000226
晢次齋稿十二卷　(清)梁熙輯　**晢次齋同人尺牘一卷**　(清)王士禛著　清康熙刻本　三册　存四卷(三、六、十,尺牘一卷)

410000－2217－0000206　0000227
續中州名賢文表六十八卷　邵松年輯　清光緒三十一年(1905)鴻文局石印本　二十二册

410000－2217－0000207　0000228
續中州名賢文表六十八卷　邵松年輯　清光緒三十一年(1905)鴻文局石印本　十八册　存五十一卷(一至三、七至二十三、二十八至三十、三十七至六十四)

410000－2217－0000208　0000229
中州名賢文表三十卷　(明)劉昌編　清光緒石印本　二册　存十一卷(七至十二、二十六至三十)

410000－2217－0000209　0000230
劉氏傳家集　(清)劉青芝輯　清乾隆刻本　三十二册　存八種四十九卷

410000－2217－0000210　0000231
伊洛淵源續錄二十卷　(明)謝鐸撰　(清)張伯行訂　清康熙正誼堂刻本　四册

410000－2217－0000211　0000232
孫夏峰全集　(清)孫奇逢纂　清康熙刻道光至光緒間遞刻重印本　十六册　存二種二十七卷

410000－2217－0000212　0000234
孫夏峰全集　(清)孫奇逢撰　清康熙刻道光至光緒間遞刻重印本　十五册　存十一種八十一卷

410000－2217－0000213　0000235
中州彰善錄三卷　(清)沈起元纂輯　清乾隆刻本　四冊

410000－2217－0000214　0000236
理學宗傳二十六卷　(清)孫奇逢輯　清康熙刻孫夏峰全集本　六冊　存十二卷(十五至二十六)

410000－2217－0000215　0000237
竇靜庵先生遺書　(清)竇克勤撰　清康熙刻本　六冊　存四種三十一卷

410000－2217－0000216　0000238
中州道學存真錄四卷　(清)劉宗泗輯　清康熙刻本　二冊

410000－2217－0000217　0000239
家禮酌一卷　(清)孫奇逢定　(清)李居易校梓　清光緒刻本　一冊

410000－2217－0000218　0000240
伊洛淵源錄十四卷　(宋)朱熹撰　(清)張伯行訂　清康熙刻本　二冊

410000－2217－0000219　0000242
續資治通鑑二百二十卷　(清)畢沅編集　清光緒石印本　十六冊

410000－2217－0000220　0000243
春秋疏畧五十卷　(清)張沐著　清康熙刻本　十冊

410000－2217－0000221　0000244
獨善堂文集八卷　(清)王大經著　(清)周右編　清嘉慶刻本　四冊

410000－2217－0000222　0000245
道齊正軌二十卷　(清)鄒鳴鶴纂述　(清)蘇源生編校　清道光刻本　八冊

410000－2217－0000223　0000246
王制管窺一卷　(清)耿極著　清道光抄本　一冊

410000－2217－0000224　0000247
濂洛風雅九卷　(清)張伯行輯　清康熙刻本　一冊　存五卷(一至五)

410000－2217－0000225　0000248
海秋詩集二十六卷　(清)湯鵬撰　清道光刻本　八冊

410000－2217－0000226　0000249
溯流史學鈔二十卷　(清)張沐著　清康熙刻本　七冊　存十九卷(一至十九)

410000－2217－0000227　0000250
溯流史學鈔二十卷　(清)張沐著　(清)侯重喜校閱　清宣統刻本　四冊　存九卷(二至六、九至十、十四至十五)

410000－2217－0000228　0000251
元詩選乙集　(清)顧嗣立編　清康熙長洲顧氏秀野草堂刻本　二冊　存三種三卷

410000－2217－0000229　0000252
中曲山房詩集不分卷　(明)蘇宇著　清刻本　一冊

410000－2217－0000230　0000253
中曲山房詩集不分卷　(明)蘇宇著　清刻本　一冊

410000－2217－0000231　0000254
中曲山房詩集不分卷　(明)蘇宇著　清刻本　一冊

410000－2217－0000232　0000255
中曲山房詩集不分卷　(明)蘇宇著　清刻本　一冊

410000－2217－0000233　0000256
西陂類稿五十卷目錄一卷補遺一卷　(清)宋犖撰　清康熙刻本　二十冊

410000－2217－0000234　0000257
江左十五子詩選十五卷　(清)宋犖選　(清)邵長蘅訂　清康熙刻本　四冊

410000－2217－0000235　0000258
四憶堂詩集六卷　(清)侯方域著　(清)宋犖(清)練貞吉選註　清末刻本　四冊

410000－2217－0000236　0000259
嶺南遺書　(清)伍元薇　(清)伍崇曜輯　清道光、同治間南海伍氏粤雅堂文字歡娛室刻

本　八冊　存四種四十卷

410000－2217－0000237　0000260
［乾隆］河套志六卷　（清）陳履中纂　清末刻本　二冊　存二卷（五至六）

410000－2217－0000238　0000261
惠濟河輯説四卷首一卷　（清）王儒行纂　清同治九年（1870）刻本　二冊

410000－2217－0000239　0000262
中州八先生凝道錄一卷　（清）張承華纂輯　清光緒刻本　一冊

410000－2217－0000240　0000263
趙文敏公松雪齋全集十卷外集一卷續集一卷　（元）趙孟頫撰　（清）曹培廉校　清康熙刻本　一冊　存三卷（一至三）

410000－2217－0000241　0000264
洹詞十二卷　（明）崔銑撰　清乾隆刻本　五冊　存九卷（一至七、十一至十二）

410000－2217－0000242　0000265
賴古堂詩集四卷　（清）周亮工撰　清末刻本　一冊

410000－2217－0000243　0000266
汜南詩鈔四卷　（清）張邦伸評選　（清）劉魯慶　（清）耿冀輯　清乾隆刻本　三冊　存三卷（一至二、四）

410000－2217－0000244　0000267
真志堂詩集五卷　（清）仝軌撰　（清）王祖晉　（清）劉藎輯閱　（清）趙如山編次　清乾隆刻本　四冊

410000－2217－0000245　0000268
遼詩話一卷　（清）周春撰　清乾隆刻本　一冊

410000－2217－0000246　0000269
正蒙補訓四卷　（清）冉覲祖著　清宣統刻本　二冊　存二卷（一、四）

410000－2217－0000247　0000270
［河南鄢陵］蘇氏家乘三卷　（清）蘇誠纂修　清道光九年（1829）刻本　一冊　存一卷（二）

410000－2217－0000248　0000271
［河南鄢陵］蘇氏家乘三卷　（清）蘇誠纂修　清道光九年（1829）刻本　二冊　存二卷（一至二）

410000－2217－0000249　0000272
［河南鄢陵］蘇氏家乘三卷　（清）蘇誠編修　清道光九年（1829）刻本　一冊　存一卷（一）

410000－2217－0000250　0000273
［河南鄢陵］蘇氏家乘三卷　（清）蘇誠編修　清道光九年（1829）刻本　一冊　存一卷（一）

410000－2217－0000251　0000274
［河南鄢陵］蘇氏家乘三卷　（清）蘇誠編修　清道光九年（1829）刻本　一冊　存一卷（一）

410000－2217－0000252　0000275
［河南鄢陵］蘇氏家乘三卷　（清）蘇誠編修　清抄本　一冊　存一卷（一）

410000－2217－0000253　0000276
［河南太康］蘇氏家乘六卷　（清）蘇培成　（清）蘇還朴編修　清刻本　一冊　存一卷（四）

410000－2217－0000254　0000277
［河南扶溝］蘇氏家乘三卷　（清）蘇誠纂修　清刻本　二冊　存一卷（三）

410000－2217－0000255　0000278
［河南許州］蘇氏家乘六卷　（清）蘇文生修　清刻本　一冊　存一卷（六）

410000－2217－0000256　0000285
［河南鄢陵］康氏族譜一卷　（清）□□修　清光緒刻本　一冊

410000－2217－0000257　0000288
八大家文鈔　（明）茅坤輯　清雲林大盛堂刻本　三十四冊　存八種一百三十六卷

410000－2217－0000258　0000289
唐宋八大家文分體讀本第三集八卷　（清）汪份編　清康熙五十八年（1719）遄喜齋刻本　十二冊

410000－2217－0000259　0000290

唐宋八大家讀本三十卷 (清)沈德潛評點 清乾隆刻本 十二冊

410000－2217－0000260 0000291
唐宋八家文讀本三十卷 (清)沈德潛評點 清乾隆十五年(1750)刻本 十二冊

410000－2217－0000261 0000292
唐宋八家文讀本三十卷 (清)沈德潛評點 清乾隆刻本 十五冊 存二十八卷(三至三十)

410000－2217－0000262 0000293
唐宋八家文讀本三十卷 (清)沈德潛評點 清嘉慶石印本 六冊

410000－2217－0000263 0000294
唐宋八大家文分體讀本第一集八卷 (清)汪份編修 清康熙刻本 十一冊

410000－2217－0000264 0000295
唐宋八家文讀本三十卷 (清)沈德潛評點 清乾隆刻本 六冊

410000－2217－0000265 0000297
復性齋叢書 (清)王檢心輯 清咸豐六年(1856)慎脩堂刻本 八冊 存六種十卷

410000－2217－0000266 0000298
硯考四卷首一卷 (清)謝慎修輯 清宣統抄本 五冊

410000－2217－0000267 0000299
草亭文集不分卷 (清)彭任著 清道光刻本 二冊

410000－2217－0000268 0000300
草亭詩集不分卷 (清)彭任著 清刻本 一冊

410000－2217－0000269 0000301
潛研堂金石文跋尾六卷續七卷又續六卷三續六卷 (清)錢大昕撰 清刻本 五冊 存十九卷(潛研堂金石文跋尾六卷、續七卷、又續六卷)

410000－2217－0000270 0000302
潛研堂金石文字目錄八卷 (清)錢大昕撰 清刻本 二冊

410000－2217－0000271 0000303
輶軒使者絕代語釋別國方言十三卷 (漢)揚雄撰 (晉)郭璞注 清乾隆刻本 三冊

410000－2217－0000272 0000304
疑獄集十卷附錄疑獄三十則 (五代)和凝編 (清)金鳳清輯 清咸豐刻本 二冊

410000－2217－0000273 0000305
訓俗遺規摘抄四卷 (清)陳弘謀輯 清同治刻本 一冊 存二卷(一至二)

410000－2217－0000274 0000306
從政遺規摘抄二卷 (清)陳弘謀編 清同治刻本 二冊

410000－2217－0000275 0000307
枕善齋集十六卷 (清)周為漢撰 清刻本 四冊

410000－2217－0000276 0000308
宋朝事實二十卷 (宋)李攸撰 清乾隆刻本 五冊

410000－2217－0000277 0000309
國朝中州名賢集十卷首一卷末一卷 (清)黃舒昺輯 清光緒刻本 四冊 存四卷(一、三、五、八)

410000－2217－0000278 0000310
御製詩二集九十卷 (清)高宗弘曆撰 (清)蔣溥等編 清乾隆刻本 十六冊 存三十六卷(一至十八、七十三至九十)

410000－2217－0000279 0000311
四種遺規摘抄三種 (清)陳弘謀編 清嘉慶勉行堂刻本 五冊 存三種六卷

410000－2217－0000280 0000312
潛邱劄記六卷 (清)閻若璩撰 清乾隆刻本 六冊

410000－2217－0000281 0000313
石齋先生經傳五種 (明)黃道周撰 清康熙三十二年(1693)晉安鄭肇刻本 三十六冊 存五種五十五卷

410000－2217－0000282　0000314
蘇文忠公詩集五十卷目錄二卷　(宋)蘇軾撰　(清)紀昀評點　清道光朱墨套印本　十一册　存四十五卷(一至四十、四十六至五十)

410000－2217－0000283　0000315
李義山文集十卷　(唐)李商隱著　(清)徐樹穀箋　(清)徐炯注　清康熙刻本　二册

410000－2217－0000284　0000316
善卷堂四六十卷　(清)陸繁弨撰　(清)吳自高注　清乾隆刻本　四册

410000－2217－0000285　0000317
通雅五十二卷　(清)方以智著　(清)姚文燮校訂　清宣統刻本　六册　存二十四卷(五至二十八)

410000－2217－0000286　0000318
朱子家禮八卷首一卷　(明)丘濬輯　清康熙刻本　七册

410000－2217－0000287　0000319
史通削繁四卷　(唐)劉知幾撰　(清)紀昀削繁　(清)浦起龍注　清道光刻本　四册

410000－2217－0000288　0000320
評論出像水滸傳二十卷　(元)施耐庵撰　清宣統刻本　十五册

410000－2217－0000289　0000321
六書分類十二卷首一卷　(清)傅世垚輯　清乾隆刻本　十册　存九卷(一至七、九、十一)

410000－2217－0000290　0000322
熊襄愍公集十卷首一卷末一卷　(明)熊廷弼撰　清嘉慶刻本　十册

410000－2217－0000291　0000324
馬文莊公集選十五卷附一卷　(明)馬自強撰　清同治敦倫堂刻本　四册

410000－2217－0000292　0000325
通紀彙編九卷　(清)楊本源纂輯　清雍正刻本　十册

410000－2217－0000293　0000326
新增說文韻府群玉二十卷　(元)陰時夫輯　(元)陰中夫注　清康熙刻本　二十册

410000－2217－0000294　0000327
二如亭群芳譜三十卷首十三卷　(明)王象晉輯　清刻本　二十四册　存十六卷(卉譜二卷、首一卷,鶴魚譜一卷、首一卷,花譜四卷、首一卷,木譜二卷、首一卷,天譜三,歲譜三至四)

410000－2217－0000295　0000328
二如亭群芳譜三十卷首十三卷　(明)王象晉輯　清刻本　九册　存十一卷(卉譜二卷、首一卷,鶴魚譜一卷、首一卷,木譜二卷、首一卷,天譜一卷,歲譜二卷)

410000－2217－0000296　0000329
梓潼帝君陰隲文註證四卷首一卷　(清)盧宏(清)盧天爵纂輯　清康熙節義堂刻本　四册

410000－2217－0000297　0000330
愛鼎堂遺集二十卷前集十卷後集二十卷　(明)傅振商撰　(清)傅應奎梓　(清)傅應臺校訂　清乾隆刻本　五册　存十三卷(遺集一至四、七至十,後集十至十四)

410000－2217－0000298　0000331
潛研堂文集五十卷　(清)錢大昕撰　清刻本　九册　存二十九卷(三至十、十七至二十六、二十九至三十四、三十八至三十九、四十八至五十)

410000－2217－0000299　0000332
封氏聞見記十卷　(唐)封演撰　(清)盧見曾輯　清乾隆刻本　一册

410000－2217－0000300　0000333
潛研堂詩集十卷續集十卷　(清)錢大昕撰　清嘉慶刻本　六册

410000－2217－0000301　0000334
滋德堂彙纂周易淺解四卷　(清)張步瀛撰　清刻本　六册

410000－2217－0000302　0000335
得月簃叢書　(清)榮譽輯　清道光長白榮氏

刻本　十七冊　存初刻九種十七卷、次刻九種二十七卷

410000－2217－0000303　0000336
文心雕龍十卷　（南朝梁）劉勰撰　（清）黄叔琳注　（清）紀昀評　清道光刻本　四冊

410000－2217－0000304　0000337
陸桴亭思辨録輯要三十五卷　（清）陸世儀撰　（清）張伯行重訂　清宣統刻本　六冊

410000－2217－0000305　0000338
游梁書院學規一卷　（清）張沐輯　清宣統刻本　一冊

410000－2217－0000306　0000339
岑華居士外集二卷　（清）吴慈鶴撰　清宣統刻本　一冊

410000－2217－0000307　0000340
岑華居士蘭鯨録八卷　（清）吴慈鶴撰　清宣統刻本　二冊

410000－2217－0000308　0000341
子書百家　（清）崇文書局輯　清光緒元年(1875)湖北崇文書局刻本　六冊　存十一種三十一卷

410000－2217－0000309　0000342
朱子古文讀本六卷　（宋）朱熹撰　（清）周大璋編次　清康熙刻本　十二冊

410000－2217－0000310　0000343
朱子古文讀本六卷　（宋）朱熹撰　（清）周大璋編次　清康熙刻本　十二冊

410000－2217－0000311　0000344
御纂朱子全書六十六卷　（宋）朱熹撰　（清）李光地等編　清道光刻本　三十一冊　存六十四卷(一至十七、二十至六十六)

410000－2217－0000312　0000345
同館賦鈔二集四十七卷首二卷　（清）王家相編　清嘉慶刻本　二十冊　存十三卷(一至十一、首二卷)

410000－2217－0000313　0000346
同館詩賦補鈔二卷　（清）王家相編　清嘉慶刻本　三冊

410000－2217－0000314　0000347
同館詩律續鈔二集□□卷　（清）王家相等輯　清嘉慶刻本　十二冊　存十二卷(一至六、八至十一、十三至十四)

410000－2217－0000315　0000348
瀛奎律髓刊誤四十九卷　（元）方回選　（清）紀曉嵐批點　清嘉慶刻本　十二冊

410000－2217－0000316　0000349
瀛舟筆談十二卷首一卷　（清）阮亨編　清嘉慶刻本　六冊

410000－2217－0000317　0000350
廿二史攷異一百卷　（清）錢大昕撰　清宣統刻本　二十冊　存六十九卷(一至二十二、五十四至一百)

410000－2217－0000318　0000351
蘇文忠公詩編註集成總案四十五卷　（宋）蘇軾撰　（清）王文誥編　清宣統刻本　七冊　存四十一卷(五至四十五)

410000－2217－0000319　0000352
松臺學製書九卷附攝篆半月録一卷薦後録三卷　（清）景日昣撰　清康熙刻崧臺書本　五冊

410000－2217－0000320　0000353
韓詩外傳十卷　（漢）韓嬰撰　清光緒刻本　九冊　存八卷(一至八)

410000－2217－0000321　0000354
嶺南羣雅初集三卷補二卷二集三卷　（清）劉彬華輯　清嘉慶刻本　七冊　存七卷(初集三卷、補上、二集三卷)

410000－2217－0000322　0000355
御纂周易折中二十二卷首一卷　（清）李光地等撰　清康熙刻本　八冊　存十一卷(一至十、首一卷)

410000－2217－0000323　0000356
子書百家　（清）崇文書局輯　清光緒元年(1875)湖北崇文書局刻本　六十三冊　存六

十九種二百五十六卷

410000－2217－0000324　0000357
白虎通德論四卷　(漢)班固撰　清光緒崇文書局刻本　二冊

410000－2217－0000325　0000358
李太白文集三十六卷　(唐)李白撰　(清)王琦輯註　清聚錦堂刻本　二十冊

410000－2217－0000326　0000359
欽定啓禎四書文六卷　(清)方苞輯　清宣統刻本　四冊

410000－2217－0000327　0000360
欽定啓禎四書文六卷　(清)方苞輯　清宣統刻本　四冊

410000－2217－0000328　0000361
欽定本朝四書文六卷　(清)方苞輯　清宣統刻本　六冊

410000－2217－0000329　0000362
欽定本朝四書文六卷　(清)方苞輯　清宣統刻本　五冊

410000－2217－0000330　0000363
欽定隆萬四書文六卷　(清)方苞輯　清宣統刻本　二冊

410000－2217－0000331　0000364
四書集註大全　(清)陸隴其輯　清康熙四十一年(1702)三魚堂刻本　十六冊　存三種十六卷

410000－2217－0000332　0000365
四書本義匯參四十五卷　(清)王步青輯　清敦復堂刻本　十六冊　存二十卷(大學二至三,中庸一至四,論語二至十、十三、十九至二十,孟子十三至十四)

410000－2217－0000333　0000366
四書翊註四十二卷首一卷　(清)刁包著　(清)陸隴其輯　清道光刻本　三十九冊

410000－2217－0000334　0000367
左繡三十卷　(清)馮李驊　(清)陸浩輯　清乾隆華川書屋刻本　六冊

410000－2217－0000335　0000368
南華真經旁注五卷　(戰國)莊周著　(晉)郭象評　清宣統刻本　六冊

410000－2217－0000336　0000369
歷朝古體近體詩箋評自知集十三卷　(清)柴友誠選　清宣統刻本　五冊　存七卷(三至七、十二至十三)

410000－2217－0000337　0000370
春秋左傳杜注三十卷首一卷　(清)姚培謙輯　清光緒刻本　八冊　存二十四卷(一至七、十四至三十)

410000－2217－0000338　0000372
古唐詩合解十六卷　(清)王堯衢注　(清)李模　(清)李桓校　清光緒令德堂刻本　三冊

410000－2217－0000339　0000373
國朝文鈔五編不分卷　(清)高嵣輯　清宣統刻本　四冊

410000－2217－0000340　0000374
國朝文鈔四編不分卷　(清)高嵣輯　清宣統刻本　四冊

410000－2217－0000341　0000375
詩韻合璧五卷附汪立名論古韻通轉一卷　(清)湯文潞編　清咸豐九年(1859)大文堂刻本　三冊　存三卷(一至三)

410000－2217－0000342　0000376
癸巳類稿十五卷　(清)俞正燮撰　清道光刻本　八冊

410000－2217－0000343　0000377
古文雅正十四卷　(清)蔡世遠輯　清宣統刻本　十冊　存十三卷(二至十四)

410000－2217－0000344　0000378
宋四六話十二卷　(清)彭元瑞撰　(清)曹振鏞編　清宣統刻本　六冊

410000－2217－0000345　0000379
周易恒解五卷首一卷　(清)劉沅註釋　清嘉慶刻本　六冊

410000－2217－0000346　0000380

月令粹編二十四卷圖說一卷　(清)秦嘉謨輯　清嘉慶刻本　八冊

410000－2217－0000347　0000381
春融堂集六十八卷　(清)王昶撰　清宣統刻本　八冊　存三十二卷(三十一至六十二)

410000－2217－0000348　0000382
濟陰綱目十四卷　(明)武之望著　(清)汪淇箋釋　清宣統刻本　四冊　存六卷(九至十四)

410000－2217－0000349　0000383
古唐詩合解十六卷　(清)王堯衢註　清宣統文成堂刻本　六冊　存十二卷(唐詩十二卷)

410000－2217－0000350　0000384
古唐詩合解十六卷　(清)王堯衢註　清光緒刻本　三冊　存十二卷(唐詩十二卷)

410000－2217－0000351　0000385
唐人五言長律清麗集六卷　(清)徐曰璉　(清)沈士駿輯　清乾隆刻本　二冊

410000－2217－0000352　0000386
御製文二集四十四卷　(清)高宗弘曆撰　(清)梁國治編　清乾隆刻本　十二冊

410000－2217－0000353　0000387
春秋三傳通經合纂十二卷　(明)周統撰　(清)周夢齡　(清)周毓齡增輯　清乾隆刻本　八冊

410000－2217－0000354　0000388
春秋三十卷　(宋)胡安國著　清宣統刻本　八冊

410000－2217－0000355　0000389
詞學叢書　(清)查培繼輯　清宣統刻本　四冊　存二種八卷

410000－2217－0000356　0000390
宋本十三經註疏併經典釋文校勘記十三種　(清)阮元撰　清光緒二十四年(1898)蘇州官書坊刻本　十八冊　存七種九十二卷

410000－2217－0000357　0000391
尚書精義五十卷　(宋)黃倫撰　清道光刻本　八冊　存三十四卷(一至五、十九至四十七)

410000－2217－0000358　0000392
五知齋琴譜八卷　(清)徐祺撰　(清)周魯封彙纂　清乾隆刻本　五冊

410000－2217－0000359　0000393
德音堂琴譜十卷　(清)汪天榮輯　清宣統刻本　一冊　存五卷(六至十)

410000－2217－0000360　0000394
御纂周易折中二十二卷首一卷　(清)李光地等纂　清宣統刻本　十冊

410000－2217－0000361　0000395
御纂周易折中二十二卷首一卷　(清)李光地等撰　清宣統刻本　八冊　存十二卷(十一至二十二)

410000－2217－0000362　0000396
御纂周易折中二十二卷首一卷　(清)李光地等撰　清宣統刻本　一冊　存二卷(十六至十七)

410000－2217－0000363　0000397
周官新義十六卷附考工記二卷　(宋)王安石撰　清宣統刻本　三冊　存十四卷(五至十六、考工記二卷)

410000－2217－0000364　0000398
易說六卷　(宋)司馬光撰　清宣統刻本　一冊　存三卷(四至六)

410000－2217－0000365　0000399
格致鏡原一百卷　(清)陳元龍撰　清宣統刻本　十五冊　存六十五卷(十至二十七、四十二至四十五、四十九至五十二、五十七至九十五)

410000－2217－0000366　0000400
濟陰綱目十四卷　(明)武之望著　(清)汪淇箋釋　清宣統刻本　四冊　存八卷(一至八)

410000－2217－0000367　0000401
文選六十卷　(南朝梁)蕭統輯　清宣統刻本　五冊　存十四卷(六至九、二十一至二十

五、四十一至四十五）

410000－2217－0000368　0000402

月巖集五卷　（清）周禮撰　清宣統刻本　二冊　存二卷（四至五）

410000－2217－0000369　0000403

論語集註本義匯參十卷　（清）王步青輯　清宣統刻本　六冊

410000－2217－0000370　0000404

呂氏家塾讀詩記三十二卷續三卷　（宋）呂祖謙撰　清刻本　十一冊　存二十九卷（一至二十一、二十五至三十二）

410000－2217－0000371　0000405

詩集四卷　（清）陳祖範著　清乾隆刻本　一冊

410000－2217－0000372　0000406

仁山金先生文集四卷附錄一卷　（宋）金履祥撰　清康熙春暉堂刻本　二冊

410000－2217－0000373　0000407

麗則遺音四卷末一卷　（明）楊維楨撰　明毛氏汲古閣刻本　一冊

410000－2217－0000374　0000409

春融堂集六十八卷　（清）王昶撰　清嘉慶刻本　十冊　存二十九卷（一至二十六、六十三至六十五）

410000－2217－0000375　0000410

三禮約編喈鳳十九卷　（清）汪基撰　清嘉慶刻本　五冊

410000－2217－0000376　0000411

重訂批點春秋左傳詳節句解三十五卷　（宋）朱申注　清宣統刻本　十冊

410000－2217－0000377　0000412

玉屏山樵吟五卷　（清）陸巢雲著　**陸巢雲先生驗封礦洞紀畧一卷**　（清）孫自務編　清乾隆刻本　二冊

410000－2217－0000378　0000413

四書襯十九卷　（清）駱培著　清宣統坦吉堂刻本　六冊

410000－2217－0000379　0000414

四書左國彙纂四卷　（清）高其名　（清）鄭師成撰　清宣統百尺樓刻本　六冊

410000－2217－0000380　0000415

篁村集十二卷　（清）陸錫熊撰　清道光刻本　五冊

410000－2217－0000381　0000416

兼濟堂纂刻梅勿庵先生暦算全書　（清）梅文鼎撰　清宣統刻本　四冊　存三種十三卷

410000－2217－0000382　0000417

靈樞經九卷　（清）張志聰集註　清宣統刻本　二冊　存四卷（六至九）

410000－2217－0000383　0000418

詩法叢覽四卷　（清）陸祚輯　清宣統刻本　二冊

410000－2217－0000384　0000419

學治臆說二卷　（清）汪輝祖纂　清道光刻本　一冊

410000－2217－0000385　0000420

四書襯十九卷　（清）駱培著　清乾隆十年（1745）坦吉堂刻本　四冊　存十四卷（大學一卷、中庸一卷、論語一至十、孟子一至二）

410000－2217－0000386　0000421

書經六卷　（宋）蔡沈撰　清宣統刻本　四冊

410000－2217－0000387　0000422

鐵網珊瑚二十卷　（明）都穆撰　清宣統刻本　二冊　存六卷（五至七、十一至十三）

410000－2217－0000388　0000423

馬徵君遺集六卷首一卷　（清）馬三俊撰　清咸豐刻本　四冊

410000－2217－0000389　0000424

律賦衡裁六卷　（清）周嘉猷輯　（清）湯聘評騭　清宣統刻本　四冊

410000－2217－0000390　0000425

望衡堂詩鈔四卷　（清）吳聯元撰　清同治刻本　二冊

410000－2217－0000391　0000426

依綠園詩鈔二卷　(清)吳兆萱撰　清咸豐刻本　一册

410000－2217－0000392　0000427

增訂金壺字考十九卷金壺字考二集二十一卷補録一卷　(宋)釋適之撰　(清)田朝恒增訂　清宣統刻本　四册

410000－2217－0000393　0000428

更生齋文甲集四卷乙集四卷詩八卷詩餘二卷　(清)洪亮吉著　清宣統刻本　四册　存十四卷(甲集四卷、乙集四卷、詩一至四、詩餘二卷)

410000－2217－0000394　0000429

正蒙補訓四卷　(清)冉覲祖撰　清宣統刻本　三册　存三卷(二至四)

410000－2217－0000395　0000430

七家試帖輯註彙抄　(清)張熙宇評選　(清)王植桂輯　清光緒刻本　五册　存五種五卷

410000－2217－0000396　0000431

課子隨筆十卷　(清)張師載編輯　清道光刻本　三册　存七卷(一至七)

410000－2217－0000397　0000432

欽定儀禮義疏四十八卷首二卷　(清)朱軾等撰　清宣統刻本　四十九册　存四十七卷(一至三十八、四十至四十八)

410000－2217－0000398　0000433

欽定禮記義疏八十二卷首一卷　(清)高宗弘曆撰　清宣統刻本　六十九册　存六十九卷(一、十四至十七、十九至八十二)

410000－2217－0000399　0000434

欽定周官義疏四十八卷首一卷　(清)鄂爾泰等撰　清宣統刻本　四十七册　存四十七卷(二至四十八)

410000－2217－0000400　0000435

欽定禮記義疏八十二卷首一卷　(清)朱軾等撰　清宣統刻本　五册　存五卷(七十一、七十五至七十六、七十九至八十)

410000－2217－0000401　0000436

禮記十卷　(元)陳澔集說　清光緒善成堂刻本　九册　存九卷(一至五、七至十)

410000－2217－0000402　0000437

通藝錄　(清)程瑤田撰　清嘉慶刻本　二十三册　存二十一種四十八卷

410000－2217－0000403　0000438

論語解不分卷　(宋)尹焞撰　清咸豐抄本　三册

410000－2217－0000404　0000439

曲江書屋新訂批註左傳快讀十八卷首一卷　(清)李紹崧輯　清同治刻本　十三册　存十五卷(四至十八)

410000－2217－0000405　0000440

四六叢話三十三卷　(清)孫梅輯　清嘉慶刻本　八册　存二十九卷(一至二十六、三十至三十二)

410000－2217－0000406　0000441

崇文書局彙刻書　(清)崇文書局輯　清光緒三年(1877)湖北崇文書局刻本　二十七册　存十八種一百二十七卷

410000－2217－0000407　0000442

子史精華一百六十卷　(清)吳士玉　(清)吳襄等輯　清乾隆刻本　二十四册　存一百二十卷(四十一至一百六十)

410000－2217－0000408　0000443

近思錄十四卷考訂朱子世家一卷　(清)江永撰　清光緒刻本　四册

410000－2217－0000409　0000444

近思錄集注十四卷　(清)江永撰　清道光刻本　四册

410000－2217－0000410　0000445

近思錄集解十四卷　(清)葉采撰　清宣統刻本　六册

410000－2217－0000411　0000446

近思錄集注十四卷　(清)江永撰　清道光刻本　四册

410000－2217－0000412　0000447

春秋左傳五十卷　(晉)杜預　(宋)林堯叟註釋　(唐)陸德明音義　清宣統刻本　九册　存二十八卷(三至六、十五至二十、二十四至三十一、三十四至四十、四十八至五十)

410000－2217－0000413　0000448

河南程氏全書　(宋)程顥　(宋)程頤撰　(宋)朱熹輯　清同治刻本　八册　存三種四十四卷

410000－2217－0000414　0000449

覃懷遺文錄初刻十卷　(清)崔梅溪　(清)孟伯遇評閱　清道光刻本　九册

410000－2217－0000415　0000450

鼎鍥卜筮鬼谷源流斷易天機大全三卷首一卷　(戰國)鬼谷子撰　清宣統刻本　三册

410000－2217－0000416　0000451

數書九章十八卷　(宋)秦九韶著　**札記四卷**　(清)宋景昌撰　清道光刻本　八册　存二十卷(三至十八、札記四卷)

410000－2217－0000417　0000452

武經七書匯解七卷附策題一卷騎步射法一卷　(清)曹曰瑋等彙解　清康熙四十四年(1705)三畏堂光啓堂刻本　五册　存六卷(孫子一卷、吳子一卷、尉繚子一卷、太公一卷,策題一卷,騎步射法一卷)

410000－2217－0000418　0000453

增補箋註第六才子西廂釋解八卷　(元)王實甫撰　清宣統刻本　三册　存四卷(五至八)

410000－2217－0000419　0000454

綏寇紀略十二卷補遺三卷　(清)吳偉業纂輯　(清)張海鵬重校　清宣統刻本　四册

410000－2217－0000420　0000455

經韻樓集十二卷　(清)段玉裁撰　清道光刻本　六册

410000－2217－0000421　0000456

嶺南叢書　(清)吳蘭修輯　清道光刻本　三册　存三種十二卷

410000－2217－0000422　0000457

蘇學士文集十六卷　(宋)蘇舜欽撰　清康熙刻本　三册　存十二卷(一至八、十三至十六)

410000－2217－0000423　0000458

漢溪書法通解八卷　(清)戈守智著　清乾隆刻本　三册　存六卷(一至二、五至八)

410000－2217－0000424　0000459

詩經體註大全合參八卷　(清)高朝瓔纂輯　清宣統刻本　四册

410000－2217－0000425　0000460

春秋經傳集解三十卷首一卷　(晉)杜預撰　(宋)林堯叟附註　(唐)陸德明音釋　清刻本　六册　存十五卷(十六至三十)

410000－2217－0000426　0000461

唐陸宣公集二十四卷　(唐)陸贄撰　清光緒刻本　六册

410000－2217－0000427　0000462

劉孟涂集四十四卷　(清)劉開撰　清道光刻本　八册

410000－2217－0000428　0000463

本草綱目五十二卷　(明)李時珍撰　清刻本　二十七册　存三十二卷(四至十七、二十七至四十四)

410000－2217－0000429　0000464

崧臺隨筆二卷　(清)景日昣撰　清康熙刻崧臺書本　一册　存一卷(一)

410000－2217－0000430　0000465

古唐詩合解十六卷　(清)王堯衢注　清光緒令德堂刻本　三册　存十二卷(唐詩十二卷)

410000－2217－0000431　0000466

朱子近思錄十四卷　(清)朱顯祖輯　清刻本　四册

410000－2217－0000432　0000467

元詩選六卷補遺一卷　(清)顧奎光輯　清刻本　二册　存四卷(三至六)

410000－2217－0000433　0000468

景岳全書六十四卷　(明)張介賓著　(清)魯超訂　清刻本　十七册　存二十六卷(一、三至七、十九至二十一、三十至三十六、三十九至四十二、四十六至四十七、五十三至五十四、五十八至五十九)

410000－2217－0000434　0000469

晦庵先生朱文公文集一百卷　(宋)朱熹撰　清刻本　八册　存二十六卷(五十三至七十八)

410000－2217－0000435　0000470

東周列國全志二十三卷一百八回　(清)蔡界評點　清光緒刻本　八册　存十三卷(一、五至九、十三至十四、十八至二十二)

410000－2217－0000436　0000471

東周列國全志二十三卷一百八回　(清)蔡界評點　清刻本　一册　存三卷(十二至十四)

410000－2217－0000437　0000472

通鑑紀事本末二百三十九卷　(宋)袁樞編　(明)張溥論正　清刻本　四十五册　存二百二十六卷(一至一百十二、一百十九至二百二十四、二百三十二至二百三十九)

410000－2217－0000438　0000473

呂新吾全集　(明)呂坤著　明萬曆刻清同治、光緒間修補印本　十二册　存三種十七卷

410000－2217－0000439　0000474

呂新吾全集　(明)呂坤著　明萬曆刻清同治、光緒間修補印本　十二册　存三種十八卷

410000－2217－0000440　0000475

河南程氏全書　(宋)程顥撰　(宋)程頤撰　(宋)朱熹輯　清刻本　七册　存三種十四卷

410000－2217－0000441　0000476

呂新吾先生閨範圖説四卷　(明)呂坤注　明刻呂新吾全集本　六册

410000－2217－0000442　0000477

爾雅註疏十一卷　(晉)郭璞注　(宋)邢昺疏　清汲古閣刻本　六册

410000－2217－0000443　0000478

爾雅註疏十一卷　(晉)郭璞注　(宋)邢昺疏　清刻本　六册

410000－2217－0000444　0000479

于清端公政書八卷　(清)于成龍撰　清刻本　六册

410000－2217－0000445　0000480

勸種桑小引一卷　(清)□□撰　清刻本　一册

410000－2217－0000446　0000481

十三經音略十二卷　(清)周春撰　清刻本　二册　存二卷(一至二)

410000－2217－0000447　0000482

蠶書輯要一卷　(清)□□撰　清刻本　一册

410000－2217－0000448　0000483

五經精義　(清)黄淦撰　清嘉慶刻本　六册　存三種十七卷

410000－2217－0000449　0000484

御案詩經備旨八卷　(清)鄒聖脈輯　(清)鄒廷猷編　清刻本　四册

410000－2217－0000450　0000485

雅趣藏書不分卷　(清)錢書著　清朱墨套印本　二册

410000－2217－0000451　0000486

論語解不分卷　(宋)謝良佐撰　清抄本　三册

410000－2217－0000452　0000487

人譜一卷　(明)劉宗周撰　清道光刻本　一册

410000－2217－0000453　0000488

人譜一卷　(明)劉宗周撰　清道光刻本　一册

410000－2217－0000454　0000489

人譜一卷　(明)劉宗周撰　清道光刻本　一册

410000－2217－0000455　0000490

人譜一卷　(明)劉宗周撰　清道光刻本　一册

410000－2217－0000456　0000491

人譜一卷　(明)劉宗周撰　清道光刻本　一册

410000－2217－0000457　0000492

增補註釋故事白眉十卷　(明)許以忠輯　清光緒刻本　六册

410000－2217－0000458　0000493

國朝歷科題名碑録不分卷附明洪武至崇禎各科題名録不分卷　(清)李周望輯　清刻本　六册　存明洪武至永樂、宣德至天順、天啓至崇禎,清雍正至乾隆、嘉慶至道光

410000－2217－0000459　0000494

康熙字典十二集三十六卷總目一卷檢字一卷辨似一卷補遺一卷等韻一卷備考一卷　(清)張玉書等纂　清刻本　三十三册　存三十二卷(子集、丑集、申集、卯集、未集、酉集上中下,辰集、戌集上中,巳集上,午集、亥集上下,總目一卷,檢字一卷,辨似一卷,補遺一卷,等韻一卷)

410000－2217－0000460　0000495

康熙字典十二集三十六卷總目一卷檢字一卷辨似一卷等韻一卷補遺一卷備考一卷　(清)張玉書等纂　清刻本　二十二册　存二十四卷(子、丑、辰、巳、戌、亥,總目一卷,檢字一卷,辨似一卷,等韻一卷,補遺一卷,備考一卷)

410000－2217－0000461　0000496

康熙字典十二集三十六卷總目一卷檢字一卷辨似一卷等韻一卷補遺一卷備考一卷　(清)張玉書等纂　清刻本　八册　存二十四卷(子、丑、辰、巳、戌、亥,總目一卷,檢字一卷,辨似一卷,等韻一卷,補遺一卷,備考一卷)

410000－2217－0000462　0000499

二十四史　清光緒上海圖書集成印書局鉛印本　二百五十六册

410000－2217－0000463　0000503

[乾隆]續河南通志八十卷首四卷　(清)阿思哈等纂修　清乾隆三十二年(1767)刻本　二十二册

410000－2217－0000464　0000505

[雍正]河南府續志四卷　(清)張漢撰　清雍正六年(1728)刻本　四册

410000－2217－0000465　0000508

綱鑑會纂三十九卷首一卷　(明)王世貞編　清光緒二十五年(1899)上海著易堂石印本　五册　存二十四卷(三至十二、二十六至三十九)

410000－2217－0000466　0000514

笠翁詩集十卷　(清)李漁著　清刻本　二册　存二卷(五至六)

410000－2217－0000467　0000517

欽定四庫全書提要□□卷　(清)紀昀等撰　(清)□□輯　清刻本　一册　存東園友聞、拊掌録

410000－2217－0000468　0000518

遵汝山房文稿不分卷　(清)耿興宗撰　清嘉慶刻本　一册

410000－2217－0000469　0000522

前漢書一百卷　(漢)班固撰　(唐)顔師古注　清光緒竹簡齋石印本　十二册

410000－2217－0000470　0000523

説文解字通釋四十卷　(宋)徐鍇傳釋　清光緒刻本　五册　存二十九卷(九至十二、十六至四十)

410000－2217－0000471　0000528

鑑略妥註五卷　(明)李廷機著　清刻本　一册　存二卷(三至四)

410000－2217－0000472　0000531

四書釋義十九卷　(清)李沛霖論定　清刻本　一册　存三卷(三至五)

410000－2217－0000473　0000532

周易經義審七卷首一卷　(清)盧浙輯注　清

嘉慶刻本　七册

410000－2217－0000474　0000533
孔氏家語十卷　（三國魏）王肅撰　清乾隆刻本　四册

410000－2217－0000475　0000534
空同詩鈔十六卷附錄一卷　（明）李夢陽撰（清）桑調元編　清道光刻本　四册

410000－2217－0000476　0000535
性理體註訓解標題八卷　（清）張道升　（清）仇廷桂纂輯　清咸豐二年（1852）刻本　四册

410000－2217－0000477　0000536
戴東原集十二卷　（清）戴震撰　**覆校札記一卷**　（清）段玉裁撰　清刻本　四册　存九卷（一至七、十一至十二）

410000－2217－0000478　0000537
西域水道記五卷　（清）徐松撰　清道光刻本　二册

410000－2217－0000479　0000538
雙紅豆詞二卷　（清）周天麟輯　清光緒石印本　一册

410000－2217－0000480　0000539
水流雲在館集蘇詩存一卷杜詩存一卷　（清）周天麟輯　清光緒石印本　二册

410000－2217－0000481　0000540
水雲欸乃一卷泥爪詞一卷竹窗秋籟一卷悔餘詞一卷　（清）周天麟撰　**月樓琴語一卷**（清）蕭恒貞撰　清光緒石印本　一册

410000－2217－0000482　0000541
綠杉野屋詩集四卷　（清）蕭元吉著　清光緒石印本　二册

410000－2217－0000483　0000542
享帚齋附鈔二卷試帖一卷　（清）周恩綬撰　清光緒石印本　二册

410000－2217－0000484　0000548
四書題鏡三十六卷總論一卷　（清）汪鯉翔纂述　清刻本　八册　存七卷（大學一卷，論語上、下，孟子上、下，中庸一卷，總論一卷）

410000－2217－0000485　0000549
分類賦學雞跖集三十卷附錄一卷　（清）張維城輯　清道光刻本　四册　存七卷（一至七）

410000－2217－0000486　0000550
時務分類文編三十二卷　（清）求是齋主人輯　清光緒石印本　十二册

410000－2217－0000487　0000551
滿洲名臣傳四十八卷　（清）國史館編　清刻本　十三册　存十四卷（一至二、四至七、十一至十三、十八、二十至二十二、四十四）

410000－2217－0000488　0000553
李文忠公奏議二十卷　（清）李鴻章撰　（清）章洪鈞　（清）吳汝綸編輯　清石印本　二十册

410000－2217－0000489　0000554
小倉山詩集三十一卷補遺一卷附錄一卷文集五卷　（清）袁枚編　清刻本　七册　存二十四卷（一至二十四）

410000－2217－0000490　0000555
格致叢書　（明）胡文煥輯　（清）張孝達鑒定　清光緒石印本　三十二册　存九種一百六十卷

410000－2217－0000491　0000556
憲廟硃批諭旨不分卷　（清）世宗胤禛編　清光緒十三年（1887）上海廣百宋齋鉛印朱墨套印本　十三册　存范時繹、齊蘇勒、楊名時、沈廷正、張坦麟、呂耀曾、杜濱、汪漋、甘汝來、劉枏、李蘭、張元懷、董永芠、蔡仕舢、樓儼、楊爾德、赫碩色、王瓚、甘國奎、岳超龍、馬紀勳、張起雲、邊士偉、張元佐、齊元輔、蔡珽、佛喜、黃焜、管承澤、鄂爾泰、田文鏡、喬世臣、焦祈年、孔毓璞、鍾保、孫國璽、謝旻、宋筠、王朝恩、慶元、王柔、李萬倉

410000－2217－0000492　0000557
皇朝經世文四編五十二卷　（清）何良棟輯　清光緒石印本　十一册　存四十七卷（一至四十七）

410000－2217－0000493　0000558

國朝先正事略六十卷　(清)李元度撰　清光緒石印本　七冊　存四十三卷(一至四十三)

410000－2217－0000494　0000559
文法狐白前集六卷後集□卷　(清)王賓評選　清刻本　四冊　存五卷(前集一至五、後集五)

410000－2217－0000495　0000560
傳家寶初集八卷二集八卷三集八卷四集八卷　(清)石成金著　清刻本　十二冊

410000－2217－0000496　0000561
雞跖賦續刻三十卷　(清)應泰泉等編輯　清同治刻本　八冊

410000－2217－0000497　0000562
御纂詩義折中二十卷　(清)傅恒等纂　清光緒石印本　八冊

410000－2217－0000498　0000563
六梅書屋尺牘不分卷　(清)淩丹陛著　清同治刻本　四冊

410000－2217－0000499　0000564
國朝先正學規彙鈔不分卷　(清)黄舒昺編　清光緒刻本　三冊

410000－2217－0000500　0000565
籌濟編三十二卷首一卷　(清)楊景仁輯　清道光刻本　五冊　存十七卷(一至十五、二十八,首一卷)

410000－2217－0000501　0000566
平平錄十卷附錄一卷　(清)楊芳著　清道光刻本　五冊

410000－2217－0000502　0000567
曾文正公全集　(清)曾國藩著　清光緒石印本　二十四冊　存十四種一百二十卷

410000－2217－0000503　0000568
新刻出像玉鼎列國志十二卷一百八回　(清)蔡界評點　清刻本　十二冊

410000－2217－0000504　0000569
大清律例新增統纂集成四十卷　(清)姚潤撰　清刻本　六冊　存九卷(二十三至三十一)

410000－2217－0000505　0000570
漢名臣傳三十二卷　(清)國史館編　清刻本　十五冊　存十二卷(二十至二十六、二十八至三十二)

410000－2217－0000506　0000572
王船山經史論八種　(清)王夫之撰　清光緒石印本　五冊　存五種二十二卷

410000－2217－0000507　0000573
入蜀記六卷　(宋)陸游撰　清刻本　一冊

410000－2217－0000508　0000574
愧郯錄十五卷　(宋)岳珂撰　清刻本　三冊　存十二卷(四至十五)

410000－2217－0000509　0000575
詩韻集成十卷　(清)余照輯　清同治石印本　四冊

410000－2217－0000510　0000576
二十四史約編不分卷　(清)鄭元慶述　清刻本　七冊

410000－2217－0000511　0000577
[光緒]大清搢紳全書四卷　(清)榮祿堂編　清光緒榮祿堂刻本　四冊

410000－2217－0000512　0000578
欽定四庫全書總目二百卷首一卷　(清)紀昀等撰　清刻本　五十冊　存九十四卷(一至八、十三至二十五、四十至四十四、七十四至八十四、八十八至九十、九十三至九十六、一百十三至一百二十二、一百二十五至一百二十八、一百三十至一百五十五、一百五十八至一百六十六、一百七十七、一百八十,首一卷)

410000－2217－0000513　0000579
檉華館試帖彙鈔輯注十卷　(清)路德輯　清刻本　五冊　存五卷(六至十)

410000－2217－0000514　0000580
飲冰室文集癸卯集四卷壬寅集十六卷　梁啓超著　清光緒石印本　十五冊　存十七卷(癸卯集四卷,壬寅集一至四、六至八、十至十二、十四至十六)

410000－2217－0000515　0000581
目耕齋讀本初集不分卷二集不分卷三集不分卷　(清)徐楷評　(清)沈叔眉選刊　清道光刻本　六册

410000－2217－0000516　0000582
名醫類案十二卷　(明)江瓘編　(清)余集等重校　清刻本　十一册　存十一卷(一至三、五至十二)

410000－2217－0000517　0000583
評點春秋綱目左傳句解彙鈔六卷　(清)韓菼重訂　清刻本　四册

410000－2217－0000518　0000584
禮記疏略四十七卷　(清)張沐撰　清康熙十四年(1675)刻本　四册　存十七卷(一至十五、三十五至三十六)

410000－2217－0000519　0000585
四書講義大全二十六卷　(清)史廷煇輯　清刻本　六册　存六卷(一至六)

410000－2217－0000520　0000586
四書釋義旁訓十九卷　(清)李沛霖論定　清刻本　六册

410000－2217－0000521　0000587
新鐫批評出相韓湘子三十回　(明)雉衡山人(楊爾曾)編　清光緒刻本　六册

410000－2217－0000522　0000588
金匱要略方論本義二十二卷　(清)何炫　(清)冀棟評定　清刻本　四册

410000－2217－0000523　0000589
學案小識十四卷首一卷末一卷　(清)唐鑑著　清道光石印本　六册

410000－2217－0000524　0000590
海棠花館七家詩補註七卷　(清)張熙宇輯評　清咸豐刻本　七册

410000－2217－0000525　0000591
選集漢印分韻二卷　(清)袁日省選集　(清)謝雲生臨摹　**續集二卷**　(清)謝景卿輯並臨摹　清石印本　四册

410000－2217－0000526　0000592
匋齋藏印第一集不分卷第二集不分卷　(清)端方藏輯　清石印本　八册

410000－2217－0000527　0000593
增訂漢魏叢書九十六種　(清)王謨輯　清宣統三年(1911)上海大通書局石印本　十七册　存五十六種二百六十九卷

410000－2217－0000528　0000594
小石山房印譜四卷集名刻一卷歸去來辭一卷　(清)顧湘輯　清道光鈐印本　六册

410000－2217－0000529　0000595
蒲編堂訓蒙草不分卷　(清)路德撰　清道光刻本　五册

410000－2217－0000530　0000596
七經精義　(清)黄淦纂　清嘉慶十二年(1807)刻本　七册　存四種二十二卷

410000－2217－0000531　0000597
竹笑軒初集一卷二集三卷　(清)孫清達編　清光緒刻本　六册

410000－2217－0000532　0000598
事類統編九十三卷首一卷　(清)王鳳喈撰註　清道光二十年(1840)栢溪林氏味經堂刻本　二十七册　存七十六卷(一至七十六)

410000－2217－0000533　0000599
笠翁一家言全集十六卷　(清)李漁著　清刻本　十五册

410000－2217－0000534　0000600
笠翁一家言全集十六卷　(清)李漁著　清刻本　十三册　存十三卷(二至四、七至十六)

410000－2217－0000535　0000601
五代史記七十四卷　(宋)歐陽修撰　(宋)徐無黨注　明刻本　十册　存二十二卷(十三至十五、二十一至二十六、三十一至三十四、四十四至四十六、五十八至五十九、六十一至六十二、六十五至六十六)

410000－2217－0000536　0000602
古文眉詮七十九卷首一卷　(清)浦起龍論次

(清)陳榕門(弘謀)等鑒定　清刻本　三十册　存五十八卷(三至十七、三十三至三十八、四十一至七十七)

410000－2217－0000537　0000603
仿宋刻阮本十三經注疏附校勘記　(清)阮元撰校勘記　(清)盧宣旬摘録　清光緒石印本　八册　存四種一百四十二卷

410000－2217－0000538　0000604
皇朝經世文新編二十一卷　(清)麥仲華輯　清光緒石印本　二十册

410000－2217－0000539　0000605
皇朝經世文編一百二十卷　(清)賀長齡撰　清光緒石印本　二十四册

410000－2217－0000540　0000606
皇朝經世文續編一百二十卷　(清)葛士濬輯　清光緒石印本　十五册

410000－2217－0000541　0000607
歷代名臣言行録二十四卷　(清)朱桓編輯　清光緒石印本　十册

410000－2217－0000542　0000608
歷代名臣言行録二十四卷　(清)朱桓編輯　清光緒石印本　八册

410000－2217－0000543　0000609
尺木堂綱鑑易知録九十二卷明鑑易知録十五卷　(清)吳乘權等輯　清光緒二十七年(1901)刻本　十二册　存七十二卷(綱鑑易知録一至六十六、明鑑易知録一至六)

410000－2217－0000544　0000610
綱鑑易知録九十二卷明鑑易知録十五卷　(清)吳乘權等輯　清刻本　十册　存六十八卷(綱鑑易知録十五至二十一、四十一至八十六,明鑑易知録十五卷)

410000－2217－0000545　0000611
綱鑑易知録九十二卷　(清)吳乘權等輯　清刻本　三册　存六卷(二十五至二十六、四十三至四十四、六十四至六十五)

410000－2217－0000546　0000612
歷代名臣言行録二十四卷　(清)朱桓編輯　清光緒石印本　十二册

410000－2217－0000547　0000613
宋名臣言行録　(宋)朱熹纂輯　清道光刻本　一册　存一種(五)

410000－2217－0000548　0000614
古文喈鳳新編八卷　(清)汪基鈔輯　清刻本　七册

410000－2217－0000549　0000615
古文喈鳳新編八卷　(清)汪基鈔輯　清刻本　四册

410000－2217－0000550　0000616
古文喈鳳新編八卷　(清)汪基鈔輯　清刻本　一册　存二卷(五至六)

410000－2217－0000551　0000617
古文喈鳳新編八卷　(清)汪基鈔輯　清刻本　一册　存一卷(六)

410000－2217－0000552　0000618
高厚蒙求　(清)徐朝俊撰　清嘉慶十二年(1807)雲間徐氏刻本　三册　存六種六卷

410000－2217－0000553　0000619
毛詩故訓傳三十卷　(漢)鄭玄箋　**鄭氏詩譜一卷**　(漢)鄭玄撰　清嘉慶刻本　四册　存十八卷(一至八、二十二至三十,詩譜一卷)

410000－2217－0000554　0000620
毛詩音義三卷　(唐)陸德明撰　清刻本　一册　存二卷(二至三)

410000－2217－0000555　0000621
漢碑録文四卷　(清)馬邦玉輯　清光緒刻本　四册

410000－2217－0000556　0000622
增補四書精繡圖像人物備考十二卷　(明)薛應旂輯　(明)陳仁錫增定　清刻本　七册　存十一卷(二至十二)

410000－2217－0000557　0000623
御批歷代通鑑輯覽一百二十卷　(清)傅恒等編纂　清同治崇文書局刻本　五十三册

410000－2217－0000558　0000624
欽定明鑑二十四卷首一卷　（清）托津等纂　清同治崇文書局刻本　十册

410000－2217－0000559　0000625
廣理學備考　（清）范鄗鼎彙編　清康熙五經堂刻道光五年(1825)洪洞張恢等修補印本　三册　存三種三卷

410000－2217－0000560　0000626
增訂詩韻對錦釋義十八卷　（清）馬至毅輯　清同治木卜堂刻本　四册

410000－2217－0000561　0000627
仁在堂全集十一集續刻後三集不分卷　（清）路德評選　清文誠堂刻本　十二册

410000－2217－0000562　0000628
古玉圖考不分卷　（清）吳大澂撰　清光緒同文書局影印本　二册

410000－2217－0000563　0000629
遂初堂書目一卷　（宋）尤袤編　清抄本　一册

410000－2217－0000564　0000630
學山堂書錄不分卷　（清）謝慎修編　清抄本　一册

410000－2217－0000565　0000631
潤經堂自治官書六卷　（清）李彦章編　清道光刻本　四册

410000－2217－0000566　0000632
讀七書日記不分卷　（清）□□撰　清蘇源生抄本　三册

410000－2217－0000567　0000633
四書講義大全二十六卷　（清）史廷煇輯　清刻本　十册　存十卷(一至二、四至六、八至十二)

410000－2217－0000568　0000634
林文忠公政書甲集九卷乙集十七卷丙集十一卷　（清）林則徐撰　清石印本　八册

410000－2217－0000569　0000635
音註小倉山房尺牘八卷　（清）袁枚撰　清咸豐刻本　四册

410000－2217－0000570　0000636
小倉山房尺牘八卷　（清）袁枚撰　清刻本　三册　存四卷(一至四)

410000－2217－0000571　0000637
東洋史要二卷　（日本）桑原隲藏著　（清）樊炳清譯　清光緒石印本　三册

410000－2217－0000572　0000638
東洋史要二卷　（日本）桑原隲藏著　（清）樊炳清譯　清光緒石印本　二册

410000－2217－0000573　0000639
小倉山房詩集三十一卷補遺二卷　（清）袁枚撰　清刻本　五册　存二十四卷(十至三十一、補遺二卷)

410000－2217－0000574　0000640
本草綱目五十二卷拾遺十卷本草萬方鍼線八卷　（明）李時珍撰　清光緒石印本　十六册

410000－2217－0000575　0000641
道學源流六卷　（清）余丙捷編輯　（清）高載銘纂述　清道光刻本　三册　存四卷(一、四至六)

410000－2217－0000576　0000642
桐華吟館詩稿八卷詞稿二卷　（清）楊揆輯　清刻本　二册

410000－2217－0000577　0000643
卜法詳考四卷　（清）胡煦輯　清刻本　三册　存三卷(二至四)

410000－2217－0000578　0000644
胡文忠公遺集八十六卷首一卷　（清）胡林翼撰　清光緒石印本　八册

410000－2217－0000579　0000645
春秋左傳五十卷　（晉）杜預　（宋）林堯叟註釋　（唐）陸德明音義　清刻本　七册　存二十九卷(五至十、二十四至三十三、三十八至五十)

410000－2217－0000580　0000646
四書講義大全二十六卷　（清）史廷煇輯　清

刻本　四冊　存四卷(一至四)

410000－2217－0000581　0000647
聞式堂古文選釋八卷　(清)臧岳輯　清刻本　三冊　存六卷(一至六)

410000－2217－0000582　0000648
二論講義養正編十卷　(清)史廷煇輯　清刻本　三冊　存七卷(一至七)

410000－2217－0000583　0000649
蕺山先生人譜二卷　(明)劉宗周著　(清)洪正治編　清道光刻本　二冊

410000－2217－0000584　0000650
仁在堂全集十一集續刻後三集不分卷　(清)路德評選　清同文堂刻本　五冊

410000－2217－0000585　0000651
皇朝經籍志六卷　(清)黄本驥輯　清道光刻本　四冊

410000－2217－0000586　0000652
明紀六十卷　(清)陳鶴纂　清光緒積山書局石印本　六冊

410000－2217－0000587　0000653
金石類續編二十一卷首一卷　(清)陸紹聞纂　(清)陸增祥校訂　清光緒石印本　六冊

410000－2217－0000588　0000654
欽定四庫全書簡明目錄二十卷　(清)紀昀等編　清刻本　五冊　存七卷(一至七)

410000－2217－0000589　0000655
國朝名文約編不分卷　(清)陳詩輯　清刻本　四冊

410000－2217－0000590　0000656
左文襄公奏稿初編三十八卷續編七十六卷　(清)左宗棠撰　清光緒古香閣石印本　十二冊

410000－2217－0000591　0000657
重訂事類賦三十卷　(宋)吳淑撰注　清刻本　六冊

410000－2217－0000592　0000658
御纂性理精義十二卷　(清)李光地等撰　清咸豐刻本　六冊

410000－2217－0000593　0000659
李文忠公朋僚函稿二十四卷　(清)李鴻章撰　(清)吳汝綸輯　清光緒鉛印本　十二冊

410000－2217－0000594　0000660
海康陳清端公[瓆]年譜二卷詩集十卷　(清)丁宗洛編　清道光刻本　四冊

410000－2217－0000595　0000661
詩舲詞錄二卷詩錄六卷詩外四卷　(清)張祥河輯　清道光刻本　四冊　存十卷(詞錄二卷、詩錄六卷、詩外一至二)

410000－2217－0000596　0000662
十三經音略十二卷附錄二卷　(清)周春撰　清刻本　四冊　存十二卷(音略三至十二、附錄二卷)

410000－2217－0000597　0000663
皇朝經世文三編八十卷　(清)陳忠倚輯　清光緒石印本　十六冊

410000－2217－0000598　0000664
御批歷代通鑑輯覽一百二十卷　(清)傅恒等編　清光緒中西書局石印本　十二冊　存六十五卷(一至六、二十二至四十六、四十九至六十七、七十三至八十一、九十至九十五)

410000－2217－0000599　0000665
御批歷代通鑑輯覽一百二十卷　(清)傅恒等編　清光緒石印本　一冊　存六卷(十九至二十四)

410000－2217－0000600　0000666
御批歷代通鑑輯覽一百二十卷　(清)傅恒等撰　清刻本　二冊　存十卷(十六至二十五)

410000－2217－0000601　0000667
欽定四庫全書總目二百卷首一卷　(清)紀昀等纂　清同治石印本　十八冊　存一百二十一卷(一至五十五、七十至七十七、九十四至一百十四、一百二十五至一百四十六、一百五十二至一百六十六)

410000－2217－0000602　0000668

新鐫批評出像通俗演義禪真後史十集六十回　(明)清溪道人(方汝浩)撰　清同人堂刻本　六冊　存五十三回(一至五十三)

410000－2217－0000603　0000669

四大奇書第一種六十卷一百二十回　(明)羅本著　(清)毛宗崗評　清刻本　九冊　存三十一卷(三十至六十)

410000－2217－0000604　0000670

御選唐宋詩醇四十七卷目錄二卷　(清)高宗弘曆選輯　清刻本　二十四冊

410000－2217－0000605　0000671

分類賦學三十卷目錄一卷　(清)張維城輯　清道光刻本　八冊

410000－2217－0000606　0000672

四書選注合講十九卷　(清)翁復編　清刻本　六冊　存十七卷(論語十卷、孟子七卷)

410000－2217－0000607　0000673

兩般秋雨盦隨筆八卷　(清)梁紹壬纂　清刻本　六冊

410000－2217－0000608　0000674

兩般秋雨盦隨筆八卷　(清)梁紹壬纂　清緯文堂刻本　八冊　存六卷(二至七)

410000－2217－0000609　0000675

增廣四書題鏡味根錄三十九卷　(清)金澂撰　清光緒二十年(1894)袖海山房石印本　八冊

410000－2217－0000610　0000676

洗冤錄補註全纂六卷集證二卷　(清)王又槐輯　(清)李觀瀾補輯　(清)阮其新補注　清道光刻本　六冊

410000－2217－0000611　0000677

增廣試律大觀彙編五卷　(清)□□編　清光緒十二年(1886)上海同文書局石印本　五冊

410000－2217－0000612　0000678

蠶桑萃編十五卷首一卷目錄一卷　(清)衛杰編　清光緒刻本　八冊

410000－2217－0000613　0000680

荀子集解二十卷首一卷　(唐)楊倞注　清埽葉山房石印本　八冊

410000－2217－0000614　0000681

詩經文海四卷　(清)□□撰　清刻本　十二冊

410000－2217－0000615　0000682

書經文海四卷　(清)□□撰　清刻本　十冊

410000－2217－0000616　0000683

易經文海十卷　(清)□□撰　清刻本　七冊　存七卷(二、四、六至十)

410000－2217－0000617　0000684

古香齋鑒賞袖珍初學記三十卷　(唐)徐堅撰　清刻本　九冊　存十七卷(一至十五、二十二至二十三)

410000－2217－0000618　0000685

刑部說帖揭要二十八卷　(清)胡燮卿輯　清道光刻本　五冊　存十三卷(一至十三)

410000－2217－0000619　0000686

地學淺釋三十八卷　(英國)雷俠兒撰　(美國)瑪高溫口譯　(清)華蘅芳筆述　清同治刻本　八冊

410000－2217－0000620　0000687

新刊校正增補圓機詩韻活法全書十四卷詩學活法全書二十四卷韻學全書□□卷　(明)王世貞增校　清刻本　七冊　存十六卷(詩韻活法全書一至三、九至十,詩學活法全書六至七、九至十、十三至十四、十九至二十,韻學全書六至八)

410000－2217－0000621　0000688

綿津山人詩集二十七卷　(清)宋犖撰　清康熙刻本　三冊　存二十卷(一至十三、二十一至二十七)

410000－2217－0000622　0000689

抱膝廬文集六卷　(清)劉宗泗著　清刻本　一冊　存三卷(四至六)

410000－2217－0000623　0000690

南陽書院學規二卷首一卷　(清)李來章撰　清康熙刻本　一冊　存一卷(首一卷)

410000－2217－0000624　0000691
泌陽學條規一卷勸學歌一卷　(清)竇克勤述　清刻本　一冊

410000－2217－0000625　0000692
蓮洋集十二卷　(清)吳雯著　(清)王士禛評　清康熙夢鶴艸堂刻本　一冊　存一卷(一)

410000－2217－0000626　0000693
蓮洋集十二卷　(清)吳雯著　(清)王士禛評　清康熙夢鶴艸堂刻本　一冊　存一卷(一)

410000－2217－0000627　0000694
傳信錄十卷　(清)孫鍾元著　清刻本　一冊　存二卷(五至六)

410000－2217－0000628　0000695
洛學拾遺補編二卷　(清)曹肅孫輯　清同治遲悔齋刻本　一冊

410000－2217－0000629　0000696
儀衛軒文集十二卷外集一卷方儀衛先生年譜一卷　(清)方東樹輯　清刻本　一冊　存四卷(十一至十二、外集一卷、年譜一卷)

410000－2217－0000630　0000698
身世準繩二卷　(清)李迪光纂輯　(清)王海文鑒定　清刻本　一冊　存一卷(一)

410000－2217－0000631　0000699
詩經喈鳳詳解八卷　(清)陳抒孝輯著　(清)汪基增訂　清刻本　一冊　存一卷(一)

410000－2217－0000632　0000700
武王克殷日紀一卷　(清)林春溥纂　清嘉慶刻本　一冊

410000－2217－0000633　0000701
茹樂齋詩稿不分卷　(清)席□□撰　清宣統二年(1910)張克銘大同石印本　一冊

410000－2217－0000634　0000702
曉讀書齋初錄二卷　(清)洪亮吉著　清刻本　一冊

410000－2217－0000635　0000703
新刊校正圓機活法詩學全書二十四卷　(明)王世貞校　清刻本　一冊　存一卷(四)

410000－2217－0000636　0000704
致用精舍講語十六卷　(清)王輅撰　清光緒刻本　一冊　存一卷(論語類解二)

410000－2217－0000637　0000705
制義提要讀本□□卷　(清)□□撰　清刻本　二冊　存十卷(五至十四)

410000－2217－0000638　0000706
醫學十書　(明)□□輯　清光緒七年(1881)羊城雲林閣刻本　二冊　存三種三卷

410000－2217－0000639　0000707
唐詩試帖課蒙詳解十卷首一卷　(清)王錫侯編釋　清乾隆刻本　一冊　存二卷(一、首一卷)

410000－2217－0000640　0000708
河南闈墨不分卷　(清)易順鼎擬作　清光緒十四年(1888)文明堂刻本　一冊

410000－2217－0000641　0000709
河南闈墨不分卷　(清)謝體仁擬作　清道光刻本　一冊

410000－2217－0000642　0000710
大清通禮品官士庶儀纂六卷　(清)劉師陸輯　清嘉慶刻本　一冊

410000－2217－0000643　0000711
五經揭要二十九卷　(清)許寶善編　清刻本　十冊　存二十三卷(周易揭要二至三,詩經揭要一至四,禮記揭要一至四,書經揭要一至六,春秋揭要一至六、首一卷)

410000－2217－0000644　0000712
新政應試必讀六卷　(清)顧厚焜鑒定　清光緒石印本　六冊

410000－2217－0000645　0000713
御製曆象考成上編十六卷　(清)允祿纂修　清石印本　十六冊

410000－2217－0000646　0000714

後漢書九十卷 （南朝宋）范曄撰 （唐）李賢注 **志三十卷** （晉）司馬彪撰 （南朝梁）劉昭注 清光緒石印本 八冊

410000－2217－0000647 0000715

山曉閣選唐大家柳柳州全集四卷 （唐）柳宗元著 清廣益書局石印本 四冊

410000－2217－0000648 0000716

塾課文鈔八集十六卷 （清）于光華編次 清心簡齋刻本 十二冊 存十卷（一集二卷、三集上、五集二卷、六集二卷、七集二卷、八集上）

410000－2217－0000649 0000717

塾課文鈔八集十六卷 （清）于光華編次 清心簡齋刻本 十冊 存十卷（二集二卷、三集二卷、四集二卷、六集下、七集上、八集二卷）

410000－2217－0000650 0000718

塾課文鈔八集十六卷 （清）于光華編次 清心簡齋刻本 二冊 存二卷（二集二卷）

410000－2217－0000651 0000719

飲冰室詩話五卷 梁啓超著 清宣統石印本 五冊

410000－2217－0000652 0000720

重訂文選集評十五卷首一卷末一卷 （清）于光華編 清咸豐刻本 十六冊

410000－2217－0000653 0000721

歸震川錢牧齋尺牘合刊五卷 （明）歸有光 （清）錢謙益撰 清宣統石印本 六冊

410000－2217－0000654 0000722

十一朝東華約錄二百三十二卷 （清）王祖顯撰 清光緒二十七年（1901）石印本 二十四冊

410000－2217－0000655 0000723

枕善堂尺牘一隅二十卷 （清）陳大溶著 清刻本 七冊 存十九卷（二至二十）

410000－2217－0000656 0000724

歷代詩話不分卷 （清）□□撰 清石印本 八冊

410000－2217－0000657 0000725

古文辭類纂七十四卷續古文辭類纂三十四卷 （清）姚鼐撰 清光緒鉛印本 九冊 存二十三卷（三至十五、續一至十）

410000－2217－0000658 0000726

類對集材六卷 （清）胡雲煥編釋 清同治刻本 六冊

410000－2217－0000659 0000727

續試律大觀三十二卷 （清）周夢熊輯 清咸豐刻本 六冊 存十二卷（一至十二）

410000－2217－0000660 0000728

同治丁卯至光緒丁丑近十一科鄉會墨醇不分卷 （清）韋明星 （清）趙鐘編次 清光緒求是齋刻本 八冊

410000－2217－0000661 0000729

咸豐辛亥至己未八科鄉會墨醇不分卷 （清）杜聯選評 清咸豐求是齋刻本 八冊

410000－2217－0000662 0000730

讀通鑑論十六卷附宋論十五卷 （清）王夫之撰 清會文堂石印本 十二冊

410000－2217－0000663 0000731

百大家批評文選十二卷 （明）沈一貫選輯 清石印本 十二冊

410000－2217－0000664 0000732

名賢手札不分卷 （清）郭慶藩輯 清光緒石印本 四冊

410000－2217－0000665 0000733

清朝駢體正宗評本十二卷 （清）曾燠選 清光緒石印本 四冊

410000－2217－0000666 0000735

御批歷代通鑑輯覽一百二十卷 （清）傅恒等撰 清光緒石印本 八冊 存一百六卷（一至一百六）

410000－2217－0000667 0000736

御批歷代通鑑輯覽一百二十卷 （清）傅恒等撰 清光緒石印本 十二冊 存六十卷（一至六十）

410000－2217－0000668　0000737
資治通鑑綱目五十九卷首一卷　(宋)朱熹撰　(明)陳仁錫評閱　清刻本　十册　存十卷(五、十、十五至十九、二十一至二十三)

410000－2217－0000669　0000738
續資治通鑑綱目二十七卷　(明)商輅等撰　(明)陳仁錫評閱　清刻本　十六册　存十五卷(六至八、十至十三、十八至二十五)

410000－2217－0000670　0000739
資治通鑑綱目前編二十五卷　(明)南軒撰　(明)陳仁錫評閱　清刻本　二册　存五卷(十五至十七、二十四至二十五)

410000－2217－0000671　0000740
酉陽雜俎二十卷續集十卷　(唐)段成式撰　清文瑞樓石印本　五册

410000－2217－0000672　0000741
莊子十卷　(晉)郭象注　(唐)陸德明音義　清鴻章書局石印本　四册

410000－2217－0000673　0000742
四書味根錄三十七卷首二卷　(清)金澂輯　清石印本　八册　存十六卷(一至十五、首一卷)

410000－2217－0000674　0000743
試帖玉芙蓉集四卷　(清)同文書局主人選輯　清光緒十年(1884)同文書局印本　四册

410000－2217－0000675　0000744
粉妝樓八十回　題(清)竹溪山人撰　清嘉慶刻本　四册　存四十回(一至四十)

410000－2217－0000676　0000745
四書人物類典串珠四十卷　(清)臧志仁編輯　清嘉慶刻本　十一册　存三十六卷(一至四、九至四十)

410000－2217－0000677　0000746
彙刻書目初編十卷補編一卷　(清)顧脩撰　清嘉慶二十五年(1820)璜川吴氏刻本　十册　存九卷(初編一至四、七至十,補編一卷)

410000－2217－0000678　0000747
皇朝經世文續新編三十卷　(清)儲桂山輯　清光緒石印本　十二册

410000－2217－0000679　0000748
在官法戒錄摘鈔四卷　(清)陳弘謀編輯　清道光刻本　二册

410000－2217－0000680　0000749
攈古錄金文三卷　(清)吴式芬撰　清刻本　二册　存一卷(三)

410000－2217－0000681　0000751
四書典腋十八卷　題(清)松軒主人輯　清嘉慶刻本　七册

410000－2217－0000682　0000750
典林博覽十二卷　(清)鍾運堯編輯　清同治刻本　十二册

410000－2217－0000683　0000752
叩鉢齋增補應酬全書行厨集十七卷　(清)汪建封　(清)李之洂輯　清刻本　五册　存七卷(十一至十七)

410000－2217－0000684　0000753
書經集傳六卷　(宋)蔡沈撰　清慎詒堂刻本　四册

410000－2217－0000685　0000754
定盦文集三卷續集四卷補編四卷　(清)龔自珍撰　清同治文瑞樓石印本　三册

410000－2217－0000686　0000755
資治通鑑綱目五十九卷首一卷　(宋)朱熹撰　(明)陳仁錫評閱　清刻本　九册　存九卷(二十四至二十五、二十八至二十九、四十三至四十四、四十九、五十三至五十四)

410000－2217－0000687　0000756
富文堂綱鑑易知錄九十二卷　(清)吴乘權等輯　清刻本　八册　存十六卷(一至二、二十四至二十七、五十至五十三、六十二至六十三、六十六至六十七、七十三至七十四)

410000－2217－0000688　0000757
□□筠先□□不分卷　(清)□□撰　清刻本　一册

410000－2217－0000689　0000758
夢溪筆談二十六卷補筆談三卷續筆談一卷　(宋)沈括著　明崇禎汲古閣刻本　五册　存二十三卷(一至九、十七至二十六,補筆談三卷,續筆談一卷)

410000－2217－0000690　0000759
彙輯輿圖備攷全書十八卷　(明)潘光祖彙輯　明刻本　六册　存七卷(五、十、十二至十六)

410000－2217－0000691　0000760
禮記十卷　(元)陳澔集説　清光緒十九年(1893)浙江書局刻本　十册

410000－2217－0000692　0000761
[熙寧]長安志二十卷圖三卷　(宋)宋敏求撰　(元)李好文繪　(清)畢沅校正　清乾隆四十九年(1784)鎮洋畢氏靈巖山館刻本　六册

410000－2217－0000693　0000762
濂洛關閩書十九卷　(清)張伯行集解　清康熙正誼堂刻本　四册　存十四卷(周子一、張子一、朱子一至七、程子六至十)

410000－2217－0000694　0000763
真西先生集八卷　(宋)真德秀撰　(清)張伯行重訂　清康熙正誼堂刻本　三册

410000－2217－0000695　0000764
朱子學的二卷　(明)丘濬輯　(清)張伯行重訂　清康熙正誼堂刻本　一册

410000－2217－0000696　0000765
詩經集傳八卷　(宋)朱熹撰　清聚賢堂刻本　四册

410000－2217－0000697　0000766
一統志案説十六卷　(清)顧炎武撰　(清)徐乾學纂　(清)吳兆宜鈔　清道光刻本　五册　存十四卷(一至四、七至十六)

410000－2217－0000698　0000767
劉子全書四十卷首一卷　(明)劉宗周撰　(清)董瑒編次　清刻本　十八册　存二十四卷(十七至四十)

410000－2217－0000699　0000768
書經集傳六卷　(宋)蔡沈撰　清刻本　二册　存三卷(一、五至六)

410000－2217－0000700　0000769
書經集傳六卷　(宋)蔡沈撰　清世榮堂刻本　三册　存四卷(一至四)

410000－2217－0000701　0000770
國朝試帖鳴盛六卷　(清)杜定基類註　清刻本　一册　存二卷(一、三)

410000－2217－0000702　0000771
增删卜易六卷　題(清)野鶴老人著　(清)李文輝鑒定　清刻本　一册　存二卷(四至五)

410000－2217－0000703　0000772
周易乾鑿度二卷　(漢)鄭玄注　清乾隆二十一年(1756)德州盧氏雅雨堂刻雅雨堂藏書本　一册

410000－2217－0000704　0000773
穆天子傳六卷山海經十八卷　(晉)郭璞註　清刻本　一册　存九卷(穆天子傳六卷、山海經一至三)

410000－2217－0000705　0000774
群經音辨七卷　(宋)賈昌朝撰　清康熙刻本　一册　存四卷(四至七)

410000－2217－0000706　0000775
書經集傳六卷　(宋)蔡沈撰　清三味堂刻本　二册　存三卷(四至六)

410000－2217－0000707　0000776
國朝中州文徵五十四卷首一卷　(清)蘇源生編　清道光刻本　十册　存二十一卷(一至五、十一至十二、十五至十六、二十三至二十八、三十二至三十三、四十一至四十二、四十八至四十九)

410000－2217－0000708　0000777
道齊正軌二十卷　(清)鄒鳴鶴纂述　(清)蘇源生編校　清刻本　二册　存五卷(十四至十八)

410000－2217－0000709　0000778

經文書局增定鑑略妥注善本六卷 (明)李廷機著 (明)張瑞圖校正 (清)鄒聖脈原訂 清光緒二十九年(1903)經文書局刻本 一册 存二卷(一至二)

410000－2217－0000710 0000779

新刻書經備旨善本輯要六卷 (清)馬大猷輯 (清)汪右衡鑒定 清經國堂刻本 四册 存五卷(一至三、五至六)

410000－2217－0000711 0000780

尋樂堂日錄二十五卷附錄一卷 (清)竇克勤著 (清)竇容莊 (清)竇容邃編 清刻本 五册 存十一卷(一至十一)

410000－2217－0000712 0000781

四書貫解十九卷 (清)朱良玉纂輯 清三多齋刻本 二册 存四卷(孟子四至七)

410000－2217－0000713 0000782

左傳翼三十八卷 (清)周大璋輯 清刻本 四册 存八卷(二十至二十七)

410000－2217－0000714 0000783

論語集註十卷 (宋)朱熹撰 清刻本 三册

410000－2217－0000715 0000784

花樣集十二卷 (清)楊昌光編 清光緒刻本 一册 存三卷(一至三)

410000－2217－0000716 0000785

二十一史約編八卷首一卷 (清)鄭元慶述 清刻本(有圖) 一册 存一卷(首一卷)

410000－2217－0000717 0000786

歷代史論十二卷宋史論三卷元史論一卷 (明)張溥論正 **明史論四卷** (清)谷應泰撰 **左傳史論一卷** (清)高士奇撰 清石印本 三册 存十三卷(歷代史論一至四、宋史論三卷、元史論一卷、明史論四卷、左傳史論一卷)

410000－2217－0000718 0000787

古文嗜鳳新編八卷 (清)汪基鈔輯 清刻本 二册 存二卷(三至四)

410000－2217－0000719 0000788

治家格言詩鈔不分卷 (清)金國均編 清咸豐十年(1860)刻本 一册

410000－2217－0000720 0000789

經綸局增定課讀鑑略妥注善本五卷 (明)李廷機著 (明)張瑞圖校閲 (清)鄒聖脈原訂 清經綸局刻本 一册 存三卷(三至五)

410000－2217－0000721 0000790

古餘局增定課讀鑑略妥注善本五卷 (明)李廷機著 (明)張瑞圖校正 (清)鄒聖脈原訂 清光緒二十九年(1903)古餘山房刻本 一册 存二卷(一至二)

410000－2217－0000722 0000791

鑑略妥注善本五卷 (明)李廷機著 (明)張瑞圖校正 (清)鄒聖脈原訂 清刻本 一册 存二卷(四至五)

410000－2217－0000723 0000792

鄉黨圖考十卷 (清)江永著 清刻本 一册 存三卷(八至十)

410000－2217－0000724 0000793

重訂選擇集要七卷 (清)黄一鳳編 清嘉慶二十一年(1816)刻本 一册 存四卷(一至四)

410000－2217－0000725 0000794

大清通禮五十卷 (清)來保等編纂 清乾隆刻本 六册 存三十九卷(一至十一、十七至三十八、四十五至五十)

410000－2217－0000726 0000795

後漢書九十卷 (南朝宋)范曄撰 (唐)李賢註 **志三十卷** (晉)司馬彪撰 (南朝梁)劉昭注 清康熙三十九年(1700)刻本 十册 存六十四卷(後漢書一至十、四十一至六十四,志三十卷)

410000－2217－0000727 0000796

尚書因文六卷首一卷末一卷 (清)武士選撰 清約六家塾刻本 二册 存五卷(二至三、五至六,末一卷)

410000－2217－0000728 0000797

臣鑒録二十卷 （清）蔣伊編輯　清刻本　五冊　存十卷（一至二、五至十二）

410000－2217－0000729　0000798
拙修集偶抄十卷 （清）方宗誠著　清抄本　二冊　存三卷（一至二、四）

410000－2217－0000730　0000799
讀論語筆記不分卷 （清）方宗誠著　清抄本　二冊

410000－2217－0000731　0000800
毛溪志學録十卷 （清）方宗誠著　清抄本　一冊　存一卷（一）

410000－2217－0000732　0000801
序集不分卷 （清）蘇源生抄　清抄本　一冊

410000－2217－0000733　0000802
愛日精廬藏書志三十六卷續志四卷 （清）張金吾撰　清刻本　二冊　存八卷（四至七、十三至十六）

410000－2217－0000734　0000803
正誼堂文集四十卷首二卷 （清）張伯行著　清刻本　五冊　存十二卷（二十至三十一）

410000－2217－0000735　0000804
薛文清公讀書録八卷 （明）薛瑄著　（清）張伯行訂　清咸豐鄢陵書院刻本　四冊

410000－2217－0000736　0000805
薛文清公讀書録八卷 （明）薛瑄著　（清）張伯行訂　清咸豐鄢陵書院刻本　四冊

410000－2217－0000737　0000806
薛文清公［瑄］年譜一卷 （明）楊鶴編　清石印本　一冊

410000－2217－0000738　0000807
薛文清公［瑄］行實録五卷附手稿一卷 （明）王鴻編　清石印本　五冊

410000－2217－0000739　0000808
薛文清公讀書録八卷 （明）薛瑄著　（清）張伯行訂　清咸豐鄢陵書院刻本　四冊

410000－2217－0000740　0000809
薛文清公讀書録八卷 （明）薛瑄著　（清）張伯行訂　清咸豐鄢陵書院刻本　三冊　存六卷（一至二、五至八）

410000－2217－0000741　0000810
薛文清公讀書録八卷 （明）薛瑄著　（清）張伯行訂　清咸豐鄢陵書院刻本　二冊　存四卷（一至二、五至六）

410000－2217－0000742　0000811
薛文清公讀書録八卷 （明）薛瑄著　（清）張伯行訂　清咸豐鄢陵書院刻本　一冊　存二卷（一至二）

410000－2217－0000743　0000812
讀四書叢說八卷 （元）許謙撰　清刻本　五冊　存六卷（大學一卷、中庸下、論語上中、孟子二卷）

410000－2217－0000744　0000813
論語意原四卷 （宋）鄭汝諧撰　清刻本　一冊　存二卷（一至二）

410000－2217－0000745　0000814
周官新義十六卷附考工記解二卷 （宋）王安石撰　清刻本　一冊　存四卷（一至四）

410000－2217－0000746　0000815
江村山人閏餘藁六卷未定稿六卷 （清）劉青芝撰　清抄本　三冊

410000－2217－0000747　0000816
史漢異同是非四卷 （清）劉青芝撰　清抄本　一冊

410000－2217－0000748　0000817
抱膝廬文集六卷 （清）劉宗泗著　清抄本　一冊　存一卷（一）

410000－2217－0000749　0000818
七一軒文稿二卷 （清）劉青蓮撰　清抄本　二冊

410000－2217－0000750　0000819
江村隨筆十卷 （清）劉青芝撰　清抄本　三冊

410000－2217－0000751　0000820

日記續錄一卷　(清)□□撰　清抄本　一冊

410000－2217－0000752　0000821
新增說文韻府群玉二十卷　(元)陰時夫編　清刻本　七冊　存七卷(十一、十三至十八)

410000－2217－0000753　0000822
［目錄抄本］一卷　(清)□□撰　清抄本　一冊

410000－2217－0000754　0000823
戰國策三十三卷　(宋)鮑彪校注　(元)吳師道重校　清刻本　四冊　存六卷(一至三、六、八至九)

410000－2217－0000755　0000824
戰國策三十三卷　(宋)鮑彪校注　(元)吳師道重校　清刻本　二冊　存四卷(一至三、七)

410000－2217－0000756　0000825
周易本義四卷　(宋)朱熹撰　清乾隆刻本　二冊

410000－2217－0000757　0000826
爾雅註疏十一卷　(晉)郭璞注　(宋)邢昺疏　清汲古閣刻本　一冊　存二卷(八至九)

410000－2217－0000758　0000827
詩經體註大全合叅八卷　(清)高朝瓔纂集　清英德堂刻本　四冊

410000－2217－0000759　0000828
皇清誥授光祿大夫晉加太子太保銜賜謚恭勤兵部侍郎兼都察院右副都御史總督河南山東河道提督軍務加六級顯考樸園府君［栗毓美］行述不分卷　(清)栗烜撰　清嘉慶刻本　一冊

410000－2217－0000760　0000829
道齊正軌二十卷　(清)鄒鳴鶴纂述　(清)蘇源生編　清刻本　一冊

410000－2217－0000761　0000830
中州固陵吳氏家乘不分卷　(清)□□撰　清道光十四年(1834)刻本　一冊

410000－2217－0000762　0000831
論語或問二十卷　(宋)朱熹著　清刻本　一冊　存八卷(三至十)

410000－2217－0000763　0000832
竇筠峯先生語錄一卷　(明)竇如珠撰　清刻竇氏叢書本　一冊

410000－2217－0000764　0000833
周易兼義九卷　(三國魏)王弼　(晉)韓康伯注　(唐)孔穎達正義　**音義一卷**　(唐)陸德明撰　**注疏校勘記九卷釋文校勘記一卷**　(清)阮元撰　(清)盧宣旬摘錄　清刻本　一冊　存六卷(注疏校勘記五至九、釋文校勘記一卷)

410000－2217－0000765　0000834
大清新法令不分卷　商務印書館編　清光緒石印本　一冊

410000－2217－0000766　0000835
中曲山房詩集不分卷　(明)蘇宇著　(明)閻爾梅評選　清刻本　一冊

410000－2217－0000767　0000836
欽定正嘉四書文不分卷　(清)方苞輯　清刻本　一冊

410000－2217－0000768　0000837
強恕堂傳家集一卷　(清)夏錫疇編　清同治七年(1868)刻本　一冊

410000－2217－0000769　0000838
強恕堂傳家集一卷　(清)夏錫疇編　清同治七年(1868)刻本　一冊

410000－2217－0000770　0000839
庾闈集二卷　(清)蘇源生輯　清抄本　一冊

410000－2217－0000771　0000840
大學臆說二卷　(清)蘇源生著　清咸豐十一年(1861)刻本　一冊

410000－2217－0000772　0000841
敕授儒林郎光祿寺署正銜特用訓導道光丁酉科拔貢庚子科副榜蘇公崇祀鄉賢錄一卷　(清)涂□□　(清)廖□□鑒定　清光緒六年(1880)刻本　一冊

410000－2217－0000773　0000842
敕授儒林郎光祿寺署正銜特用訓導道光丁酉科拔貢庚子科副榜蘇公崇祀鄉賢錄一卷　(清)涂□□　(清)廖□□鑒定　清光緒六年(1880)刻本　一册

410000－2217－0000774　0000843
敕授儒林郎光祿寺署正銜特用訓導道光丁酉科拔貢庚子科副榜蘇公崇祀鄉賢錄一卷　(清)涂□□　(清)廖□□鑒定　清光緒六年(1880)刻本　一册

410000－2217－0000775　0000844
敕授儒林郎光祿寺署正銜特用訓導道光丁酉科拔貢庚子科副榜蘇公崇祀鄉賢錄一卷　(清)涂□□　(清)廖□□鑒定　清光緒六年(1880)刻本　一册

410000－2217－0000776　0000845
記過齋書目二卷　(清)蘇源生編　清抄本　一册　存一卷(二)

410000－2217－0000777　0000846
貞壽堂贈言不分卷　(清)蘇源生著　清同治刻本　一册

410000－2217－0000778　0000847
貞壽堂贈言不分卷　(清)蘇源生著　清同治刻本　一册

410000－2217－0000779　0000848
貞壽堂贈言不分卷　(清)蘇源生著　清同治刻本　一册

410000－2217－0000780　0000849
貞壽堂贈言不分卷　(清)蘇源生著　清同治刻本　一册

410000－2217－0000781　0000850
貞壽堂贈言不分卷　(清)蘇源生著　清同治刻本　一册

410000－2217－0000782　0000851
貞壽堂贈言不分卷　(清)蘇源生著　清同治刻本　一册

410000－2217－0000783　0000852
貞壽堂贈言不分卷　(清)蘇源生著　清同治刻本　一册

410000－2217－0000784　0000853
貞壽堂贈言不分卷　(清)蘇源生著　清同治刻本　一册

410000－2217－0000785　0000854
大學臆説二卷　(清)蘇源生學　清咸豐十一年(1861)刻本　一册

410000－2217－0000786　0000855
蘇菊村先生[源生]言行畧一卷附志傳一卷　(清)王心撰　清刻本　一册

410000－2217－0000787　0000856
彰善錄不分卷　(清)□□撰　清刻本　一册

410000－2217－0000788　0000857
呂書拾遺一卷補遺一卷　(清)蘇源生抄　清抄本　二册

410000－2217－0000789　0000858
敕授儒林郎光祿寺署正銜特用訓導道光丁酉科拔貢庚子科副榜蘇公崇祀鄉賢錄一卷　(清)涂□□　(清)廖□□鑒定　清光緒六年(1880)刻本　一册

410000－2217－0000790　0000859
蘇菊村先生[源生]言行畧一卷附志傳一卷　(清)王心撰　清刻本　一册

410000－2217－0000791　0000860
蘇菊村先生[源生]言行畧一卷附志傳一卷　(清)王心撰　清刻本　一册

410000－2217－0000792　0000861
蘇菊村先生[源生]言行畧一卷附志傳一卷　(清)王心撰　清刻本　一册

410000－2217－0000793　0000862
記過齋文稿二卷　(清)蘇源生撰　清刻本　一册

410000－2217－0000794　0000863
[王任]行述一卷　(清)蘇源生撰　清刻本　七葉

410000－2217－0000795　0000864

李淳風六壬時課不分卷　(清)□□輯　清抄本　一冊

410000－2217－0000796　0000865

字彙十二卷首一卷末一卷韻法直圖一卷韻法橫圖一卷　(明)梅膺祚音釋　清刻本　六冊　存八卷(子集、巳集、申集、酉集,首一卷,末一卷,韻法直圖一卷,韻法橫圖一卷)

410000－2217－0000797　0000866

保城左券號令編不分卷　(清)阮世昌撰　清咸豐刻本　一冊

410000－2217－0000798　0000867

試律分韻約選不分卷　(清)吳選撰　清刻本　一冊

410000－2217－0000799　0000868

使粵日記二卷(清道光八年五月十六日至十二月十三日)　(清)李鈞撰　清道光刻本　一冊

410000－2217－0000800　0000869

遵汝山房文稿八卷　(清)耿興宗撰　清刻本　七冊　存七卷(一至四、六至八)

410000－2217－0000801　0000870

連山書院志六卷首一卷　(清)李來章撰　清刻本　二冊　存二卷(五至六)

410000－2217－0000802　0000871

讀杜心解六卷首二卷　(清)浦起龍撰　清雍正二年(1724)浦氏寧我齋刻本　一冊　存三卷(讀杜心解一、首二卷)

410000－2217－0000803　0000872

曝書雜記二卷　(清)錢泰吉著　清刻本　一冊

410000－2217－0000804　0000873

增補萬寶全書二十卷　(明)陳繼儒輯　清刻本　一冊　存一卷(二)

410000－2217－0000805　0000874

鳳巢山樵求是錄六卷　(清)吳慈鶴撰　清嘉慶刻本　二冊

410000－2217－0000806　0000875

西京清麓叢書　(清)賀瑞麟輯　清同治至民國間傳經堂刻本　一冊　存二種四卷

410000－2217－0000807　0000876

廣近思錄十四卷　(清)張伯行編　清光緒二十年(1894)刻本　二冊

410000－2217－0000808　0000877

板橋詩鈔一卷　(清)鄭燮撰　清刻本　一冊

410000－2217－0000809　0000878

書經集傳六卷　(宋)蔡沈撰　清刻本　一冊　存一卷(四)

410000－2217－0000810　0000879

小學集註六卷　(明)陳選集註　清文盛堂刻本　四冊　存五卷(一、三至六)

410000－2217－0000811　0000880

新訂四書補注備旨十卷　(明)鄧林著　(清)鄧煜編次　(清)杜定基增訂　清刻本　二冊　存二卷(孟子三至四)

410000－2217－0000812　0000881

新訂四書補注備旨十卷　(明)鄧林著　(清)鄧煜編次　(清)杜定基增訂　清刻本　二冊　存二卷(孟子三至四)

410000－2217－0000813　0000882

新訂四書補注備旨十卷　(明)鄧林著　(清)鄧煜編次　(清)杜定基增訂　清刻本　二冊　存二卷(孟子三至四)

410000－2217－0000814　0000883

新訂四書補注備旨十卷　(明)鄧林著　(清)鄧煜編次　(清)杜定基增訂　清刻本　二冊　存二卷(孟子三至四)

410000－2217－0000815　0000884

新訂四書補注備旨十卷　(明)鄧林著　(清)鄧煜編次　(清)杜定基增訂　清刻本　二冊　存二卷(孟子三至四)

410000－2217－0000816　0000885

新訂四書補注備旨十卷　(明)鄧林著　(清)鄧煜編次　(清)杜定基增訂　清刻本　一冊

存一卷(孟子四)

410000－2217－0000817　0000886
新鐫鄧退庵先生家藏四書補註彙考備旨全本□□卷　(明)鄧林著　清刻本　一册　存一卷(四)

410000－2217－0000818　0000887
五經揭要二十九卷　(清)許寶善編　清刻本　十一册　存二十四卷(書經六卷,詩經四卷,周易三卷,禮記一至三、五至六,春秋一至六)

410000－2217－0000819　0000888
藝舟雙楫不分卷　(清)包世臣撰　清光緒刻本　三册

410000－2217－0000820　0000889
五經揭要二十九卷　(清)許寶善編　清刻本　二册　存三卷(周易一、禮記五至六)

410000－2217－0000821　0000890
爵秩全函不分卷　(清)□□撰　清榮禄堂刻本　一册

410000－2217－0000822　0000891
家訓試律解不分卷　(清)金國均著　清同治刻本　一册

410000－2217－0000823　0000892
四書五經義不分卷　(清)□□撰　清光緒刻本　一册

410000－2217－0000824　0000893
千金裘二十七卷　(清)蔣義彬撰　**二集二十六卷**　(清)蔣義彬　(清)徐元麟撰　清同治刻本　三册　存五卷(初集十一、二十四至二十七)

410000－2217－0000825　0000894
新鐫五言千家詩箋註二卷　(清)王相選註　**增補重訂千家詩註解二卷**　(宋)謝枋得選　清刻本　一册

410000－2217－0000826　0000895
三皇紀不分卷　(□)□□撰　清抄本　一册

410000－2217－0000827　0000896
八紘譯史四卷　(清)陸次雲著　清刻本　一册　存三卷(一至三)

410000－2217－0000828　0000899
十三經心畬　(清)陶起庠撰　清刻本　一册　存八卷(周易三卷、書經三卷、詩經一至二)

410000－2217－0000829　0000900
古文筆法百篇二十卷　(清)李扶九編　清光緒刻本　四册

410000－2217－0000830　0000901
澹泊齋課藝不分卷　(清)□□編　清刻本　二册

410000－2217－0000831　0000902
存齋偶錄四卷　(清)余堉著　清道光刻本　一册　存一卷(一)

410000－2217－0000832　0000903
春暉閣詩選六卷　(清)蔣湘南撰　清道光十年(1830)刻本　一册　存三卷(一至三)

410000－2217－0000833　0000904
論語詩箋不分卷　(清)尤侗著　清嘉慶八年(1803)鹿草山房刻本　一册

410000－2217－0000834　0000905
學愚集八卷　(清)梁賓著　(清)湯之暄評　清乾隆敦庸堂刻本　三册　存六卷(一至二、五至八)

410000－2217－0000835　0000906
新鍥希夷陳先生紫微斗數全書四卷　(宋)陳摶撰　清繼述堂刻本　一册　存二卷(一至二)

410000－2217－0000836　0000907
醫宗必讀十卷　(明)李中梓著　(明)李廷芳訂　清刻本　二册　存四卷(五至八)

410000－2217－0000837　0000908
石渠閣校刊庭訓文章軌範百家評註七卷　(宋)謝枋得批選　**石渠閣校刻庭訓閲古隨筆二卷**　(明)穆文熙撰　清刻本　二册　存六卷(四至七、隨筆二卷)

410000－2217－0000838　0000909

寄願堂四書玩註詳說□□卷 (清)冉覲祖輯 清刻本 一冊 存一卷(下論三)

410000－2217－0000839 0000910
皇朝經世文三編八十卷 (清)陳忠倚輯 清光緒石印本 四冊 存二十卷(二十一至二十五、三十六至四十、五十一至五十五、六十六至七十)

410000－2217－0000840 0000911
史論正鵠初集四卷二集四卷三集八卷 (清)王樹敏評點 清光緒二十七年(1901)上海久敬齋石印本 一冊 存十二卷(初集一、二集四卷、三集一至七)

410000－2217－0000841 0000912
歷代史論十二卷宋史論三卷元史論一卷 (明)張溥論正 **明史論四卷** (清)谷應泰論正 **左傳史論二卷** (清)高士奇論正 清石印本 一冊 存五卷(元史論一卷、明史論四卷)

410000－2217－0000842 0000913
二十四史論新編二十三卷 (清)朱鈞輯 清光緒上海書局石印本 三冊 存十三卷(一至六、十至十六)

410000－2217－0000843 0000914
弢甫集三十卷 (清)桑調元輯 清乾隆蘭陔草堂刻本 二冊 存十八卷(七至十六、十七至二十四)

410000－2217－0000844 0000915
四書講義大全二十六卷 (清)史廷煇輯 清刻本 一冊 存三卷(下論八至十)

410000－2217－0000845 0000916
四書講義大全二十六卷 (清)史廷煇輯 清刻本 一冊 存三卷(下論八至十)

410000－2217－0000846 0000917
張九達先生四書尊註會意解三十六卷 (清)張庸德補 清刻本 一冊 存二卷(下論十七至十八)

410000－2217－0000847 0000918
新訂四書補註備旨十卷 (明)鄧林著 (清)鄧煜編次 (清)杜定基增訂 清刻本 二冊 存三卷(下論三至四、下孟四)

410000－2217－0000848 0000919
新訂四書補註備旨十卷 (明)鄧林著 (清)鄧煜編次 (清)杜定基增訂 清刻本 二冊 存三卷(下論三至四、上孟二)

410000－2217－0000849 0000920
詩經集注八卷 (宋)朱熹撰 清刻本 四冊

410000－2217－0000850 0000921
新刻書經備旨善本輯要六卷 (清)馬大猷輯 (清)汪右衡鑒定 清光緒刻本 二冊 存三卷(一至三)

410000－2217－0000851 0000922
詩經集注八卷 (宋)朱熹撰 清刻本 四冊

410000－2217－0000852 0000923
叩鉢齋應酬詩集四卷 (清)李之澎 (清)汪建封輯 清刻本 一冊

410000－2217－0000853 0000924
青雲集分韻試帖詳註四卷 (清)楊逢春輯 清刻本 一冊 存一卷(二)

410000－2217－0000854 0000925
時文備法注釋新編不分卷 (清)史夢琦評選 清文瑞堂刻本 一冊

410000－2217－0000855 0000926
太上感應篇直講一卷 (宋)李昌齡撰 清咸豐六年(1856)刻本 一冊

410000－2217－0000856 0000927
太上感應篇直講一卷 (宋)李昌齡撰 清咸豐六年(1856)刻本 一冊

410000－2217－0000857 0000928
[名人劄記]不分卷 (清)蘇源生撰 清稿本 一冊

410000－2217－0000858 0000929
黄帝内經素問九卷 (清)張志聰集註 清刻本 一冊 存一卷(八)

410000－2217－0000859　0000930
定香亭筆談四卷　（清）阮元撰　清嘉慶五年（1800）揚州阮氏琅嬛仙館刻本　二册

410000－2217－0000860　0000931
風燭學鈔四卷　（清）馬時芳輯　清刻本　一册　存二卷（三至四）

410000－2217－0000861　0000932
孔氏家語十卷　（三國魏）王肅撰　清刻本　一册　存五卷（六至十）

410000－2217－0000862　0000933
册府元龜獨製三十卷　（明）曹胤昌輯　清刻本　一册　存三卷（三至五）

410000－2217－0000863　0000934
雪鴻吟草一卷　（清）陳瑞森纂　**暈碧軒詩存一卷**　（清）羅瀚隆纂　清刻本　一册

410000－2217－0000864　0000935
七家詩選註釋七卷　（清）張熙宇輯　清刻本　一册　存二卷（六至七）

410000－2217－0000865　0000936
瀛海探驪集八卷　（清）朱埏之輯　清嘉慶刻本　一册　存二卷（五至六）

410000－2217－0000866　0000937
重訂文選集評十五卷首一卷末一卷　（清）于光華編　清咸豐刻本　一册　存一卷（十一）

410000－2217－0000867　0000938
四書朱子大全經傳蘊萃四十卷　（清）朱良玉纂輯　清乾隆六十年（1795）三多齋刻本　二册　存四卷（三至四、十二至十三）

410000－2217－0000868　0000939
南渟賦稿二卷　（清）錢九韶輯　清刻本　一册　存一卷（二）

410000－2217－0000869　0000940
修身寶鑑□□卷　（□）文昌撰　清同治元年（1862）刻本　一册　存一卷（一）

410000－2217－0000870　0000941
大意尊聞三卷　（清）方東樹著　清抄本　一册　存二卷（中、下）

410000－2217－0000871　0000942
詩舲詩外四卷　（清）張祥河輯　清刻本　一册　存二卷（三至四）

410000－2217－0000872　0000943
聲調三譜　（清）王祖源輯　清光緒八年（1882）刻天壤閣叢書本　二册

410000－2217－0000873　0000944
集思堂外集六卷　（清）陳道撰　清道光四年（1824）刻本　一册

410000－2217－0000874　0000945
四書左國彙纂四卷　（清）高其名　（清）鄭師成纂　清百尺樓刻本　一册　、

410000－2217－0000875　0000946
大意尊聞三卷附錄一卷　（清）方東樹著　清同治五年（1866）刻本　一册

410000－2217－0000876　0000947
潛研堂全書　（清）錢大昕撰　清乾隆、嘉慶間刻道光二十年（1840）錢師光重修印本　三册　存三種九卷（諸史拾遺四至五、三史拾遺五卷，通鑑注辯正二卷）

410000－2217－0000877　0000948
四書醒言□□卷　（□）□□撰　清刻本　一册　存一卷（二）

410000－2217－0000878　0000949
瀛海探驪集八卷　（清）朱埏之輯　清嘉慶刻本　二册　存二卷（三、八）

410000－2217－0000879　0000950
海上鴻泥偶存八卷　（清）羅抑山撰　清刻本　三册

410000－2217－0000880　0000951
詩學含英十四卷　（清）劉文蔚輯　清刻本　一册　存七卷（八至十四）

410000－2217－0000881　0000952
第一才子書六十卷一百二十回　（明）羅本著　（清）毛宗崗評　清刻本　一册　存八卷（四十五至五十二）

410000－2217－0000882　0000953

古文喈鳳新編八卷　(清)汪基鈔輯　清刻本　一冊　存三卷(六至八)

410000－2217－0000883　0000954
冉蟫庵先生語録類編五卷　(清)冉覲祖撰　清刻本　一冊　存一卷(三)

410000－2217－0000884　0000955
孫過庭書譜二卷　(唐)孫過庭撰　清抄本　一冊　存一卷(上)

410000－2217－0000885　0000956
[孔孟之學]不分卷　(清)□□撰　清蘇源生抄本　一冊

410000－2217－0000886　0000957
國語二十一卷　(三國吴)韋昭解　清刻本　七冊

410000－2217－0000887　0000958
養蒙針度五卷　(清)潘子聲撰　(清)孫蒼璧　(清)陳樹芝校刊　清刻本　二冊　存三卷(二、四至五)

410000－2217－0000888　0000959
祥刑古鑑二卷附編一卷　(清)宋邦德編　清刻本　一冊　存一卷(下)

410000－2217－0000889　0000960
墨選醇茂集不分卷　(清)□□撰　清刻本　一冊

410000－2217－0000890　0000961
聞式堂古文選釋八卷　(清)臧岳輯　清刻本　四冊　存六卷(一至四、七至八)

410000－2217－0000891　0000962
初學行文語類四卷　(清)孫埏編輯　清刻本　三冊

410000－2217－0000892　0000963
萬松山房詩鈔五卷首一卷　(清)潘正亨撰　清道光十三年(1833)刻本　一冊

410000－2217－0000893　0000964
國朝分法春華一卷　(清)濮嶙評選　清嘉慶二年(1797)懷德堂刻本　五冊

410000－2217－0000894　0000965
張太史稿不分卷　(清)張江撰　清刻本　一冊

410000－2217－0000895　0000966
楷書字法隸書字法不分卷　(清)□□撰　清刻本　一冊

410000－2217－0000896　0000967
時務方略輯要七卷首三卷　(清)楊奇策纂　(清)程鴻烈纂　清刻本　八冊

410000－2217－0000897　0000968
二酉樓詩選不分卷　(清)何出光著　清刻本　一冊

410000－2217－0000898　0000969
日知錄二卷　(清)姚爾申著　清抄本　一冊

410000－2217－0000899　0000970
辟邪紀實三卷　(清)第一傷心人著　清刻本　一冊　存一卷(一)

410000－2217－0000900　0000971
資治新書二集二十卷　(清)李漁輯　清刻本　七冊　存十卷(四至八、十六至二十)

410000－2217－0000901　0000972
東萊博議四卷增補虚字注釋一卷　(宋)呂祖謙撰　清刻本　二冊　存二卷(三至四)

410000－2217－0000902　0000973
東萊博議四卷增補虚字注釋一卷　(宋)呂祖謙撰　(清)李鴻才重梓　(清)張文炳定　清光緒刻本　二冊　存三卷(一、四,增補虚字注釋一卷)

410000－2217－0000903　0000974
東萊博議四卷增補虚字注釋一卷　(宋)呂祖謙撰　(清)李鴻才重梓　(清)張文炳定　清光緒刻本　一冊　存三卷(一至二、增補虚字注釋一卷)

410000－2217－0000904　0000975
二程子十卷　(清)張伯行集解　清刻本　一冊　存五卷(一至五)

410000－2217－0000905　0000976

春秋左傳杜注三十卷首一卷　(清)姚培謙學　清刻本　一冊　存四卷(八至十一)

410000－2217－0000906　0000977
詩經□□卷　　清抄本　一冊　存國風

410000－2217－0000907　0000978
經進風憲忠告一卷　(元)張養浩著　清刻本　一冊

410000－2217－0000908　0000979
詩經集注八卷　(宋)朱熹撰　清刻本　二冊　存四卷(二至五)

410000－2217－0000909　0000980
詩經集注八卷　(宋)朱熹撰　清刻本　一冊　存二卷(三至四)

410000－2217－0000910　0000981
詩經集注八卷　(宋)朱熹撰　清刻本　一冊　存二卷(三至四)

410000－2217－0000911　0000982
詩經集注八卷　(宋)朱熹撰　清刻本　二冊　存四卷(一至四)

410000－2217－0000912　0000983
金精廖公秘授地學心法正傳畫莢扒砂經四卷　(宋)廖禹著　清刻本　一冊　存一卷(四)

410000－2217－0000913　0000984
安瀾紀要二卷　(清)徐端撰　清道光刻本　二冊

410000－2217－0000914　0000985
易稼堂叢書　(清)楊輝編　清道光刻本　一冊　存一種三卷(楊輝算法中、下,札記一卷)

410000－2217－0000915　0000986
困亨錄約編二卷　(清)趙惕翁著　清道光刻本　一冊

410000－2217－0000916　0000987
兩當軒集二十二卷　(清)黃景仁著　清刻本　一冊　存五卷(十三至十七)

410000－2217－0000917　0000988
詩經體註大全八卷　(清)高朝瓔定　清刻本　二冊

410000－2217－0000918　0000989
詩經體註大全體要八卷　(清)高朝瓔定　(清)沈世楷輯　(清)沈存仁叅　清宏道堂刻本(有圖)　二冊

410000－2217－0000919　0000990
資治通鑑綱目五十九卷　(宋)朱熹撰　(明)陳仁錫評閱　清刻本　一冊　存一卷(十二)

410000－2217－0000920　0000991
皇朝經世文續編一百二十卷　(清)葛士濬輯　清光緒石印本　一冊　存八卷(八十六至九十三)

410000－2217－0000921　0000992
古文雅正十四卷　(清)蔡世遠輯　清宣統刻本　一冊　存三卷(一至三)

410000－2217－0000922　0000993
賦學正鵠集釋十卷　(清)李元度輯　清光緒石印本　三冊　存三卷(一、三至四)

410000－2217－0000923　0000994
古文辭類纂七十四卷　(清)姚鼐輯　清光緒石印本　一冊　存二卷(一至二)

410000－2217－0000924　0000995
惜抱軒尺牘八卷補編三卷　(清)姚鼐撰　清石印本　一冊　存五卷(三至四、補編三卷)

410000－2217－0000925　0000996
國朝先正事略六十卷　(清)李元度纂　清光緒鉛印本　一冊　存十七卷(四十四至六十)

410000－2217－0000926　0000997
宋論十五卷　(清)王夫之撰　清光緒石印本　二冊　存二卷(一至二)

410000－2217－0000927　0000998
[光緒]大清搢紳全書四卷　(清)榮祿堂編　清光緒榮祿堂刻本　四冊

410000－2217－0000928　0000999
關中書院課士詩第八集二卷　(清)路德輯　清道光刻本　一冊　存一卷(一)

410000－2217－0000929　0001000

宣講拾遺六卷　(清)莊跛仙輯　清刻本　一冊　存一卷(五)

410000－2217－0000930　0001001

近科房行書菁華二集不分卷　(清)□□撰　清刻本　一冊

410000－2217－0000931　0001002

評註才子古文大家十七卷　(清)金人瑞選　(清)王之績評註　清刻本　一冊　存二卷(六至七)

410000－2217－0000932　0001003

今文不分卷　(清)□□撰　清刻本　一冊　存大學,中庸,上論、下論,上孟、下孟

410000－2217－0000933　0001004

廿一史約編八卷首一卷廿四史約編八卷首一卷　(清)鄭元慶述　清刻本　一冊　存二卷(廿一史約編革、廿四史約編革)

410000－2217－0000934　0001005

河南鄉試硃卷不分卷　(清)□□輯　清刻本　一冊　存道光辛巳科、壬午科、戊子科、壬辰科、甲午科、乙未科、丁酉科、辛丑科、甲辰科、丙午科、己酉科,咸豐壬子科

410000－2217－0000935　0001006

二論講義養正編十卷　(清)史可亭(廷煇)輯　清光緒刻本　一冊　存三卷(一至三)

410000－2217－0000936　0001007

新訂四書補註備旨十卷　(明)鄧林著　(清)鄧煜編次　(清)杜定基增訂　清刻本　三冊　存五卷(下論三至四,上孟一至二、下孟四)

410000－2217－0000937　0001008

新訂四書補註備旨十卷　(明)鄧林著　(清)鄧煜編次　(清)杜定基增訂　清刻本　一冊　存二卷(上孟一至二)

410000－2217－0000938　0001009

新訂四書補註備旨十卷　(明)鄧林著　(清)鄧煜編次　(清)杜定基增訂　清刻本　二冊　存四卷(上孟一至二、下孟一至二)

410000－2217－0000939　0001010

新訂四書補註備旨十卷　(明)鄧林著　(清)鄧煜編次　(清)杜定基增訂　清刻本　一冊　存一卷(下孟一)

410000－2217－0000940　0001011

重訂王鳳洲先生綱鑑會纂四十六卷　(明)王世貞纂　(明)陳仁錫訂　(明)呂一經較　清刻本　一冊　存二卷(五至六)

410000－2217－0000941　0001012

增訂精忠演義說本全傳二十卷八十回　(清)錢彩編　清刻本　二冊　存八卷(五至八、十三至十六)

410000－2217－0000942　0001013

重訂廣事類賦四十卷　(清)華希閔著　(清)華希閎重訂　清刻本　一冊　存三卷(二十六至二十八)

410000－2217－0000943　0001014

二十三章範圍不分卷　(清)□□撰　清道光十一年(1831)刻本　一冊

410000－2217－0000944　0001015

四聲便覽四集　(清)余六師編　清文華堂刻本　一冊

410000－2217－0000945　0001016

四聲便覽四集　(清)余六師編　清刻本　一冊

410000－2217－0000946　0001017

新訂崇正闢謬通書十四卷　(清)李奉來編　清刻本　一冊　存三卷(九至十一)

410000－2217－0000947　0001018

洪北江先生[亮吉]年譜一卷　(清)呂培等編　清刻本　一冊

410000－2217－0000948　0001019

石渠閣精訂徐趙兩先生四書集說二十八卷　(清)徐養元集　(清)趙漁條訂　(清)徐鎮較閱　(清)蔣先庚點定　清康熙刻本　三冊　存七卷(二十二至二十八)

410000－2217－0000949　0001020

學治臆説二卷續説一卷説贅一卷 (清)汪輝祖纂 清道光刻本 一冊

410000－2217－0000950 0001021
典章不分卷 (清)□□撰 清刻本 一冊

410000－2217－0000951 0001022
讀書録十一卷 (明)薛瑄撰 清刻本 四冊 存九卷(三至十一)

410000－2217－0000952 0001023
順天鄉試闈墨光緒癸卯恩科不分卷 (清)□□編 清光緒刻本 一冊

410000－2217－0000953 0001024
洛門存存堂文集一卷 (清)曹鵬翊撰 清刻本 一冊

410000－2217－0000954 0001025
寄傲山房塾課纂輯禮記全文備旨十一卷 (清)鄒聖脈纂輯 (清)鄒廷猷編次 清刻本 一冊 存二卷(四至五)

410000－2217－0000955 0001026
四書講義大全二十六卷 (清)史廷輝輯 清刻本 一冊 存三卷(下論八至十)

410000－2217－0000956 0001027
禮記十卷 (元)陳澔集説 清刻本 一冊 存一卷(六)

410000－2217－0000957 0001028
尚書今古文註疏三十卷 (清)孫星衍撰 清嘉慶刻平津館叢書本 二冊 存三卷(一至三)

410000－2217－0000958 0001029
四書人物類典串珠四十卷 (清)臧志仁編 清嘉慶刻本 四冊 存九卷(一、十九至二十一、三十六至四十)

410000－2217－0000959 0001465
二百蘭亭齋古印攷藏六卷 (清)吳雲鑒藏 清同治三年(1864)刻鈐印本 二冊

410000－2217－0000960 0001031
流霞集不分卷 (□)□□撰 清蘇源生抄本 二冊

410000－2217－0000961 0001032
荒政輯要九卷首一卷 (清)汪志伊纂 清道光刻本 一冊 存五卷(五至九)

410000－2217－0000962 0001033
鼎鍥卜筮鬼谷源流斷易天機大全三卷首一卷 (戰國)鬼谷子撰 清道光刻本 一冊 存二卷(上、首一卷)

410000－2217－0000963 0001034
小倉山房文集三十五卷 (清)袁枚撰 清刻本 一冊 存二卷(二十五至二十六)

410000－2217－0000964 0001035
東萊博議四卷增補虛字注釋一卷 (宋)呂祖謙撰 清刻本 一冊 存一卷(二)

410000－2217－0000965 0001036
東萊博議四卷增補虛字注釋一卷 (宋)呂祖謙撰 清光緒石印本 一冊 存二卷(一至二)

410000－2217－0000966 0001037
應酬尺牘彙選不分卷 (清)陸九如纂輯 清刻本 一冊

410000－2217－0000967 0001038
出塞集三卷 (清)高玢著 清道光二十六年(1846)刻本 二冊

410000－2217－0000968 0001039
學五言排律初例一卷 (清)袁愚山撰 清文盛堂刻本 一冊

410000－2217－0000969 0001040
鄉墨精説一卷 (清)□□撰 清刻本 一冊

410000－2217－0000970 0001041
選材錄一卷 (清)周春撰 清刻本 一冊

410000－2217－0000971 0001042
林臯間集十三卷 (清)潘諮著 清刻本 一冊 存三卷(四至六)

410000－2217－0000972 0001043
而菴説唐詩二十二卷首一卷 (清)徐增述 清文茂堂刻本 一冊 存二卷(九至十)

410000－2217－0000973　0001044

曲江書屋新訂批註左傳快讀十八卷首一卷　(晉)杜預注　(唐)陸德明音義　(宋)林堯叟　(宋)朱申糸註　(清)馮李驊　(清)陸浩批評　(清)李紹崧選訂　清刻本　二册　存四卷(一至三、十)

410000－2217－0000974　0001045

圖註八十一難經辨真四卷　(戰國)秦越人著　(明)張世賢註　清刻本　一册　存二卷(三至四)

410000－2217－0000975　0001046

孫子十家註十三卷　(春秋)孫武著　(宋)吉天保輯　(清)孫星衍　(清)吴人驥校　清光緒刻本　一册　存一卷(三)

410000－2217－0000976　0001047

澹泊齋課藝不分卷　(清)劉毓枏編　清刻本　一册

410000－2217－0000977　0001048

傳心要語一卷　(清)王檢心輯　清咸豐刻本　一册

410000－2217－0000978　0001049

陳楓階先生訓子家書一卷　(清)陳宸撰　清刻本　一册

410000－2217－0000979　0001050

續古文苑二十卷　(清)孫星衍撰　清光緒刻本　一册　存三卷(十八至二十)

410000－2217－0000980　0001051

成臯雜著一卷　(清)婁謙等編　清道光十三年(1833)刻本　一册

410000－2217－0000981　0001052

守柔齋詩鈔四卷　(清)蘇廷魁撰　清道光刻本　一册　存三卷(一至三)

410000－2217－0000982　0001053

成華節孝録四卷首一卷末一卷　(清)王煦編　清咸豐刻本　一册　存二卷(一、首一卷)

410000－2217－0000983　0001054

傳信録四卷　(清)孫鍾元著　清刻本　一册　存二卷(三至四)

410000－2217－0000984　0001055

文昌帝君孝經不分卷　(清)王德瑛注　清道光刻本　一册

410000－2217－0000985　0001056

孟子集註大全十四卷　(明)胡廣等輯　清刻本　一册　存一卷(二)

410000－2217－0000986　0001057

小學集註六卷　(明)陳選撰　清刻本　一册　存二卷(三至四)

410000－2217－0000987　0001058

試律淺説易知集四卷　(清)任兆松評選　清刻本　一册

410000－2217－0000988　0001059

[史抄]不分卷　(□)□□撰　清抄本　二册

410000－2217－0000989　0001060

上蔡謝先生語録三卷　(宋)謝良佐撰　(宋)朱熹輯　**考證一卷**　(□)□□撰　清同治刻本　一册

410000－2217－0000990　0001061

醫學實在易八卷　(清)陳念祖著　(清)陳元犀糸訂　清道光刻本　二册　存五卷(一至五)

410000－2217－0000991　0001062

律賦蕊珠不分卷　(清)□□撰　清刻本　一册

410000－2217－0000992　0001063

試帖百篇最豁解二卷　(清)王澤泩評注　清同治刻本　一册　存一卷(一)

410000－2217－0000993　0001064

挑燈詩話九卷　(清)見吾道人(馬時芳)著　清道光刻本　二册　存四卷(一至四)

410000－2217－0000994　0001065

孟子講義十二卷　(清)史可亭(廷燀)輯　清刻本　一册　存一卷(十二)

410000－2217－0000995　0001066

文昌孝經註一卷　(清)王德瑛註　清道光刻本　一冊

410000－2217－0000996　0001067
重訂文選集評十五卷首一卷末一卷　(清)于光華編　清咸豐刻本　一冊　存一卷(十二)

410000－2217－0000997　0001068
中庸引端全部不分卷　(清)劉忠輯　清刻本　一冊

410000－2217－0000998　0001069
養雲山館試帖四卷　(清)許球著　清光緒刻本　一冊　存一卷(二)

410000－2217－0000999　0001070
周易本義四卷　(宋)朱熹撰　清刻本　一冊　存二卷(二至三)

410000－2217－0001000　0001071
四字經二卷　(□)□□撰　清刻本　一冊

410000－2217－0001001　0001072
張大司空奏議四卷　(清)吳郡著　清刻本　三冊　存三卷(一至二、四)

410000－2217－0001002　0001073
秋涇集一卷附錄一卷　(清)錢汝恭撰　清刻本　一冊

410000－2217－0001003　0001074
文昌孝經註一卷　(清)王德瑛註　清刻本　一冊

410000－2217－0001004　0001075
文集四卷　(清)陳祖範著　清刻陳司業集本　二冊　存二卷(二至三)

410000－2217－0001005　0001076
斗齋詩選二卷　(清)張文光著　清刻本　一冊

410000－2217－0001006　0001077
元史藝文志四卷　(清)錢大昕補　清刻本　一冊

410000－2217－0001007　0001078
飴山文集十二卷附錄一卷　(清)趙執信撰　清刻本　一冊　存四卷(十至十二、附錄一卷)

410000－2217－0001008　0001083
古文喈鳳新編八卷　(清)汪基鈔輯　清刻本　一冊　存二卷(六至七)

410000－2217－0001009　0001079
禮記心典傳本三卷　(清)胡瑤光纂　清刻本　一冊

410000－2217－0001010　0001080
千金裘初集二十七卷二集二十六卷　(清)蔣義彬纂　清道光刻本　二冊　存四卷(初集一至二、四至五)

410000－2217－0001011　0001081
試律青雲集四卷　(清)楊逢春輯　(清)沈品華等注　清刻本　四冊

410000－2217－0001012　0001082
春秋左氏古經十二卷五十凡一卷　(清)段玉裁撰　清道光元年(1821)刻本　二冊　存三卷(一、八,五十凡一卷)

410000－2217－0001013　0001084
治政集要十種　(清)王又槐輯　清刻本　一冊　存三種三卷

410000－2217－0001014　0001085
教諭語四卷　(清)謝金鑾撰　清嘉慶刻本　一冊

410000－2217－0001015　0001086
磵峯[單疇書]年譜一卷　(清)□□撰　清敦本堂刻本　一冊

410000－2217－0001016　0001087
春秋左傳五十卷　(晉)杜預　(宋)林堯叟注釋　(唐)陸德明音義　(明)韓范等評點　清刻本　二冊　存五卷(一至二、三十二至三十四)

410000－2217－0001017　0001088
題竇文學毋欺集抄本不分卷　(清)□□撰　清蘇源生抄本　二冊

410000－2217－0001018　0001089

增訂陸麟度文編不分卷　(清)陸師撰　清刻本　一冊

410000－2217－0001019　0001090
訓蒙俗說論語二卷　(清)張雲翼著　清刻本　一冊　存一卷(上)

410000－2217－0001020　0001091
惺迷錄二卷　(清)□□撰　清咸豐刻本　一冊

410000－2217－0001021　0001092
童蒙金鏡一卷　(清)鄭際昌著　清同治刻本　一冊

410000－2217－0001022　0001093
新纂五方元音二卷　(清)樊騰鳳著　清刻本(有圖)　一冊

410000－2217－0001023　0001094
仁在堂時藝引階合編二卷　(清)路德選　清咸豐七年(1857)刻本　一冊

410000－2217－0001024　0001095
明文小題傳薪不分卷　(清)臧岳評釋　清刻本　一冊

410000－2217－0001025　0001096
竹譜詳錄七卷　(元)李衎撰　清嘉慶十三年(1808)刻知不足齋叢書本　一冊　存三卷(五至七)

410000－2217－0001026　0001097
詩韻集成十卷　(清)余照輯　清刻本　一冊　存三卷(五至七)

410000－2217－0001027　0001098
詩經集注八卷　(宋)朱熹撰　清刻本　四冊

410000－2217－0001028　0001099
宣講拾遺六卷　(清)冷德馨輯　清刻本　三冊　存三卷(一至二、五)

410000－2217－0001029　0001100
二十一史約編八卷首一卷　(清)鄭元慶述　清刻本(有圖)　三冊　存一卷(首一卷)

410000－2217－0001030　0001101
會試集要不分卷　(清)□□編　清刻本　一冊　存道光甲辰科,咸豐乙卯科、己未科、辛酉科,同治壬戌科、甲子科、丁卯科、癸酉科、甲戌科,光緒丙子科

410000－2217－0001031　0001102
新訂四書補註備旨十卷　(明)鄧林著　(清)鄧煜編次　(清)杜定基增訂　清刻本　五冊　存七卷(上論一至二、下論三,上孟一至二、下孟三至四)

410000－2217－0001032　0001103
新訂四書補註備旨十卷　(明)鄧林著　(清)鄧煜編次　(清)杜定基增訂　清刻本　三冊　存五卷(上論一至二,上孟一至二、下孟四)

410000－2217－0001033　0001104
四書集注十九卷　(宋)朱熹撰　清刻本　二冊　存七卷(孟子七卷)

410000－2217－0001034　0001105
龍威秘書　(清)馬俊良輯　清乾隆刻本　二十四冊　存三十種五十五卷

410000－2217－0001035　0001106
試律青雲集四卷　(清)楊逢春輯　(清)沈品華等注　清刻本　三冊　存三卷(一、三至四)

410000－2217－0001036　0001107
試律青雲集四卷　(清)楊逢春輯　(清)沈品華等注　清刻本　二冊　存二卷(一至二)

410000－2217－0001037　0001108
初學慎道箋註不分卷　(清)武萬青輯　清嘉慶十四年(1809)刻本　一冊

410000－2217－0001038　0001109
詩話合鈔不分卷　(清)□□撰　清抄本　一冊

410000－2217－0001039　0001110
詩經集注八卷　(宋)朱熹撰　清刻本　四冊　存七卷(一、三至八)

410000－2217－0001040　0001111
增刪卜易六卷　題(清)野鶴老人著　(清)李

文輝鑒定　清刻本　二册　存三卷(二、四至五)

410000－2217－0001041　0001112
周松靄先生遺書　(清)周春撰　清乾隆嘉慶間刻本　一册　存二種六卷

410000－2217－0001042　0001113
朱子家禮八卷首一卷　(明)丘濬輯　清紫陽書院刻本　一册　存二卷(二至三)

410000－2217－0001043　0001114
文史通義八卷　(清)章學誠著　清道光十三年(1833)大梁章華紱刻章氏遺書本　一册　存三卷(一至三)

410000－2217－0001044　0001115
試帖百篇最豁解二卷　(清)王澤泩評注　清嘉慶刻本　一册　存一卷(一)

410000－2217－0001045　0001116
新刻校正增補圓機活法詩學全書二十四卷　(明)李衡撰　清刻本　三册　存六卷(五至六、八至九、十七至十八)

410000－2217－0001046　0001117
王文莊公集十卷校勘記一卷　(明)王鴻儒著　**席上寱語一卷**　(明)王鴻漸撰　清刻本　三册　存六卷(七至十、校勘記一卷、席上寱語一卷)

410000－2217－0001047　0001118
如西所刻諸名家評點春秋綱目左傳句解彙雋六卷　(清)韓菼重訂　清刻本　四册

410000－2217－0001048　0001119
增訂海門聯譜四卷　(清)丁應鼎著　清乾隆二十九年(1764)有益堂刻本　一册

410000－2217－0001049　0001120
應試詩法淺説詳解六卷　(清)葉葆評注　清刻本　一册

410000－2217－0001050　0001121
古文發蒙集六卷　(清)王相纂　(清)殷承爵參訂　清刻本　三册　存三卷(三至五)

410000－2217－0001051　0001122
江忠烈公遺集二卷　(清)江忠源撰　清刻本　一册　存一卷(一)

410000－2217－0001052　0001123
增訂圖註本草備要一卷　(清)汪昂輯　清嘉慶刻本　二册

410000－2217－0001053　0001124
朱文公白鹿洞書院揭示集解一卷　(清)王檢心輯　清咸豐六年(1856)慎修堂刻復性齋叢書本　一册

410000－2217－0001054　0001125
勝朝殉揚錄三卷　(清)劉寶楠輯　清同治十年(1871)淮南書局刻本　一册　存二卷(中、下)

410000－2217－0001055　0001126
錢南渟文集選不分卷　(清)錢九韶撰　清抄本　一册

410000－2217－0001056　0001127
詩經集註八卷　(宋)朱熹撰　清刻本　三册　存四卷(三至六)

410000－2217－0001057　0001128
傅氏眼科審視瑶函六卷首一卷前賢醫案一卷　(明)傅仁宇纂輯　清刻本(有圖)　一册　存三卷(一、首一卷、前賢醫案一卷)

410000－2217－0001058　0001129
明文明初集不分卷二集不分卷　(清)路德輯　清道光刻本　二册

410000－2217－0001059　0001130
迂庵集四卷　(清)釋明慧撰　**夢綠詩存一卷**　(清)釋野蠶撰　清道光刻本　一册

410000－2217－0001060　0001131
儲中子時文不分卷　(清)祖欣評定　清刻本　一册

410000－2217－0001061　0001132
增補矮屋必須八卷續編八卷　(清)朱雲亭輯　清刻本　十四册　存十四卷(一至五、八，續編八卷)

410000－2217－0001062　0001133

新訂四書補註備旨十卷 （明）鄧林著 （清）鄧煜編次 （清）杜定基增訂 清刻本 五冊

410000－2217－0001063 0001135
慎詒堂四書十九卷 （宋）朱熹撰 清刻本 二冊 存四卷（大學一、中庸一、孟子四至五）

410000－2217－0001064 0001136
增訂小學說約大全合參體註三卷 （清）仇滄柱論定 張大宗師鑒定小學大全合解六卷 （清）陸義山 （清）仇滄柱論定 清九如堂刻本 一冊

410000－2217－0001065 0001137
四書讀注提耳十九卷 （清）耿埰著 清刻本 一冊 存二卷（上論一至二）

410000－2217－0001066 0001138
詩經精華十卷首一卷 （清）薛嘉穎撰 清刻本 一冊 存三卷（五至七）

410000－2217－0001067 0001139
筆溪志學錄不分卷 （清）□□抄 清抄本 四冊

410000－2217－0001068 0001140
國朝先正學規彙鈔不分卷 （清）黄舒昺編 清光緒刻本 一冊

410000－2217－0001069 0001141
禮記心典傳本三卷 （清）胡瑤光纂 清刻本 一冊 存一卷（一）

410000－2217－0001070 0001142
身世繩規一卷 （唐）呂喦撰 （清）朱潮增輯 （清）徐思穆校 清道光刻本 二冊

410000－2217－0001071 0001143
念修錄十卷 題（清）清河公撰 清刻本 二冊

410000－2217－0001072 0001144
誦芬堂詩鈔十卷首一卷 （清）郭儀霄撰 清刻本 二冊

410000－2217－0001073 0001145
雲腴仙館遺稿三卷 （清）姚樟撰 清刻本 一冊

410000－2217－0001074 0001146
四書講四十卷 （清）金松著 （清）金瑞叅定 （清）金瑛叅定 清刻本 六冊 存十四卷（二十七至四十）

410000－2217－0001075 0001147
張皋文箋易詮全集 （清）張惠言撰 清嘉慶、道光間刻本 四冊 存二種十一卷

410000－2217－0001076 0001148
讀史鏡古編三十二卷 （清）潘世恩輯 清同治十三年（1874）飛霞閣刻本 一冊 存六卷（一至六）

410000－2217－0001077 0001149
讀史兵略四十六卷 （清）胡林翼纂 清咸豐十一年（1861）武昌節署刻本 一冊 存二卷（四十三至四十四）

410000－2217－0001078 0001150
冶古堂文集五卷 （清）呂履恒著 清刻本 一冊 存一卷（三）

410000－2217－0001079 0001151
達天祿二卷 （清）李來章撰 清康熙本 一冊 存一卷（一）

410000－2217－0001080 0001152
尊聞居士集八卷 （清）羅有高著 清光緒八年（1882）刻本 一冊 存二卷（五至六）

410000－2217－0001081 0001153
古唐詩合解十六卷 （清）王堯衢注 清刻本 一冊 存二卷（唐詩十一至十二）

410000－2217－0001082 0001154
不可錄一卷 （清）□□撰 清咸豐刻本 一冊

410000－2217－0001083 0001155
更生齋詩八卷 （清）洪亮吉撰 清刻本 一冊 存四卷（五至八）

410000－2217－0001084 0001156
重刻痰火點雪四卷 （明）龔居中輯 （清）會師誠叅 清嘉慶九年（1804）星聚樓刻本 一冊 存二卷（一、三）

410000－2217－0001085　0001157
新鋟李先生類輯音釋捷用寶箋二纂內篇六卷　（明）李光祚撰　清刻本　一冊

410000－2217－0001086　0001158
新增詩經補註附考備旨八卷　（清）鄒聖脈纂輯　清經文堂刻本　二冊　存五卷（一至二、六至八）

410000－2217－0001087　0001159
新鐫曆法便覽象吉備要通書大全二十九卷　（清）魏鑑編　清刻本　三冊　存十八卷（十二至二十九）

410000－2217－0001088　0001160
儀禮圖六卷　（清）張惠言述　清同治刻本　一冊　存二卷（五至六）

410000－2217－0001089　0001161
直省鄉墨不分卷　（清）史佩瑲評選　清咸豐二年（1852）同文堂刻本　一冊

410000－2217－0001090　0001162
憑山閣增定留青全集二十四卷　（清）陳枚選輯　（清）李汾叅訂　清刻本　一冊　存一卷（十六）

410000－2217－0001091　0001163
新鋟希夷陳先生紫微斗數全書四卷　（宋）陳摶撰　清刻本　一冊　存二卷（三至四）

410000－2217－0001092　0001164
欽定學政全書八十六卷首一卷　（清）童璜等纂修　清刻本　五冊　存二十五卷（六十二至八十六）

410000－2217－0001093　0001165
晚唐項斯詩一卷　（唐）項斯撰　清刻本　一冊

410000－2217－0001094　0001166
四書朱子本義匯叅四十三卷首四卷　（清）王步青撰　清刻本　五冊　存九卷（大學三卷，論語十二至十三、十七至十八，孟子十二、十四）

410000－2217－0001095　0001167
中國文學指南二卷　（清）邵伯棠撰　清宣統石印本　二冊

410000－2217－0001096　0001168
登瀛社稿二編二卷四編一卷五編二卷六編一卷　（清）閻敬銘選　清光緒刻本　四冊

410000－2217－0001097　0001169
燕山外史註釋四卷　（清）陳球著　清光緒石印本　二冊

410000－2217－0001098　0001170
日知錄集釋三十二卷栞誤二卷　（清）顧炎武撰　清光緒石印本　二冊　存九卷（十二至十八、栞誤二卷）

410000－2217－0001099　0001171
初學慎道不分卷　（清）武萬青輯　清嘉慶四年（1799）刻本　一冊

410000－2217－0001100　0001172
仁在堂時藝引階合編二卷　（清）路德選　清咸豐七年（1857）刻本　四冊

410000－2217－0001101　0001173
煦谷精選詩最二卷　（清）□□撰　清宣統抄本　二冊

410000－2217－0001102　0001174
爾雅三卷　（晉）郭璞注　（唐）陸德明音釋　清同治十三年（1874）湖南書局刻本　二冊　存二卷（上、下）

410000－2217－0001103　0001175
［豫工二卯事例條款］不分卷　（清）□□撰　清刻本　一冊

410000－2217－0001104　0001176
春秋義略十六卷　（清）張遠覽學　清抄本　二冊

410000－2217－0001105　0001177
桐雲閣試帖輯註二卷　（清）楊庚著　清刻本　二冊

410000－2217－0001106　0001178
育正堂重訂幼學須知句解四卷　（明）程登吉撰　（清）錢元龍校梓　清刻本　二冊

410000－2217－0001107　0001179
闡真集四卷　(清)王懿修　清刻本　二冊

410000－2217－0001108　0001180
二十二史劄記三十六卷補遺一卷　(清)趙翼著　清光緒鉛印本　一冊　存四卷(四至七)

410000－2217－0001109　0001181
國朝嶺南文鈔十八卷　(清)陳在謙評輯　清刻本　四冊　存十三卷(一至五、八至十一、十五至十八)

410000－2217－0001110　0001183
龍文鞭影二卷　(明)蕭良有撰　(清)楊臣諍增訂　(清)陳士龍編次　清道光同文齋刻本　一冊

410000－2217－0001111　0001184
龍文鞭影二卷　(明)蕭良有撰　(清)楊臣諍增訂　(清)陳士龍編次　清道光同文齋刻本　一冊

410000－2217－0001112　0001185
寄嶽雲齋試體詩選詳註四卷　(清)張學蘇箋　(清)聶銑敏藁　清復元堂刻本　二冊　存二卷(一至二)

410000－2217－0001113　0001186
新訂四書補註備旨十卷　(明)鄧林著　(清)鄧煜編次　(清)杜定基增訂　(清)鄧煜編次　清刻本　三冊　存三卷(下論三,上孟二、下孟三)

410000－2217－0001114　0001187
養雲山館試帖四卷　(清)許球著　清道光刻本　四冊

410000－2217－0001115　0001188
四書味根錄三十七卷　(清)金瀓撰　清石印本　四冊　存二十九卷(論語一至二十、孟子六至十四)

410000－2217－0001116　0001189
各省課藝匯海不分卷　(清)□□輯　清光緒十一年(1885)石印本　四冊

410000－2217－0001117　0001190
金匱要畧淺註十卷　(漢)張仲景(機)撰　(清)陳念祖集註　清刻本　三冊　存四卷(二、五、九至十)

410000－2217－0001118　0001191
歷代黃河變遷圖考四卷　(清)劉鶚撰　清宣統二年(1910)刻藍印本　二冊

410000－2217－0001119　0001192
綱鑑擇言十卷　(清)司徒修輯　清善成堂刻本　五冊　存五卷(四、七至十)

410000－2217－0001120　0001193
江忠烈公遺集二卷附錄一卷　(清)江忠源撰　清同治三年(1864)刻本　一冊

410000－2217－0001121　0001194
中州道學編二卷　(清)耿介輯　清康熙三十年(1691)嵩陽書院刻本　一冊　存一卷(一)

410000－2217－0001122　0001195
理學張抱初[信民]先生年譜一卷　(明)馮奮庸編　(清)張弘文續編　清刻本　一冊

410000－2217－0001123　0001196
中晚唐詩□□卷　(□)□□編　清貞隱堂刻本　一冊　存中唐歐陽詹詩目等、晚唐周朴詩目等

410000－2217－0001124　0001197
四書味根錄三十七卷首一卷　(清)金澄撰　清刻本　五冊　存十六卷(中庸二;論語一至三、八至十三、十六至二十,首一卷)

410000－2217－0001125　0001198
德馨集一卷　(清)周志義撰　清道光刻本　一冊

410000－2217－0001126　0001199
新鐫五言千家詩箋註二卷　(清)王相選註　清敬慎堂刻本　一冊　存一卷(上)

410000－2217－0001127　0001200
會試闈墨光緒辛丑壬寅恩科不分卷　(清)□□輯　清光緒刻本　二冊

410000－2217－0001128　0001201
綱鑑總論二卷　(清)陳受頤撰　清光緒敬文

堂刻本　二册

410000－2217－0001129　0001202

精選故事黄眉十卷　(明)鄧百拙生(志謨)編　清刻本　二册　存二卷(五至六)

410000－2217－0001130　0001203

軍法賦二卷　(清)□□撰　清刻本　一册　存一卷(下)

410000－2217－0001131　0001204

大清刑律草案不分卷　(清)□□撰　清鉛印本　二册

410000－2217－0001132　0001205

先儒趙子言行録二卷　(清)陳廷鈞纂　清咸豐六年(1856)刻本　一册　存一卷(下)

410000－2217－0001133　0001206

正字略一卷　(清)王筠撰　清道光十三年(1833)刻本　一册

410000－2217－0001134　0001207

夏小正集解四卷　(清)顧問纂　清乾隆五十七年(1792)刻本　一册

410000－2217－0001135　0001208

古香齋鑒賞袖珍初學記三十卷　(唐)徐堅等撰　清光緒刻本　四册　存八卷(十六至二十一、二十六至二十七)

410000－2217－0001136　0001209

直省鄉墨葉中光緒乙酉科不分卷　(清)任金如選　清光緒刻本　一册

410000－2217－0001137　0001210

自強齋保富興國論初編六卷　題(清)焦東遯叟輯　清光緒二十四年(1898)石印本　六册

410000－2217－0001138　0001211

桃花扇二卷　(清)孔尚任撰　清刻本　一册　存一卷(上)

410000－2217－0001139　0001212

吕晚邨先生四書講義四十三卷　(清)吕留良撰　(清)陳鏦編　清康熙刻本　一册　存五卷(三十四至三十八)

410000－2217－0001140　0001213

福惠全書三十二卷　(清)黄六鴻著　清刻本　一册　存三卷(二十五至二十七)

410000－2217－0001141　0001214

庚子生春詩二卷　(清)錢儀吉等撰　清刻本　一册　存一卷(上)

410000－2217－0001142　0001215

增訂敬信録四卷　(清)徐榮編　清嘉慶六年(1801)刻本　一册　存一卷(一)

410000－2217－0001143　0001216

詩話隨録不分卷　(清)□□撰　清抄本　一册

410000－2217－0001144　0001217

張抱初先生印正稿六卷　(明)張信民著　清刻本　一册

410000－2217－0001145　0001218

問梅詩社詩鈔四卷　(清)尤興詩編　清刻本　一册　存三卷(一至三)

410000－2217－0001146　0001219

狀元四書集註十九卷　(宋)朱熹撰　清崇文堂刻本　一册　存二卷(大學一卷、中庸一卷)

410000－2217－0001147　0001220

四書正韻一卷　(清)李若浩輯　清刻本　一册

410000－2217－0001148　0001221

增補武經大全□□卷　(清)□□編　清刻本　一册　存一卷(七)

410000－2217－0001149　0001222

增訂二論詳解四卷　(清)劉忠輯　清刻本　二册

410000－2217－0001150　0001223

書經集傳六卷　(宋)蔡沈撰　清刻本　三册　存五卷(一至二、四至六)

410000－2217－0001151　0001224

同館賦鈔二集四十七卷首二卷補鈔四卷試律續鈔二集□□卷　(清)王家相編　清嘉慶刻

本　十三册　存十卷(九、十一至十四,補鈔四卷,續抄七)

410000－2217－0001152　0001225

海錄二卷　(清)楊炳南著　清刻本　一册

410000－2217－0001153　0001226

試律淺説易知集四卷　(清)任兆松評選　清刻本　一册　存一卷(二)

410000－2217－0001154　0001227

寄嶽雲齋試體詩選詳註四卷　(清)聶銑敏藁　(清)張學蘇箋　清刻本　一册　存一卷(四)

410000－2217－0001155　0001228

詩學平仄旁訓五卷　(清)陸發祥輯　清刻本　一册　存二卷(四至五)

410000－2217－0001156　0001229

揣摩心得一卷　(清)□□撰　清抄本　一册

410000－2217－0001157　0001230

增訂精忠演義説岳全傳二十卷八十回　(清)錢彩編次　(清)金豐增訂　清刻本　一册　存四卷(十七至二十)

410000－2217－0001158　0001231

四書人物類典串珠四十卷　(清)臧志仁編　清嘉慶刻本　二册　存九卷(十九至二十一、三十一至三十六)

410000－2217－0001159　0001232

四書題鏡三十六卷總論一卷　(清)汪鯉翔纂述　清刻本　一册　存一卷(八)

410000－2217－0001160　0001233

河南鄉試硃卷嘉慶癸酉科戊戌科戊辰科庚午科不分卷　(清)□□撰　清嘉慶刻本　三册

410000－2217－0001161　0001234

培遠堂偶存稿三卷　(清)陳弘謀著　清道光三年(1823)刻本　一册

410000－2217－0001162　0001235

兩朝綱目備要十六卷　(□)□□撰　清抄本　三册　存三卷(四、十一、十三)

410000－2217－0001163　0001236

朱子論學切要語二卷　(清)王懋竑撰　清抄本　一册

410000－2217－0001164　0001237

赤雅三卷　(明)鄺露撰　清道光五年(1825)刻本　一册

410000－2217－0001165　0001238

[宋三家文抄]不分卷　(宋)蘇軾等撰　清蘇源生抄本　一册

410000－2217－0001166　0001239

孝經疏畧一卷　(清)張沐註　清康熙十一年(1672)敦臨堂刻本　一册

410000－2217－0001167　0001240

論語疏略二十卷　(清)張沐撰　清康熙蔡張氏刻五經四書疏略本　一册　存七卷(三至九)

410000－2217－0001168　0001241

儀禮旁訓□□卷　(□)□□撰　清嘉慶五年(1800)掃葉山房刻本　一册

410000－2217－0001169　0001242

四書貫解十九卷　(清)朱良玉纂輯　清三多齋刻本　四册　存十一卷(大學一卷、中庸一卷、論語一至九)

410000－2217－0001170　0001243

蘧庵文鈔一卷　(清)費蘭墀撰　清道光七年(1827)刻本　一册

410000－2217－0001171　0001244

學規類編二十七卷　(清)張伯行纂　清正誼堂刻本　一册　存五卷(五至九)

410000－2217－0001172　0001245

壯悔堂文集十卷　(清)侯方域撰　(清)賈開宗　(清)徐作肅選　清刻本　一册　存二卷(二至三)

410000－2217－0001173　0001246

垂香樓詩稿一卷　(清)馬時芳著　清道光十三年(1833)刻本　一册

410000－2217－0001174　0001247

應試唐詩類釋十九卷　(清)臧岳編次　清四賢堂刻本　一册　存一卷(十七)

410000－2217－0001175　0001248
孟東野詩集十卷　(唐)孟郊著　清刻本　一册　存三卷(四至六)

410000－2217－0001176　0001249
澹泊齋誦芬集二卷　(清)劉廷鏞撰　清同治六年(1867)静默書塾刻本　一册

410000－2217－0001177　0001250
詩經集傳八卷　(宋)朱熹撰　清文英堂刻本　一册　存二卷(一至二)

410000－2217－0001178　0001251
百將傳續編節評四卷　(明)何喬新編　清刻本　一册　存二卷(一至二)

410000－2217－0001179　0001252
宋史四百九十六卷目錄三卷　(元)脱脱等撰　清石印本　五十三册　存二百四十六卷(四十二至八十二、一百二十四至二百三十、二百九十七至三百二、三百四十二至四百十六、四百二十一至四百三十七)

410000－2217－0001180　0001253
皇明世法錄九十二卷　(明)陳仁錫輯　明崇禎刻本　二十二册　存四十八卷(十二至十四、三十至三十四、三十七至三十八、四十三至五十二、五十六至七十一、七十六至七十八、八十四至九十二)

410000－2217－0001181　0001254
明文奇賞四十卷　(明)陳仁錫評選　明天啓三年(1623)刻本　三十八册　存三十七卷(一至十三、十六至二十八、三十至四十)

410000－2217－0001182　0001255
史記一百三十卷　(漢)司馬遷撰　(南朝宋)裴駰集解　(唐)司馬貞索隱　(唐)張守節正義　明刻本　四十六册　存一百二十三卷(七至十四、十六至一百三十)

410000－2217－0001183　0001256
北史一百卷　(唐)李延壽撰　明萬曆十九年至二十一年(1591－1593)南京國子監刻本　二十五册　存七十五卷(六至二十、三十三至四十七、五十二至八十二、八十七至一百)

410000－2217－0001184　0001257
讀史亭文集二十二卷　(清)彭而述撰　清康熙刻本　九册

410000－2217－0001185　0001258
白華樓藏稿十一卷　(明)茅坤著　(明)姚翼編　明萬曆刻本　四册

410000－2217－0001186　0001259
國語二十一卷　(三國吳)韋昭解　(宋)宋庠補音　清石印本　三册　存十二卷(三至五、十三至二十一)

410000－2217－0001187　0001260
顧氏明朝四十家小説　(明)顧元慶輯　清宣統上海國學扶輪社鉛印本　三册　存二十五種二十六卷

410000－2217－0001188　0001261
呂子節錄四卷　(明)呂坤著　清道光二年(1822)刻本　一册

410000－2217－0001189　0001262
蘇長公啟選二卷表選一卷　(宋)蘇軾撰　(明)鍾惺　(明)譚元春選　清刻本　二册

410000－2217－0001190　0001263
宋大家王文公文抄十六卷　(宋)王安石撰　(明)茅坤批評　清刻本　一册　存二卷(三至四)

410000－2217－0001191　0001264
文章正宗復刻三十卷續十二卷　(宋)真德秀輯　清乾隆刻本　十二册　存十四卷(二十九至三十、續十二卷)

410000－2217－0001192　0001265
雲藜稿八卷何伯子自注年譜一卷　(明)何出圖著　清乾隆刻本　七册　存八卷(一至七、年譜一卷)

410000－2217－0001193　0001266
養正遺規二卷　(清)陳弘謀編　清道光刻本

一册

410000－2217－0001194　0001267

說四書四卷　(清)郭善鄰著　清抄本　四册

410000－2217－0001195　0001268

陸稼書[隴其]先生年譜定本二卷　(清)吳光酉輯　清刻本　二册

410000－2217－0001196　0001269

牧齋初學集一百十卷目錄二卷　(清)錢謙益撰　清刻本　九册　存四十五卷(三十八至五十三、六十一至六十六、七十四至九十一、九十六至一百)

410000－2217－0001197　0001270

試帖百篇最豁解二卷　(清)王澤洼評注　清同治刻本　一册　存一卷(二)

410000－2217－0001198　0001271

河間註釋試律矩四卷　(清)紀昀著　(清)林昌評註　清嘉慶刻本　一册

410000－2217－0001199　0001272

小題尖鋒不分卷　(清)雲溪居士編　清道光刻本　一册

410000－2217－0001200　0001273

書經集傳六卷　(宋)蔡沈撰　清正文堂刻本　一册　存一卷(一)

410000－2217－0001201　0001274

二論詳解四卷　(清)劉忠輯　清刻本　一册　存二卷(三至四)

410000－2217－0001202　0001275

洛學編五卷　(清)湯斌輯　清道光九年(1829)刻本　一册

410000－2217－0001203　0001276

[古文選注]不分卷　(清)□□撰　清抄本　一册

410000－2217－0001204　0001277

金匱方歌括六卷　(清)陳念祖定　(清)陳蔚參訂　(清)陳元犀韻註　清道光十六年(1836)南雅堂刻本　一册　存二卷(三至四)

410000－2217－0001205　0001278

新刻陶太史批選歷刻程表旁訓二卷程策旁訓二卷　(明)洪應明纂　(明)陶望齡批選　清刻本　四册

410000－2217－0001206　0001279

詩經備旨八卷　(清)鄒聖脈纂輯　清刻本　一册　存一卷(三)

410000－2217－0001207　0001280

四書講義大全二十六卷　(清)史廷煇輯　清刻本　一册　存一卷(孟子四)

410000－2217－0001208　0001281

明詩別裁集十二卷　(清)沈德潛　(清)周準輯　清乾隆刻本　六册

410000－2217－0001209　0001282

新訂四書補註備旨十卷　(明)鄧林著　(清)鄧煜編次　(清)杜定基增訂　清刻本　二册　存三卷(大學一、中庸一、下論三)

410000－2217－0001210　0001283

書經集傳六卷　(宋)蔡沈撰　清刻本　三册　存五卷(二至六)

410000－2217－0001211　0001284

書經集傳六卷　(宋)蔡沈撰　清刻本　三册　存五卷(二至六)

410000－2217－0001212　0001285

書經集傳六卷　(宋)蔡沈撰　清刻本　三册　存五卷(二至六)

410000－2217－0001213　0001286

書經集傳六卷　(宋)蔡沈撰　清刻本　二册　存三卷(四至六)

410000－2217－0001214　0001287

書經集傳六卷　(宋)蔡沈撰　清刻本　一册　存一卷(四)

410000－2217－0001215　0001288

四書貫解十九卷　(清)朱良玉纂輯　清刻本　二册　存五卷(六至十)

410000－2217－0001216　0001289

課子隨筆鈔六卷　(清)張師載輯　清道光刻

本　一冊　存一卷(五)

410000－2217－0001217　0001290

邵位西遺文一卷　(清)邵懿辰撰　清同治四年(1865)望三益齋刻本　一冊

410000－2217－0001218　0001291

儒門法語一卷　(清)彭定求編　清道光三十年(1850)刻本　一冊

410000－2217－0001219　0001292

增補武經集註大全□□卷　(清)彭繼耀　(清)蔣先庚集註　清刻本　三冊　存四卷(二至五)

410000－2217－0001220　0001293

北溪先生字義二卷補遺一卷附錄三卷　(宋)陳淳撰　(宋)王雋集編　(清)戴嘉禧增訂　清康熙五十三年(1714)海陽戴嘉禧愛荊堂刻本　一冊　存三卷(北溪先生字義二卷、補遺一卷)

410000－2217－0001221　0001294

禮記集說十卷　(元)陳澔撰　清刻本　一冊　存一卷(八)

410000－2217－0001222　0001295

書經蔡傳六卷首一卷末一卷　(宋)蔡沈撰　(清)孫慶甲校述　清光緒十八年(1892)京口善化書局刻本　一冊　存二卷(五至六)

410000－2217－0001223　0001296

塾課小題分編八集不分卷　(清)王步青編　清嘉慶敦復堂刻本　一冊

410000－2217－0001224　0001297

詩經集註八卷　(宋)朱熹撰　清刻本　一冊　存一卷(五)

410000－2217－0001225　0001298

暗室燈二卷　題(清)深山居士撰　清同治五年(1866)刻本　二冊

410000－2217－0001226　0001299

醫門法律六卷　(清)喻昌著　清刻本　一冊　存一卷(五)

410000－2217－0001227　0001300

驗方新編補遺一卷　(清)徐□□輯　清刻本　一冊

410000－2217－0001228　0001301

集驗良方不分卷　(清)□□輯　清抄本　一冊

410000－2217－0001229　0001302

二論詳解四卷　(清)劉忠輯　清刻本　一冊　存二卷(三至四)

410000－2217－0001230　0001303

二論詳解四卷　(清)劉忠輯　清刻本　一冊　存二卷(三至四)

410000－2217－0001231　0001304

二論詳解四卷　(清)劉忠輯　清刻本　一冊　存一卷(三)

410000－2217－0001232　0001305

二論詳解四卷　(清)劉忠輯　清刻本　二冊　存二卷(二至三)

410000－2217－0001233　0001306

詩經集註八卷　(宋)朱熹撰　清刻本　四冊

410000－2217－0001234　0001307

國朝律賦偶箋四卷　(清)沈豐岐箋　清刻本　四冊

410000－2217－0001235　0001308

錢警石[泰吉]年譜一卷　(清)錢應溥編　清同治刻本　一冊

410000－2217－0001236　0001309

團練條議一卷　(清)□□撰　清咸豐七年(1857)刻本　一冊

410000－2217－0001237　0001310

青錢萬選不分卷　(清)鳳臣氏輯　清抄本　一冊

410000－2217－0001238　0001311

詩法入門□□卷　(清)游藝輯　清二友堂刻本　一冊　存一卷(一)

410000－2217－0001239　0001312

搭題芝蘭一卷　(清)史鑑輯　清同治刻本

一册

410000－2217－0001240　0001313
新訂四書補註備旨十卷　（明）鄧林著　（清）鄧煜編　（清）杜定基增訂　清宣統元年（1909）石印本　一册　存二卷（大學一卷、中庸一卷）

410000－2217－0001241　0001314
七字鑑略註解不分卷　題（清）陘山居士纂修　清光緒抄本　一册

410000－2217－0001242　0001315
漢紀舉要不分卷　（清）□□撰　清同治十三年（1874）抄本　一册

410000－2217－0001243　0001316
新刻校正大字李東垣先生珍珠囊二卷　（金）李東垣（杲）編　清聚星堂刻本　一册

410000－2217－0001244　0001317
太史張天如詳節春秋綱目句解左傳彙雋六卷　（清）韓菼重訂　清刻本　二册　存二卷（四至五）

410000－2217－0001245　0001318
雲林別墅繪像妥註第六才子書六卷首一卷　（元）王德信撰　（清）金人瑞評述　（清）鄒聖脈註　清刻本　一册　存一卷（三）

410000－2217－0001246　0001319
儒門法語一卷　（清）彭定求編　清嘉慶刻本　一册

410000－2217－0001247　0001320
論語集註本義匯參二十卷　（清）王步青輯　清刻本　一册　存二卷（十九至二十）

410000－2217－0001248　0001321
小題正鵠二集不分卷　（清）李元度輯　清刻本　一册

410000－2217－0001249　0001322
字學舉隅不分卷　（清）龍啟瑞撰　清刻本　一册

410000－2217－0001250　0001323
心學小印一卷　（清）王檢心輯　清咸豐五年（1855）刻本　一册

410000－2217－0001251　0001324
漢書蒙拾三卷　（清）杭世駿撰　清刻本　一册

410000－2217－0001252　0001325
北學編不分卷　（清）魏一鼇輯　（清）尹會一訂　清抄本　一册

410000－2217－0001253　0001326
芸窗課藝不分卷　（清）□□撰　清抄本　一册

410000－2217－0001254　0001327
書經集傳六卷　（宋）蔡沈撰　清大盛堂刻本　三册　存四卷（一、四至六）

410000－2217－0001255　0001328
禹貢節要便蒙總歌附錄二卷　（清）□□撰　清刻本　一册

410000－2217－0001256　0001329
書經集傳六卷　（宋）蔡沈撰　清文和堂刻本　二册　存二卷（一、四）

410000－2217－0001257　0001330
禹貢節要便蒙總歌附錄二卷　（清）□□撰　清刻本　一册

410000－2217－0001258　0001332
論語疏略二十卷　（清）張沐撰　清康熙蔡張氏刻五經四書疏略本　一册　存九卷（二至十）

410000－2217－0001259　0001333
書經體註大全合參六卷　（清）錢希祥纂輯　（清）范翔鑒定　清刻本　二册　存三卷（一至三）

410000－2217－0001260　0001334
書經體註大全合參六卷　（清）錢希祥纂輯　（清）范翔鑒定　清刻本　二册　存三卷（一至三）

410000－2217－0001261　0001335
書經體註大全合參六卷　（清）錢希祥纂輯　（清）范翔鑒定　清刻本　三册　存五卷（一

至三、五至六)

410000－2217－0001262　0001336

書經體註大全合參六卷　(清)錢希祥纂輯　(清)范翔鑒定　清光緒三十二年(1906)刻本　三冊　存五卷(一至三、五至六)

410000－2217－0001263　0001337

性理輯要四卷　(清)呂履泰輯　清咸豐四年(1854)刻本　一冊

410000－2217－0001264　0001338

新刻痰火點雪四卷　(明)龔居中著　清刻本　一冊　存一卷(二)

410000－2217－0001265　0001339

時藝引階不分卷　(清)路德擬　清刻本　一冊

410000－2217－0001266　0001340

名家義論合纂一卷　(清)李慈銘選　清光緒二十九年(1903)刻本　一冊

410000－2217－0001267　0001341

詩韻題解十卷　(清)甘蘭友輯　清刻本　一冊　存六卷(五至十)

410000－2217－0001268　0001342

經義策論彙選一卷　(清)肖春培選　清光緒刻本　一冊

410000－2217－0001269　0001343

西醫眼科撮要一卷　(清)□□編　清光緒六年(1880)刻本　一冊

410000－2217－0001270　0001344

詩韻合璧五卷附汪立名論古韻通轉一卷　(清)湯文潞編　清咸豐九年(1859)大文堂刻本　一冊　存一卷(一)

410000－2217－0001271　0001345

音韻貫珠八卷　(清)賈椿齡編　清刻本　六冊　存五卷(樂集上、下,射集一卷,書集一卷,數集一卷)

410000－2217－0001272　0001346

試律青雲集四卷　(清)楊逢春輯　(清)沈品華等注　清道光崇文堂刻本　一冊　存一卷(一)

410000－2217－0001273　0001347

詩韻題解十卷　(清)甘蘭友輯　清刻本　一冊　存六卷(五至十)

410000－2217－0001274　0001348

增訂詩韻對錦釋義十八卷　(清)馬至毅輯　清刻本　一冊　存五卷(十四至十八)

410000－2217－0001275　0001349

書經集傳六卷　(宋)蔡沈撰　清正文堂刻本　一冊　存一卷(一)

410000－2217－0001276　0001350

禹貢節要便蒙總歌附錄二卷　(清)□□撰　清刻本　一冊

410000－2217－0001277　0001351

八銘堂塾鈔二集不分卷　(清)吳懋政編次　清令德堂刻本　三冊

410000－2217－0001278　0001352

庚補箋釋批評唐詩直解七卷首一卷　(明)李攀龍選　(清)葉羲昂解　(明)蔣一葵箋釋　(明)鍾惺批評　清刻本　一冊　存二卷(五至六)

410000－2217－0001279　0001353

代北姓譜二卷　(清)周春撰　清乾隆刻本　一冊

410000－2217－0001280　0001354

校讐通義三卷　(清)章學誠著　清道光十三年(1833)刻章氏遺書本　一冊

410000－2217－0001281　0001355

景瞻論草一卷　(明)賀仲軾著　清刻本　一冊

410000－2217－0001282　0001356

歐陽文忠公五代史抄二十卷　(宋)歐陽修撰　(明)茅坤批評　清刻本　一冊　存五卷(五至九)

410000－2217－0001283　0001357

吳風二卷　(清)宋犖選評　清康熙刻本　一冊

410000－2217－0001284　0001358
謝氏硯考四卷首一卷　(清)謝慎修撰　清乾隆五十七年(1792)刻本　一册

410000－2217－0001285　0001359
鼎鍥卜筮鬼谷便讀易課源流大全三卷　(戰國)鬼谷子撰　清刻本　二册　存二卷(中、下)

410000－2217－0001286　0001360
御製勸善要言一卷　(清)世祖福臨撰　清刻本　一册

410000－2217－0001287　0001361
居暇邇言四卷　(清)江濬源著　清嘉慶友善堂刻本　一册

410000－2217－0001288　0001362
濂溪遺芳集一卷　(清)□□撰　清刻本　一册

410000－2217－0001289　0001363
如面譚新集書集數集不分卷　(清)□□撰　清刻本　一册

410000－2217－0001290　0001364
詳解九章算法一卷纂類一卷　(宋)楊輝撰　**札記一卷**　(清)宋景昌撰　清道光二十二年(1842)刻宜稼堂叢書本　一册

410000－2217－0001291　0001365
客譜一卷　(清)馬頎著　清刻本　一册

410000－2217－0001292　0001366
時藝階不分卷　(清)路德輯　清刻本　六册

410000－2217－0001293　0001367
詩經集傳八卷　(宋)朱熹撰　清慎詒堂刻本　一册　存二卷(一至二)

410000－2217－0001294　0001368
肯哉詩稿不分卷　(清)吳堂伯撰　清瞻在樓刻本　一册

410000－2217－0001295　0001369
青翼齋詩草不分卷　(清)吳學益著　清青翼齋刻本　一册

410000－2217－0001296　0001370
古唐詩合解十六卷　(清)王堯衢注　清竹秀山刻本　一册　存七卷(唐詩一至二、八至十二)

410000－2217－0001297　0001371
山林經濟籍一百八種　題(明)屠本畯輯並編　明刻本　一册　存四種四卷

410000－2217－0001298　0001372
江村山人續稾四卷　(清)劉青芝纂　(清)史鐵厓　(清)崔君玉鑒　清刻本　一册　存二卷(一至二)

410000－2217－0001299　0001373
劉草窗文集一卷　(清)劉灊撰　清抄本　一册

410000－2217－0001300　0001374
御纂醫宗金鑑九十卷首一卷　(清)吳謙編　清刻本　一册　存三卷(四十四至四十六)

410000－2217－0001301　0001375
藕頤外集一卷　(清)熊寶泰纂　(清)戚學標評　清性餘堂刻本　一册

410000－2217－0001302　0001376
新訂四書補註備旨十卷　(明)鄧林著　(清)鄧煜編次　(清)杜定基增訂　清刻本　六册

410000－2217－0001303　0001377
新訂四書補註備旨十卷　(明)鄧林著　(清)鄧煜編次　(清)杜定基增訂　清刻本　二册　存四卷(大學一卷、中庸一卷、上論一至二)

410000－2217－0001304　0001378
新訂四書補註備旨十卷　(明)鄧林著　(清)鄧煜編次　(清)杜定基增訂　清刻本　三册　存六卷(上論一至二、下論三至四,上孟一至二)

410000－2217－0001305　0001379
新訂四書補註備旨十卷　(明)鄧林著　(清)鄧煜編次　(清)杜定基增訂　清刻本　一册　存二卷(大學一卷、中庸一卷)

410000－2217－0001306　0001380

漱芳軒合纂禮記體註四卷 (清)范翔糸訂 清刻本 一册 存一卷(一)

410000－2217－0001307 0001381
新刻書經備旨輯要六卷 (清)馬大猷輯 (清)汪右衡鑒定 清刻本 一册 存一卷(三)

410000－2217－0001308 0001382
新刻詩經補註附考備旨□□卷 (清)鄒聖脈纂輯 清刻本 一册 存二卷(四至五)

410000－2217－0001309 0001383
四書類典賦二十四卷 (清)甘紱著 清刻本 一册 存二卷(四至五)

410000－2217－0001310 0001384
青雲集分韻試帖詳註四卷 (清)楊逢春輯 清刻本 一册 存一卷(三)

410000－2217－0001311 0001385
七家詩選註釋七卷 (清)張熙宇輯 清刻本 一册 存三卷(五至七)

410000－2217－0001312 0001386
詩經體注大全合糸八卷 (清)高朝瓔定 清刻本 二册 存五卷(三至四、六至八)

410000－2217－0001313 0001387
周易本義四卷 (宋)朱熹撰 清刻本 三册 存三卷(一至三)

410000－2217－0001314 0001388
新鐫增補周易備旨一見能解六卷 (清)黄淳耀撰 (清)嚴而寬增補 **上下篇義一卷圖攷一卷筮儀一卷** 清三讓堂刻本 一册 存二卷(一至二)

410000－2217－0001315 0001389
尚書離句六卷 (清)劉梅垞(元燮)鑒定 (清)錢在培輯解 清刻本 一册 存三卷(四至六)

410000－2217－0001316 0001390
春秋體註四卷 (清)范翔訂 清刻本 一册 存一卷(三)

410000－2217－0001317 0001391
新鐫江晉雲先生詩經衍義集註八卷 (明)江環輯 清刻本 一册 存二卷(一至二)

410000－2217－0001318 0001392
周易本義四卷 (宋)朱熹撰 清慎詒堂刻本 一册 存一卷(一)

410000－2217－0001319 0001393
程氏家塾讀書分年日程四卷 (元)程端禮編 清乾隆刻本 一册 存一卷(四)

410000－2217－0001320 0001394
張氏醫通十六卷 (清)張璐纂述 清刻本 一册 存二卷(一至二)

410000－2217－0001321 0001395
國朝先正學規彙鈔不分卷 (清)黄舒昺編 清光緒刻本 一册

410000－2217－0001322 0001396
西漚試帖輯註二卷 (清)李惺著 (清)張熙宇輯評 (清)王植桂輯註 清刻本 一册

410000－2217－0001323 0001397
目耕齋二集不分卷 (清)沈叔眉編 清刻本 一册

410000－2217－0001324 0001398
澹静齋文鈔六卷 (清)龔景瀚著 清刻本 一册 存二卷(三至四)

410000－2217－0001325 0001399
小題二集式法二卷小題四集參變二卷小題五集精詣二卷小題六集大觀二卷七集老境二卷 (清)王步青撰 清刻本 五册 存五卷(二集上、四集下、五集下、六集下、七集上)

410000－2217－0001326 0001400
四書講義大全二十六卷 (清)史廷煇輯 清刻本 一册 存一卷(孟子講義七)

410000－2217－0001327 0001401
錦心繡□一卷 (清)□□撰 清抄本 一册

410000－2217－0001328 0001402
書經集傳六卷 (宋)蔡沈撰 清同文堂刻本 四册

410000－2217－0001329　0001403
書經集傳六卷　（宋）蔡沈撰　清同文堂刻本　四冊

410000－2217－0001330　0001404
論語不分卷　（春秋）孔子撰　清抄本　一冊

410000－2217－0001331　0001405
古臣□□卷　（清）□□撰　清抄本　一冊　存一卷（七）

410000－2217－0001332　0001406
屈翁山詩集八卷詞一卷　（清）屈大均撰　（清）徐肇元選　清研露齋刻本　一冊　存二卷（一至二）

410000－2217－0001333　0001407
評點春秋左傳綱目句解彙雋六卷　（清）韓菼重訂　清刻本　一冊　存一卷（四）

410000－2217－0001334　0001408
左傳選十四卷　（清）儲欣評　（清）儲芝述　清乾隆大德堂刻本　三冊　存十一卷（一至五、九至十四）

410000－2217－0001335　0001409
字彙十二卷首一卷末一卷韻法直圖一卷韻法橫圖一卷　（明）梅膺祚音釋　清刻本　一冊　存三卷（末一卷、韻法直圖一卷、韻法橫圖一卷）

410000－2217－0001336　0001410
本草綱目五十二卷首一卷圖三卷　（明）李時珍編輯　清刻本　一冊　存一卷（本草綱目一）

410000－2217－0001337　0001411
乙酉科拔貢同年全錄不分卷　（清）□□撰　清朱墨套印本　一冊

410000－2217－0001338　0001412
四書大全摘要二十卷　（清）李武纂輯　清煥文堂刻本　一冊　存一卷（四）

410000－2217－0001339　0001413
白田草堂存稿二十四卷　（清）王懋竑著　清乾隆刻本　一冊　存三卷（六至八）

410000－2217－0001340　0001414
晚邨先生八家古文精選不分卷　（清）呂留良輯　清康熙四十三年（1704）呂氏家塾刻本　一冊

410000－2217－0001341　0001415
寶興堂重訂幼學須知句解四卷　（明）程登吉撰　（清）錢元龍校梓　清乾隆刻本　四冊

410000－2217－0001342　0001416
安瀾紀要二卷　（清）徐端撰　清道光刻本　一冊　存一卷（下）

410000－2217－0001343　0001417
寄傲山房塾課纂輯禮記全文備旨十一卷　（清）鄒聖脈纂　清刻本　三冊　存六卷（一至二、七至八、十至十一）

410000－2217－0001344　0001418
賴古堂集二十四卷　（清）周亮工著　清乾隆二十一年（1756）刻本　二冊　存八卷（一至三、二十至二十四）

410000－2217－0001345　0001419
王先生十七史蒙求十六卷　（宋）王令撰　**李氏蒙求補注六卷**　（唐）李瀚撰　（清）金三俊補注　清道光二十八年（1848）大文堂刻本　六冊

410000－2217－0001346　0001420
道光庚子恩科河南闈墨不分卷　（清）□□撰　清道光刻本　一冊

410000－2217－0001347　0001421
光緒庚子辛丑恩科河南鄉試闈墨不分卷　（清）□□撰　清光緒刻本　一冊

410000－2217－0001348　0001422
四書集註十九卷　（宋）朱熹撰　清刻本　三冊　存七卷（孟子七卷）

410000－2217－0001349　0001423
西清古鑑四十卷附錢錄十六卷　（清）梁詩正等輯　清光緒十四年（1888）上海鴻文書局石印本　六冊　存十一卷（十三至二十三）

410000－2217－0001350　0001424

河南鄉試硃卷道光乙酉科不分卷　(清)□□撰　清道光刻本　一册

410000－2217－0001351　0001425
讀史論略一卷　(清)杜詔撰　清刻本　一册

410000－2217－0001352　0001426
詩經喈鳳詳解八卷　(清)吴新亭閲定　(清)陳抒孝輯著　清三多齋刻本　二册　存四卷(二至五)

410000－2217－0001353　0001427
詩經喈鳳詳解八卷圖説一卷　(清)吴新亭閲定　(清)陳抒孝輯著　清宏道堂刻本　六册

410000－2217－0001354　0001428
全本禮記體註十卷　(清)范紫登(翔)原定　(清)徐旦叅定　(清)徐瑄補輯　清刻本　三册　存三卷(七至八、十)

410000－2217－0001355　0001429
戴東原[震]先生年譜一卷　(清)段玉裁編　清刻本　一册

410000－2217－0001356　0001430
新刻書經備旨輯要善本六卷　(清)馬大猷輯　清刻本　一册　存一卷(四)

410000－2217－0001357　0001431
九數通考十一卷首一卷末一卷　(清)屈曾發輯　清刻本　一册　存二卷(一至二)

410000－2217－0001358　0001432
四書集註十九卷　(宋)朱熹撰　清刻本　一册　存三卷(孟子一至三)

410000－2217－0001359　0001433
洛陽曹氏叢書　(清)曹曾矩輯　清同治、光緒間刻本　一册　存二種二卷

410000－2217－0001360　0001434
儒門法語一卷　(清)彭定求編　清道光三十年(1850)刻本　一册

410000－2217－0001361　0001435
賴古堂詩集八卷　(清)周亮工撰　清宣統石印本　二册

410000－2217－0001362　0001436
試律易知集四卷　(清)任兆松評選　清刻本　一册

410000－2217－0001363　0001437
柳氏家藏宅元秘訣三卷　(明)柳洪泉(鈞)纂　清刻本　一册

410000－2217－0001364　0001438
河南鄉試硃卷乾隆壬辰科戊子科不分卷　(清)□□撰　**五科鄉試會墨大觀二集不分卷**　(清)□□撰　**河南闈墨不分卷**　(清)□□撰　清刻本　一册

410000－2217－0001365　0001439
黄忠端公[道周]年譜四卷補遺一卷　(清)莊起儔編　清刻本　一册　存三卷(三至四、補遺一卷)

410000－2217－0001366　0001440
公羊傳選二卷穀梁傳選二卷　(清)儲欣評　(清)史章期等校訂　清乾隆三十八年(1773)同文堂刻本　一册　存一卷(公羊傳選一)

410000－2217－0001367　0001441
選擇捷要一卷　(清)賀汝田輯　清道光刻本　一册

410000－2217－0001368　0001442
痘症精言四卷　(清)袁句撰　清刻本　一册　存一卷(二)

410000－2217－0001369　0001443
音韻貫珠八卷　(清)賈椿齡編　清刻本　三册　存三卷(樂集上下、書集一卷)

410000－2217－0001370　0001444
音韻貫珠八卷　(清)賈椿齡編　清刻本　二册　存二卷(樂集上、書集一卷)

410000－2217－0001371　0001445
[詩鈔]不分卷　(清)□□撰　清抄本　二册

410000－2217－0001372　0001446
千家詩鈔不分卷明詩摘抄不分卷　(清)□□撰　清抄本　三册

410000－2217－0001373　0001447

與善錄六卷　(清)楊心鎔撰　清刻本　一冊　存一卷(一)

410000－2217－0001374　0001448
初學行文語類四卷　(清)孫埏編輯　清刻本　一冊　存一卷(一)

410000－2217－0001375　0001449
佐治藥言一卷續一卷　(清)汪輝祖纂　清刻本　一冊

410000－2217－0001376　0001450
聲調三譜　(清)王祖源輯　清光緒八年(1882)刻天壤閣叢書本　一冊

410000－2217－0001377　0001451
四書集註十九卷　(宋)朱熹撰　清刻本　一冊　存五卷(論語六至十)

410000－2217－0001378　0001452
四書集註十九卷　(宋)朱熹撰　清刻本　一冊　存五卷(論語一至五)

410000－2217－0001379　0001453
四書朱子大全詳說四十一卷　(清)艾與時　(清)方御苑纂輯　清維新堂刻本　一冊　存二卷(論語九至十)

410000－2217－0001380　0001454
寓意草一卷　(清)喻昌著　清刻本　一冊

410000－2217－0001381　0001455
重鐫神峯通考命理正宗六卷　(明)張楠著　清刻本　一冊　存一卷(六)

410000－2217－0001382　0001456
尚書離句六卷　(清)劉梅垞(元燮)鑒定　(清)錢在培輯解　清經餘堂刻本　四冊

410000－2217－0001383　0001457
書經集傳六卷　(宋)蔡沈撰　清廣文堂刻本　一冊　存一卷(一)

410000－2217－0001384　0001458
詩學含英十四卷　(清)劉文蔚輯　清刻本　一冊　存六卷(九至十四)

410000－2217－0001385　0001459
池上草堂筆記續錄六卷　(清)梁恭辰撰　清咸豐刻本　一冊　存一卷(三)

410000－2217－0001386　0001460
太史張天如詳節春秋綱目左傳句解六卷　(清)韓菼重訂　清光緒善成堂刻本　二冊　存二卷(四至五)

410000－2217－0001387　0001461
古文孝經集解一卷首一卷末一卷　(清)曹若枏著　清抄本　一冊　存一卷(集解一卷)

410000－2217－0001388　0001462
小學集解六卷　(清)張伯行輯註　清同治十一年(1872)刻本　二冊　存四卷(一至四)

410000－2217－0001389　0001463
太史冉蟫庵先生語錄類編五卷　(清)冉覲祖撰　清刻本　一冊　存一卷(二)

410000－2217－0001390　0001464
搭題芝蘭一卷　(清)史鑑輯　清道光刻本　一冊

河南省平頂山市圖書館古籍普查登記目録

全國古籍普查登記目録

國家圖書館出版社
National Library of China Publishing House

410000－2232－0000001　1
十六國春秋一百卷　(北魏)崔鴻撰　清乾隆四十六年(1781)汪氏欣託山房刻本　八冊

410000－2232－0000002　2
[湖北英山]胡氏宗譜八卷　(清)胡仝　(清)胡應樞纂修　清乾隆四十九年(1784)刻本　十一冊　存七卷(二至八)

410000－2232－0000003　3
景岳全書　(明)張介賓撰　清康熙四十九年(1710)魯超刻本　二十四冊

410000－2232－0000004　4
明紀六十卷　(清)陳鶴纂　(清)陳克家參訂　清同治十年(1871)江蘇書局刻本　二十冊

410000－2232－0000005　5
鍼灸大成十卷　(明)楊繼洲撰　(清)章廷珪重修　清咸豐十年(1860)刻本　十冊

410000－2232－0000006　6
重訂外科正宗十二卷　(明)陳實功撰　(清)張鷟翼重訂　清學海堂刻本　六冊

410000－2232－0000007　7
昭代名人尺牘二十四卷　(清)吳修輯　清光緒三十四年(1908)石印本　十二冊

410000－2232－0000008　8
戰國策三十三卷　(漢)高誘注　**劄記三卷**　(清)黃丕烈撰　清同治八年(1869)湖北崇文書局刻本　四冊　存三十三卷(戰國策三十三卷)

410000－2232－0000009　9
詞律二十卷　(清)萬樹論次　清康熙二十六年(1687)萬樹堆絮園刻本　一冊　存二卷(十九至二十)

410000－2232－0000010　10
湖海樓儷體文集十二卷　(清)陳維崧著　清光緒十七年(1891)弇山鐸署刻本　一冊　存三卷(一至三)

410000－2232－0000011　11
絶妙好詞箋七卷　(宋)周密輯　(清)查為仁　(清)厲鶚箋　**續鈔一卷**　(清)余集鈔撮　**又續鈔一卷**　(清)徐楙補錄　清道光八年(1828)杭州愛日軒刻本　三冊

410000－2232－0000012　12
陳修園醫書四十種　(清)陳念祖撰　清光緒三十一年(1905)上海商務印書館鉛印本　二十七冊　存三十六種一百二十三卷

410000－2232－0000013　1
六道集錄要不分卷　(□)□□撰　清抄本(有圖)　與十六國春秋合册

410000－2232－0000014　7
昭代名人尺牘小傳二十四卷　(清)吳修輯　清光緒三十四年(1908)上海集古齋石印本　二冊

410000－2232－0000015　13
昭代名人尺牘二十四卷　(清)吳修輯　清光緒三十四年(1908)上海集古齋石印本　十二冊

河南省滑縣圖書館古籍普查登記目録

全國古籍普查登記目録

國家圖書館出版社
National Library of China Publishing House

410000－2237－0000001　2/2/9－14

孫子十家註十三卷　(宋)吉天保輯　**遺說一卷**　(宋)鄭友賢撰　清咸豐上海掃葉山房石印本　六册

410000－2237－0000002　2/4/25－27

國語二十一卷　(三國吳)韋昭解　**札記一卷**　(清)黄丕烈撰　清嘉慶五年(1800)刻士禮居黄氏叢書本　三册　缺一卷(札記一卷)

410000－2237－0000003　2/5/28－32

戰國策三十三卷　(漢)高誘注　**札記三卷**　(清)黄丕烈撰　清嘉慶八年(1803)刻士禮居黄氏叢書本　五册

410000－2237－0000004　2/6/33－38

御撰資治通鑑綱目三編二十卷末一卷　(清)張廷玉等撰　清光緒二十六年(1900)刻本　六册

410000－2237－0000005　2/7/39－43

御撰資治通鑑綱目三編二十卷末一卷　(清)張廷玉等撰　清光緒二十六年(1900)刻本　五册

410000－2237－0000006　2/8/44－53

重訂王鳳洲先生會纂綱鑑四十六卷續宋元二十三卷　(明)王世貞纂　(明)陳仁錫訂　清光緒刻本　十册　缺四卷(綱鑑六至七、十六至十七)

410000－2237－0000007　2/9/54－73

重訂王鳳洲先生綱鑑會纂四十六卷　(明)王世貞撰　清光緒刻本　二十册　缺十五卷(十三至十四、十七、十九、二十一至二十二、二十四至二十八、三十至三十三)

410000－2237－0000008　2/10/74－83

綱鑑會纂三十九卷首一卷　(明)王世貞編　清光緒石印本　十册

410000－2237－0000009　2/11/84－85

御撰資治通鑑綱目三編六卷首一卷　(清)張廷玉等撰　清光緒石印本　二册

河南省林州市圖書館古籍普查登記目録

全國古籍普查登記目録

國家圖書館出版社
National Library of China Publishing House

410000－2238－0000001　LG/1
呂新吾先生遺集　(明)呂坤著　清刻本　十四册　存八種十五卷

410000－2238－0000002　LG/2
字彙十二卷首一卷末一卷　(明)梅膺祚撰　清刻本　八册　存八卷(子集、丑集、寅集、卯集、辰集、巳集、亥集,首一卷)

410000－2238－0000003　LG/3
新訂四書補註備旨十卷　(明)鄧林著　(清)鄧煜編次　(清)祁文友重校　(清)杜定基增訂　清刻本　三册　存四卷(下論三至四、下孟三至四)

410000－2238－0000004　LG/4
重訂王鳳洲先生綱鑑會纂四十六卷　(明)王世貞纂　(明)陳仁錫訂　(明)呂一經校　清刻本　十九册　存三十卷(五至十九、二十九至三十九、四十二至四十五)

410000－2238－0000005　LG/5
御纂性理精義十二卷　(清)李光地等纂　清刻本　六册　存九卷(二、五至十二)

410000－2238－0000006　LG/6
左傳易讀六卷　(清)司徒則盧(修)輯　清光緒十年(1884)文英堂刻本　四册　存四卷(一、四至六)

410000－2238－0000007　LG/7
太史張天如詳節春秋綱目左傳句解六卷　(清)韓菼重訂　清光緒四年(1878)有益堂刻本　六册

410000－2238－0000008　LG/8
春秋左傳五十卷　(晉)杜預原本　(宋)林堯叟註釋　(唐)陸德明音義　(明)鍾惺　(明)韓范評閱　清刻本　三册　存十卷(一至十)

410000－2238－0000009　LG/9
春秋經傳集解三十卷　(晉)杜預原本　(唐)陸德明音釋　(宋)林堯叟注　(清)馮李驊增訂　清華川書屋刻本　七册　存十四卷(四至五、八至十一、十六至十七、二十至二十一、二十四至二十五、二十八至二十九)

410000－2238－0000010　LG/10
新訂四書補註備旨十卷　(明)鄧林著　(清)鄧煜編次　(清)祁文友重校　(清)杜定基增訂　清光緒惠文堂刻本　二册　存三卷(大學一、中庸一、下孟四)

410000－2238－0000011　LG/11
新訂四書補註備旨十卷　(明)鄧林著　(清)鄧煜編次　(清)祁文友重校　(清)杜定基增訂　清刻本　四册　存四卷(論語三至四,孟子二、四)

410000－2238－0000012　LG/12
新訂四書補註備旨十卷　(明)鄧林著　(清)鄧煜編次　(清)祁文友重校　(清)杜定基增訂　清刻本　三册　存三卷(論語三,孟子二、四)

410000－2238－0000013　LG/13
新訂四書補註備旨十卷　(明)鄧林著　(清)鄧煜編次　(清)祁文友重校　(清)杜定基增訂　清同治十一年(1872)刻本　三册　存四卷(大學一、中庸一、孟子三至四)

410000－2238－0000014　LG/14
新訂四書補註備旨十卷　(明)鄧林著　(清)鄧煜編次　(清)祁文友重校　(清)杜定基增訂　清惠文堂刻本　二册　存三卷(孟子一至三)

410000－2238－0000015　LG/15
新訂四書補註備旨十卷　(明)鄧林著　(清)鄧煜編次　(清)祁文友重校　(清)杜定基增訂　清刻本　一册　存一卷(孟子三)

410000－2238－0000016　LG/16
增訂四書析疑二十三卷　(清)張權時輯　清乾隆三十二年(1767)刻本　五册　存六卷(大學一至二,中庸一,論語三、八,孟子二)

410000－2238－0000017　LG/17
增訂四書析疑二十三卷　(清)張權時輯　清文盛堂刻本　二册　存二卷(論語四、六)

410000－2238－0000018　LG/18

新訂四書補註附考備旨十卷　(明)鄧林手著　(清)鄧煜編次　(清)祁文友重校　(清)杜定基增訂　清善成堂刻本　一冊　存一卷(孟子一)

410000－2238－0000019　LG/19

四書貫解十九卷　(清)朱良玉纂輯　清刻本　三冊　存十卷(論語六至十,孟子一至三、六至七)

410000－2238－0000020　LG/21

四書貫解十九卷　(清)朱良玉纂輯　許豐參校　唐曾修參校　清刻本　一冊　存二卷(孟子四至五)

410000－2238－0000021　LG/20

增廣新訂四書補註備旨十卷　(明)鄧林手著　(清)鄧煜編次　(清)祁文友重校　(清)杜定基增訂　清光緒十一年(1885)刻本　一冊　存二卷(大學一、中庸一)

410000－2238－0000022　LG/22

四書貫解十九卷　(清)朱良玉纂輯　唐噌修　嚴騰采恭訂　馬廷芳仝編　朱楷校正　清刻本　一冊　存五卷(論語一至五)

410000－2238－0000023　LG/23

新訂四書補註備旨十卷　(明)鄧林手著　(清)鄧煜編次　(清)祁文友重校　(清)杜定基增訂　清敬文堂刻本　一冊　存二卷(孟子一至二)

410000－2238－0000024　LG/24

四書貫解十九卷　(清)朱良玉纂輯　(清)劉定京叅校　(清)王金綬叅校　清刻本　一冊　存五卷(論語六至十)

410000－2238－0000025　LG/26

新訂四書補註備旨十卷　(明)鄧林手著　(清)鄧煜編次　(清)祁文友重校　(清)杜定基增訂　清刻本　三冊　存三卷(論語二、孟子一至二)

410000－2238－0000026　LG/25

新訂四書補註備旨十卷　(明)鄧林手著　(清)鄧煜編次　(清)祁文友重校　(清)杜定基增訂　清光緒七年(1881)刻本　一冊　存二卷(大學一、中庸一)

410000－2238－0000027　LG/28

新訂四書補註備旨十卷　(明)鄧林手著　(清)鄧煜編次　(清)祁文友重校　(清)杜定基增訂　清敬文堂刻本　一冊　存一卷(孟子四)

410000－2238－0000028　LG/27

新訂四書補註備旨十卷　(明)鄧林手著　(清)鄧煜編次　(清)祁文友重校　(清)杜定基增訂　清敬文堂刻本　一冊　存一卷(孟子四)

410000－2238－0000029　LG/29

四書貫解十九卷　(清)朱良玉纂輯　清刻本　一冊　存二卷(孟子一至二)

410000－2238－0000030　LG/30

四書題鏡三十六卷總論一卷　(清)汪鯉翔纂述　清刻本　九冊　存二十四卷(中庸一卷,上論七卷、下論八卷,上孟二卷、下孟六卷)

410000－2238－0000031　LG/31

古文喈鳳新編八卷　(清)汪基鈔輯　清刻本　二冊　存二卷(三、六)

410000－2238－0000032　LG/32

古文喈鳳新編八卷　(清)汪基鈔輯　清大盛堂刻本　四冊　存四卷(二至五)

410000－2238－0000033　LG/33

古文喈鳳新編八卷　(清)汪基鈔輯　清大盛堂刻本　二冊　存二卷(四、八)

410000－2238－0000034　LG/34

詩經喈鳳詳解八卷　(清)吳新亭閱定　(清)陳抒孝輯著　(清)汪基增訂　清刻本　三冊　存四卷(三至六)

410000－2238－0000035　LG/37

詩經體註大全體要八卷　(清)高朝瓔定　(清)沈世楷輯　清刻本　四冊

410000－2238－0000036　LG/35

書經六卷 （宋）蔡沈集傳　清會文堂刻本　二冊　存三卷(一、五至六)

410000－2238－0000037　LG/36
評點春秋綱目左傳句解彙雋六卷 （清）韓菼重訂　清刻本　三冊　存三卷(四至六)

410000－2238－0000038　LG/38
重訂詩經衍義合衆集註八卷 （明）江晉雲(環)輯著　（清）黃文煥手定　（清）汪桓等訂　清刻本　三冊　存六卷(三至八)

410000－2238－0000039　LG/39
漱芳軒合纂禮記體註四卷 （清）范翔參訂　清刻本　二冊　存二卷(三至四)

410000－2238－0000040　LG/40
詩經體註大全體要八卷 （清）高朝瓔定　（清）沈世楷輯　（清）沈存仁衆　清宣統二年(1910)刻本　四冊

410000－2238－0000041　LG/41
書經體註大全合衆六卷 （清）范翔原本　（清）錢希祥纂輯　清雍正刻本　二冊　存三卷(一至三)

410000－2238－0000042　LG/42
禮記十卷 （元）陳澔集說　清刻本　三冊　存三卷(一至三)

410000－2238－0000043　LG/46
書經六卷 （宋）蔡沈集傳　清彰府聚盛堂刻本　四冊　存五卷(一至二、四至六)

410000－2238－0000044　LG/43
書經六卷 （宋）蔡沈集傳　清聚業堂刻本　四冊　存六卷(一至六)

410000－2238－0000045　LG/44
書經六卷 （宋）蔡沈集傳　清彰府聚盛堂刻本　三冊　存四卷(一、四至六)

410000－2238－0000046　LG/45
書經六卷 （宋）蔡沈集傳　清刻本　三冊　存四卷(一、四至六)

410000－2238－0000047　LG/47
書經六卷 （宋）蔡沈集傳　清懷慶四和堂刻本　三冊　存四卷(一、四至六)

410000－2238－0000048　LG/48
書經六卷 （宋）蔡沈集傳　清刻本　二冊　存四卷(二至三、五至六)

410000－2238－0000049　LG/49
重訂詩經衍義合衆集註八卷 （明）江晉雲(環)輯著　（明）黃坤五手定　（清）汪桓等訂　清刻本　二冊　存三卷(三至五)

410000－2238－0000050　LG/50
詩經融註大全體要八卷 （清）高朝瓔定　（清）沈世楷輯　清刻本　二冊　存四卷(五至八)

410000－2238－0000051　LG/51
新訂四書補註備旨十卷 （明）鄧林著　（清）鄧煜編次　（清）祁文友重校　（清）杜定基增訂　清刻本　一冊　存二卷(上孟一至二)

410000－2238－0000052　LG/52
詩經八卷 （宋）朱熹集傳　清彰府德盛堂刻本　三冊　存七卷(一至四、六至八)

410000－2238－0000053　LG/53
詩經八卷 （宋）朱熹集傳　清刻本　二冊　存五卷(三至四、六至八)

410000－2238－0000054　LG/54
詩經八卷 （宋）朱熹集傳　清德盛堂刻本　三冊　存六卷(三至八)

410000－2238－0000055　LG/55
詩經八卷 （宋）朱熹集傳　清寶□堂刻本　二冊　存四卷(五至八)

410000－2238－0000056　LG/56
詩經八卷 （宋）朱熹集傳　清四和堂刻本　三冊　存六卷(一至二、五至八)

410000－2238－0000057　LG/57
書經六卷 （宋）蔡沈集傳　清文運堂刻本　二冊　存三卷(一、五至六)

410000－2238－0000058　LG/58
書經體註大全合衆六卷 （清）范翔鑒定　（清）錢希祥纂輯　清刻本　三冊　存四卷

(二、四至六)

410000－2238－0000059　LG/59

詩經八卷　(宋)朱熹集傳　清益智堂刻本　三冊　存五卷(一至五)

410000－2238－0000060　LG/60

詩經八卷　(宋)朱熹集傳　清德盛堂刻本　三冊　存六卷(三至八)

410000－2238－0000061　LG/61

字彙十二卷首一卷末一卷　(明)梅膺祚音釋　清刻本　五冊　存五卷(子集、丑集、寅集、卯集、亥集)

410000－2238－0000062　LG/62

字彙十二卷首一卷末一卷　(明)梅膺祚音釋　清刻本　一冊　存一卷(卯集)

410000－2238－0000063　LG/63

康熙字典十二集三十六卷總目一卷檢字一卷辨似一卷等韻一補遺一卷備考一卷　(清)張玉書等撰　清刻本　二冊　存二卷(子集上、午集上)

410000－2238－0000064　LG/64

鳳洲綱鑑四十六卷　(明)王世貞撰　清光緒二十九年(1903)學源堂刻本　二冊　存一卷(十一)

410000－2238－0000065　LG/65

詩經八卷　(宋)朱熹集傳　清寶興堂刻本　一冊　存二卷(一至二)

410000－2238－0000066　LG/66

詩經八卷　(宋)朱熹集傳　清刻本　三冊　存六卷(一至二、五至八)

410000－2238－0000067　LG/67

書經體註大全合糸六卷　(清)范翔鑒定　(清)錢希祥纂輯　清刻本　三冊　存五卷(二至六)

410000－2238－0000068　LG/68

書經體註大全合糸六卷　(清)范翔鑒定　(清)錢希祥纂輯　清乾隆四十年(1775)文會堂刻本　三冊　存五卷(一至三、五至六)

410000－2238－0000069　LG/69

新刻書經備旨善本輯要六卷　(清)汪右衡鑒定　(清)馬大猷手輯　(清)馬寬裕編次　清乾隆三十三年(1768)世德堂刻本　三冊　存四卷(一、四至六)

410000－2238－0000070　LG/70

書經體註大全合糸六卷　(清)范翔鑒定　(清)錢希祥纂輯　清道光十四年(1834)刻本　二冊　存三卷(一至三)

410000－2238－0000071　LG/71

寄傲山房塾課纂輯書經備旨蔡註捷錄七卷　(清)鄒聖脈纂輯　清刻本　二冊　存二卷(二、六)

410000－2238－0000072　LG/72

寄傲山房塾課纂輯春秋備旨十二卷　(清)鄒聖脈纂輯　清刻本　二冊　存五卷(八至十二)

410000－2238－0000073　LG/73

寄傲山房塾課纂輯春秋備旨十二卷　(清)鄒聖脈纂輯　清刻本　二冊　存四卷(五至六、九至十)

410000－2238－0000074　LG/74

書經體註大全合糸六卷　(清)范翔鑒定　(清)錢希祥纂輯　清刻本　二冊　存三卷(一至三)

410000－2238－0000075　LG/75

宣講拾遺六卷　(清)莊跛仙輯　清光緒三十年(1904)聚盛堂刻本　五冊　存五卷(一至五)

410000－2238－0000076　LG/76

四書人物類典串珠四十卷　(清)臧志仁編輯　清刻本　五冊　存十七卷(三至十九)

410000－2238－0000077　LG/77

宣講金針□□卷　(□)□□撰　清光緒三十四年(1908)刻本　四冊　存四卷(一至四)

410000－2238－0000078　LG/78

二論講義養正編十卷　(清)史廷煇輯　清同

治八年(1869)刻本　三册　存七卷(上論一至四、下論八至十)

410000－2238－0000079　LG/79

孟子講義十二卷　(清)史廷煇輯　清刻本　五册　存五卷(二、四、六至七、十二)

410000－2238－0000080　LG/80

宣講拾遺六卷　(清)莊跛仙輯　清光緒十九年(1893)刻本　二册　存二卷(一、六)

410000－2238－0000081　LG/81

論語最豁集四卷　劉珍撰　孫振基等同訂　清刻本　一册　存二卷(一至二)

410000－2238－0000082　LG/82

論語最豁集四卷　劉珍撰　孫振基等同訂　清刻本　一册　存一卷(四)

410000－2238－0000083　LG/83

論語最豁集四卷　劉珍撰　孫振基等同訂　清刻本　二册　存二卷(二、四)

410000－2238－0000084　LG/84

新訂四書補註備旨十卷　(明)鄧林手著　(清)鄧煜編次　(清)祁文友重校　(清)杜定基增訂　清慧文堂刻本　二册　存四卷(上論一至二、下論三至四)

410000－2238－0000085　LG/85

增廣新訂四書補註備旨十卷　(明)鄧林手著　(清)鄧煜編次　(清)祁文友重校　(清)杜定基增訂　清敬文堂刻本　一册　存二卷(下論三至四)

410000－2238－0000086　LG/86

新訂四書補註備旨十卷　(明)鄧林手著　(清)鄧煜編次　(清)祁文友重校　(清)杜定基增訂　清刻本　一册　存一卷(下論四)

410000－2238－0000087　LG/87

五經類編二十八卷　(清)周世樟輯　清刻本　二册　存四卷(十二至十五)

410000－2238－0000088　LG/88

性理體註訓解標題八卷　(清)張道升纂輯　(清)仇廷桂纂輯　(清)吕從律增訂　清三多齋刻本　二册　存二卷(四至五)

410000－2238－0000089　LG/89

子史精華一百六十卷　(清)吴士玉輯　(清)吴襄輯　(清)允祿等纂　清刻本　二册　存六卷(一百四十八至一百五十三)

410000－2238－0000090　LG/90

字彙十二卷首一卷末一卷　(明)梅膺祚音釋　清刻本　三册　存三卷(子集、午集、未集)

410000－2238－0000091　LG/91

古文喈鳳新編八卷　(清)汪基鈔輯　清五豐堂刻本　一册　存一卷(六)

410000－2238－0000092　LG/92

古文喈鳳新編八卷　(清)汪基鈔輯　清刻本　一册　存一卷(六)

410000－2238－0000093　LG/93

古文喈鳳新編八卷　(清)汪基鈔輯　清刻本　一册　存一卷(八)

410000－2238－0000094　LG/94

禮記集註十卷　(元)陳澔撰　清光緒刻本　三册　存三卷(一至二、四)

410000－2238－0000095　LG/95

二論詳解四卷　(清)劉忠手輯　清刻本　二册　存二卷(二至三)

410000－2238－0000096　LG/96

禮記省度四卷　(清)彭頤纂　清刻本　二册　存二卷(三至四)

410000－2238－0000097　LG/97

詩經喈鳳詳解八卷　(清)陳抒孝輯著　(清)汪基增訂　清三多齋刻本　三册　存三卷(三至五)

410000－2238－0000098　LG/98

四辰堂通鑑易知録十四卷　(清)王仕雲編輯　周在梁　黄大鴻　葉澤新等閲　清刻本　一册　存七卷(一至七)

410000－2238－0000099　LG/99

修真寶傳因果不分卷　(清)復性子撰　清宣統二年(1910)刻本　一册

410000－2238－0000100　LG/100

古文發蒙集六卷　(清)王相合纂　(清)殷承爵衆訂　清刻本　一册　存一卷(二)

410000－2238－0000101　LG/101

新刻司臺訂正萬用迪吉通書大成十八卷首二卷　(清)宋輝山等撰　清刻本　一册　存二卷(首二卷)

410000－2238－0000102　LG/102

應酬彙選新集□□卷　(清)潘星野輯　(清)陸九如纂輯　清光緒三十二年(1906)廣興德刻本　一册　存應酬尺牘彙選

410000－2238－0000103　LG/103

四書集註十九卷　(宋)朱熹集註　清刻本　一册　存三卷(一至三)

410000－2238－0000104　LG/104

新鐫江晉雲先生詩經衍義集註八卷　(明)江環輯著　清刻本　一册　存三卷(六至八)

410000－2238－0000105　LG/105

太史張天如詳節春秋綱目句解左傳註雋六卷　(清)韓菼編　清刻本　一册　存一卷(五)

410000－2238－0000106　LG/106

校刊增註四書便蒙十九卷　(清)俞長城等注　清光緒十六年(1890)有益堂刻本　一册　存二卷(大學一卷、中庸一卷)

410000－2238－0000107　LG/107

二論講義養正編十卷　(清)史廷煇輯　清刻本　一册　存三卷(三至五)

410000－2238－0000108　LG/108

增訂四書析疑二十三卷　(清)張權時手輯　(清)趙作基點定　清文盛堂刻本　二册　存二卷(上論一、上孟二)

410000－2238－0000109　LG/109

增補四書精繡圖像人物備考十二卷　(明)薛應旂輯　(明)陳仁錫增定　清卓雅堂刻本　二册　存三卷(四至六)

410000－2238－0000110　LG/110

綱鑑會纂□□卷　(明)王世貞編　清刻本　一册　存一卷(三)

410000－2238－0000111　LG/111

綱鑑會纂□□卷　(明)王世貞編　清書業德刻本　一册　存一卷(三十九)

410000－2238－0000112　LG/112

全本禮記體註十卷　(清)范翔原定　(清)徐瑄補輯　清同志堂刻本　一册　存一卷(六)

410000－2238－0000113　LG/113

尚書離句六卷　(清)劉元燮鑒定　(清)錢在培輯解　清醉經堂刻本　一册　存三卷(四至六)

410000－2238－0000114　LG/114

三通考輯要三種　湯壽潛輯　清光緒二十五年(1899)上海圖書集成書局鉛印本　二十一册

410000－2238－0000115　LG/115

五方元音十二卷　(清)樊騰鳳原本　(清)年希堯增補　清光緒十七年(1891)刻本　四册　存八卷(一至六、九至十)

410000－2238－0000116　LG/116

應事雜字不分卷　(□)□□撰　清宣統二年(1910)聚盛堂刻本　一册

410000－2238－0000117　LG/117

三字訓□□卷　(□)□□撰　清宣統二年(1910)彰府學善堂刻本　一册

410000－2238－0000118　LG/118

四言雜字□□卷　(□)□□撰　清道光元年(1821)寫本　一册

410000－2238－0000119　LG/119

字彙十二卷首一卷末一卷　(明)梅膺祚音釋　清刻本　一册　存一卷(酉集)

410000－2238－0000120　LG/120

詩經八卷　(宋)朱熹集傳　清刻本　一册　存一卷(五)

410000－2238－0000121　LG/121

小題芝蘭一卷　(清)史鑑輯　清道光三十年(1850)刻本　一册

410000－2238－0000122　LG/122

新鐫鑑略四字書不分卷　(清)王仕雲著　清聚盛堂刻本　一冊

410000－2238－0000123　LG/123

寄嶽雲齋試帖詳註四卷　(清)聶銑敏著　(清)張學蘇箋　清道光二十年(1840)誠意堂刻本　一冊　存二卷(一至二)

410000－2238－0000124　LG/124

四書味根錄三十七卷　(清)金澂撰　清刻本　一冊　存五卷(論語一至五)

410000－2238－0000125　LG/125

宣講珠璣四卷　(清)□□撰　清光緒三十年(1904)刻本　一冊　存一卷(一)

410000－2238－0000126　LG/126

七字鑑略不分卷　(清)陘山居士纂修　清光緒二十九年(1903)刻本　一冊

410000－2238－0000127　LG/127

應酬彙選新集八卷　(清)陸九如纂輯　清光緒元年(1875)刻本　一冊

410000－2238－0000128　LG/128

寄嶽雲齋試帖詳註四卷　(清)聶銑敏著　(清)張學蘇箋　(清)王茂松等校　清刻本　一冊　存二卷(一至二)

410000－2238－0000129　LG/129

古文釋義新編八卷　(清)余誠評注　清刻本　一冊　存一卷(七)

410000－2238－0000130　LG/130

隨園詩話十六卷　(清)倉山居士(袁枚)著　清刻本　四冊　存七卷(一至二、七至十一)

410000－2238－0000131　LG/132

增訂小學金丹講義六卷　(清)王期齡衾訂　清光緒三十三年(1907)聚三堂刻本　四冊

410000－2238－0000132　LG/133

詩經八卷　(宋)朱熹集傳　清刻本　三冊　存六卷(三至八)

410000－2238－0000133　LG/134

詩經八卷　(宋)朱熹集傳　清刻本　一冊　存二卷(三至四)

410000－2238－0000134　LG/135

尺木堂綱鑑易知錄九十二卷明鑑易知錄十五卷　(清)吳乘權等輯　清光緒二十五年(1899)刻本　八冊　存五十二卷(綱鑑易知錄一至二十五、八十一至九十二,明鑑易知錄十五卷)

410000－2238－0000135　LG/137

四書集註十九卷　(宋)朱熹集註　清彰府明善堂刻本　一冊　存五卷(論語六至十)

410000－2238－0000136　LG/138

四書集註十九卷　(宋)朱熹集註　清三義堂刻本　一冊　存五卷(論語六至十)

410000－2238－0000137　LG/139

四書集註十九卷　(宋)朱熹集註　清彰府明善堂刻本　一冊　存五卷(論語六至十)

410000－2238－0000138　LG/140

四書集註十九卷　(宋)朱熹集註　清彰德聚元堂刻本　一冊　存二卷(論語六至七)

410000－2238－0000139　LG/142

小題時藝標新二集一卷　(清)吳肇祉選　清光緒十三年(1887)許昌慶文堂刻本　一冊

410000－2238－0000140　LG/143

分類詳註飲香尺牘四卷　(清)飲香居士輯　清道光十九年(1839)刻本　一冊　存一卷(一)

410000－2238－0000141　LG/144

詩經八卷　(宋)朱熹集傳　清聚盛堂刻本　一冊　存二卷(一至二)

410000－2238－0000142　LG/145

隨園詩話十六卷　(清)倉山居士(袁枚)著　清刻本　一冊　存四卷(五至八)

410000－2238－0000143　LG/141

增訂二論詳解四卷　(清)劉忠輯　清光緒十三年(1887)同德堂刻本　一冊　存一卷(一)

410000－2238－0000144　LG/147

四書集註十九卷　(宋)朱熹集註　清同德堂

刻本　二册　存十卷(論語十卷)

410000－2238－0000145　LG/149
詩經八卷　(宋)朱熹集傳　清刻本　一册　存二卷(三至四)

410000－2238－0000146　LG/150
書經六卷　(宋)蔡沈集傳　清永元堂刻本　一册　存一卷(一)

410000－2238－0000147　LG/151
四書集註十九卷　(宋)朱熹集註　清刻本　一册　存五卷(論語一至五)

410000－2238－0000148　LG/152
四書集註十九卷　(宋)朱熹集註　清刻本　一册　存三卷(論語八至十)

410000－2238－0000149　LG/153
四書集註十九卷　(宋)朱熹集註　清刻本　一册　存三卷(論語八至十)

410000－2238－0000150　LG/154
詩經八卷　(宋)朱熹集傳　清刻本　一册　存三卷(六至八)

410000－2238－0000151　LG/155
詩經八卷　(宋)朱熹集傳　清刻本　一册　存二卷(三至四)

410000－2238－0000152　LG/156
河間註釋試律矩四卷　(清)紀昀著　(清)林昌評註　清刻本　一册　存二卷(三至四)

410000－2238－0000153　LG/157
詩經八卷　(宋)朱熹集傳　清刻本　一册　存二卷(一至二)

410000－2238－0000154　LG/158
書經六卷　(宋)蔡沈集傳　清刻本　一册　存二卷(二至三)

410000－2238－0000155　LG/159
詩經八卷　(宋)朱熹集傳　清崇文堂刻本　一册　存二卷(一至二)

410000－2238－0000156　LG/160
詩經八卷　(宋)朱熹集傳　清刻本　一册　存一卷(五)

410000－2238－0000157　LG/161
詩經八卷　(宋)朱熹集傳　清刻本　一册　存三卷(六至八)

410000－2238－0000158　LG/162
四書集註十九卷　(宋)朱熹集註　清刻本　一册　存五卷(論語一至五)

410000－2238－0000159　LG/163
四書集註十九卷　(宋)朱熹集註　清刻本　一册　存五卷(論語一至五)

410000－2238－0000160　LG/164
四書集註十九卷　(宋)朱熹集註　清刻本　一册　存三卷(論語一至三)

410000－2238－0000161　LG/165
詩經八卷　(宋)朱熹集傳　清刻本　一册　存三卷(六至八)

410000－2238－0000162　LG/166
詩經八卷　(宋)朱熹集傳　清刻本　一册　存一卷(五)

410000－2238－0000163　LG/167
詩經八卷　(宋)朱熹集傳　清刻本　一册　存一卷(五)

410000－2238－0000164　LG/168
詩經八卷　(宋)朱熹集傳　清刻本　一册　存一卷(五)

410000－2238－0000165　LG/169
詩經八卷　(宋)朱熹集傳　清刻本　一册　存一卷(五)

410000－2238－0000166　LG/170
四書集註十九卷　(宋)朱熹集註　清彰府聚盛堂刻本　一册　存三卷(論語一至三)

410000－2238－0000167　LG/171
四書集註十九卷　(宋)朱熹集註　清彰府學善堂刻本　一册　存二卷(孟子六至七)

410000－2238－0000168　LG/172
四書集註十九卷　(宋)朱熹集註　清刻本

一冊　存二卷(孟子六至七)

410000－2238－0000169　LG/173
四書集註十九卷　(宋)朱熹集註　清彰府同德堂刻本　一冊　存二卷(孟子六至七)

410000－2238－0000170　LG/174
四書集註十九卷　(宋)朱熹集註　清刻本　一冊　存二卷(孟子一至二)

410000－2238－0000171　LG/175
四書集註十九卷　(宋)朱熹集註　清同德堂刻本　一冊　存二卷(孟子六至七)

410000－2238－0000172　LG/176
詩經八卷　(宋)朱熹集傳　清刻本　一冊　存三卷(六至八)

410000－2238－0000173　LG/177
詩經八卷　(宋)朱熹集傳　清刻本　一冊　存三卷(六至八)

410000－2238－0000174　LG/178
詩經八卷　(宋)朱熹集傳　清刻本　一冊　存三卷(六至八)

410000－2238－0000175　LG/179
詩經八卷　(宋)朱熹集傳　清德盛堂刻本　一冊　存二卷(三至四)

410000－2238－0000176　LG/180
詩經八卷　(宋)朱熹集傳　清刻本　一冊　存三卷(六至八)

410000－2238－0000177　LG/181
詩經八卷　(宋)朱熹集傳　清刻本　一冊　存三卷(六至八)

410000－2238－0000178　LG/182
四書集註十九卷　(宋)朱熹集註　清刻本　一冊　存四卷(論語一至四)

410000－2238－0000179　LG/183
四書集註十九卷　(宋)朱熹集註　清刻本　一冊　存五卷(論語一至五)

410000－2238－0000180　LG/184
四書集註十九卷　(宋)朱熹集註　清刻本　一冊　存三卷(論語一至三)

410000－2238－0000181　LG/185
詩經八卷　(宋)朱熹集傳　清刻本　一冊　存二卷(一至二)

410000－2238－0000182　LG/186
詩經八卷　(宋)朱熹集傳　清刻本　一冊　存三卷(六至八)

410000－2238－0000183　LG/187
詩經八卷　(宋)朱熹集傳　清刻本　一冊　存二卷(一至二)

410000－2238－0000184　LG/188
詩經八卷　(宋)朱熹集傳　清寶寧堂刻本　一冊　存一卷(五)

410000－2238－0000185　LG/189
書經六卷　(宋)蔡沈集傳　清魁文堂刻本　一冊　存一卷(一)

410000－2238－0000186　LG/190
書經六卷　(宋)蔡沈集傳　清刻本　一冊　存二卷(二至三)

410000－2238－0000187　LG/191
四書集註十九卷　(宋)朱熹集註　清刻本　一冊　存二卷(論語四至五)

410000－2238－0000188　LG/192
四書集註十九卷　(宋)朱熹集註　清刻本　一冊　存二卷(孟子四至五)

410000－2238－0000189　LG/193
四書集註十九卷　(宋)朱熹集註　清刻本　一冊　存二卷(孟子六至七)

410000－2238－0000190　LG/194
四書集註十九卷　(宋)朱熹集註　清刻本　一冊　存二卷(孟子六至七)

410000－2238－0000191　LG/195
四書集註十九卷　(宋)朱熹集註　清致和堂刻本　一冊　存二卷(孟子四至五)

410000－2238－0000192　LG/196
書經六卷　(宋)蔡沈集傳　清寶興堂刻本

一册　存一卷(一)

410000－2238－0000193　LG/197
詩經八卷　(宋)朱熹集傳　清刻本　一册　存一卷(五)

410000－2238－0000194　LG/198
四書集註十九卷　(宋)朱熹集註　清刻本　一册　存五卷(論語一至五)

410000－2238－0000195　LG/199
四書集註十九卷　(宋)朱熹集註　清刻本　一册　存三卷(論語八至十)

410000－2238－0000196　LG/200
四書集註十九卷　(宋)朱熹集註　清刻本　一册　存二卷(孟子四至五)

410000－2238－0000197　LG/201
四書集註十九卷　(宋)朱熹集註　清刻本　一册　存二卷(孟子一至二)

410000－2238－0000198　LG/202
四書集註十九卷　(宋)朱熹集註　清刻本　一册　存三卷(孟子一至三)

410000－2238－0000199　LG/203
重訂王鳳洲先生會纂綱鑑四十六卷　(明)王世貞纂　清刻本　一册　存二卷(三十五至三十六)

410000－2238－0000200　LG/204
書經體註大全合叅六卷　(清)范翔鑒定　(清)錢希祥纂輯　清刻本　一册　存二卷(二至三)

410000－2238－0000201　LG/205
四書集註十九卷　(宋)朱熹集註　清刻本　一册　存五卷(論語一至五)

410000－2238－0000202　LG/206
四書集註十九卷　(宋)朱熹集註　清刻本　一册　存五卷(論語一至五)

410000－2238－0000203　LG/207
四書集註十九卷　(宋)朱熹集註　清刻本　一册　存三卷(論語一至三)

410000－2238－0000204　LG/208
四書集註十九卷　(宋)朱熹集註　清刻本　一册　存二卷(論語一至二)

410000－2238－0000205　LG/209
四書集註十九卷　(宋)朱熹集註　清刻本　一册　存一卷(孟子五)

410000－2238－0000206　LG/210
四書集註十九卷　(宋)朱熹集註　清崇文堂刻本　一册　存二卷(孟子四至五)

410000－2238－0000207　LG/211
四書集註十九卷　(宋)朱熹集註　清刻本　一册　存一卷(孟子五)

410000－2238－0000208　LG/212
四書集註十九卷　(宋)朱熹集註　清刻本　一册　存一卷(孟子五)

410000－2238－0000209　LG/213
四書集註十九卷　(宋)朱熹集註　清致和堂刻本　一册　存二卷(孟子四至五)

410000－2238－0000210　LG/214
大學讀本一卷　(宋)朱熹章句　清末民初刻本　一册

410000－2238－0000211　LG/215
四書集註十九卷　(宋)朱熹集註　清彰府明善堂刻本　一册　存五卷(論語六至十)

410000－2238－0000212　LG/216
四書集註十九卷　(宋)朱熹集註　清刻本　一册　存五卷(論語六至十)

410000－2238－0000213　LG/217
四書集註十九卷　(宋)朱熹集註　清刻本　一册　存三卷(論語八至十)

410000－2238－0000214　LG/218
四書集註十九卷　(宋)朱熹集註　清刻本　一册　存三卷(論語八至十)

410000－2238－0000215　LG/219
四書集註十九卷　(宋)朱熹集註　清彰府聚盛堂刻本　一册　存三卷(孟子一至三)

410000－2238－0000216　LG/220
四書集註十九卷　(宋)朱熹集註　清刻本
一册　存三卷(孟子一至三)

410000－2238－0000217　LG/221
四書集註十九卷　(宋)朱熹集註　清刻本
一册　存三卷(孟子一至三)

410000－2238－0000218　LG222
四書集註十九卷　(宋)朱熹集註　清刻本
一册　存二卷(孟子六至七)

410000－2238－0000219　LG/223
四書集註十九卷　(宋)朱熹集註　清刻本
一册　存五卷(論語一至五)

410000－2238－0000220　LG/224
四書集註十九卷　(宋)朱熹集註　清刻本
一册　存五卷(論語六至十)

410000－2238－0000221　LG/225
大學章句一卷中庸章句一卷　(宋)朱熹章句
清同德堂刻本　一册

410000－2238－0000222　LG/226
四書集註十九卷　(宋)朱熹集註　清刻本
一册　存三卷(孟子一至三)

410000－2238－0000223　LG/227
四書集註十九卷　(宋)朱熹集註　清刻本
一册　存三卷(孟子一至三)

410000－2238－0000224　LG/228
詩經八卷　(宋)朱熹集傳　清刻本　一册
存一卷(五)

410000－2238－0000225　LG/229
四書集註十九卷　(宋)朱熹集註　清刻本
一册　存二卷(孟子二至三)

410000－2238－0000226　LG/230
四書集註十九卷　(宋)朱熹集註　清刻本
一册　存三卷(孟子一至三)

410000－2238－0000227　LG/231
四書集註十九卷　(宋)朱熹集註　清刻本
一册　存二卷(孟子四至五)

410000－2238－0000228　LG/232
四書集註十九卷　(宋)朱熹集註　清刻本
一册　存二卷(孟子六至七)

410000－2238－0000229　LG/233
四書集註十九卷　(宋)朱熹集註　清刻本
一册　存二卷(孟子六至七)

410000－2238－0000230　LG/234
詩經八卷　(宋)朱熹集傳　清刻本　一册
存一卷(五)

410000－2238－0000231　LG/235
寄嶽雲齋試帖詳註四卷　(清)聶銑敏著
(清)張學蘇箋註　(清)王茂松等校　清刻本
一册　存二卷(三至四)

410000－2238－0000232　LG/236
四書集註十九卷　(宋)朱熹集註　清刻本
一册　存二卷(孟子一至二)

410000－2238－0000233　LG/237
四書集註十九卷　(宋)朱熹集註　清刻本
一册　存二卷(孟子四至五)

410000－2238－0000234　LG/238
四書集註十九卷　(宋)朱熹集註　清刻本
一册　存二卷(孟子四至五)

410000－2238－0000235　LG/239
四書集註十九卷　(宋)朱熹集註　清刻本
一册　存二卷(孟子六至七)

410000－2238－0000236　LG/240
四書集註十九卷　(宋)朱熹集註　清刻本
一册　存三卷(孟子一至三)

410000－2238－0000237　LG/241
四書集註十九卷　(宋)朱熹集註　清刻本
一册　存二卷(孟子二至三)

410000－2238－0000238　LG/242
四書集註十九卷　(宋)朱熹集註　清刻本
一册　存二卷(孟子六至七)

410000－2238－0000239　LG/243
增補詩韻連珠□卷　(□)□□撰　清刻本
一册　存三卷(三至五)

410000－2238－0000240　LG/244

四書集註十九卷　(宋)朱熹章句　清彰府文品祥刻本　一冊　存一卷(大學一卷)

410000－2238－0000241　LG/245

四書集註十九卷　(宋)朱熹章句　清刻本　一冊　存一卷(中庸一卷)

410000－2238－0000242　LG/246

四書集註十九卷　(宋)朱熹章句　清慶盛堂刻本　一冊　存一卷(中庸一卷)

410000－2238－0000243　LG/247

四書集註十九卷　(宋)朱熹章句　清聚盛堂刻本　一冊　存一卷(中庸一卷)

410000－2238－0000244　LG/248

四書集註十九卷　(宋)朱熹章句　清彰府學善局刻本　一冊　存一卷(中庸一卷)

410000－2238－0000245　LG/249

四書集註十九卷　(宋)朱熹章句　清德盛堂刻本　一冊　存一卷(中庸一卷)

410000－2238－0000246　LG/250

四書集註十九卷　(宋)朱熹集註　清刻本　一冊　存二卷(孟子二至三)

410000－2238－0000247　LG/251

四書集註十九卷　(宋)朱熹集註　清刻本　一冊　存二卷(孟子四至五)

410000－2238－0000248　LG/252

四書集註十九卷　(宋)朱熹集註　清彰府學善堂刻本　一冊　存二卷(孟子六至七)

410000－2238－0000249　LG/253

四書集註十九卷　(宋)朱熹集註　清彰府明善堂刻本　一冊　存二卷(孟子一至二)

410000－2238－0000250　LG/254

四書集註十九卷　(宋)朱熹集註　清刻本　一冊　存二卷(孟子四至五)

410000－2238－0000251　LG/255

四書集註十九卷　(宋)朱熹集註　清刻本　一冊　存二卷(孟子二至三)

410000－2238－0000252　LG/256

四書集註十九卷　(宋)朱熹集註　清刻本　一冊　存二卷(孟子二至三)

410000－2238－0000253　LG/257

四書集註十九卷　(宋)朱熹章句　清彰府學善局刻本　一冊　存一卷(中庸一卷)

410000－2238－0000254　LG/258

四書集註十九卷　(宋)朱熹章句　清刻本　一冊　存一卷(中庸一卷)

410000－2238－0000255　LG/259

四書集註十九卷　(宋)朱熹章句　清彰府聚盛堂刻本　一冊　存一卷(大學一卷)

410000－2238－0000256　LG/260

四書集註十九卷　(宋)朱熹章句　清刻本　一冊　存一卷(大學一卷)

410000－2238－0000257　LG/261

三字訓一卷　(□)□□撰　清宣統二年(1910)彰府學善堂刻本　一冊

河南省鶴壁市圖書館古籍普查登記目録

全國古籍普查登記目録

國家圖書館出版社
National Library of China Publishing House

410000－2239－0000001　1

正字通十二卷　（明）張自烈撰　（清）廖文英輯　清刻本　三十冊

周口師範學院圖書館古籍普查登記目録

全國古籍普查登記目録

國家圖書館出版社
National Library of China Publishing House

410000－2255－0000001　0002
春秋穀梁傳十二卷　(晉)范甯集解　(唐)陸德明音義　清光緒九年(1883)刻本　二冊

410000－2255－0000002　0003
説文解字十五卷　(漢)許慎撰　(宋)徐鉉等校定　清光緒刻本　二冊

410000－2255－0000003　0084
張文忠公詩集六卷文集十一卷　(明)張居正撰　清宣統三年(1911)石印本　四冊

410000－2255－0000004　0005
古文尚書考二卷　(清)惠棟撰　清乾隆五十七年(1792)刻本　二冊

410000－2255－0000005　0006
國語二十一卷　(三國吳)韋昭解　(宋)宋庠補音　(明)張一鯤等閲　(明)郭子章等校　清乾隆二十七年(1762)刻本　四冊

410000－2255－0000006　0007
汲冢周書十卷　(晉)孔晁注　(明)吳琯校　(清)汪士漢編　清康熙八年(1669)刻本　四冊

410000－2255－0000007　0008
日知録三十二卷　(清)顧炎武撰　清康熙三十四年(1695)遂初堂刻本　十冊

410000－2255－0000008　0009
尚書詳解五十卷　(宋)陳經撰　(清)吳舒帷校　清道光二十七年(1847)刻本　十二冊

410000－2255－0000009　0010
説文解字韻譜十卷　(宋)徐鍇撰　清同治三年(1864)刻本　二冊

410000－2255－0000010　0001
漁洋山人精華録箋注十二卷補一卷年譜一卷　(清)王士禛撰　(清)金榮箋注　(清)徐淮輯　清康熙五十一年(1712)鳳翽堂刻乾隆二年(1737)印本　八冊

410000－2255－0000011　0011
小倉山房詩集三十七卷　(清)袁枚撰　清乾隆刻本　十六冊

410000－2255－0000012　0012
小學義疏六卷　(清)尹嘉銓疏　清乾隆四十年(1775)刻本　二冊

410000－2255－0000013　0013
新定三禮圖二十卷　(宋)聶崇義集注　清康熙十五年(1676)刻本　二冊

410000－2255－0000014　0017
駢體文鈔三十一卷　(清)李兆洛編　清同治六年(1867)徐氏刻本　十冊

410000－2255－0000015　0014
漁洋山人精華録箋注十二卷補一卷年譜一卷　(清)王士禛著　(清)金榮箋注　(清)徐淮輯　清康熙五十一年(1712)鳳翽堂刻乾隆二年(1737)印本　十二冊

410000－2255－0000016　0015
御批歷代通鑑輯覽一百二十卷　(清)傅恒等撰　清光緒二十九年(1903)上海商務印書館鉛印本　七冊

410000－2255－0000017　0016
元遺山詩集八卷　(金)元好問撰　清乾隆四十三年(1778)刻本　四冊

410000－2255－0000018　0018
詩經初學讀本不分卷　(漢)鄭玄撰　清嘉慶元年(1796)刻十一經初學讀本本　二冊

410000－2255－0000019　0022
六朝唐賦讀本不分卷　(清)馬傳庚選注　清光緒二年(1876)刻本　二冊

410000－2255－0000020　0023
中興名臣事畧八卷　朱孔彰撰　清光緒二十九年(1903)上海書局石印本　二冊

410000－2255－0000021　0019
史學驪珠四卷　(清)周賓撰　清光緒七年(1881)刻本　四冊

410000－2255－0000022　0020
説文通訓定聲十八卷分部柬韻一卷古今韻準一卷説雅一卷　(清)朱駿聲撰　清道光十三年(1833)刻本　二十四冊

410000－2255－0000023　0021
東萊博議四卷增補虚字註釋一卷　(宋)呂祖謙撰　(清)馮泰松點定　清光緒二十八年(1902)刻本　四冊

410000－2255－0000024　0024
說文本經答問二卷　(清)鄭知同撰　清光緒十六年(1890)廣雅書局刻廣雅書局叢書本　一冊

410000－2255－0000025　0025
說文韻譜校五卷　(清)王筠撰　清光緒九年(1883)歸安姚氏咫進齋刻咫進齋叢書本　四冊

410000－2255－0000026　0026
尚書離句六卷　(清)錢在培撰　清雍正八年(1730)刻本　四冊

410000－2255－0000027　0027
讀左傳論六卷　(清)馬驌著　清光緒二十九年(1903)鉛印本　二冊

410000－2255－0000028　0028
墨子閒詁十五卷目錄一卷附錄一卷後語二卷　(清)孫詒讓撰　清光緒三十三年(1907)刻本　八冊

410000－2255－0000029　0030
唐宋八家文讀本三十卷　(清)沈德潛編　清光緒十四年(1888)掃葉山房刻本　十二冊

410000－2255－0000030　0031
日知錄集釋三十二卷首一卷刊誤二卷續刊誤二卷　(清)顧炎武著　(清)黃汝成集釋　清光緒二十一年(1895)刻本　六冊　缺六卷(六至十一)

410000－2255－0000031　0032
管子二十四卷　(唐)房玄齡注釋　(明)劉績補　清光緒二年(1876)浙江書局刻本　六冊

410000－2255－0000032　0033
子史精華一百六十卷　(清)吳士玉　(清)吳襄等輯　清光緒十二年(1886)上海同文書局石印本　八冊

410000－2255－0000033　0034
小學集注六卷　(宋)朱熹撰　(明)陳選集注　清光緒二十三年(1897)刻本　二冊

410000－2255－0000034　0035
經籍籑詁一百六卷補遺一百六卷首一卷　(清)阮元撰　清同治十二年(1873)淮南書局刻本　六十四冊

410000－2255－0000035　0036
韻海大全不分卷　題(清)仁壽室主人輯　清光緒十三年(1887)積山書局石印本　六冊

410000－2255－0000036　0037
說文逸字二卷　(清)鄭珍撰　清咸豐八年(1858)刻本　一冊

410000－2255－0000037　0038
佩文詩韻釋要五卷　(清)周兆基輯　(清)陸潤庠重校　清光緒十二年(1886)刻本　二冊

410000－2255－0000038　0039
說文統釋自序一卷　(清)錢大昭譔并注　**音同義異辨一卷**　(清)畢沅譔　清光緒八年(1882)金峨山館刻本　一冊

410000－2255－0000039　0040
說文通檢十四卷首一卷末一卷　(清)黎永椿編　清光緒十四年(1888)刻本　二冊

410000－2255－0000040　0041
公羊穀梁春秋合編附註疏纂十二卷　(漢)何休撰　(晉)范甯集解　(唐)楊士勛疏　清乾隆五十八年(1793)刻本　四冊

410000－2255－0000041　0044
春秋穀梁傳十二卷　(晉)范甯集解　清光緒七年至十六年(1881－1890)黎氏影宋刻古逸叢書本　二冊

410000－2255－0000042　0045
說文佚字考四卷　(清)張鳴珂撰　清光緒十三年(1887)刻本　一冊

410000－2255－0000043　0046
古文尚書辨八卷　(清)謝庭蘭撰　清光緒十八年(1892)刻本　四冊

410000－2255－0000044　0047
爾雅直音二卷　(清)孫偘輯　清光緒六年(1880)刻本　二册

410000－2255－0000045　0048
爾雅直音二卷　(清)孫偘輯　清乾隆六十年(1795)刻本　二册

410000－2255－0000046　0049
周禮政要二卷　(清)孫詒讓撰　清光緒二十八年(1902)瑞安普通學堂刻本　二册

410000－2255－0000047　0051
何氏公羊解詁三十論三卷　廖平撰　清光緒十二年(1886)成都刻四益館經學叢書本　一册

410000－2255－0000048　0050
詩經申義十卷　(清)吴士模撰　清光緒十六年(1890)刻本　四册

410000－2255－0000049　0052
寫定尚書一卷　(清)吴汝綸撰　清光緒十八年(1892)刻本　一册

410000－2255－0000050　0053
大戴禮記十三卷　(漢)戴德撰　(北周)盧辯注　清乾隆二十五年(1760)刻本　六册

410000－2255－0000051　0054
周子全書九卷首二卷末一卷　(宋)周敦頤撰　(清)鄧顯鶴編　清道光二十七年(1847)刻本　六册

410000－2255－0000052　0055
莊子十卷　(晉)郭象注　清光緒二年(1876)刻本　四册

410000－2255－0000053　0057
桐陰論畫二卷首一卷附錄一卷畫訣一卷續一卷　(清)秦祖永撰　清光緒二十七年(1901)琴書舫主抄本　四册

410000－2255－0000054　0056
四書訓解參證十二卷　(清)張定鋆撰　清咸豐二年(1852)刻本　二册

410000－2255－0000055　0058
翁注困學紀聞二十卷首一卷　(宋)王應麟撰　(清)翁元圻注　清光緒十五年(1889)點石齋刻本　六册

410000－2255－0000056　0059
詩韻合璧五卷　(清)湯文潞輯　清光緒十二年(1886)刻本　五册

410000－2255－0000057　0060
宋四家詩鈔二十七卷　(清)周之麟　(清)柴升輯　清嘉慶二十二年(1817)博古堂刻本　三册　存八卷(一至八)

410000－2255－0000058　0061
增廣詩韻全璧五卷初學檢韻一卷　題(清)惜陰主人輯　清石印本　一册

410000－2255－0000059　0062
讀史論畧一卷　(清)杜詔撰　清同治九年(1870)刻本　一册

410000－2255－0000060　0063
儀禮十七卷　(漢)郑玄注　(清)張爾岐句讀　**監本正誤一卷石本誤字一卷**　(清)張爾岐撰　清同治七年(1868)金陵書局刻本　四册

410000－2255－0000061　0064
國語選八卷　(清)儲欣評　清雍正六年(1728)刻本　二册

410000－2255－0000062　0077
四書章句集注十九卷　(宋)朱熹撰　清同治朱墨套印本　六册

410000－2255－0000063　0065
説文引經攷證七卷互異説一卷　(清)陳瑑撰　清同治十三年(1874)湖北崇文書局刻本　二册

410000－2255－0000064　0066
一切經音義二十五卷　(唐)釋元應撰　**補訂新譯大方廣佛華嚴經音義二卷**　(唐)釋慧苑述　清同治八年(1869)刻本　四册

410000－2255－0000065　0067
説文辨疑一卷　(清)顧廣圻撰　清光緒三年(1877)刻本　一册

410000－2255－0000066　0069

十三經集字摹本不分卷分畫便查一卷摘録一卷　(清)彭玉雯撰　(清)萬青銓校正　清道光二十九年(1849)彭氏刻本　十二册

410000－2255－0000067　0068

説文逸字二卷　(清)鄭珍撰　清咸豐八年(1858)刻本　一册

410000－2255－0000068　0070

書經六卷　(宋)蔡沈集傳　清光緒三年(1877)刻本　四册

410000－2255－0000069　0072

尚書因文六卷首一卷末一卷　(清)武士選學　清光緒十七年(1891)約六家塾刻本　四册

410000－2255－0000070　0071

詩經八卷　(宋)朱熹集傳　清光緒二十二年(1896)常熟抱芳閣刻本　四册　存四卷(一至四)

410000－2255－0000071　0073

八代詩選二十卷　王闓運撰　清光緒七年(1881)尊經書局刻本　六册

410000－2255－0000072　0075

震川先生集三十卷别集十卷附録一卷　(明)歸有光撰　清光緒元年(1875)刻本　十二册

410000－2255－0000073　0074

論語注二十卷　康有為撰　清光緒二十八年(1902)刻本　六册

410000－2255－0000074　0078

經學博采録六卷　(清)桂文燦撰　清咸豐五年(1855)刻本　二册

410000－2255－0000075　0076

經學博采録六卷　(清)桂文燦撰　清咸豐五年(1855)刻本　二册

410000－2255－0000076　0081

説文通訓定聲十八卷説雅一卷古今韻準一卷分部柬韻一卷　(清)朱駿聲撰　清道光二十八年(1848)刻本　二十四册

410000－2255－0000077　0079

重刊宋本十三經注疏附校勘記　(清)阮元撰　校勘記　(清)盧宣旬摘録　清光緒十三年(1887)上海脈望仙館石印本　三十二册

410000－2255－0000078　0083

古經解彙函　(清)鍾謙鈞等輯　清光緒十五年(1889)湘南書局刻本　七十五册

許昌學院圖書館古籍普查登記目録

全國古籍普查登記目録

國家圖書館出版社
National Library of China Publishing House

410000－2259－0000001　經 01

重刊宋本十三經注疏附校勘記　(清)阮元撰校勘記　(清)盧宣旬摘錄　清同治十二年(1873)江西書局刻本　一百九十九册

410000－2259－0000002　經 02

易經圖釋十二卷　(明)劉定之撰　清乾隆二十八年(1763)劉能永刻劉文安公全集本　三册

410000－2259－0000003　經 05

尚書詳解五十卷　(宋)陳經撰　清道光二十七年(1847)刻本　十一册　存四十六卷(一至三十二、三十七至五十)

410000－2259－0000004　經 07

今文尚書考證三十卷　(清)皮錫瑞撰　清光緒二十三年(1897)師伏堂刻本　四册

410000－2259－0000005　經 08

重刊宋本十三經注疏附校勘記　(清)阮元撰校勘記　(清)盧宣旬摘錄　清光緒十三年(1887)脈望仙館石印本　三十一册

410000－2259－0000006　經 09

欽定詩經傳說彙纂二十一卷首二卷詩序二卷　(清)王鴻緒等纂修　清同治七年(1868)刻本　十册　存十七卷(三、五至十六、二十至二十一,首二卷)

410000－2259－0000007　經 10

毛詩故訓傳鄭箋三十卷　(漢)毛亨傳　(漢)鄭玄箋　清同治十一年(1872)五雲堂刻本　三册　存二十三卷(一至十五、二十三至三十)

410000－2259－0000008　經 14

春秋左傳三十卷　(晉)杜預注　(宋)林堯叟附注　(唐)陸德明音義　(清)馮李驊集解　清同治七年(1868)崇文書局刻本　十二册

410000－2259－0000009　經 20

古經解彙函十六種小學彙函十四種　(清)錢謙鈞等輯　清同治十二年(1873)粵東書局刻本　三十册

410000－2259－0000010　經 19

全本禮記體註十卷　(清)范翔定　(清)徐旦參訂　(清)徐瑄補輯　清乾隆三十一年(1766)百尺樓刻本　十册

410000－2259－0000011　經 23

皇清經解分經彙纂一千七十卷　(清)阮元輯　清光緒十九年(1893)袖海山房石印本　二十五册

410000－2259－0000012　經 22

毛詩稽古編三十卷　(清)陳啟源撰　清光緒九年(1883)上海同文書局影印本　七册　存二十六卷(一至十二、十七至三十)

410000－2259－0000013　經 24

春秋左傳三十卷　(晉)杜預注　(宋)林堯叟附註　(唐)陸德明音釋　(清)馮李驊集解　清同治七年(1868)崇文書局刻本　十六册

410000－2259－0000014　經 27

羣經平議三十五卷　(清)俞樾撰　清同治五年(1866)刻本　十一册　存三十二卷(一至二十六、三十至三十五)

410000－2259－0000015　經 28

六經補疏二十卷　(清)焦循撰　清道光六年(1826)半九書塾刻焦氏叢書本　四册　存十七卷(周易補疏二卷、尚書補疏二卷、毛詩補疏五卷、春秋左傳補疏五卷、禮記補疏三卷)

410000－2259－0000016　經 29

經義雜記三十卷雜篇一卷　(清)臧琳著　清嘉慶四年(1799)刻本　三册

410000－2259－0000017　經 30

五經旁訓辨體合訂　(清)徐立綱輯　清乾隆五十四年(1789)刻本　八册　存四種十一卷

410000－2259－0000018　經 31

論語後錄五卷　(清)錢坫著　清乾隆四十九年(1784)漢陰官舍刻本　二册

410000－2259－0000019　經 32

皇朝五經彙解二百七十卷　題(清)抉經心室主人纂　清光緒十四年(1888)鴻文書局石印

本　三十冊　存二百六十四卷(七至二百七十)

410000－2259－0000020　經33

十三經注疏校勘記識語四卷　(清)汪文臺撰　清光緒三年(1877)江西書局刻重刻宋本十三經註疏附校勘記本　二冊

410000－2259－0000021　經34

音韻闡微十八卷　(清)李光地等撰　清雍正內府刻本　九冊　存十七卷(二至十八)

410000－2259－0000022　經35

重刊許氏說文解字五音韻譜十二卷　(宋)李燾撰　明天啓七年(1627)世裕堂刻本　七冊　存十一卷(一至四、六至十二)

410000－2259－0000023　經36

聲律通考十卷　(清)陳澧撰　清咸豐八年(1858)刻本　二冊

410000－2259－0000024　經38

爾雅三卷　(晉)郭璞撰　清嘉慶十一年(1806)思適齋刻本　三冊

410000－2259－0000025　經39

經典釋文三十卷　(唐)陸德明撰　**考證三十卷**　(清)盧文弨輯　清同治八年(1869)湖北崇文書局刻本　十一冊　存二十八卷(經典釋文一至四、七至三十,考證三十卷)

410000－2259－0000026　經41

文通十卷　(清)馬建忠撰　清光緒二十八年(1902)刻本　八冊　存八卷(一至二、四至五、七至十)

410000－2259－0000027　經42

康熙字典十二集三十六卷總目一卷檢字一卷辨似一卷等韻一卷補遺一卷備考一卷　(清)張玉書等纂　清光緒十三年(1887)石印本　四冊　缺十五卷(寅集、卯集、辰集、亥集,補遺一卷,備考一卷)

410000－2259－0000028　經43

康熙字典十二集三十六卷總目一卷檢字一卷辨似一卷等韻一卷補遺一卷備考一卷　(清)張玉書等纂　清刻本　九冊　存九卷(丑集下、辰集中、巳集上、午集中、未集中、戌集中下、亥集中下)

410000－2259－0000029　經44

許學叢刻　(清)許頌鼎　(清)許溎祥輯　清光緒十三年(1887)海寧許氏古均閣刻本　一冊　存三種三卷

410000－2259－0000030　經45

漢隸字源五卷碑目一卷附字一卷　(宋)婁機撰　明崇禎汲古閣刻本　一冊　存一卷(四)

410000－2259－0000031　經46

說文通訓定聲十八卷首一卷分部柬韻一卷古今韻準一卷說雅一卷　(清)朱駿聲撰　**行述一卷**　朱孔彰撰　清同治九年(1870)臨嘯閣刻本　二十三冊

410000－2259－0000032　史01

史記一百三十卷　(漢)司馬遷撰　(南朝宋)裴駰集解　**索隱二卷**　(唐)司馬貞撰　清光緒四年(1878)金陵書局刻二十四史本　十五冊

410000－2259－0000033　史02

漢書一百卷　(漢)班固撰　(唐)顏師古注　清光緒十三年(1887)金陵書局刻本　十五冊

410000－2259－0000034　史04

漢書補注一百卷首一卷　(漢)班固撰　(唐)顏師古注　王先謙補注　清光緒二十六年(1900)長沙王氏刻本　十九冊　存五十五卷(一至十九、二十二至二十八、五十五至五十七、六十四至八十七、九十六至九十七)

410000－2259－0000035　史03

後漢書九十卷　(南朝宋)范曄撰　(唐)李賢注　**志三十卷**　(晉)司馬彪撰　(南朝梁)劉昭注　清同治八年(1869)金陵書局刻二十四史本　十二冊

410000－2259－0000036　史05

梁書五十六卷　(唐)姚思廉撰　清同治十三年(1874)金陵書局刻二十四史本　六冊

410000－2259－0000037　史 06

陳書三十六卷　(唐)姚思廉撰　清同治十一年(1872)金陵書局刻本　四册

410000－2259－0000038　史 07

三國志六十五卷　(晉)陳壽撰　(南朝宋)裴松之注　清光緒十三年(1887)江南書局刻本　七册

410000－2259－0000039　史 08

晉書一百三十卷　(唐)太宗李世民撰　**音義三卷**　(唐)何超撰　清同治十年(1871)金陵書局刻本　十六册　存一百十卷(一至九十五、一百一至一百十五)

410000－2259－0000040　史 09

南史八十卷　(唐)李延壽撰　清同治十一年(1872)刻本　十册

410000－2259－0000041　史 10

北齊書五十卷　(唐)李百藥撰　清同治十三年(1874)金陵書局刻本　四册

410000－2259－0000042　史 11

宋書一百卷　(南朝梁)沈約撰　清同治十一年(1872)金陵書局刻本　十五册

410000－2259－0000043　史 12

南齊書五十九卷　(南朝梁)蕭子顯撰　清同治十三年(1874)金陵書局刻本　六册

410000－2259－0000044　史 13

周書五十卷　(唐)令狐德棻等撰　清同治十三年(1874)金陵書局刻本　三册

410000－2259－0000045　史 14

魏書一百十四卷　(北齊)魏收撰　清同治十一年(1872)金陵書局刻本　十七册

410000－2259－0000046　史 15

北史一百卷　(唐)李延壽撰　清同治十一年(1872)金陵書局刻本　十册

410000－2259－0000047　史 16

隋書八十五卷　(唐)魏徵　(唐)長孫無忌等撰　**考異**　(清)薛壽撰　清同治十年(1871)淮南書局刻本　十一册

410000－2259－0000048　史 17

舊唐書二百卷　(五代)劉昫等撰　清同治十一年(1872)浙江書局刻本　三十四册　存一百三十六卷(一至三十八、四十六至六十一、七十至九十一、一百五至一百六十四)

410000－2259－0000049　史 18

唐書二百二十五卷　(宋)歐陽修　(宋)宋祁等撰　清同治十二年(1873)浙江書局刻本　三十八册　存二百十七卷(一至一百二十一、一百三十至二百二十五)

410000－2259－0000050　史 19

五代史七十四卷　(宋)歐陽修撰　(宋)徐無黨注　清同治十一年(1872)湖北崇文書局刻本　八册

410000－2259－0000051　史 20

舊五代史一百五十卷附考證　(宋)薛居正等撰　清刻本　十九册

410000－2259－0000052　史 21

舊五代史一百五十卷附考證　(宋)薛居正等撰　清同治十一年(1872)湖北崇文書局刻本　十五册　存一百四十三卷(八至一百五十)

410000－2259－0000053　史 22

宋史四百九十六卷　(元)脱脱等撰　清刻本　九十六册

410000－2259－0000054　史 23

遼史一百十五卷附考證　(元)脱脱等撰　清同治十二年(1873)江蘇書局刻本　十二册

410000－2259－0000055　史 24

金史一百三十五卷附考證　(元)脱脱等撰　清同治十三年(1874)江蘇書局刻本　十九册　存一百二十六卷(一至一百二十六)

410000－2259－0000056　史 25

資治通鑑綱目五十九卷首一卷　(宋)朱熹撰　(明)陳仁錫評閲　清嘉慶八年(1803)刻本　六十六册

410000－2259－0000057　史 26

資治通鑑綱目前編二十五卷　(明)南軒撰

(明)陳仁錫評閱　清嘉慶八年(1803)敬書堂刻本　十冊

410000－2259－0000058　史27
御撰資治通鑑綱目三編六卷　(清)張廷玉等撰　清光緒石印本　一冊　存三卷(一至三)

410000－2259－0000059　史28
續資治通鑑綱目二十七卷末一卷　(明)商輅等撰　(明)陳仁錫評閱　清嘉慶八年(1803)刻本　十五冊　存十二卷(六至八、十七至十八、二十、二十二至二十七)

410000－2259－0000060　史29
御批續資治通鑑綱目二十七卷　(明)商輅等撰　清光緒石印本　五冊　存二十二卷(一至二十二)

410000－2259－0000061　史30
御批歷代通鑑輯覽一百二十卷　(清)傅恒等撰　清光緒三十年(1904)刻本　二十二冊

410000－2259－0000062　史31
明季北略二十四卷　(清)計六奇輯　清都城琉璃廠半松居士木活字印本　十冊

410000－2259－0000063　史32
明季南畧十八卷　(清)計六奇輯　清都城琉璃廠半松居士木活字印本　十冊

410000－2259－0000064　史33
御批資治通鑑綱目五十九卷首一卷　(宋)朱熹撰　清石印本　七冊　存三十卷(一至二、十四至二十八、三十四至三十八、四十三至五十)

410000－2259－0000065　史34
欽定明鑑二十四卷　(清)托津等撰　清光緒崇文書局刻本　十冊

410000－2259－0000066　史35
左傳紀事本末五十三卷　(清)高士奇輯　清光緒十四年(1888)上海書業所鉛印本　一冊　存二十一卷(一至二十一)

410000－2259－0000067　史36
元史紀事本末二十七卷　(明)陳邦瞻輯　(明)張溥論證　清光緒十四年(1888)上海書業所鉛印本　二冊

410000－2259－0000068　史37
明史紀事本末八十卷　(清)谷應泰輯　(清)朱記榮校正　清光緒十四年(1888)上海書業所鉛印本　七冊　存七十一卷(一至七十一)

410000－2259－0000069　史38
三藩紀事本末二十二卷　(清)楊陸榮輯　(清)朱記榮校定　清光緒十四年(1888)上海書業所鉛印本　一冊

410000－2259－0000070　史39
宋史紀事本末一百九卷　(明)陳邦瞻輯　(明)張溥論正　清光緒十四年(1888)上海書業所崇德堂鉛印本　七冊

410000－2259－0000071　史40
西夏紀事本末三十六卷首二卷　(清)張鑑著　(清)朱記榮校定　清光緒十四年(1888)上海書業所崇德堂鉛印本　二冊

410000－2259－0000072　史41
通鑑紀事本末二百三十九卷　(宋)袁樞輯　(明)張溥論正　清光緒十四年(1888)上海書業所鉛印本　十四冊　存一百二十一卷(一百十一至二百五、二百十四至二百三十九)

410000－2259－0000073　史42
御批資治通鑑綱目前編十八卷首一卷舉要三卷　(宋)金履祥撰　清光緒二十八年(1902)上海久敬齋石印本　四冊

410000－2259－0000074　史44
明季稗史彙編十六種　(清)留雲居士輯　清刻本　九冊

410000－2259－0000075　史43
通鑑紀事本末二百三十九卷　(宋)袁樞輯　(明)張溥論正　清同治十二年(1873)江西書局刻本　七十二冊　存二百十一卷(一至四十九、五十五至一百三十三、一百三十七、一百四十二至一百五十七、一百六十五至一百七十三、一百七十六至二百、二百三至二百二十、二百二十四至二百三十七)

410000－2259－0000076　史 45

國語二十一卷　(三國吳)韋昭解　(宋)宋庠補音　清刻本　二册　存九卷(一至九)

410000－2259－0000077　史 46

嘯亭雜錄八卷續錄二卷　(清)汲修主人(昭槤)撰　清光緒六年(1880)九思堂刻本　十一册

410000－2259－0000078　史 47

國語校注本三種　(清)汪遠孫著　清道光二十六年(1846)汪氏振綺堂刻振綺堂遺書本　四册

410000－2259－0000079　史 49

文史通義八卷　(清)章學誠撰　清刻本　二册　存三卷(六至八)

410000－2259－0000080　史 51

逸周書十卷校正補遺一卷附錄一卷　(晉)孔晁注　清刻本　四册

410000－2259－0000081　史 52

通典二百卷　(唐)杜佑撰　清光緒石印本　十三册　存一百六十卷(十三至二十五、四十一至一百二十三、一百三十七至二百)

410000－2259－0000082　史 53

通志二百卷附考證三卷　(宋)鄭樵撰　清光緒二十七年(1901)上海圖書集成局石印本　五十一册　存一百八十卷(一至六、十至二十二、三十一至一百四十五、一百四十九至一百五十二、一百五十七至一百九十六、二百,考證一)

410000－2259－0000083　史 54

欽定續文獻通考二百五十卷　(清)嵇璜等纂修　清光緒二十七年(1901)上海圖書集成局石印本　三十册

410000－2259－0000084　史 55

文獻通考三百四十八卷　(元)馬端臨撰　清光緒二十七年(1901)上海圖書集成局石印本　四十册　存三百二十七卷(一至二十七、三十四至六十、六十八至一百三十三、一百四十二至三百四十八)

410000－2259－0000085　史 56

欽定續通典一百五十卷　(清)嵇璜等纂修　清光緒二十七年(1901)上海圖書集成局鉛印本　十一册　缺十卷(四十五至五十四)

410000－2259－0000086　史 57

皇朝通典一百卷　(清)嵇璜等纂修　清光緒二十七年(1901)上海圖書集成局石印本　九册　存七十八卷(一至九、十八至四十九、五十六至七十一、八十至一百)

410000－2259－0000087　史 58

欽定續通志六百四十卷　(清)嵇璜等纂修　清光緒二十七年(1901)上海圖書集成局鉛印本　四十八册

410000－2259－0000088　史 59

皇朝通志一百二十六卷　(清)嵇璜等纂修　清光緒二十七年(1901)上海集成書局石印本　十二册

410000－2259－0000089　史 60

皇朝文獻通考三百卷　(清)嵇璜等纂修　清光緒二十七年(1901)上海集成書局石印本　三十七册　存二百四十七卷(一至六十二、七十二至九十、一百五至二百四十五、二百六十二至二百八十六)

410000－2259－0000090　史 61

六通訂誤六卷　席裕福撰　清光緒二十七年(1901)上海圖書集成局鉛印本　二册

410000－2259－0000091　史 62

十七史商榷一百卷　(清)王鳴盛評述　清光緒六年(1880)刻本　二十四册

410000－2259－0000092　史 63

史通通釋二十卷　(唐)劉知幾撰　(清)浦起龍集釋　清刻本　六册

410000－2259－0000093　史 64

欽定四庫全書總目二百卷首一卷　(清)紀昀等纂修　清刻本　八十九册　存一百七十九卷(一至三十五、四十至四十三、四十六至六十二、六十六至六十七、七十至七十一、七十八至一百四十九、一百五十四至一百六十八、

一百七十至二百,首一卷)

410000－2259－0000094　史 65
史通削繁四卷　(清)紀昀撰　清光緒二十一年(1895)刻本　四冊

410000－2259－0000095　史 66
顧亭林先生[炎武]年譜一卷　(清)吳映奎輯　清光緒刻本　一冊

410000－2259－0000096　史 67
國朝先生正事畧六十卷　(清)李元度纂　清光緒十三年(1887)上海點石齋刻本　六冊

410000－2259－0000097　史 68
歷代名人年譜十卷附存疑及生卒年月無攷一卷　(清)吳榮光輯　清咸豐刻本　九冊

410000－2259－0000098　史 69
歷代帝王年表不分卷　(清)齊召南撰　**帝王廟謚年諱譜一卷**　(清)陸費墀撰　清刻本　四冊

410000－2259－0000099　史 70
紀元編三卷　(清)李兆洛輯　清光緒十四年(1888)上海蜚英館石印本　二冊

410000－2259－0000100　史 71
欽定四庫全書總目二百卷首一卷　(清)紀昀等纂修　清同治七年(1868)廣東書局刻本　一百十六冊　存一百四十五卷(一至三十九、四十二至六十六、六十九至七十八、八十一至八十七、九十一至九十二、九十七至一百九、一百十二至一百二十四、一百二十七至一百三十五、一百四十至一百四十一、一百四十三、一百四十六至一百六十八,首一卷)

410000－2259－0000101　史 73
校讎通義三卷　(清)章學誠撰　清道光十二年至十三年(1832－1833)刻本　一冊

410000－2259－0000102　史 72
洛陽伽藍記五卷　(北魏)楊衒之撰　清光緒二年(1876)西華禪院刻本　一冊

410000－2259－0000103　史 74
水經注四十卷　(漢)桑欽撰　(北魏)酈道元注　清康熙五十三年至五十四年(1714－1715)刻本　八冊　存三十七卷(一至三、七至四十)

410000－2259－0000104　子 1
御製數理精蘊上編五卷下編四十卷表八卷　(清)允祉等撰　清光緒二十二年(1896)石印本　十二冊

410000－2259－0000105　史 75
水道提綱二十八卷　(清)齊召南撰　清乾隆四十一年(1776)傳經書屋刻本　五冊　存二十三卷(一至五、十一至二十八)

410000－2259－0000106　子 2
十子全書　(清)王子興輯　清嘉慶九年(1804)姑蘇王氏聚文堂刻本　五冊　存三種二十四卷

410000－2259－0000107　子 3
讀書雜志八十二卷附拾遺一卷餘編二卷　(清)王念孫撰　清鉛印本　三冊　存十九卷(史記五至六,漢書一至十,淮南內篇十九至二十二、補遺一卷,拾遺一卷,餘編上)

410000－2259－0000108　子 4
少室山房筆叢四十八卷　(明)胡應麟撰　清光緒二十二年(1896)廣雅書局刻本　六冊

410000－2259－0000109　子 5
池北偶談二十六卷　(清)王士禛著　清康熙刻本　八冊

410000－2259－0000110　子 6
學林十卷　(宋)王觀國撰　清道光十年(1830)刻本　八冊

410000－2259－0000111　子 8
冷廬雜識八卷　(清)陸以湉撰　清光緒十九年(1893)刻本　七冊　存七卷(二至八)

410000－2259－0000112　子 9
燕下鄉睉錄十六卷　(清)陳康祺撰　清光緒七年(1881)刻本　二冊

410000－2259－0000113　子 10
急就章姓氏補注一卷　(清)吳省蘭撰　清嘉

慶十二年(1807)刻本　一冊

410000－2259－0000114　子 7
困學紀聞集證二十卷卷末一卷　(宋)王應麟撰　(清)萬希槐輯　清嘉慶八年(1803)刻本　九冊

410000－2259－0000115　子 11
日知錄三十二卷　(清)顧炎武撰　清康熙三十四年(1695)遂初堂刻本　六冊

410000－2259－0000116　子 12
履園叢話二十四卷　(清)錢泳輯　清刻本　七冊

410000－2259－0000117　子 13
元和姓纂十卷　(唐)林寶撰　(清)孫星衍　(清)洪瑩校勘　清嘉慶七年(1802)刻本　四冊

410000－2259－0000118　子 15
人鏡類纂四十六卷　(清)程之楨撰　清同治刻本　十四冊　存四十四卷(三至四十六)

410000－2259－0000119　子 14
寄園寄所寄十二卷　(清)趙吉士輯　清康熙文德堂刻本　七冊　存七卷(一、三至六、九至十)

410000－2259－0000120　類叢部/1
千金裘二十七卷　(清)蔣義彬撰　**二集二十六卷**　(清)蔣義彬　(清)徐元麟撰　清道光十七年(1837)經元堂刻本　五冊　存四十五卷(千金裘一至四、十一至二十七,二集二至二十五)

410000－2259－0000121　集/1
增評補圖石頭記一百二十卷　(清)曹霑　(清)高鶚撰　題東洞庭護花主人評　題蛟川大某山民加評　清光緒悼紅軒鉛印本　二冊　存十六卷(四十九至五十六、八十一至八十八)

410000－2259－0000122　集/2
增像全圖三國演義六十卷六十卷首一卷繡像一卷一百二十回　(明)羅本撰　(清)毛宗崗評　清光緒二十五年(1899)上海萃文齋石印本　三冊　存五卷(五至六、十一至十二,首一卷)

410000－2259－0000123　集 3
增像全圖三國演義六十卷首一卷繡像一　(明)羅本撰　(清)毛宗崗評　清光緒十一年(1885)上海同文書局石印本　八冊

410000－2259－0000124　子 16
東塾讀書記二十五卷　(清)陳澧撰　清光緒刻本　五冊

410000－2259－0000125　子 17
定香亭筆談四卷　(清)阮元撰　清光緒二十五年(1899)浙江書局刻本　三冊

410000－2259－0000126　子 18
佩文齋書畫譜一百卷　(清)孫岳頒等輯　清光緒九年(1883)上海同文書局石印本　十冊　存六十五卷(七至十五、二十四至三十六、五十至六十六、七十五至一百)

410000－2259－0000127　子 19
二如亭群芳譜三十卷首十三卷　(明)王象晉輯　明汲古閣刻本　十四冊　存二十四卷(歲譜二至三,穀譜一卷,果譜四卷、首一卷,茶譜一卷、首一卷,竹譜一卷、首一卷,桑麻葛譜一卷,棉譜一卷,藥譜一至二、首一卷,木譜二卷、首一卷,花譜一至三、首一卷)

410000－2259－0000128　集 4
顧氏四十家小說　(明)顧元慶輯　清宣統三年(1911)國學扶輪社鉛印本　六冊

410000－2259－0000129　類叢類 2
梨洲遺著彙刊　(清)黃宗羲撰　清宣統二年(1910)上海時中書局鉛印本　十六冊　存二十三種三十九卷

410000－2259－0000130　類叢類 3
古香齋新刻袖珍淵鑒類函四百五十卷目錄四卷　(清)張英等纂修　清光緒南海孔氏古刻本　一百二十六冊　存三百八卷(一至五、九至十四、十七至十九、二十三至二十六、二十九至三十九、四十三至五十、五十二至五十

八、六十至六十三、六十六至六十七、七十至七十八、八十五至九十、九十三至九十四、九十八至一百六、一百十一至一百四十、一百四十五至一百四十七、一百五十四至一百五十七、一百六十二至一百六十四、一百六十八至一百七十、一百七十六至一百七十七、一百八十四至一百八十五、一百九十二至一百九十三、一百九十六至一百九十七、二百至二百一、二百六至二百二十、二百二十五至二百二十七、二百三十至二百三十二、二百三十七至二百四十四、二百五十二至二百六十三、二百六十六至二百六十九、二百七十三至二百七十四、二百七十七至二百八十一、二百八十四至二百八十六、二百九十至三百二、三百五至三百二十、三百二十四至三百二十五、三百二十九至三百三十一、三百三十四至三百三十五、三百三十八至三百四十二、三百四十六至三百六十、三百六十三至三百七十、三百七十七至三百八十一、三百八十四至三百八十五、三百九十四至四百十五、四百二十一至四百四十七,目録四卷)

410000－2259－0000131　集 10

文選六十卷　(南朝梁)蕭統選　清金陵書局刻本　八册　存四十八卷(七至二十九、三十六至六十)

410000－2259－0000132　集 5

文選六十卷　(南朝梁)蕭統選　**考異十卷**　(清)胡克家撰　清四明林氏刻本　十七册　存五十二卷(二至二十一、二十四至三十八、五十三至六十,考異一至二、四至十)

410000－2259－0000133　集部 6

古文辭類纂七十五卷　(清)姚鼐輯　**校勘記一卷**　(清)李承淵撰　清光緒二十七年(1901)李氏求要堂刻本　九册

410000－2259－0000134　集 7

古文辭類纂七十四卷　(清)姚鼎纂修　清宣統合河康氏刻本　七册　存七十卷(一至二十三、二十八至七十四)

410000－2259－0000135　集 8

續古文辭類纂三十四卷　王先謙纂修　清光緒十年(1884)行素草堂刻本　六册

410000－2259－0000136　集 9

續古文辭類篹二十八卷　(清)黎庶昌纂修　清光緒刻本　十一册　存二十五卷(四至二十八)

410000－2259－0000137　集 14

續古文辭類篹二十八卷　(清)黎庶昌撰　清光緒刻本　九册　存二十四卷(三至二十三、二十六至二十八)

410000－2259－0000138　集 11

古唐詩合解十六卷　(清)王堯衢注　清書業堂刻本　八册

410000－2259－0000139　集 12

古唐詩合解十六卷　(清)王堯衢注　清刻本　五册　存十三卷(唐詩解一至九、古詩解一至四)

410000－2259－0000140　集 13

註釋唐詩三百首不分卷　(清)蘅塘退士(孫洙)編　清李光明莊刻本　二册

410000－2259－0000141　集 15

重訂唐詩别裁集二十卷　(清)沈德潛選　清乾隆二十八年(1763)教忠堂刻本　四册　存十四卷(一至三、十至二十)

410000－2259－0000142　集 16

文選六十卷　(南朝梁)蕭統選　**考異十卷**　(清)胡克家撰　清宣統三年(1911)上海會文堂石印本　十六册

410000－2259－0000143　集 17

古文淵鑒六十四卷　(清)徐乾學等編注　清宣統二年(1910)石印本　二十三册　存二十二卷(一至九、十一至二十、二十二至二十四)

410000－2259－0000144　集 18

涵芬樓古今文鈔一百卷　吴曾祺纂録　清宣統商務印書館鉛印本　八十七册　存八十三卷(一至二十六、二十九、三十一至三十三、三十五至五十三、五十六至五十八、六十、六十

二至七十七、七十九至八十、八十二至八十七、九十至九十一、九十三、九十六至九十八)

410000－2259－0000145　集19

全唐詩鈔八十卷補遺十六卷　(清)吴成儀輯　清嘉慶十三年(1808)刻本　二十册

410000－2259－0000146　集20

庾子山集十六卷附序一卷年譜一卷本傳一卷總釋一卷　(北周)庾信撰　(清)倪璠注釋　清道光十九年(1839)善成堂刻本　十二册

410000－2259－0000147　集21

唐陸宣公集二十二卷　(唐)陸贄撰　清光緒二十二年(1896)上海鴻寶齋石印本　六册

410000－2259－0000148　集22

杜詩鏡銓二十卷附錄一卷年譜一卷本傳一卷墓誌一卷　(唐)杜甫撰　(清)楊倫編輯　清光緒十七年(1891)著易堂鉛印本　五册

410000－2259－0000149　集23

重刊五百家註音辯昌黎先生文集四十卷　(唐)韓愈撰　(宋)魏仲舉輯註　清乾隆四十九年(1784)觀樓氏刻本　十一册

410000－2259－0000150　集24

昌黎先生集四十卷　(唐)韓愈著　明嘉靖徐氏東雅堂刻本　十册

410000－2259－0000151　集25

河東先生全集錄六卷　(唐)柳宗元撰　(清)儲欣錄　清康熙刻本　二册

410000－2259－0000152　集26

玉溪生詩詳注三卷首一卷　(唐)李商隱撰　(清)馮浩注　清同治七年(1868)刻本　三册　存三卷(二至三、首一卷)

410000－2259－0000153　集27

樊南文集詳注八卷　(唐)李商隱撰　(清)馮浩注　清同治七年(1868)刻本　四册

410000－2259－0000154　集28

王右丞集二十八卷首一卷末一卷　(唐)王維撰　(清)趙殿成注　清乾隆刻本　五册　存十九卷(一至六、十一至十四、二十至二十七,首一卷)

410000－2259－0000155　集29

曾文定公全集二十卷首一卷末一卷　(宋)曾鞏撰　(清)彭期編　清康熙三十一年(1692)南豐彭氏刻本　十册　存十七卷(二至三、五至十七、二十,末一卷)

410000－2259－0000156　集30

蘇詩補注八卷　(清)翁方綱撰　清咸豐元年(1851)南海伍氏刻粤雅堂叢書本　二册

410000－2259－0000157　集31

蘇文忠詩合註五十卷首一卷　(宋)蘇軾撰　(清)馮應榴輯訂　清同治九年(1870)踵息齋刻本　二十二册　存四十六卷(一至二、七至四十九,首一卷)

410000－2259－0000158　集32

惜抱軒全集　(清)姚鼐撰　清光緒三十三年(1907)校經山房刻本　十五册　存十種八十一卷

410000－2259－0000159　集33

青藤書屋文集三十卷　(明)徐渭撰　(明)袁宏道編　清宣統三年(1911)石印本　五册　存二十三卷(八至三十)

410000－2259－0000160　集34

震川先生文集二十卷　(明)歸有光撰　(明)歸道傳編　清乾隆二十三年(1758)懷德堂刻本　八册

410000－2259－0000161　集35

青邱高季迪先生詩集十八卷遺詩一卷　(明)高啟撰　(清)金檀輯注　**扣舷集一卷鳧藻集五卷**　(明)高啟撰　(清)金檀輯　**附錄一卷**　(清)金檀輯　**年譜一卷**　(清)金檀撰　清雍正六年(1728)、七年(1729)金氏文瑞樓刻本　十册

410000－2259－0000162　集36

望溪集不分卷　(清)方苞撰　清乾隆十一年(1746)刻本　八册

410000－2259－0000163　集37

望溪先生全集正集十八卷集外文十卷集外文補遺二卷　(清)方苞撰　**年譜一卷附錄一卷**　(清)蘇惇元輯　清咸豐元年(1851)刻本　十冊

410000－2259－0000164　集38
梅村詩集箋注十八卷　(清)吳偉業撰　清嘉慶十九年(1814)滄浪吟榭刻本　八冊

410000－2259－0000165　集39
曝書亭集八十卷　(清)朱彝尊撰　清刻本　十三冊　存五十七卷(一至十二、十七至六十一)

410000－2259－0000166　集40
袁文箋正十六卷　(清)袁枚撰　(清)石韞玉箋　清光緒十四年(1888)上海蜚英館石印本　三冊

410000－2259－0000167　集42
詞律二十卷附自序一卷發凡一卷續說一卷目次一卷韻目一卷辭人姓氏錄一卷　(清)萬樹撰　清光緒二年(1876)刻本　十二冊

410000－2259－0000168　集43
詞律拾遺六卷補注二卷　(清)徐本立纂修　清同治十二年(1873)刻本　三冊

410000－2259－0000169　集41
廿一史彈詞註十一卷　(明)楊慎編　清乾隆刻本　八冊

410000－2259－0000170　集44
遏雲閣曲譜　(清)王錫純輯　清光緒十九年(1893)著易堂鉛印本　一冊

410000－2259－0000171　集45
柳亭詩話三十卷　(清)宋長白纂　清光緒八年(1882)刻本　七冊

410000－2259－0000172　集46
五代詩話十卷　(清)王士禛編　(清)鄭方坤刪補　清咸豐元年(1851)粵雅堂刻本　七冊

410000－2259－0000173　類叢類4
知不足齋叢書　(清)鮑廷博輯　(清)鮑志祖續輯　清乾隆、道光間長塘鮑氏刻本　一百七十五冊　存一百三十一種五百四十七卷

410000－2259－0000174　集47
唐人說薈二十卷　(清)蓮塘居士(陳世熙)輯　清同治八年(1869)右文堂刻本　二十冊

河南省浚縣圖書館古籍普查登記目錄

全國古籍普查登記目錄

國家圖書館出版社
National Library of China Publishing House

410000－5201－0000001　1/10/002－4、194
音韻貫珠八卷　（清）賈椿齡編　清同治刻本　四冊　存四卷（一至二、七至八）

410000－5201－0000002　3/14/005
頂批金丹真傳一卷　（明）孫汝忠著　（明）張崇烈註　明萬曆刻本　一冊

410000－5201－0000003　2/9/006、240
海國圖志六十卷　（清）魏源撰　清道光刻本　二冊　存二卷（七至八）

410000－5201－0000004　3/8/007、018
甌鉢羅室書畫過目攷四卷　（清）李玉棻編輯　清光緒石印本　二冊　存二卷（一至二）

410000－5201－0000005　2/11/008－014、168
大清律例通纂四十卷　（清）沈之奇註　（清）胡肇楷　（清）周孟鄰增輯　清嘉慶刻本　八冊　存十五卷（九、十三至十八、二十五至二十六、二十九至三十二、三十六至三十七）

410000－5201－0000006　2/2/015－017、161、166
御批歷代通鑑輯覽一百二十卷　（清）傅恒等纂　清光緒石印本　五冊　存三十三卷（七至二十七、三十四至四十、六十三至六十七）

410000－5201－0000007　3/1/019－20
荀子二十卷　（唐）楊倞注　王先謙集解　清光緒石印本　二冊　存二卷（四至五）

410000－5201－0000008　1/9/021、064、472
鄉會墨醇續刻□□卷　（清）李伯坦選評　清同治刻本　三冊　存二卷（一、八）

410000－5201－0000009　4/9/022
［時文彙編］一卷　（清）王汝孝等撰　清宣統刻本　一冊

410000－5201－0000010　3/14/023
道德經註釋三卷　（□）□□撰　清光緒刻本　一冊　存一卷（二）

410000－5201－0000011　3/10/027
增注宣講拾遺六卷　（清）莊跛仙輯　清宣統刻本　一冊　存一卷（五）

410000－5201－0000012　4/10/028、045
彙纂詩法度針三十三卷　（清）徐文弼集釋　清宣統刻本　二冊　存八卷（三至十）

410000－5201－0000013　4/10/029
海棠七家詩七卷　（清）張熙宇評述　清同治刻本　一冊　存一卷（簡學齋試帖補註一卷）

410000－5201－0000014　3/10/030－32
經餘必讀八卷　（清）雷琳等輯　清光緒二年（1876）刻本　三冊　存五卷（一至三、七至八）

410000－5201－0000015　2/11/033
□□講義全彙合叅□□卷　（□）□□撰　清宣統刻本　一冊　存一卷（一）

410000－5201－0000016　4/11/051－55、159－60
雞跖賦續刻三十卷　（清）應泰泉等輯　清同治刻本　七冊　存十一卷（三至六、八至十、十五至十八）

410000－5201－0000017　3/10/035－36
太上感應篇圖說八卷　（清）許纘曾輯並繪　清乾隆同善堂刻本（有圖）　二冊　存二卷（忠篇、義篇）

410000－5201－0000018　3/13/037、753－57
餤口施食六卷　（□）□□撰　清康熙刻本　六冊

410000－5201－0000019　3/13/038
率性闡微玄洲老人素陽子著西江月調十六首一卷　題日新氏自然子註解　清康熙二十八年（1689）刻本　一冊

410000－5201－0000020　4/8/039－42
夏峯先生集十四卷　（清）孫奇逢著　清道光大梁書院刻本　四冊　存四卷（一、三至四、七）

410000－5201－0000021　3/10/043－44、056
福幼格言集六卷　（清）馬德震選輯　清光緒刻本　三冊　存三卷（四至六）

410000－5201－0000022　3/7/046

伊川易傳四卷　（宋）程頤撰　清宣統刻本　一册　存一卷（二）

410000－5201－0000023　4/11/047－50、146

本朝試賦新硎五卷　（清）李光瓊等輯評　清嘉慶刻本　五册　存四卷（二至五）

410000－5201－0000024　4/9/059－61

古文喈鳳新編八卷　（清）汪基鈔輯　清光緒刻本　三册　存六卷（三至八）

410000－5201－0000025　1/9/062－63、095

二論詳解四卷　（清）劉忠輯　清雍正刻本　三册

410000－5201－0000026　1/10/065

字彙十二卷首一卷末一卷韻法直圖一卷韻法横圖一卷　（明）梅膺祚音釋　明崇禎刻本　一册　存一卷（寅集）

410000－5201－0000027　3/7/066

御纂性理精義十二卷　（清）李光地等纂　清康熙刻本　一册　存一卷（二）

410000－5201－0000028　4/11/067、100

中原音韻二卷　（元）周德清編輯　（明）王文璧增注　明崇禎刻本　二册

410000－5201－0000029　1/11/068

塾課小題正鵠初集不分卷　（清）李元度輯　清光緒八年（1882）刻本　一册

410000－5201－0000030　1/4/071

詩集傳八卷　（宋）朱熹撰　清宣統刻本　一册

410000－5201－0000031　2/11/072

新刻註釋故事白眉十卷　（明）許以忠集　明末書林版築居刻本　一册　存三卷（一至三）

410000－5201－0000032　1/9/073

書言故事大全十二卷　（宋）胡繼宗集　（宋）陳玩直解　明萬曆刻本　一册　存二卷（五、七）

410000－5201－0000033　1/9/074、150、535

國朝文鈔不分卷　（清）高塘撰　清乾隆刻本　三册　存中庸、下論、下孟

410000－5201－0000034　4/9/075

重訂昭明文選集評合注十五卷首一卷末一卷　（清）于光華編　清咸豐九年（1859）刻本　一册

410000－5201－0000035　2/2/076、113、702－03

國語二十一卷　（三國吳）韋昭解　（宋）宋庠補音　清宣統刻本　四册　存十三卷（一至五、九至十二、十八至二十一）

410000－5201－0000036　1/9/077

鋤經堂搭題文初集三卷　（清）李緗選　清光緒刻本　一册　存二卷（一至二）

410000－5201－0000037　1/9/078

河南闈墨一卷　（清）鄭寅亮等著　清宣統刻本　一册

410000－5201－0000038　2/3/079、184

重鐫朱青巖先生擬編明紀輯畧十六卷　（清）朱璘撰　清乾隆刻本　二册　存二卷（十、十三）

410000－5201－0000039　4/3/080

唐詩三百首□□卷　（清）蘅塘退士（孫洙）編　清乾隆刻本　一册

410000－5201－0000040　4/10/081

文選□□卷　（清）李善注　清宣統朱墨套印本　一册　存五卷（二十一至二十五）

410000－5201－0000041　4/10/082－84

少嵒賦草四卷　（清）夏思沺撰　清同治刻本　三册　存三卷（一至三）

410000－5201－0000042　4/10/085

海棠花館七家詩補注七卷　（清）張熙宇評述　清光緒刻本　一册　存一卷（澹香齋試帖一卷）

410000－5201－0000043　4/3/086

昌黎先生集四十卷　（唐）韓愈著　清宣統石印本　一册　存四卷（十一至十四）

410000－5201－0000044　4/10/087、094

御纂詩義折中二十卷 （清）傅恒等撰　清雍正刻本　二册　存三卷（五、十至十一）

410000－5201－0000045　4/8/088
四憶堂詩集六卷 （清）侯方域撰　（清）賈開宗等選注　清宣統刻本　一册　存二卷（三至四）

410000－5201－0000046　4/10/089
文選六十卷 （南朝梁）蕭統編　（唐）李善注　清宣統刻朱墨套印本　一册　存一卷（六）

410000－5201－0000047　4/3/091
古唐詩合解十六卷 （清）王堯衢注　清雍正刻本　一册　存二卷（古詩三至四）

410000－5201－0000048　4/3/092
唐詩别裁集十卷 （清）沈德潛　（清）陳培脉選　清康熙刻本　一册　存一卷（十）

410000－5201－0000049　4/8/093
清選雜文一卷 （清）丁守存著　清光緒抄本　一册

410000－5201－0000050　1/9/097
小題中立初集一卷 （清）陰泰來選輯　清乾隆四十八年（1783）刻本　一册

410000－5201－0000051　4/10/098
古文覺斯十卷 （清）過珙評選　清乾隆刻本　一册　存一卷（五）

410000－5201－0000052　1/910/101
説文校議十五卷 （清）姚文田　（清）嚴可均著　清道光李氏半畝園刻本　一册　存三卷（五至七）

410000－5201－0000053　4/8/102
河間註釋試律矩四卷 （清）紀昀著　清嘉慶刻本　一册

410000－5201－0000054　1/4/103
詩集傳八卷 （宋）朱熹撰　清宣統刻本　一册　存三卷（六至八）

410000－5201－0000055　4/10/104
律賦標準四卷 （清）葉祺昌評選　清道光刻本　一册　存二卷（三至四）

410000－5201－0000056　1/9/105
四書圖説六卷 （清）王道然撰　清宣統刻朱墨套印本　一册

410000－5201－0000057　2/11/106－07
陸宣公集二十四卷 （唐）陸贄撰　清光緒石印本　二册　存十三卷（一至十三）

410000－5201－0000058　2/11/108－12
陸宣公全集二十四卷 （唐）陸贄撰　明崇禎刻本　五册　存二十卷（一至十七、二十二至二十四）

410000－5201－0000059　2/11/115
聖諭廣訓一卷 （清）世宗胤禛撰　清雍正刻本　一册

410000－5201－0000060　4/10/116
律賦標準二集四卷 （清）葉祺昌評選　清同治刻本　一册　存二卷（三至四）

410000－5201－0000061　4/9/117－20
唐宋八家文讀本三十卷 （清）沈德潛評點　清光緒石印本　四册　存二十卷（十一至三十）

410000－5201－0000062　4/10/121
分韻試帖青雲集合註四卷 （清）楊逢春輯　清光緒十一年（1885）刻本　一册　存一卷（一）

410000－5201－0000063　2/1/122、134
正藏書六十卷 （明）李贄輯　明崇禎刻本　二册　存七卷（十七至十九、四十二至四十五）

410000－5201－0000064　3/14/123
迷津普渡二十卷 （清）劉名芳参訂　（清）衛自強校　清宣統刻本　一册　存一卷（一）

410000－5201－0000065　4/11/124
圓機活法韻學全書□□卷 （明）王世貞增校　明崇禎刻本　一册　存一卷（十二）

410000－5201－0000066　4/11/125
小題易讀一卷 （清）史鑑輯　清咸豐十年（1860）崇茂堂記刻本　一册

410000－5201－0000067　1/9/127
時文輯要四卷　（清）孫伯龍輯　清光緒刻本　一冊　存二卷（三至四）

410000－5201－0000068　2/1/128
通鑑論三卷稽古録論一卷　（宋）司馬光撰　（清）伍耀光輯録　清光緒二十七年（1901）文淵山房石印本　一冊　存二卷（一至二）

410000－5201－0000069　4/4/129、686
朱子集一百四卷　（宋）朱熹撰　清咸豐刻本　二冊　存六卷（四十九至五十四）

410000－5201－0000070　4/10/130
試律分韻約選一卷　（清）吳文鎔編　清宣統刻本　一冊

410000－5201－0000071　2/1/131、153、157、158
尺木堂綱鑑易知録九十二卷　（清）吳乘權等輯　清光緒二十四年（1898）鉛印本　四冊　存二十卷（三十五至三十七、五十五至六十、八十一至八十六、八十八至九十二）

410000－5201－0000072　4/10/132
桐雲閣試帖一卷　（清）楊庚著　清嘉慶刻本　一冊

410000－5201－0000073　3/1/133
闕里誌十三卷　（明）陳鎬撰　清宣統刻本　一冊　存二卷（七至八）

410000－5201－0000074　4/7/135
欽定隆萬四書文十二卷　（清）方苞等評選　清乾隆刻本　一冊

410000－5201－0000075　4/8/136
傳家寶二集八卷　（清）石成金撰　清乾隆刻本　一冊　存一卷（八）

410000－5201－0000076　2/11/137
龍門綱鑑正編二十卷　（清）蔣先庚著　清康熙玉芝園刻本　一冊　存二卷（九、十一）

410000－5201－0000077　4/10/138
［時文解析］一卷　（清）路德等評述　清宣統刻本　一冊

410000－5201－0000078　3/0/139
諸子彙函二十六卷　（明）歸有光輯　明天啓刻本　一冊　存二卷（十至十一）

410000－5201－0000079　2/1/140
鑑撮四卷附讀史論略一卷　（清）曠敏本纂　清乾隆刻本　一冊　存一卷（鑑撮一）

410000－5201－0000080　4/4/141
蘇長公集二十二卷　（宋）蘇軾撰　明萬曆刻本　一冊　存四卷（三至六）

410000－5201－0000081　1/5/142
文公家禮儀節八卷　（明）丘濬撰　清乾隆刻本　一冊　存一卷（二）

410000－5201－0000082　1/2/143
易經備旨七卷　（清）鄒聖脈輯　清光緒刻本　一冊　存一卷（二）

410000－5201－0000083　1/2/144
周易中字□□卷　（□）□□撰　清宣統刻本　一冊　存二卷（二至三）

410000－5201－0000084　1/2/145
易經體注合衆四卷　（清）來爾繩纂　（清）范翔鑒定　清康熙刻本　一冊　存二卷（一至二）

410000－5201－0000085　2/11/147
大清律集解附例□□卷　（清）吳達海纂修　清刻本　一冊　存一卷（四十）

410000－5201－0000086　2/2/148、169
南宋志傳十卷五十回北宋志傳十卷五十回　題（清）研石山樵訂正　清刻本　二冊　存四卷（南宋志傳一至二、七至八）

410000－5201－0000087　4/10/696
尚書因文六卷　（清）武士選撰　清同治刻本　一冊　存二卷（五至六）

410000－5201－0000088　2/11/152
新政應試必讀約鈔六卷　（清）劉厚焜選　清光緒二十七年（1901）石印本　一冊

410000－5201－0000089　2/2/154
新鐫趙田了凡袁先生編纂古本歷史大方綱鑑

補四十卷首一卷　(明)趙田　(明)袁黄編纂　清宣統刻本　一册　存二卷(十二至十三)

410000－5201－0000090　2/2/155、167
御批增補了凡綱鑑四十卷首一卷　(明)趙田　(明)袁黄編纂　清光緒上海著易堂石印本　二册　存八卷(十三至十六、二十九至三十二)

410000－5201－0000091　4/10/156
蒲編堂訓蒙草一卷　(清)路德著　清道光二十三年(1843)經餘堂刻本　一册

410000－5201－0000092　4/10/162
讀書堂杜工部文集注解二卷　(唐)杜甫撰　(清)張溍評注　清康熙刻本　一册

410000－5201－0000093　4/10/163－65
杜工部集二十卷　(唐)杜甫撰　(清)錢謙益箋注　清康熙刻本　三册　存六卷(五至六、八至十一)

410000－5201－0000094　4/4/170
小題尖鋒一卷　(清)雲溪居士鑒定　清道光二十三年(1843)刻本　一册

410000－5201－0000095　2/11/171
歷代史論十二卷　(明)張溥撰　清光緒石印本　一册　存四卷(一至四)

410000－5201－0000096　2/11/172－79
九通輯要　(清)張羅澄編　清光緒二十八年(1902)夢孔山房石印本　八册　存二種二十三卷

410000－5201－0000097　2/11/180
皇朝經世文編一百二十卷　(清)賀長齡輯　清道光刻本　一册　存一卷(四十一)

410000－5201－0000098　4/10/181
辛卯直省闈墨一卷　(清)周正岐等著　清光緒石印本　一册

410000－5201－0000099　3/11/182
東周列國志五十四卷　(清)蔡界評點　清乾隆刻本　一册　存一卷(十一)

410000－5201－0000100　2/2/183、421－25
二十一史約編八卷　(清)鄭元慶述　(清)潘美發　(清)潘發英參訂　清康熙刻本　六册　存六卷(一至六)

410000－5201－0000101　1/9/185－86、537
中庸章句本義滙參六卷首一卷　(清)王步青輯　清雍正刻本　三册　存四卷(一至三、六)

410000－5201－0000102　1/9/187－89
四書講義大全二十六卷　(清)史廷煇輯　清乾隆二十九年(1764)刻本　三册　存三卷(大學中庸講義一、三至四)

410000－5201－0000103　1/9/192
四書集註十九卷　(宋)朱熹注　明洪武刻本　一册　存二卷(大學章句一卷、中庸章句一卷)

410000－5201－0000104　1/9/193
新訂四書補注備旨十卷　(明)鄧林撰　(清)杜定基增訂　清同治刻本　一册

410000－5201－0000105　2/2/195
資治通鑑二百九十四卷　(宋)司馬光撰　(元)胡三省音注　清同治刻本　一册　存九卷(四十二至五十)

410000－5201－0000106　2/2/196－202B
資治通鑑綱目前編二十五卷　(明)南軒撰
資治通鑑綱目五十九卷　(宋)朱熹撰　明萬曆刻本　七册　存十四卷(前編十一至十三、十七至十九,綱目二十一、四十二、四十五、四十八至五十一、五十五)

410000－5201－0000107　2/2/203－236
資治通鑑綱目五十九卷　(宋)朱熹撰　(明)陳仁錫評述　明崇禎刻本　三十四册　存四十一卷(一至六、八至二十三、二十五至二十八、三十一、三十六至三十八、四十至四十三、四十六、四十八至四十九、五十四至五十七)

410000－5201－0000108　1/5/237
寄傲山房塾課纂輯禮記全文備旨十一卷　(清)鄒聖脈輯　(清)鄒廷猷編　清光緒刻本　一册　存二卷(五至六)

410000－5201－0000109　1/7/238－239

寄傲山房塾課纂輯春秋備旨十二卷　（清）鄒聖脈輯　清乾隆刻本　二冊　存六卷（一至三、十至十二）

410000－5201－0000110　1/5/241

禮記讀本六卷　（清）周樽訂　清道光刻本　一冊　存一卷（四）

410000－5201－0000111　1/5/242－248

全本禮記體注大全合衆十卷　（清）范翔撰　（清）徐瑄補輯　清乾隆刻本　七冊　存五卷（一至五）

410000－5201－0000112　1/10/260－66

佩文韻府一百六卷　（清）張玉書等編　清康熙刻本　七冊　存八卷（十三至十四、六十三、七十五至七十六、八十二、八十五至八十六）

410000－5201－0000113　1/5/249－55

雲林別墅新輯酬世錦囊書啓合編初集八卷　（清）鄒景揚輯　清乾隆刻本　七冊　存七卷（一至七）

410000－5201－0000114　2/11/151、256－59

欽定學政全書八十卷　（清）素爾訥等纂　清乾隆刻本　五冊　存五卷（二至五、七）

410000－5201－0000115　3/1/267－271

景山史可亭輯二論講義養正編十卷　（清）史廷煇輯　清乾隆刻本　五冊　存七卷（上論一至二，下論三至四、八至十）

410000－5201－0000116　4/10/426－30

重訂古文釋義新編八卷　（清）余誠評注　清光緒刻本　五冊　存五卷（一至三、六、八）

410000－5201－0000117　4/10/431－34

聞式堂古文選釋八卷　（清）藏岳括編輯　清康熙刻本　四冊　存三卷（二、五、七）

410000－5201－0000118　1/7/272－279、302

左繡三十卷　（清）馮李驊　（清）陸浩輯　清康熙刻本　九冊　存十六卷（十五至三十）

410000－5201－0000119　1/7/280－289、303－323

春秋經傳集解三十卷　（晉）杜預撰　（唐）陸德明音義　**春秋名號歸一圖二卷**　（五代）馮繼先撰　清乾隆刻本　三十一冊　存三十一卷（一至十三、十五至三十，春秋名號歸一圖二卷）

410000－5201－0000120　1/7/299

春秋穀梁傳讀本四卷　（清）周樽輯　清乾隆五十八年（1793）刻本　一冊　存二卷（一至二）

410000－5201－0000121　1/7/300

春秋公羊傳讀本四卷　（清）周樽訂　清乾隆五十八年（1793）刻本　一冊　存二卷（一至二）

410000－5201－0000122　1/7/301、324－325

春秋左傳讀本十八卷附春秋提要一卷　（清）周樽輯　清乾隆刻本　三冊　存八卷（一至三、十五至十八，春秋提要一卷）

410000－5201－0000123　1/7/326－328、682、732

太史張天如詳節春秋綱目左傳句解六卷　（清）韓菼重訂　清光緒刻本　五冊　存五卷（一至三、五至六）

410000－5201－0000124　1/7/329

左傳翼三十八卷　（清）周大璋輯　清雍正刻本　一冊　存二卷（二十七至二十八）

410000－5201－0000125　1/9/330－52

四書題鏡二十九卷　（清）汪鯉翔纂　清乾隆刻本　二十三冊　存大學、中庸、論語一至二十、孟子一至五

410000－5201－0000126　1/9/353－59

四書合衆析疑二十三卷　（清）張權時輯　清康熙刻本　七冊　存八卷（大學一至二，中庸一卷，論語三、九至十，孟子二、七）

410000－5201－0000127　1/9/360－365、683

四書貫解十九卷　（清）朱良玉輯　清乾隆刻本　七冊　存十三卷（大學一卷、中庸一卷、論語六至九、孟子一至七）

410000 - 5201 - 0000128　1/9/366 - 74、718、516

四書大全統義□□卷　(清)萬人望輯　清乾隆刻本　十一冊　存五卷(一至四、八)

410000 - 5201 - 0000129　1/9/375 - 399、684

新訂四書補注備旨十卷　(明)鄧林輯　清同治刻本　二十六冊

410000 - 5201 - 0000130　1/9/409 - 420、689

嶺雲編不分卷　(清)徐越選　清康熙刻本　十三冊

410000 - 5201 - 0000131　4/10/435 - 40

古文釋義新編八卷　(清)余誠注　清光緒刻本　六冊　存五卷(二、四至五、七至八)

410000 - 5201 - 0000132　4/10/096、099、441 - 51

重訂文選集評十五卷　(清)于光華編　清光緒刻本　十三冊　存十三卷(二至八、十至十五)

410000 - 5201 - 0000133　1/10/452 - 471

新增說文韻府羣玉二十卷　(元)陰時夫編　(元)陰中夫注　明萬曆刻本　二十冊　存十三卷(一至五、九至十、十三至十六、十九至二十)

410000 - 5201 - 0000134　1/9/476

四書集註十九卷　(宋)朱熹撰　清道光石印本　一冊　存二卷(論語一至二)

410000 - 5201 - 0000135　1/9/697

四書集注十九卷　(宋)朱熹撰　清宣統刻本　一冊　存五卷(論語六至十)

410000 - 5201 - 0000136　1/10/478

四聲便覽四卷　(清)余六師編　清道光刻本　一冊

410000 - 5201 - 0000137　4/10/479

仁在堂時藝引階合編二卷　(清)路德撰　清光緒元年(1875)刻本　一冊

410000 - 5201 - 0000138　1/10/480

新刊校正增補圓機韻學全書□□卷　(明)王世貞增校　清道光鬱岡山房刻本　一冊　存三卷(六至八)

410000 - 5201 - 0000139　1/9/481

今文分法小題嘉言□□卷　(清)杜定基評選　清乾隆刻本　一冊　存第一冊

410000 - 5201 - 0000140　4/10/482

[時文解讀]一卷　(清)路德撰　清宣統刻本　一冊

410000 - 5201 - 0000141　1/9/483

八銘塾鈔二集八卷　(清)吳懋政編　清光緒刻本　一冊　存中庸、上孟

410000 - 5201 - 0000142　1/9/485

增訂二論詳解四卷　(清)劉忠輯　清乾隆刻本　一冊　存一卷(二)

410000 - 5201 - 0000143　2/2/486

伊川經說八卷　(宋)程頤撰　清乾隆刻本　一冊　存三卷(四至五、八)

410000 - 5201 - 0000144　4/2/487

淮南子二十一卷　(漢)劉安撰　(漢)高誘注　清光緒石印本　一冊　存六卷(十至十五)

410000 - 5201 - 0000145　2/11/488、716

光緒甲辰恩科會試闈墨不分卷　(清)譚延闓等撰　清光緒刻本　二冊

410000 - 5201 - 0000146　1/5/489

儀禮讀本十七卷首一卷　(清)周樽輯　清乾隆五十八年(1793)刻本　一冊　存一卷(首一卷)

410000 - 5201 - 0000147　2/6/490 - 96

書經體註大全合叅六卷　(清)錢希祥纂輯　(清)范翔鑒定　清同治三年(1864)刻本　七冊

410000 - 5201 - 0000148　2/6/497 - 98

書經精華六卷　(清)薛嘉穎撰　清道光七年(1827)刻本　二冊　存三卷(一至二、四)

410000 - 5201 - 0000149　1/9/499 - 502

四書味根錄三十七卷　(清)金澄撰　清宣統刻本　四冊　存十卷(大學味根錄一卷、中庸

味根錄一、論語味根錄十一至十六、孟子味根錄九至十)

410000－5201－0000150　1/9/503－04
欽定啓禎四書文不分卷　(清)方苞評述　清乾隆刻本　二冊

410000－5201－0000151　1/9/505－06
欽定本朝四書文不分卷　(清)方苞輯　清光緒刻本　二冊

410000－5201－0000152　1/9/507－10
四書典制類聯音注三十三卷　(清)閻其淵輯　清光緒刻本　四冊　存十二卷(二十二至三十三)

410000－5201－0000153　1/9/511
四書人物類典串珠四十卷　(清)臧志仁編　清嘉慶刻本　一冊　存二卷(一至二)

410000－5201－0000154　1/9/477、512、518－21
四書或問語類大全合訂□□卷　(清)黄越考訂　清宣統刻本　六冊　存八卷(中庸二至四,論語一、四、六、十五至十六)

410000－5201－0000155　3/12/513、536
欽定四庫全書總目二百卷　(清)紀昀等著　清乾隆刻本　二冊　存三卷(七十九至八十、一百六十七)

410000－5201－0000156　1/9/514
四書集註十九卷　(宋)朱熹撰　清道光六年(1826)刻本　一冊　存一卷(中庸一卷)

410000－5201－0000157　1/9/517、524
增補四書精繡圖像人物備考十二卷　(明)薛應旂輯　(明)陳仁錫增定　清乾隆刻本　二冊　存五卷(大學一、中庸二至三、上孟九至十)

410000－5201－0000158　1/9/522
潄芳軒合纂四書體註十九卷　(清)范翔纂　清乾隆刻本　一冊　存四卷(一至四)

410000－5201－0000159　1/9/526
合纂四書彙通二十七卷　(清)李載禮纂輯　清乾隆刻本　一冊　存一卷(二十七)

410000－5201－0000160　1/9/685
合盛堂增訂四書典故補注備旨九卷　(明)鄧林著　清光緒刻本　一冊　存一卷(一)

410000－5201－0000161　1/9/688
論語集註本義滙參二十卷首一卷　(清)王步青輯　清雍正刻本　一冊　存一卷(一)

410000－5201－0000162　1/9/527－28
四書人物備考十二卷　(清)薛方山(應旂)輯　清嘉慶刻本　二冊　存五卷(上論四至六、下論七至八)

410000－5201－0000163　1/9/528－29、693
四書述要十九卷　(清)楊玉緒著　清乾隆刻本　三冊　存九卷(大學一卷、中庸一卷、論語六至十、孟子四至五)

410000－5201－0000164　1/9/530
四書合講十九卷　(清)翁復撰　清同治刻本　一冊　存四卷(論語一至四)

410000－5201－0000165　1/5/531
朱子家禮八卷　(明)丘濬輯　(明)楊廷筠補　(明)汪佑訂　清康熙刻本　一冊　存一卷(二)

410000－5201－0000166　1/5/533
周禮讀本六卷　(漢)鄭玄注　(唐)陸德明音義　清乾隆刻本　一冊　存三卷(四至六)

410000－5201－0000167　1/9/534
四書集註十九卷　(宋)朱熹撰　清宣統刻本　一冊　存一卷(中庸一卷)

410000－5201－0000168　1/9/698－99
淵藪十二卷　(清)□□著　清宣統鉛印本　二冊　存三卷(中庸六至七、上論四)

410000－5201－0000169　1/10/538
經義策論彙選一卷　(清)蕭春培選　清光緒刻本　一冊

410000－5201－0000170　4/4/539
二程遺書二十五卷　(宋)程顥　(宋)程頤撰　明萬曆刻本　一冊　存三卷(十七至十九)

410000－5201－0000171　1/10/541－80A
康熙字典十二集三十六卷總目一卷檢字一卷辨似一卷等韻一卷補遺一卷備考一卷　(清)張玉書等纂　清康熙刻本　四十册　存三十九卷(子、丑、寅、卯、辰、巳、午、未中下、申、酉、戌、亥,總目一卷,等韻一卷,補遺一卷,備考一卷)

410000－5201－0000172　1/10/581－619B
康熙字典十二集三十六卷總目一卷檢字一卷辨似一卷等韻一卷補遺一卷備考一卷　(清)張玉書等纂　清康熙刻本　三十九册　存四十卷(康熙字典十二集三十六卷、總目一卷、等韻一卷、補遺一卷、備考一卷)

410000－5201－0000173　1/10/620－28/C
康熙字典十二集三十六卷總目一卷檢字一卷辨似一卷等韻一卷補遺一卷備考一卷　(清)張玉書等纂　清康熙刻本　九册　存九卷(子上中、丑中下、寅中、卯中、辰中、巳上下)

410000－5201－0000174　1/1/629－40/D
康熙字典十二集三十六卷總目一卷檢字一卷辨似一卷等韻一卷補遺一卷備考一卷　(清)張玉書等纂　清康熙刻本　十二册　存二十卷(子下、丑、卯、辰、巳上、未、申、酉)

410000－5201－0000175　1/10/641－48E
康熙字典十二集三十六卷總目一卷檢字一卷辨似一卷等韻一卷補遺一卷備考一卷　(清)張玉書等纂　清康熙刻本　八册　存八卷(卯上、未、申中、酉上、戌中下)

410000－5201－0000176　1/4/649－55/A
詩集傳八卷　(宋)朱熹撰　清宣統刻本　七册　存六卷(三至八)

410000－5201－0000177　1/4/656－57/B
詩經八卷　(宋)朱熹集傳　清宣統刻本　二册　存四卷(五至八)

410000－5201－0000178　1/9/660－61B
四書集註十九卷　(宋)朱熹撰　明洪武刻本　二册　存二卷(孟子六至七)

410000－5201－0000179　1/9/662、687C
四書集註十九卷　(宋)朱熹撰　清宣統刻本　二册　存五卷(孟子一至五)

410000－5201－0000180　1/9/663
四書集註十九卷　(宋)朱熹撰　清宣統刻本　一册　存三卷(孟子一至三)

410000－5201－0000181　1/9/664－73
孟子講義十二卷　(清)史廷煇輯　清同治刻本　十册　存十卷(一至四、六至九、十一至十二)

410000－5201－0000182　1/9/674－81
孟子集註本義滙叅十四卷首一卷　(清)王步青輯　清宣統刻本　八册　存九卷(一至二、五、七至八、十至十二、十四)

410000－5201－0000183　4/4/690
羅豫章先生文集十卷　(宋)羅從彥撰　(清)張伯行考訂　清同治刻正誼堂全書本　一册　存五卷(六至十)

410000－5201－0000184　1/9/691
屏花軒時文不分卷　(清)胡凜三著　清宣統刻本　一册　存論語

410000－5201－0000185　1/4/694
上經折衷□□卷　(□)□□撰　清宣統刻本　一册　存二卷(二至三)

410000－5201－0000186　1/9/705
四書大全□□卷　(明)胡廣等撰　清乾隆三□堂刻本　一册　存一卷(孟子四)

410000－5201－0000187　1/4/706A
詩經備旨八卷　(清)鄒聖脈纂　清光緒刻本　一册　存一卷(三)

410000－5201－0000188　1/4/707－11、721
詩經喈鳳詳解八卷　(清)陳抒孝輯　清雍正刻本　六册　存五卷(二至三、六至八)

410000－5201－0000189　1/4/712－13C
詩經八卷　(宋)朱熹集傳　清宣統刻本　二册　存二卷(三、五)

410000－5201－0000190　1/3/714
書經六卷　(宋)蔡沈集傳　清宣統刻本　一

冊　存二卷(五至六)

410000－5201－0000191　1/9/717

小題五集精詣二卷　(清)王步青撰　清乾隆刻本　一冊　存一卷(下)

410000－5201－0000192　1/4/719、725

欽定詩經傳說彙纂二十一卷首二卷詩序二卷　(清)王鴻緒等撰　清康熙刻本　二冊　存二卷(一、首一)

410000－5201－0000193　1/4/720

詩經瑯環題注大全八卷　(清)范翔鑒定　(清)沈世楷輯　清宣統刻本　一冊　存一卷(三)

410000－5201－0000194　1/4/726

詩經集註衍義八卷　(明)江環輯著　明崇禎刻本　一冊　存一卷(五)

410000－5201－0000195　1/4/727

詩經體注大全體要八卷　(清)高朝瓔定　(清)沈世楷輯　清同治刻本　一冊　存一卷(五)

410000－5201－0000196　1/4/728

詩經讀本四卷　(清)周樽輯　清光緒刻本　一冊

410000－5201－0000197　1/7/729－31

如酉所刻諸名家評點春秋綱目左傳句解六卷　(清)韓菼重訂　清光緒刻本　三冊　存三卷(一至二、五)

410000－5201－0000198　1/7/733－35

如酉所刻諸名家評點春秋綱目左傳句解彙雋六卷　(清)韓菼重訂　清光緒刻本　三冊　存四卷(一至二、五至六)

河南省漯河市圖書館古籍普查登記目録

全國古籍普查登記目録

國家圖書館出版社
National Library of China Publishing House

410000－5205－0000001　集 001

桂海文瀾集十卷　(清)祁永膺編　清光緒二十年(1894)桂垣書局刻本　六册

410000－5205－0000002　經 034

禮記心典傳本三卷　(清)胡瑤光輯　清康熙刻本　四册

410000－5205－0000003　經 024

禮記體註大全合叅四卷　(清)范翔鑒定　(清)徐旦叅訂　(清)徐瑄補輯　清刻本　二册　存二卷(二至三)

410000－5205－0000004　史 019

廣西昭忠録八卷　(清)蘇鳳文編　清光緒十五年(1889)刻本　四册

410000－5205－0000005　經 002

禮書一百五十卷　(宋)陳祥道撰　清光緒二年(1876)廣州刻本　七册　存六十五卷(一至六十五)

410000－5205－0000006　子 003

樂書二百卷　(宋)陳暘撰　清光緒二年(1876)廣州刻本　九册　存一百八卷(一至一百八)

410000－5205－0000007　史 018

廣西通省候補同官錄不分卷　清光緒刻本　二册

410000－5205－0000008　集 002

俞俞齋文稿初集四卷　(清)史念祖撰　清光緒二十二年(1896)桂林刻本　四册

410000－5205－0000009　經 025

禮記十卷　(元)陳澔集說　清同治七年(1868)崇文書局刻本　九册　存九卷(一至八、十)

410000－5205－0000010　史 017

大清律例增修統纂集成四十卷附督捕則例二卷　(清)姚潤輯　(清)胡璋增輯　清光緒二十年(1894)刻本　四册　存六卷(五至八、督捕則例二卷)

410000－5205－0000011　子 002

孔子家語四卷　題(三國魏)王肅注　(明)金蟠訂　清亳州大文堂刻本　二册

410000－5205－0000012　史 021

硃批諭旨不分卷　(清)鄂爾泰等輯　清光緒十三年(1887)上海點石齋石印朱墨套印本　四十八册

410000－5205－0000013　史 022

李文忠公電稿四十卷　(清)李鴻章撰　(清)吳汝綸錄　清光緒刻本　八册　存十三卷(二十四至三十五、四十)

410000－5205－0000014　史 020

大清律例總類不分卷　清刻本　一册

410000－5205－0000015　新 004

鴻雪因緣圖記初集二卷二集二卷三集二卷　(清)麟慶撰　(清)汪春泉繪　清光緒十二年(1886)上海點石齋石印本　六册

410000－5205－0000016　史 002

彙輯輿圖備攷全書十八卷　(明)潘光祖輯　清刻本　十六册

410000－5205－0000017　集 009

天岳山館文鈔四十卷　(清)李元度撰　清光緒六年(1880)刻本　十四册

410000－5205－0000018　新 003

萬國時務策學大全四十八卷　題(清)漱石山館主人輯　清光緒二十三年(1897)積山書局石印本　二十册

410000－5205－0000019　叢 003

[河南安陽]安陽蔣村馬氏條規不分卷　(清)馬丕瑤撰　清光緒十五年(1889)刻本　四册

410000－5205－0000020　史 014

重訂會試同年譜(同治戊辰科)不分卷　(清)方汝紹撰　清光緒二十年(1894)元會齋刻本　四册

410000－5205－0000021　集 014

國朝文匯甲前集二十卷甲集六十卷乙集七十卷丙集三十卷丁集二十四卷姓氏目錄一卷　國學扶輪社輯　清宣統元年(1909)上海國學

扶輪社石印本　九十四册　缺二十二卷(甲前集十四至十五,甲集十三至十四、十九至二十、三十三至三十四,乙集四十九至五十,丙集二十五至三十,丁集十七至十八、二十一至二十四)

410000－5205－0000022　子004
天元曆理全書十二卷　(清)徐發著輯　清康熙刻本　八册

410000－5205－0000023　史001
[光緒]重修通渭縣新志十二卷首一卷補遺一卷　(清)高蔚霞修　(清)苟廷誠纂　清光緒十九年(1893)刻本　四册

410000－5205－0000024　集008
霍勉齋集二十二卷　(明)霍與瑕著　清光緒十二年(1886)刻本　十册

410000－5205－0000025　集012
古文喈鳳新編八卷　(清)汪基鈔輯　清刻本　四册

410000－5205－0000026　史015
[乾隆]直隸邠州志二十五卷　(清)王朝爵　(清)王灼修　(清)孫星衍纂　清乾隆四十九年(1784)刻本　四册

410000－5205－0000027　集013
染學齋試帖三卷律賦不分卷制藝不分卷　(清)陳昌世著　清光緒二十二年(1896)刻本　八册

410000－5205－0000028　史011
[光緒]廣西通志輯要十七卷首一卷　(清)蘇宗經輯　(清)羊復禮　(清)夏敬頤增輯　清光緒十五年(1889)刻本　十二册　缺一卷(三)

410000－5205－0000029　史016
大清律例刑案彙纂集成四十卷督捕則例二卷　(清)姚潤纂　(清)胡璋增修　清同治八年(1869)刻本　十册　存八卷(一至八)

410000－5205－0000030　經023
書經體註大全合參六卷　(清)錢希祥參　清金溪周光霽頤堂刻本　四册

410000－5205－0000031　史013
大清律例總類不分卷　清光緒十三年(1887)濬文書局刻本　七册

410000－5205－0000032　經014
述德堂訓蒙不分卷　(清)慕甲榮著　清嘉慶二十二年(1817)述德堂刻本　一册

410000－5205－0000033　經022
得無訒齋存稿不分卷　(清)王賡榮著　清光緒十年(1884)刻本　三册

410000－5205－0000034　集007
韋廬詩內集四卷首一卷末一卷外集四卷首一卷末一卷　(清)李秉禮撰　清道光十年(1830)刻本　四册

410000－5205－0000035　經021
五經備旨　(清)鄒聖脈纂輯　清嘉慶二十五年(1820)刻本　十二册　存三種二十卷

410000－5205－0000036　集013
小題正鵠初集不分卷二集不分卷三集不分卷　(清)李元度編輯　清道光二十六年(1846)刻本　四册

410000－5205－0000037　經042
四書類典賦二十四卷　(清)甘紱著　清乾隆十一年(1746)刻本　十二册

410000－5205－0000038　子001
紀效新書十八卷　(明)戚繼光撰　(清)張海鵬訂　清嘉慶十年(1805)虞山照曠閣刻本　六册

410000－5205－0000039　經027
字彙首卷十二集首一卷末一卷　(明)梅膺祚編　清刻本　十四册

410000－5205－0000040　經031
字彙十二卷首一卷末一卷韻法直圖一卷韻法橫圖一卷　(明)梅膺祚集　明萬曆四十三年(1615)刻本　十四册　存十四卷(字彙十二卷、首一卷、末一卷)

410000－5205－0000041　史006

通商條約章程成案彙編三十卷　（清）李鴻章編　清光緒十二年（1886）鉛印本　十二册　存二十九卷（一至九、十一至三十）

410000－5205－0000042　史005
增補綱鑑輯要四十卷首一卷　（明）袁黄編纂　清光緒二十九年（1903）益元書局刻本　十九册　缺四卷（四至六、十九）

410000－5205－0000043　新002
增訂盛世危言正續編九卷　（清）鄭觀應纂著　清光緒十九年（1893）鉛印本　七册　存八卷（二至九）

410000－5205－0000044　史009
御撰資治通鑑綱目三編二十卷末一卷　（清）張廷玉等編　清光緒六年（1880）刻本　四册

410000－5205－0000045　史008
鼎鍥趙田了凡袁先生編纂古本歷史大方綱鑑補三十九卷　（明）袁黄編纂　明萬曆三十四年（1606）刻本　十二册　存十六卷（一至八、三十二至三十九）

410000－5205－0000046　史025
歷代名臣言行錄二十四卷　（清）朱桓編　清光緒三十年（1904）上海錦章書局石印本　八册

410000－5205－0000047　史012
歷代名臣言行錄二十四卷　（清）朱桓纂修　清嘉慶二年（1797）刻本　八册　存十二卷（十三至二十四）

410000－5205－0000048　經001
古經解彙函　（清）鍾謙鈞等輯　清同治十二年（1873）粤東書局刻本　四十六册

410000－5205－0000049　經026
康熙字典十二集三十六卷總目一卷檢字一卷辨似一卷等韻一卷補遺一卷備考一卷　（清）張玉書等撰　清道光七年（1827）刻本　三十四册

410000－5205－0000050　史007
續資治通鑑綱目二十七卷　（明）商輅撰（明）陳仁錫評閲　清光緒七年（1881）刻本　三十册

410000－5205－0000051　史010
資治通鑑綱目前編二十五卷　（明）南軒撰（明）陳仁錫評閲　明萬曆二十三年（1595）刻本　十册

410000－5205－0000052　叢001
粤雅堂叢書　（清）伍崇曜輯　清道光、光緒間南海伍氏刻本　二百八十二册

410000－5205－0000053　新001
政學通考二十卷藝學通考十六卷　（清）江建霞著　（清）胡兆鸞著　清光緒二十三年（1897）石印本　八册

410000－5205－0000054　史023
資治通鑑綱目五十九卷　（宋）朱熹撰　（明）陳仁錫評閲　明崇禎三年（1630）刻本　八十册

410000－5205－0000055　經030
禮記疏畧四十七卷　（清）張沐註　清刻五經四書疏略本　一册　存一卷（七）

410000－5205－0000056　經037
四書集注十九卷　（宋）朱熹撰　清刻本　一册　存一卷（大學一卷）

410000－5205－0000057　經029
學文彙典四卷　（清）鄭文煥彙訂　清刻本　一册　存二卷（三至四）

410000－5205－0000058　經033
新訂四書補註備旨十卷　（明）鄧林著　（清）杜定基增訂　清崇文堂刻本　一册　存一卷（三）

410000－5205－0000059　經028
四書集注十九卷　（宋）朱熹撰　清許昌文成堂刻本　一册　存二卷（孟子四至五）

410000－5205－0000060　經015
評點春秋綱目左傳句解彙雋六卷　（清）韓菼重訂　清經元堂刻本　六册

410000－5205－0000061

四書摘解一卷　（清）李宗澳撰　清刻結桂山房全集六種本　一冊

410000－5205－0000062　經 016
儀禮十七卷　（漢）鄭玄注　（唐）陸德明音義　清光緒十九年（1893）桂垣書局刻本　四冊

410000－5205－0000063　史 004
明季稗史彙編　（清）留雲居士輯　清光緒二十二年（1896）上海圖書集成印書局鉛印本　四冊

410000－5205－0000064　史 026
廣西輿地全圖二卷　（清）北洋機器總局圖算學堂繪　清光緒二十一年（1895）石印本　二冊

410000－5205－0000065　經 012
音韻貫珠不分卷　（清）賈椿齡編　清同治十一年（1872）刻本　五冊

410000－5205－0000066　經 010
註釋詩料二集句解四卷　（清）沈歸愚鑒定　（清）許魚門註　清乾隆二十九年（1764）智德堂刻本　一冊

410000－5205－0000067　經 008
詩韻含英十八卷　（清）劉文蔚輯　清乾隆二十三年（1758）寶賢堂刻本　二冊

410000－5205－0000068　經 011
今文小題童試達中不分卷　（清）賈鍾麟評選　清嘉慶十七年（1812）刻本　一冊

410000－5205－0000069　經 009
四書貫解十九卷　（清）朱良玉纂輯　清道光二十六年（1846）刻本　一冊

410000－5205－0000070　經 013
爾雅註疏十一卷　（晉）郭璞註　（宋）邢昺疏　清嘉慶七年（1802）刻本　二冊　存五卷（一、八至十一）

410000－5205－0000071　經 003
分類詩腋八卷　（清）李楨編　清道光二十三年（1843）刻本　二冊

410000－5205－0000072　經 004
梁山來知德先生易經集註十五卷　（明）來知德纂註　（明）崔峯重訂　清道光十七年（1837）刻本　四冊

410000－5205－0000073　集 003
試律青雲集三卷　（清）楊逢春輯　清道光十七年（1837）盛榮堂刻本　三冊

410000－5205－0000074　經 006
四聲便覽四集　（清）余六師編　清道光元年（1821）元亨堂刻本　一冊

410000－5205－0000075　經 005
字學舉隅不分卷　（清）黄本驥　（清）龍啟瑞撰　清光緒五年（1879）陳州大成堂刻本　一冊

410000－5205－0000076　經 007
三字經註解備要不分卷　（宋）王應麟著　（清）賀興思註解　清同治七年（1868）敬慎堂刻本　一冊

410000－5205－0000077　集 016
呂氏宗約歌一卷　（明）呂坤編　清康熙十八年（1679）刻本　一冊

410000－5205－0000078　經 035
增訂講義四書襯十九卷　（清）駱培撰　（清）汪思廻　（清）蔣勳增輯　清乾隆十一年（1746）刻本　一冊

410000－5205－0000079　經 036
四書朱子本義匯參四十三卷首四卷　（清）王步青輯　清刻本　一冊　存二卷（大學一至二）

410000－5205－0000080　集 015
古文喈鳳新編八卷　（清）汪基鈔輯　清嘉慶六年（1801）晉祁書業堂刻本　二冊

410000－5205－0000081　經 019
論語二十卷　清光緒元年（1875）湖北崇文書局刻本　四冊　存十卷（一至十）

410000－5205－0000082　集 006
寄嶽雲齋試體詩選詳註四卷　（清）張學蘇箋　清嘉慶九年（1804）同文堂刻本　二冊

410000－5205－0000083　集 010
宛南童試□軍一卷　（清）李士珍輯　清光緒二年（1876）刻本　一冊

410000－5205－0000084　經 017
說文解字十五卷　（漢）許慎撰　（宋）徐鉉校　清嘉慶十二年（1807）藤花榭刻本　四冊　存四卷（一至四）

410000－5205－0000085　經 020
學庸一卷　（□）□□撰　清光緒元年（1875）湖北崇文書局刻本　一冊

410000－5205－0000086　經 018
書經六卷　（宋）蔡沈集傳　清刻本　一冊　存二卷（一至二）

410000－5205－0000087　集 004
應酬尺牘彙選不分卷　（清）陸九如纂輯　清崇文堂刻本　二冊

410000－5205－0000088　史 003
［道光］扶溝縣志十三卷　（清）王德瑛纂修　清道光十三年（1833）刻本　二冊　存七卷（一至三、十至十三）

410000－5205－0000089　集 005
詩料備覽十四卷　（清）劉豹君（文蔚）輯　（清）張晴峯（正旭）校訂　清刻本　二冊

410000－5205－0000090　叢 002
寄傲山房塾課新增幼學故事瓊林四卷首一卷　（明）程允升（登吉）撰　（清）鄒聖脈增補　清光緒二十一年（1895）刻本　一冊

410000－5205－0000091　集 011
結桂山房全集　（清）李宗澳撰　清道光十四年（1834）刻本　一冊

410000－5205－0000092　史 027
大清律例刑案統纂集成四十卷附督捕則例二卷　（清）姚潤輯　（清）胡璋增輯　清同治十二年（1873）刻本　三冊　存四卷（一至四）

410000－5205－0000093　經 038
增訂二論詳解四卷　（清）劉忠輯　清乾隆四十一年（1776）刻本　一冊　存二卷（一至二）

河南省商丘市睢陽區圖書館古籍普查登記目録

全國古籍普查登記目録

國家圖書館出版社
National Library of China Publishing House

410000－5214－0000001　1

唐書二百卷　(五代)劉昫等修　明嘉靖十八年(1539)聞人詮刻本　三十五冊　存四十卷(本紀一至十、十二至十三、十六至二十,志一至二、五、七至九、十一至十六、十八至十九、二十至二十六、二十八、三十)

410000－5214－0000002　2

壯悔堂文集十卷四憶堂詩集四卷　(清)侯方域著　(清)賈開宗　(清)徐作肅選　清刻本　三冊　存四卷(文集三至六)

410000－5214－0000003　3

西陂類稿五十卷　(清)宋犖撰　清刻本　十九冊

410000－5214－0000004　4

二十四史　清同治、光緒間五省官書局刻光緒五年(1879)湖北書局彙印本　五百十八冊　存二十二種三千一百九卷

河南省濟源市圖書館古籍普查登記目録

全國古籍普查登記目録

國家圖書館出版社
National Library of China Publishing House

410000 - 5218 - 0000001　110

字彙十二卷首一卷末一卷　(明)梅膺祚編　明萬曆四十三年(1615)懷德堂刻本　十三册

410000 - 5218 - 0000002　48

板橋家書一卷　(清)鄭燮著　清乾隆十四年(1749)刻本　一册

410000 - 5218 - 0000003　412

雲林别墅繪像妥注第六才子書六卷首一卷　(元)王德信著　(清)鄒聖脈注　清乾隆五十年(1785)刻本　六册

410000 - 5218 - 0000004　49

古文淵鑒六十四卷　(清)徐乾學等編注　清康熙二十四年(1685)刻四色套印本　一册　存三卷(二十三至二十五)

410000 - 5218 - 0000005　311

困學紀聞二十卷　(宋)王應麟撰　明萬曆三十一年(1603)吴獻臺刻本　六册

410000 - 5218 - 0000006　13

尚書因文六卷首一卷末一卷　(清)武士選撰　清刻本　四册

410000 - 5218 - 0000007　261

歷代書畫史彙傳七十二卷　(清)彭藴璨編　清道光刻本　十二册　存三十四卷(一至三十四)

410000 - 5218 - 0000008　311

四書人物類典串珠四十卷　(清)臧志仁編輯　清嘉慶四年(1799)刻本　十二册

410000 - 5218 - 0000009　19/2

四書味根録三十七卷　(清)金澂著　清光緒十一年(1885)刻本　八册

410000 - 5218 - 0000010　36

景岳全書六十四卷　(明)張介賓著　明刻本　四册　存九卷(三至七、十四至十五、十八至十九)

410000 - 5218 - 0000011　19/3

四書或問語類集解釋注大全四十一卷　(清)朱良玉纂輯　清雍正六年(1728)致和堂刻本　三十二册

410000 - 5218 - 0000012　36/2

溫病條辨六卷首一卷　(清)吴瑭著　清光緒十年(1884)刻本　六册

410000 - 5218 - 0000013　110

小學體注大成六卷　(清)沈若愚等輯　**忠經集注一卷**　(漢)郑玄撰　**孝經集注一卷**　(明)陳選注　清刻本　四册

410000 - 5218 - 0000014　19/4

新訂四書補註備旨十卷　(明)鄧林著　(清)杜定基增訂　清同治十二年(1873)刻本　六册

410000 - 5218 - 0000015　315

玉堂校傳如崗陳先生二經精解全編九卷　(明)陳懿典著　明萬曆四十五年(1617)王惺初刻本　三册

410000 - 5218 - 0000016　49

應試唐詩類釋十九卷　(清)臧岳編　清乾隆元年(1736)三樂齋刻本　二册　存二卷(一至二)

410000 - 5218 - 0000017　110

康熙字典十二集三十六卷總目一卷檢字一卷辨似一卷等韻一卷補遺一卷備考一卷　(清)張玉書等纂修　清道光刻本　四十册

410000 - 5218 - 0000018　311.1

增删韻府羣玉定本二十卷　(元)陰時夫編輯　(元)陰中夫編注　清康熙十九年(1680)刻本　二十册

410000 - 5218 - 0000019　492

古文析義六卷二編八卷　(清)林雲銘評注　清光緒二十四年(1898)刻本　十四册

410000 - 5218 - 0000020　19/5

四書疏註撮言三十七卷　(清)胡蓉芝撰　清刻本　一册　存二卷(論語九至十)

410000 - 5218 - 0000021　4/14

毛詩注疏二十卷　(漢)毛亨傳　(漢)鄭玄箋　(唐)陸德明音義　(唐)孔穎達疏　清刻本

六冊　存八卷(五至十二)

410000－5218－0000022　36/2

外科證治全生二卷　(清)王維德撰　清刻本　一冊

410000－5218－0000023　284

山海經十八卷　(晉)郭璞傳　(明)吳中珩校　明刻本　二冊　存十五卷(三至十七)

410000－5218－0000024　22

竹書紀年二卷　(南朝梁)沈約注　(明)吳琯教　明刻本　一冊

410000－5218－0000025　44

近思錄十四卷　(宋)朱熹　(宋)呂祖謙輯　清刻本　一冊　存八卷(七至十四)

410000－5218－0000026　110

四言雜字不分卷　(□)□□撰　清刻本　一冊

410000－5218－0000027　19/6

中庸□□卷　(宋)朱熹撰　清刻本　一冊

410000－5218－0000028　14

詩經融注大全體要八卷　(清)沈世楷輯　(清)高朝瓔定　清刻本　一冊

410000－5218－0000029　311/2

四書人物類典串珠四十卷　(清)臧志仁編輯　清嘉慶刻本　一冊　存三卷(一至三)

410000－5218－0000030　36

石室秘籙六卷　(清)陳士鐸著　清刻本　一冊　存二卷(五至六)

410000－5218－0000031　38

河洛藴藏後集四十六卷　(清)逍遙子撰　清抄本　二冊　存十二卷(五至十六)

410000－5218－0000032　13

書經六卷　(宋)蔡沈集傳　清光緒三十四年(1908)刻本　一冊　存一卷(四)

410000－5218－0000033　49

古文釋義新編八卷　(清)余誠評注　清刻本　三冊　存三卷(二至四)

410000－5218－0000034　49/2

[策論]不分卷　(宋)蘇軾等著　清刻本　一冊

410000－5218－0000035　14/2

仇滄柱先生增補詩經備旨八卷　(清)祁文友　(清)尹源進增定　清刻本　一冊　存一卷(七)

410000－5218－0000036　192

四書撮言三十七卷　(清)胡蓉芝輯　清刻本　一冊　存二卷(五至六)

410000－5218－0000037　13/2

書經體注大全合參六卷　(清)錢希祥纂輯　清刻本　一冊　存二卷(二至三)

410000－5218－0000038　49/3

精義彙選□□卷　(□)□□撰　清刻本　一冊　存一卷(二)

410000－5218－0000039　49/3

韻對注千家詩四卷　(清)王相選注　清刻本　一冊　存二卷(三至四)

410000－5218－0000040　14/2

詩經八卷　(宋)朱熹集傳　清刻本　一冊　存二卷(三至四)

410000－5218－0000041　3/14

詩經八卷　(宋)朱熹集傳　清刻本　一冊　存三卷(六至八)

410000－5218－0000042　49/4

童子升階不分卷　(清)徐梅江評　清乾隆十年(1745)務本齋刻本　一冊

410000－5218－0000043　13/3

書經六卷　(宋)蔡沈集傳　清刻本　一冊　存二卷(五至六)

410000－5218－0000044　311/3

四書人物類典串珠四十卷　(清)臧志仁編輯　清刻本　一冊　存二卷(十一至十二)

410000－5218－0000045　110/2

史鑑節要便讀六卷　(清)鮑東里撰　清光緒刻本　一冊　存三卷(一至三)

410000－5218－0000046　19/7
四書疏註撮言大全三十七卷　(清)胡蓉芝撰　(清)江春庭編　清刻本　一冊　存四卷(論語一至四)

410000－5218－0000047　153
全本禮記體註十卷　(清)范翔原定　(清)徐瑄補輯　清道光刻本　一冊　存一卷(七)

410000－5218－0000048　1.8
四書旁訓貫解十九卷　(清)朱良玉纂輯　清乾隆四十一年(1776)刻本　四冊

410000－5218－0000049　1.8.5
四書典制類聯三十三卷　(清)閻其淵編輯　清刻本　五冊　存十二卷(十九至三十)

410000－5218－0000050　1.8/2
欽定四書文四十一卷　(清)方苞輯　**羅經頂門針二卷**　(明)徐之鏌撰　清刻本　四冊

410000－5218－0000051　1.4
詩經體注大全合參八卷　(清)高朝瓔纂輯　清道光二十年(1840)刻本　四冊

410000－5218－0000052　4.4
宋丞相文山先生全集二十卷　(宋)文天祥撰　清刻本　七冊　存十三卷(一、六至十一、十四至十五、十七至二十)

410000－5218－0000053　172
左繡三十卷首一卷　(清)馮李驊　(清)陸浩評輯　清刻本　八冊　存十六卷(一至十六)

410000－5218－0000054　41
韓文起十二卷　(清)林雲銘著　清康熙十二年(1673)刻本　八冊

河南省三門峽市陝州區圖書館
古籍普查登記目録

全國古籍普查登記目録

國家圖書館出版社
National Library of China Publishing House

410000－5223－0000001　18/7
論語集注本義匯參二十卷　(清)王步青輯　(清)王士鰲編　清刻本　十一冊　存十九卷(一至五、七至二十)

410000－5223－0000002　11/2
周易本義正解二十二卷首一卷　(清)丁鼎時　(清)吳瑞麟纂輯　清康熙賜書堂刻本　二十四冊

410000－5223－0000003　32/4
讀史兵略續編十卷　(清)胡林翼纂　(清)王兆涵校　清光緒二十八年(1902)湘省學堂刻本　十冊

410000－5223－0000004　392.3/16
呻吟語五卷　(明)呂坤著　清道光七年(1827)開封府署刻本　六冊

410000－5223－0000005　11/6
滋德堂彙纂周易淺解四卷　(清)張步瀛著　清康熙三十年(1691)滋德堂刻本　三冊　存二卷(一至二)

410000－5223－0000006　293.3/4
[同治]昌黎縣志十卷　(清)何崧泰等修　(清)馬恂　(清)何爾泰纂　清同治五年(1866)刻本　四冊

410000－5223－0000007　392.3/12
胡敬齋先生居業錄八卷　(明)胡居仁著　(清)張伯行訂　清康熙四十七年(1708)正誼堂刻本　三冊　存五卷(一至四、八)

410000－5223－0000008　18/58
損齋遺書三十卷　(清)楊樹椿著　(清)楊鳳詔錄　(清)楊玉清編　清光緒二十一年(1895)李氏家塾刻本　六冊

410000－5223－0000009　392.3/11
居業錄四卷　(明)胡居仁著　張諧之校刻　清為己精舍刻本　四冊

410000－5223－0000010　392.3/21
九天開化主宰元皇司錄宏仁文昌帝君陰隲文註案(丹桂籍)四卷　(明)顔正註释　清刻本　四冊

410000－5223－0000011　43/40
古文奇賞二十二卷續古文奇賞三十四卷　(明)陳仁錫選評　清刻本　十六冊　存三十卷(九至十二、十五至二十,續一至十五、二十二至二十六)

410000－5223－0000012　31/98
朱子四書語類五十二卷　(宋)朱熹撰　(清)周在延校　清四留堂刻本　十二冊

410000－5223－0000013　297/2
稽古錄二十卷　(宋)司馬光著　清光緒九年(1883)解梁書院刻本　四冊

410000－5223－0000014　42/223
宋大家蘇文忠公文抄二十八卷　(宋)蘇軾撰　(明)茅坤批評　(明)茅著重訂　清末刻本　八冊

410000－5223－0000015　43/32
斯文精萃不分卷　(清)尹繼善輯　清乾隆二十九年(1764)晉陽書院刻本　十一冊

410000－5223－0000016　43/33
御選唐宋詩醇四十七卷目錄二卷　(清)高宗弘曆選輯　清乾隆十六年(1751)刻本　二十二冊　存四十二卷(一至九、十二至十九、二十三至四十七)

410000－5223－0000017　11/1
御纂周易折中二十二卷首一卷　(清)李光地等撰　清刻本　四冊　存八卷(一至八)

410000－5223－0000018　18/16
四書朱子本義匯參四十三卷首四卷　(清)王步青輯　(清)王士鼇編　(清)王維甸等校　清末刻本　十四冊　存十二卷(孟子一至七、九至十三)

410000－5223－0000019　15/34
評點春秋綱目左傳句解彙雋六卷　(清)韓菼重訂　清忠信堂刻本　五冊　存五卷(一至二、四至六)

410000－5223－0000020　43/34

八家四六文注八卷　(清)孫星衍著　(清)許貞幹注　清光緒十七年(1891)刻本　十六冊

410000-5223-0000021　27/9
王先生十七史蒙求十六卷　(宋)王令撰　清道光二十八年(1848)刻本　四冊

410000-5223-0000022　25/3
涑水記聞十六卷　(宋)司馬光撰　清光緒九年(1883)解梁書院刻本　四冊

410000-5223-0000023　42/195
宋大家歐陽文忠公文抄三十二卷　(宋)歐陽修撰　(明)茅坤批評　(明)吳紹陵重訂　清刻本　十冊　存三十卷(一至三十)

410000-5223-0000024　43/38
憑山閣增輯留青新集三十卷　(清)陳枚選　(清)陳德裕增輯　清刻本　十八冊　存十八卷(一、五至八、十至十三、十六至十八、二十至二十四、三十)

410000-5223-0000025　396/6
道德經註釋四卷　(清)黃裳撰　清光緒十年(1884)合川會善堂刻本　四冊

410000-5223-0000026　42/248
歐陽文忠公五代史抄二十卷　(宋)歐陽修撰　(明)茅坤批評　(明)茅著重訂　清刻本　四冊

410000-5223-0000027　42/245
宋大家王文公文抄十六卷　(宋)王安石撰　(明)茅坤批點　(明)茅著重訂　清刻本　三冊　存十二卷(五至十六)

410000-5223-0000028　37/10
李氏蒙求補注六卷　(清)金三俊輯　清刻本　二冊

410000-5223-0000029　31/50
緇衣集傳四卷　(明)黃道周輯　(清)鄭開極重訂　清刻本　二冊

410000-5223-0000030　25/2
函史上編八十一卷下編二十一卷　(明)鄧元錫著　清刻本　十七冊　存三十一卷(上編二十七至二十九、三十二至三十五、四十三至四十四、四十七至四十八、五十二至五十六、六十至六十一、六十四至六十五、七十一至七十三、七十六至七十八,下編十、十三至十四、十八至十九)

410000-5223-0000031　32/16
武侯全書二十卷　(三國蜀)諸葛亮撰　(明)王士騏輯　(清)吳奎重刊　清刻本　二冊　存六卷(十一至十六)

410000-5223-0000032　15/35
左繡三十卷首一卷　(清)馮李驊　(清)陸浩評輯　(清)范允斌等条評　清刻本　二冊　存三卷(一、九至十)

410000-5223-0000033　44/3
文選考異十卷　(清)胡克家撰　清刻本　二冊

410000-5223-0000034　42/169
元遺山先生全集　(金)元好問撰　清光緒七年(1881)讀書山房刻本　十八冊　存七種五十八卷

410000-5223-0000035　43/35
御製文二集四十四卷目錄二卷　(清)高宗弘曆撰　清刻本　十二冊

410000-5223-0000036　295.1/5
西漢會要七十卷　(宋)徐天麟撰　清光緒十年(1884)江蘇書局刻本　八冊　存六十三卷(一至五十八、六十六至七十)

410000-5223-0000037　43/37
扶輪廣集十四卷　(清)黃傳祖評選　清順治十二年(1655)黃氏儂麟草堂刻本　十一冊　存十三卷(一至五、七至十四)

410000-5223-0000038　0.875
史記論文一百三十卷　(清)吳見思評點　(清)吳興祚条訂　清刻本　十一冊　存六十卷(三十一至五十三、六十至九十六)

410000-5223-0000039　295.1/4
讀禮通考一百二十卷　(清)徐乾學撰　清刻

本　三十二冊　存一百卷(一至六十三、八十四至一百二十)

410000－5223－0000040　27/7
古品節錄六卷　(清)松筠著　清宣統二年(1910)守政書局刻本　六冊

410000－5223－0000041　18/5
增補四書精繡圖像人物備考十二卷　(明)薛應旂輯　(明)陳仁錫增定　(明)陳義錫重校　清乾隆二十一年(1756)文錦堂刻本　八冊

410000－5223－0000042　18/164
增訂龍門四書圖像人物備考十二卷　(明)薛應旂輯　(明)陳仁錫增定　(明)陳義錫等參訂　清康熙五十六年(1717)刻本　六冊

410000－5223－0000043　27/12
姓氏尋源四十五卷　(清)張澍纂　清刻本　十二冊

410000－5223－0000044　262/4
歷代名臣奏議三百五十卷　(明)黄淮　(明)楊士奇輯　清末刻本　十六冊　存六十八卷(二十九至三十五、四十四至四十七、五十五至六十、一百二十五至一百二十六、一百七十至一百七十三、一百九十二至一百九十五、二百至二百八、二百二十三至二百三十、二百三十五至二百三十八、二百六十八至二百七十三、二百九十二至二百九十四、三百五至三百十五)

410000－5223－0000045　43/42
庚辰集五卷　(清)紀昀編　清刻本　五冊

410000－5223－0000046　21/1
史記一百三十卷　(漢)司馬遷撰　(南朝宋)裴駰集解　**索隱二卷**　(唐)司馬貞撰　清光緒四年(1878)金陵書局刻二十四史本　十三冊　存九十九卷(一至六十八、八十至九十一、一百十二至一百三十)

410000－5223－0000047　21/2
史記一百三十卷　(漢)司馬遷撰　(南朝宋)裴駰集解　(唐)司馬貞索隱　(唐)張守節正義　(明)徐孚遠　(明)陳子龍測議　清刻本　六冊　存三十卷(一百一至一百三十)

410000－5223－0000048　143/7
禮記十卷　(元)陳澔集說　清刻本　九冊　存九卷(二至十)

410000－5223－0000049　42/244
河東先生全集錄六卷　(唐)柳宗元撰　(清)儲欣錄　清康熙刻本　四冊　存四卷(一至二、五至六)

410000－5223－0000050　372/1
管窺輯要八十卷　(清)黄鼎纂輯　清刻本　十七冊　存十七卷(一至四、十至十一、十三至十四、二十三、二十六、四十一、四十四、四十六至四十七、五十二、六十四、六十六)

410000－5223－0000051　43/43
無逸集六卷　(清)靳之隆著　清刻本　四冊

410000－5223－0000052　295.3/1
經濟類考二卷　(清)顧九錫著　清慶槐堂刻本　四冊

410000－5223－0000053　296/3
通鑑綱目前編二十五卷　(明)南軒撰　(明)陳仁錫評閱　**資治通鑑綱目五十九卷**　(宋)朱熹撰　(明)陳仁錫評閱　清刻本　十一冊　存十卷(二十四至二十五、三十三、三十七、三十九、四十三至四十五、五十二、五十九)

410000－5223－0000054　35/7
刪註脈訣規正二卷　(清)沈鏡刪註　清光緒二十年(1894)歲益無書局刻本　二冊

410000－5223－0000055　392.5/6
經餘必讀續編八卷　(清)雷琳等輯　清嘉慶十一年(1806)大德堂刻本　四冊

410000－5223－0000056　42/225
孟雲浦先生集八卷附錄一卷　(明)孟化鯉撰　清刻本　四冊

410000－5223－0000057　142/8
朱子家禮八卷附錄一卷　(明)丘濬輯　(明)楊廷筠補　(清)施璜糸　清刻本　一冊　存二卷(一至二)

410000－5223－0000058　18/6
論語集註本義匯參二十卷首一卷　(清)王步青輯　(清)王士鼇編　清刻本　五冊　存九卷(一、七至八、十四至十六、十八至二十)

410000－5223－0000059　143/5
禮記十卷　(元)陳澔集說　清刻本　十冊

410000－5223－0000060　31/8
朱子家訓衍義八卷　(清)趙繊衍義　清抄本　二冊

410000－5223－0000061　192.1/3
爾雅注疏十一卷　(晉)郭璞注　(宋)邢昺疏　清嘉慶七年(1802)刻本　六冊

410000－5223－0000062　142/9
朱子家禮十卷　(明)丘濬輯　(明)楊廷筠補　(清)施璜參　清刻本　六冊

410000－5223－0000063　5.1/1
新增說文韻府羣玉二十卷　(元)陰時夫輯　(元)陰中夫註　(明)王元貞校　清刻本　五冊　存五卷(一、四、十五、十八、二十)

410000－5223－0000064　15/11
同文春秋三十卷　(宋)胡安國傳　清光德堂刻本　六冊　存十八卷(一至十五、二十四至二十六)

410000－5223－0000065　31/10
宋四子抄釋二十一卷　(明)吕柟著　(清)李錫齡校刊　清刻本　七冊

410000－5223－0000066　43/47
四賦體裁箋注十二卷　(清)盧文弨輯　(清)何秀毓　(清)王鴻緒箋注　清刻本　七冊

410000－5223－0000067　31/15
雙節堂庸訓六卷　(清)汪輝祖纂　清刻本　一冊　存一卷(一)

410000－5223－0000068　31/16
訓子語一卷　(清)高梅閣著　清刻本　一冊

410000－5223－0000069　31/14
初學行文語類四卷　(清)孫埏編輯　清刻本　一冊　存一卷(一)

410000－5223－0000070　30/9
廣事類賦四十卷　(清)華希閔著　(清)鄒兆升參　清刻本　十冊

410000－5223－0000071　30/16
廣事類賦四十卷　(清)華希閔著　(清)鄒兆升參　清刻本　十一冊　存三十五卷(一至三十二、三十八至四十)

410000－5223－0000072　30/6
重訂事類賦三十卷　(宋)吳淑撰　(明)華麟祥校刊　清嘉慶六年(1801)刻本　五冊　存二十五卷(一至五、十一至三十)

410000－5223－0000073　391/2
增廣事類賦三十卷　(宋)吳淑撰　(明)華麟祥校刊　清同治劍光閣刻本　六冊

410000－5223－0000074　392.3/18
人生必讀書十二卷　(清)唐彪撰錄　清刻本　四冊

410000－5223－0000075　43/134
塾課小題正鵠初集不分卷二集二卷三集三卷　(清)李元度編輯　(清)李元吉等校　**訓蒙草詳註一卷**　(清)路德撰　(清)李元度注　清光緒八年(1882)宏道堂刻本　六冊

410000－5223－0000076　43/44
重訂唐詩別裁集二十卷　(清)沈德潛選　清刻本　三冊　存六卷(一至四、七至八)

410000－5223－0000077　392.2/5
五子近思錄發明十四卷首一卷　(清)施璜纂註　清刻本　二冊　存三卷(七至九)

410000－5223－0000078　18/8
中庸章句本義匯參六卷首一卷　(清)王步青輯　(清)王士鼇編　清刻本　四冊　存六卷(一至六)

410000－5223－0000079　18/3
大學章句本義匯參三卷首一卷　(清)王步青輯　(清)王士鼇編　清刻本　三冊　存三卷(一至三)

410000－5223－0000080　18/22

女四書註釋四卷 (清)王相箋註 (清)鄭漢校梓 清刻本 四冊

410000－5223－0000081 15/8
春秋左傳三十卷 (晉)杜預注 (宋)林堯叟附註 (唐)陸德明音釋 (清)馮李驊增訂 清刻本 十四冊 存二十七卷(二至五、八至三十)

410000－5223－0000082 15/13
增補左傳易讀六卷 (清)司徒修輯 清刻本 六冊

410000－5223－0000083 13/5
詩經體註大全合參八卷 (清)沈世楷輯 (清)高朝瓔定 清末寶慶順記局刻本 四冊

410000－5223－0000084 13/10
詩經體註大全合參八卷 (清)沈世楷輯 (清)高朝瓔定 清末刻本 四冊

410000－5223－0000085 13/11
詩經體註大全合參八卷 (清)沈世楷輯 (清)高朝瓔定 清末刻本 三冊 存七卷(一至四、六至八)

410000－5223－0000086 13/12
詩經體註大全合參八卷 (清)沈世楷輯 (清)高朝瓔定 清末刻本 三冊 存七卷(一至四、六至八)

410000－5223－0000087 13/13
詩經體註大全合參八卷 (清)沈世楷輯 (清)高朝瓔定 清末刻本 三冊 存六卷(三至八)

410000－5223－0000088 13/14
詩經體註大全合參八卷 (清)沈世楷輯 (清)范翔定 (清)高朝瓔衆 清末刻本 一冊 存二卷(三至四)

410000－5223－0000089 296/2
尺木堂綱鑑易知錄九十二卷明鑑易知錄十五卷 (清)吳乘權等輯 清光緒二十七年(1901)刻本 九冊 存六十卷(綱鑑易知錄一至四、十二至十八、二十六至三十九、六十至七十三、八十一至九十二,明鑑易知錄七至十五)

410000－5223－0000090 296/4
尺木堂綱鑑易知錄九十二卷明鑑易知錄十五卷 (清)吳乘權等輯 清光緒二十七年(1901)刻本 二冊 存十一卷(綱鑑易知錄一至四、六至十二)

410000－5223－0000091 296/5
尺木堂綱鑑易知錄九十二卷明鑑易知錄十五卷 (清)吳乘權等輯 清末刻本 五冊 存三十三卷(綱鑑易知錄四十至四十六、五十四至七十三、八十一至八十六)

410000－5223－0000092 43/49
唐人試律說一卷 (清)紀昀編 清刻本 一冊

410000－5223－0000093 43/52
賦學指南二集六卷 (清)余丙照編 清同治六年(1867)刻本 一冊 存一卷(一)

410000－5223－0000094 296/6
尺木堂綱鑑易知錄九十二卷明鑑易知錄十五卷 (清)吳乘權等輯 清末刻本 一冊 存八卷(明鑑易知錄八至十五)

410000－5223－0000095 296/7
尺木堂綱鑑易知錄九十二卷明鑑易知錄十五卷 (清)吳乘權等輯 清末刻本 一冊 存四卷(八十九至九十二)

410000－5223－0000096 296/8
尺木堂綱鑑易知錄九十二卷明鑑易知錄十五卷 (清)吳乘權等輯 清末刻本 一冊 存二卷(綱鑑易知錄二至三)

410000－5223－0000097 30/17
廣事類賦四十卷 (清)華希閔著 (清)鄒兆升衆 清刻本 一冊 存四卷(四至七)

410000－5223－0000098 43/53
本朝試賦新硎五卷首一卷補編一卷失編一卷 (清)陸貽穀等輯評 清末刻本 四冊 存四卷(一至四)

410000－5223－0000099　30/3

增補事類統編九十三卷　(清)黄葆真撰　清光緒十二年(1886)上海同文書局石印本　十册　缺十卷(十八至二十七)

410000－5223－0000100　295.3/8

中西掌故新論二卷　題(清)杞憂生著　清光緒二十四年(1898)上海時務書局刻本　四册

410000－5223－0000101　18/18

四書讀註提耳十九卷　(清)耿埰著　清刻本　五册　存四卷(下孟一至四)

410000－5223－0000102　42/423

顔魯公文集十五卷　(唐)顔眞卿撰　清宣統二年(1910)守政書局刻本　四册

410000－5223－0000103　192.1/7

彙苑詳註三十六卷　(明)王世貞撰　(明)鄒善長(道元)重訂　明萬曆三年(1575)刻本　九册　存十三卷(六、十三至十四、十九、二十三至二十五、三十一至三十六)

410000－5223－0000104　392.5/8

兩山墨譚十八卷　(明)陳霆撰　清道光十九年(1839)刻惜陰軒叢書本　三册　缺四卷(十五至十六、十七至十八)

410000－5223－0000105　42/88

鐵崖先生古樂府十六卷　(元)楊維楨撰　清宣統刻本　一册　缺五卷(一至五)

410000－5223－0000106　18/41

論語注疏解經二十卷　(三國魏)何晏集解　(宋)邢昺疏　**校勘記二十卷**　(清)阮元撰　(清)盧宣旬摘錄　清光緒十八年(1892)湖南寶慶務本書局刻宋本十三經注疏附校勘記本　三册　存十四卷(論語注疏解經一至十四)

410000－5223－0000107　21/34

明史三百三十二卷　(清)張廷玉等撰　清商務印書館刻本　二册　存九卷(二百十五至二百十九、三百至三百三)

410000－5223－0000108　42/40

晦庵先生朱文公文集一百卷續集十一卷別集十卷　(宋)朱熹撰　清光緒二年(1876)刻本　二册　存五卷(一至三、五十六至五十七)

410000－5223－0000109　192.2/5

玉麟字彙十二卷首一卷末一卷　(明)梅膺祚撰　清古吳三樂齋刻本　十册　缺四卷(丑、寅、午、酉)

410000－5223－0000110　192.3/6

詩韻集成十卷　(清)余照輯　清咸豐元年(1851)聚文堂刻本　二册

410000－5223－0000111　192.3/11

詩韻集成十卷　(清)余照輯　清同治八年(1869)文誠堂刻本　一册　存四卷(一至四)

410000－5223－0000112　192.3/12

詩韻集成十卷　(清)余照輯　清道光二十年(1840)萬元堂刻本　一册　存四卷(一至四)

410000－5223－0000113　27/11

關學編五卷首一卷　(明)馮從吾撰　(清)李元春訂　清刻本　四册

410000－5223－0000114　18/59

四書人物備考十二卷　(明)薛應旂輯　(明)陳仁錫增定　清刻本　一册　存一卷(十)

410000－5223－0000115　143/12

禮記十卷　(元)陳澔集說　清刻本　一册　存一卷(二)

410000－5223－0000116　43/29

古文辭類纂七十五卷附錄一卷　(清)姚鼐纂　**校勘記一卷**　(清)李承淵撰　清光緒三十三年(1907)刻本　二册　存二十卷(八至十六、二十四至三十四)

410000－5223－0000117　43/136

古文辭類纂七十五卷附錄一卷　(清)姚鼐纂　**校勘記一卷**　(清)李承淵撰　清光緒三十三年(1907)商務印書館刻本　六册　存五十五卷(一至十、三十一至七十五)

410000－5223－0000118　43/28

古文辭類纂七十五卷附錄一卷　(清)姚鼐纂　**校勘記一卷**　(清)李承淵撰　清光緒三十

三年(1907)商務印書館刻本　一册　存十卷(三十一至四十)

410000－5223－0000119　42/284
東坡先生全集録九卷　(宋)蘇軾撰　(清)儲欣選　清居易堂刻本　二册　存五卷(一至五)

410000－5223－0000120　18/160
孟子集註本義滙參十四卷首一卷　(清)王步青輯　清乾隆十年(1745)敦復堂刻本　七册　存七卷(一至六、八)

410000－5223－0000121　42/193
香山詩鈔二十卷　(唐)白居易著　(清)楊大鶴選　清刻本　六册

410000－5223－0000122　18/9
吕晚邨先生四書講義四十三卷　(清)陳鏦編次　清刻本　十二册

410000－5223－0000123　18/23
吕晚邨先生四書講義四十三卷　(清)陳鏦編次　清刻本　八册　存二十九卷(四至二十一、二十六至三十六)

410000－5223－0000124　43/25
賦學指南十六卷　(清)余丙照輯　清同治六年(1867)刻本　三册　存十卷(一至十)

410000－5223－0000125　42/234
昌黎先生全集録八卷　(唐)韓愈撰　(清)儲欣録　清康熙居易堂刻本　四册　存五卷(一至三、六至七)

410000－5223－0000126　31/12
御纂朱子全書六十六卷　(宋)朱熹撰　(清)李光地等輯　清康熙五十三年(1714)淵鑒齋刻本　四册　存十三卷(二十六至二十九、三十三至三十八、四十二至四十四)

410000－5223－0000127　30/8
淵鑑類函四百五十卷　(清)張英等纂　清康熙四十九年(1710)刻本　十七册　存三十四卷(五十二、三百十三至三百三十九、三百四十七至三百五十二)

410000－5223－0000128　27/6
國朝名公翰藻五十二卷　(明)淩迪知選　清刻本　八册　存九卷(一至二、七、十五、十七、二十二、三十三至三十五)

410000－5223－0000129　43/24
賦學指南二集六卷　(清)余丙照輯　清同治七年(1868)刻本　一册

410000－5223－0000130　293.6/1
山志六卷二集六卷　(清)王弘撰著　清刻本　五册　存十卷(山志六卷、二集一至四)

410000－5223－0000131　18/68
新訂四書補註備旨十卷　(明)鄧林撰　清宣統鉛印本　五册　存五卷(論語一、孟子一至四)

410000－5223－0000132　28/1
廿一史約編八卷首一卷　(清)鄭元慶述　清刻本　七册　缺一卷(木)

410000－5223－0000133　18/69
新訂四書補註備旨十卷　(明)鄧林撰　清同治十一年(1872)文源堂石印本　四册　存七卷(大學一卷、中庸一卷、論語四卷、孟子一)

410000－5223－0000134　18/70
新訂四書補註備旨十卷　(明)鄧林撰　清宣統宏道堂刻本　四册　存八卷(大學一卷、中庸一卷、論語四卷、孟子一至二)

410000－5223－0000135　18/71
新訂四書補註備旨十卷　(明)鄧林撰　清宣統文誠堂刻本　四册　存七卷(大學一卷、中庸一卷、論語一至二、孟子一至三)

410000－5223－0000136　294.1/1
周官精義十二卷　(清)連斗山編　清乾隆四十一年(1776)刻本　六册　存十卷(一至二、五至十二)

410000－5223－0000137　42/249
楊忠愍公全集四卷　(明)楊繼盛撰　(清)毛大可鑒定　清康熙三十三年(1694)刻本　二册

410000－5223－0000138　392.2/3

鄉黨圖考十卷　(清)江永著　清康熙二十一年(1682)刻本　四册　存五卷(一至二、四、九至十)

410000－5223－0000139　12/10

尚書離句六卷　(清)錢在培輯解　清刻本　二册

410000－5223－0000140　18/42

二論講義養正編十卷　(清)史廷煇輯　清乾隆二十九年(1764)刻本　二册　存八卷(一至五、八至十)

410000－5223－0000141　18/31

大學中庸引端增補燕說二卷　(清)劉忠輯　清刻本　一册

410000－5223－0000142　18/78

大學中庸引端增補燕說二卷　(清)劉忠輯　清刻本　一册

410000－5223－0000143　18/80

孟子講義十二卷　(清)史廷煇輯　清刻本　一册　存一卷(十)

410000－5223－0000144　18/79

大學中庸引端增補燕說二卷　(清)劉忠輯　清刻本　一册

410000－5223－0000145　18/27

孟子講義十二卷　(清)史廷煇輯　清刻本　二册　存二卷(一、十二)

410000－5223－0000146　31/6

朱子語類一百四十卷　(宋)黎靖德編　清光緒刻本　四册　存十卷(四至六、十四至十八、六十六至六十七)

410000－5223－0000147　18/81

孟子講義十二卷　(清)史廷煇輯　清刻本　三册　存三卷(三、八、十)

410000－5223－0000148　43/46

鐵網珊瑚課藝初集一卷二集一卷三集一卷　(清)朱鴻儒著　清咸豐十年(1860)刻本　三册　存二卷(二集一卷、三集一卷)

410000－5223－0000149　43/26

鐵網珊瑚課藝初集一卷二集一卷三集一卷　(清)朱鴻儒著　清同治七年(1868)刻本　一册　存一卷(三集一卷)

410000－5223－0000150　43/36

同館賦鈔二集□卷　(清)邱家煒等輯　清刻本　四册　存三卷(一至三)

410000－5223－0000151　11/15

易經體註大全合糸四卷　(清)來爾繩纂輯　清刻本　一册　存一卷(二)

410000－5223－0000152　11/16

易經體註大全合糸四卷　(清)來爾繩輯著　清刻本　一册　存一卷(三)

410000－5223－0000153　11/17

易經大全會解四卷　(清)來爾繩纂輯　清崇道堂刻本　一册　存一卷(二)

410000－5223－0000154　11/18

易經大全會解四卷　(清)來爾繩纂輯　清刻本　二册　存一卷(三)

410000－5223－0000155　11/19

易經體註大全會解四卷　(清)來爾繩纂輯　清刻本　二册　存一卷(三)

410000－5223－0000156　11/20

易經大全會解四卷　(清)來爾繩纂輯　清崇道堂刻本　二册　存一卷(二)

410000－5223－0000157　392.3/46

讀書續錄十二卷　(明)薛瑄撰　清刻本　四册

410000－5223－0000158　296/12

尺木堂綱鑑易知錄九十二卷明鑑易知錄十五卷　(清)吳乘權等輯　清刻本　三册　存七卷(五十九至六十三、六十六至六十七)

410000－5223－0000159　296/13

尺木堂綱鑑易知錄九十二卷明鑑易知錄十五卷　(清)吳乘權等輯　清刻本　一册　存二卷(六十九至七十)

410000－5223－0000160　296/14

綱鑑易知錄九十二卷明鑑易知錄十五卷 (清)吳乘權等輯　清刻本　二册　存四卷(三十四至三十七)

410000－5223－0000161　10/6
策學總纂大成四十六卷 (清)蔡壽祺輯　清光緒三年(1877)刻本　八册　存十九卷(一至十九)

410000－5223－0000162　142/4
儀禮經傳通解三十七卷 (宋)朱熹撰　**續二十九卷** (宋)黄榦撰　清光緒刻本　三册　存九卷(一至三、二十至二十一、二十三至二十六)

410000－5223－0000163　143/6
禮記十卷 (元)陳澔集說　清刻本　四册　存四卷(二至五)

410000－5223－0000164　18/26
潄芳軒合纂四書體註十九卷 (清)范翔參訂　清刻本　二册　存七卷(四至十)

410000－5223－0000165　18/35
大學中庸講義四卷 (清)史廷煇輯　清道光十年(1830)刻本　四册

410000－5223－0000166　18/99
大學中庸講義四卷 (清)史廷煇輯　清道光十年(1830)刻本　一册　存一卷(四)

410000－5223－0000167　392.1/9
呂氏春秋二十六卷 (漢)高誘注　清光緒二十三年(1897)文瑞樓刻本　四册

410000－5223－0000168　392.1/10
晏子春秋七卷 (春秋)晏嬰撰　**音義二卷** (清)孫星衍撰　**校勘記二卷** (清)黄以周撰　清光緒二十三年(1897)文瑞樓刻本　一册

410000－5223－0000169　31/95
孔子集語十七卷 (清)孫星衍輯　清光緒二十三年(1897)文瑞樓刻本　二册

410000－5223－0000170　43/58
詩法入門四卷 (清)游藝輯　清刻本　三册

410000－5223－0000171　31/43
性理大全會通七十卷 (明)鍾人傑輯　清刻本　二册　存二卷(一、十一)

410000－5223－0000172　42/261
樫華館詩集四卷 (清)路德著　清末刻本　二册

410000－5223－0000173　392.3/19
勸忍百箴考註四卷 (明)釋覺澂撰　清刻本　一册　存二卷(一至二)

410000－5223－0000174　262/6
去僞齋集十卷 (明)呂坤著　清刻本　二册　存二卷(一至二)

410000－5223－0000175　31/45
性理體註訓解標題八卷 (清)張道升　(清)仇廷桂纂輯　清乾隆元年(1736)集錦堂刻本　四册

410000－5223－0000176　31/55
正蒙集註十七卷 (宋)張載著　(明)高攀龍註　清刻本　二册　存八卷(一至八)

410000－5223－0000177　18/11
新鐫四書釋義旁訓十九卷 (清)李岱雲(沛霖)參訂　清乾隆五十七年(1792)崇文堂刻本　四册　存十四卷(大學一卷、中庸一卷、論語一至九、孟子一至三)

410000－5223－0000178　10/8
全謝山先生經史問答十卷 (清)全祖望撰　清末刻本　四册

410000－5223－0000179　192.3/4
音韻貫珠八卷 (清)賈椿齡編　清刻本　三册

410000－5223－0000180　393/4
經濟類編一百卷 (明)馮琦纂　清末刻本　三册　存三卷(三十至三十二)

410000－5223－0000181　42/262
老泉先生全集錄五卷 (宋)蘇洵撰　(清)儲欣選　清末刻本　二册

410000－5223－0000182　392.3/17
續心影集四卷 (清)李士麟編輯　清光緒二

年(1876)蘭州郡署刻本　四冊

410000－5223－0000183　296.2/1
山谷題跋九卷　(宋)黄庭堅著　清同治十一年(1872)刻本　三冊　存三卷(一至三)

410000－5223－0000184　32/11
時事新編初集六卷　(清)陳耀卿輯　清光緒二十一年(1895)鉛印本　四冊　存四卷(一至二、五至六)

410000－5223－0000185　10/3
皇清經解續編一千四百三十卷　王先謙輯　清光緒十四年(1888)南菁書院刻本　二冊　存七卷(一千三百四十一至一千三百四十四、一千四百二十五至一千四百二十七)

410000－5223－0000186　18/33
二論詳解四卷　(清)劉忠輯　清末刻本　一冊　存二卷(三至四)

410000－5223－0000187　18/102
二論詳解四卷　(清)劉忠輯　清末刻本　一冊　存二卷(三至四)

410000－5223－0000188　18/103
二論詳解四卷　(清)劉忠輯　清末刻本　一冊　存一卷(三)

410000－5223－0000189　18/104
增訂二論詳解四卷　(清)劉忠輯　清末石印本　二冊　存二卷(三至四)

410000－5223－0000190　18/105
二論詳解四卷　(清)劉忠輯　清末刻本　一冊　存二卷(三至四)

410000－5223－0000191　18/106
增訂二論詳解四卷　(清)劉忠輯　清末刻本　一冊　存一卷(四)

410000－5223－0000192　18/107
增訂二論詳解四卷　(清)劉忠輯　清末天寶書局石印本　四冊

410000－5223－0000193　18/108
增訂二論詳解四卷　(清)劉忠輯　清宣統元年(1909)上海鍊石齋書局石印本　四冊

410000－5223－0000194　18/109
增訂二論詳解四卷　(清)劉忠輯　清末石印本　三冊　存三卷(二至四)

410000－5223－0000195　18/111
增訂二論詳解四卷　(清)劉忠輯　清末刻本　二冊　存二卷(三至四)

410000－5223－0000196　43/68
新鐫五言千家詩箋註二卷　(清)王相選註　清道光十年(1830)崇文堂刻本　一冊　存一卷(下)

410000－5223－0000197　43/85
新鐫五言千家詩箋註二卷　(清)王相選註　清道光十年(1830)崇文堂刻本　一冊　存一卷(下)

410000－5223－0000198　142/5
儀禮經傳通解續二十九卷　(宋)黄榦撰　清光緒刻本　三冊　存六卷(六至七、十一至十四)

410000－5223－0000199　143/9
禮記旁訓辨體合訂六卷　(清)徐立綱輯　清末刻本　二冊　存二卷(二、四)

410000－5223－0000200　43/56
關中書院課士詩不分卷　(清)吳錫岱等輯　清道光二十三年(1843)刻本　一冊

410000－5223－0000201　18/29
孟子字義疏證三卷　(清)戴震撰　清末刻本　二冊

410000－5223－0000202　12/14
書經體註六卷　(宋)蔡沈集傳　清刻本　三冊　存三卷(三至五)

410000－5223－0000203　295.1/1
通志二百卷　(宋)鄭樵撰　清乾隆十二年(1747)刻本　二冊　存四卷(二十五至二十七、一百二)

410000－5223－0000204　42/233
胡文忠公遺集八十六卷　(清)胡林翼撰　(清)曾國荃輯　清末刻本　四冊　存十一卷

（七十三至七十八、八十二至八十六）

410000－5223－0000205　392.3/24
傳家寶三集八卷　（清）石成金撰　清末刻本　五册　存五卷（一、三至四、六至七）

410000－5223－0000206　18/163
四書人物類典串珠四十卷　（清）臧志仁編輯　清刻本　二册　存六卷（一至三、十九至二十一）

410000－5223－0000207　43/88
古文喈鳳新編八卷　（清）汪基鈔輯　清末大盛堂刻本　三册　存三卷（四至五、八）

410000－5223－0000208　43/89
古文喈鳳新編八卷　（清）汪基鈔輯　清末刻本　一册　存二卷（三至四）

410000－5223－0000209　43/90
古文喈鳳新編八卷　（清）汪基鈔輯　清末刻本　一册　存一卷（四）

410000－5223－0000210　18/39
集虚齋四書□義十卷　（清）方楘如著　清末刻本　二册　存二卷（九至十）

410000－5223－0000211　18/32
四書大全摘要二十卷　（清）李武纂輯　清末刻本　二册　存二卷（中庸一、下論一）

410000－5223－0000212　31/19
小學集註六卷　（清）高愈纂註　清刻本　一册　存二卷（一至二）

410000－5223－0000213　31/70
小學集註六卷　（清）高愈纂註　清刻本　一册　存一卷（六）

410000－5223－0000214　42/127
後村先生大全集一百九十六卷　（宋）劉克莊撰　清抄本　二册　存七卷（五十至五十二、一百六十九至一百七十二）

410000－5223－0000215　30/14
權衡一書四十一卷　（清）王植輯　清宣統刻本　二册　存三卷（二十一至二十二、三十一）

410000－5223－0000216　21/6
魏書一百十四卷　（北齊）魏收撰　清同治十一年（1872）金陵書局刻本　一册　存六卷（六至十一）

410000－5223－0000217　262/7
曾文正公全集奏稿三十六卷　（清）曾國藩撰　清咸豐十年（1860）刻本　一册　存十二卷（十二至二十三）

410000－5223－0000218　192.3/7
詩韻含英十八卷　（清）劉文蔚輯　清末刻本　二册　存七卷（六至十二）

410000－5223－0000219　192.3/13
詩學含英十四卷　（清）劉文蔚輯　清末刻本　一册　存五卷（六至十）

410000－5223－0000220　15/10
重訂春秋左傳句解六卷　（清）韓菼重訂　清樹本堂刻本　二册　存二卷（一至二）

410000－5223－0000221　42/146
漁洋山人精華録訓纂十卷　（清）王士禛撰　（清）惠棟訓纂　清紅豆齋刻本　一册　存一卷（一下）

410000－5223－0000222　44/9
古文釋義新編八卷　（清）余誠評註　清四知堂刻本　二册　存二卷（七至八）

410000－5223－0000223　44/7
河間註釋試律矩四卷　（清）紀昀著　清刻本　二册　存二卷（三至四）

410000－5223－0000224　293.3/12
［順治］洛陽縣誌十二卷首一卷　（清）武攀龍等纂修　清刻本　二册　存七卷（一至二、五至八，首一卷）

410000－5223－0000225　44/10
立雪軒古文集解八卷　（清）程潤德評註　清立雪軒刻本　二册　存二卷（五至六）

410000－5223－0000226　43/51
杜詩詳註二十五卷　（唐）杜甫撰　（清）仇兆鰲輯註　清刻本　一册　存二卷（七至八）

410000－5223－0000227　32/7
明季北畧二十四卷　（清）計六奇編輯　清刻本　一冊　存二卷（十二至十三）

410000－5223－0000228　36/3
天文揭要二卷　（美國）赫士口譯　（清）周文源筆述　清宣統刻本　一冊　存一卷（上）

410000－5223－0000229　31/44
性理大全書七十卷　（明）胡廣等撰　清刻本　一冊　存五卷（二十九至三十三）

410000－5223－0000230　32/13
大學衍義補一百六十卷　（明）丘濬撰　清刻本　二冊　存十卷（一百五十一至一百六十）

410000－5223－0000231　31/64
鄉黨圖考十卷　（清）江永撰　清刻本　一冊　存一卷（三）

410000－5223－0000232　36/4
御製曆象考成後編十卷　（清）顧琮等輯　清刻本　一冊　存一卷（十）

410000－5223－0000233　32/15
熊襄愍公集十卷首一卷末一卷　（明）熊廷弼撰　清刻本　一冊　存一卷（三）

410000－5223－0000234　396/13
南華經解三十三卷　（清）宣穎撰　清刻本　一冊　存四卷（四至七）

410000－5223－0000235　35/12
御纂醫宗金鑑九十卷首一卷　（清）吳謙等輯　清刻本　一冊　存二卷（二至三）

410000－5223－0000236　42/265
楊椒山先生集四卷　（明）楊繼盛著　清刻本　一冊　存二卷（三至四）

410000－5223－0000237　297/4
宋論十五卷　（清）王夫之撰　清刻本　一冊　存三卷（四至六）

410000－5223－0000238　44/8
古文析義十六卷　（清）林雲銘評註　清刻本　一冊　存二卷（三至四）

410000－5223－0000239　43/48
續古文辭類纂二十八卷　（清）黎庶昌編　清光緒十六年（1890）金陵書局刻本　一冊　存三卷（一至三）

410000－5223－0000240　31/60
四種遺規摘抄　（清）陳弘謀編　（清）汪廷珍摘抄　清嘉慶十九年（1814）刻本　一冊　存一種一卷

410000－5223－0000241　43/73
賦學指南十六卷　（清）余丙照編　清末刻本　二冊　存五卷（二至六）

410000－5223－0000242　31/61
養正俚吟七種　（清）薛仁齋撰　清光緒刻本　一冊

410000－5223－0000243　31/62
國朝柔遠記二十卷　（清）彭玉麟定　（清）王之春撰　清光緒十一年（1885）粵東海墨樓石印本　一冊　存一卷（十九）

410000－5223－0000244　11/14
伊川經說八卷　（宋）程頤撰　清刻本　一冊

410000－5223－0000245　34/2
晉郭弘農集二卷　（晉）郭璞著　（明）張溥閱　清末刻本　一冊　存一卷（二）

410000－5223－0000246　31/58
呂子寶政錄明職四篇一卷　（明）呂坤著　清光緒十九年（1893）刻本　一冊

410000－5223－0000247　31/30
三字經註解備要二卷　（宋）王應麟著　清刻本　一冊　存一卷（下）

410000－5223－0000248　391.3/1
見物五卷　（明）李蘇撰　（清）李錫齡校訂　清刻惜陰軒叢書本　一冊　存二卷（一至二）

410000－5223－0000249　42/267
明道先生文集五卷　（宋）程顥撰　清刻本　一冊

410000－5223－0000250　16/3
弟子規一卷　（清）李子潛著　清刻本　一冊

410000－5223－0000251　20/4
重訂王鳳洲先生綱鑑會纂四十六卷　(明)王世貞纂　清石印本　一册　存二卷(三十至三十一)

410000－5223－0000252　43/67
瀛海探驪集八卷　(清)朱埏之輯　清刻本　一册　存四卷(五至八)

410000－5223－0000253　42/226
雲浦孟先生語錄一卷　(明)王以悟輯　清宣統刻本　一册

410000－5223－0000254　295.3/6
商務官報辛亥年第十三期　(清)商務官報社編　清宣統三年(1911)刻本　一册

410000－5223－0000255　43/77
漁洋山人精華錄箋註十二卷　(清)王士禛撰　(清)金榮箋註　清刻本　一册　存一卷(六)

410000－5223－0000256　43/79
唐詩直解七卷　(明)李攀龍原選　(清)葉羲昂直解　(明)詹廷對校閲　清刻本　一册　存二卷(五至六)

410000－5223－0000257　42/422
明道先生文集五卷　(宋)程顥撰　**伊川先生文集八卷**　(宋)程頤撰　清刻本　一册　存八卷(明道先生文集五卷、伊川先生文集一至三)

410000－5223－0000258　42/264
伊川先生文集八卷　(宋)程頤撰　清刻本　二册

410000－5223－0000259　31/72
了凡四訓一卷　(明)袁黄撰　清光緒二十七年(1901)進修堂刻本　一册

410000－5223－0000260　293.3/14
[乾隆]重修直隸陝州志二十卷首一卷　(清)龔崧林修　(清)楊建章纂　清刻本　四册　存八卷(三至八、十八、二十)

410000－5223－0000261　15/16
春秋三十卷　(宋)胡安國傳　清刻本　一册　存四卷(十六至十九)

410000－5223－0000262　293.3/15
[乾隆]重修直隸陝州志二十卷首一卷　(清)龔崧林修　(清)楊建章纂　清刻本　二册　存三卷(九至十一)

410000－5223－0000263　293.3/16
[乾隆]重修直隸陝州志二十卷首一卷　(清)龔崧林修　(清)楊建章纂　清刻本　一册　存三卷(十二至十四)

410000－5223－0000264　31/57
大意尊聞一卷　(清)方東樹著　清光緒元年(1875)刻本　一册

410000－5223－0000265　13/7
詩經八卷　(宋)朱熹集傳　清永安堂刻本　一册　存三卷(六至八)

410000－5223－0000266　18/24
四書述要六卷　(宋)朱熹集註　清刻本　一册　存三卷(孟子一至三)

410000－5223－0000267　18/10
四書答問□□卷　(清)衛蒿撰　清刻本　一册　存一卷(四十九)

410000－5223－0000268　35/11
推拿廣意三卷　(清)陳世凱重訂　(清)熊應雄纂輯　清刻本　一册

410000－5223－0000269　142/6
朱子儀禮經傳通解六十九卷　(宋)朱熹撰　清刻本　一册　存二卷(三十一至三十二)

410000－5223－0000270　392.2/4
近思錄十四卷　(宋)朱熹編　清同治三年(1864)刻本　一册　存五卷(一至五)

410000－5223－0000271　15/18
春秋經傳集解三十卷　(晉)杜預撰　(宋)林堯叟註　(唐)陸德明音釋　清華川書屋刻本　一册　存二卷(九至十)

410000－5223－0000272　141/5
周禮政要四卷　(清)孫詒讓著　清東鹿戴詠

古齋刻本　一册　存二卷(三至四)

410000－5223－0000273　12/3
尚書古文辨惑二十二卷目録二卷　張諧之撰　清光緒三十年(1904)為己精舍刻本　一册　存一卷(二)

410000－5223－0000274　392.3/28
教諭語不分卷　(清)謝金鑾撰　清刻本　一册

410000－5223－0000275　396/14
莊子獨見三十三卷　(戰國)莊周撰　(清)胡文英評釋　清刻本　一册　存七卷(一至七)

410000－5223－0000276　392.2/1
日知錄二十一卷　(清)顧炎武撰　清刻本　一册　存二卷(一至二)

410000－5223－0000277　192.2/6
字學舉隅不分卷　(清)龍啟瑞撰　清光緒十年(1884)許昌文成堂刻本　一册

410000－5223－0000278　42/272
庾度支集一卷　(南朝梁)庾肩吾著　(明)張溥閱　清刻本　一册

410000－5223－0000279　31/67
巧搭分品一卷　(清)史鑑著　清道光二十六年(1846)三餘齋刻本　一册

410000－5223－0000280　43/69
新鐫五言千家詩會義直解一卷　(清)王相選註　(明)任福祐輯　清道光二十二年(1842)秀山堂刻本　一册

410000－5223－0000281　192.3/8
韻字辨同一卷　(清)彭元瑞撰　清道光十九年(1839)南湖書院刻本　一册

410000－5223－0000282　192.2/7
十三經集字不分卷　(清)彭玉雯輯　清光緒六年(1880)刻本　一册

410000－5223－0000283　10/4
儀禮疏五十卷　(漢)鄭玄注　(唐)賈公彥疏　清嘉慶二十年(1815)江西南昌府學刻本　一册　存三卷(一至三)

410000－5223－0000284　18/51
四書朱子大全精言四十一卷　(清)魏一齋鑒定　(清)周大璋纂輯　清寶旭齋刻本　一册　存一卷(一)

410000－5223－0000285　392.6/2
暗室燈二卷　(清)王崇寶編　清咸豐十一年(1861)義興堂刻本　一册　存一卷(一)

410000－5223－0000286　392.3/27
讀詩一得一卷　(清)吴棠撰　清同治三年(1864)刻本　一册

410000－5223－0000287　191/1
律呂圖説二卷　(清)王建常編次　(清)王弘撰較訂　清乾隆三十九年(1774)朝坂集義堂刻本　一册　存一卷(上)

410000－5223－0000288　31/65
順天闈墨光緒庚子辛丑恩正併科不分卷　高毓浵等撰　清光緒二十八年(1902)河南闈文明堂刻本　一册

410000－5223－0000289　43/72
新鐫千家詩五言絕句四卷　(清)宏道堂書林輯　清光緒十七年(1891)中和堂刻本　一册

410000－5223－0000290　42/161
理學雲浦孟先生[化鯉]年譜不分卷　(明)王以悟編輯　(明)王鉉校梓　明萬曆四十二年(1614)刻本　一册

410000－5223－0000291　43/62
唐人萬首絕句選七卷　(宋)洪邁輯　(清)王士禛選　清刻本　一册　存三卷(一至三)

410000－5223－0000292　31/63
國朝歷科元墨正宗□□卷　(清)胡先琅編　清乾隆三多齋刻本　一册　存一卷(五)

410000－5223－0000293　142/1
讀禮通考一百二十卷　(清)徐乾學撰　清刻本　一册　存三卷(六十四至六十六)

410000－5223－0000294　31/42
性理論規矩不分卷　(清)邢退菴　(清)吴濯泉選評　清京都文明堂刻本　一册

410000－5223－0000295　43/70

新鐫五言千家詩箋註二卷增補重訂千家詩註解二卷　（清）王相選註　（清）鄭漢校梓　清立本齋刻本　一册

410000－5223－0000296　42/268

岳忠武王文集八卷首一卷末一卷　（宋）岳飛撰　（清）何焆　（清）楊景素鑒定　（清）黄邦寧纂修　清刻本　一册　存三卷（五至七）

410000－5223－0000297　11/8

伊川易傳四卷　（宋）程頤撰　清刻本　一册　存一卷（一）

410000－5223－0000298　15/12

春秋左傳五十卷　（晉）杜預　（宋）林堯叟註釋　（唐）陸德明音義　清刻本　一册　存三卷（四十八至五十）

410000－5223－0000299　293.3/11

［乾隆］偃師縣志三十卷首一卷　（清）湯毓倬修　（清）孫星衍　（清）武億纂　清刻本　二册　存五卷（九至十一、二十一至二十二）

410000－5223－0000300　18/17

四書題鏡三十六卷總論一卷　（清）汪鯉翔纂述　清刻本　一册　存二卷（一至二）

410000－5223－0000301　42/269

東漢荀侍中集一卷　（漢）荀悦著　（明）張溥閱　清刻本　一册

410000－5223－0000302　42/270

白香山詩長慶集二十卷後集十七卷别集一卷補遺二卷　（唐）白居易撰　清一隅草堂刻本　一册　存四卷（十七至二十）

410000－5223－0000303　293.3/3

［道光］寶豐縣志十六卷首一卷　（清）李彷梧修　（清）耿興宗　（清）鮑桂徵纂　清道光十七年（1837）刻本　一册　存二卷（十五至十六）

410000－5223－0000304　43/82

有正味齋試帖詳註四卷　（清）吴錫麒著　清刻本　一册　存二卷（三至四）

410000－5223－0000305　27/8

新城王樹枬日記□□卷　（清）王樹枬撰　清光緒四年（1878）蓮池書院刻本　一册　存二卷（七至八）

410000－5223－0000306　43/66

試帖最豁解二卷　（清）王澤浩評註　清乾隆二十四年（1759）崇文堂刻本　一册

410000－5223－0000307　53/57

試律青雲集四卷　（清）楊逢春輯　清道光十一年（1831）崇文堂刻本　二册

410000－5223－0000308　43/74

試帖百篇最豁解不分卷　（清）王澤浩評註　清嘉慶十八年（1813）文德堂刻本　一册

410000－5223－0000309　43/92

庚辰集五卷附唐人詩律説一卷　（清）紀昀編　清文盛堂刻本　一册　存二卷（庚辰集五、唐人詩律説一卷）

410000－5223－0000310　295.5/6

從政遺規摘鈔二卷　（清）陳弘謀編　（清）汪廷珍摘鈔　清刻四種遺規摘鈔本　一册　存一卷（二）

410000－5223－0000311　142/7

四禮初稿四卷　（明）宋纁輯　明萬曆元年（1573）刻本　一册

410000－5223－0000312　143/11

禮記纂言三十六卷　（元）吴澄纂　（清）朱軾校　清刻本　一册　存一卷（六）

410000－5223－0000313　17/2

五經類編二十八卷　（清）周世樟編　清刻本　一册　存二卷（十至十一）

410000－5223－0000314　18/115

四書讀註提耳十九卷　（清）耿埰著　清刻本　一册　存二卷（上論四至五）

410000－5223－0000315　18/44

增删四書講義彙通三十卷　（清）許時庵鑒定　（清）李戴禮纂輯　清百城樓刻本　一册　存一卷（二十四）

410000－5223－0000316　5/2
采真彙藁四卷　(清)檀萃著　(清)曾力行箋註　清刻本　四册

410000－5223－0000317　18/53
石渠閣校刻大學衍義補纂要六卷首一卷　(明)徐栻鑒定　清刻本　一册　存一卷(六)

410000－5223－0000318　43/94
古文喈鳳新編八卷　(清)汪基鈔輯　清末刻本　一册　存一卷(二)

410000－5223－0000319　192.3/9
詩韻題解十卷　(清)甘蘭友輯　清刻本　一册　存三卷(八至十)

410000－5223－0000320　12/20
書經六卷　(宋)蔡沈集傳　清立本齋刻本　一册　存一卷(一)

410000－5223－0000321　43/96
試帖百篇最豁解四卷　(清)王澤泩評註　清道光二十一年(1841)魁文堂刻本　二册

410000－5223－0000322　42/296
增批輯註東萊博議四卷　(宋)呂祖謙撰　劉紫山(鍾英)輯注　清宣統雙芙蓉館刻本　一册　存一卷(三)

410000－5223－0000323　42/300
增批輯註東萊博議四卷　(宋)呂祖謙撰　劉紫山(鍾英)輯注　清宣統三年(1911)刻本　二册　存二卷(一至二)

410000－5223－0000324　11/10
周易四卷　(宋)朱熹本義　清聚元堂刻本　一册　存一卷(一)

410000－5223－0000325　141/7
周禮節訓六卷　(清)黄叔琳撰　清刻本　二册　存二卷(一至二)

410000－5223－0000326　143/17
禮記十卷　(元)陳澔集說　清刻本　一册　存一卷(七)

410000－5223－0000327　143/16
漱芳軒合纂禮記體註四卷　(清)范翔叅訂　清刻本　一册　存一卷(一)

410000－5223－0000328　18/116
集虛齋四書□義十卷　(清)方棨如撰　清刻本　一册　存二卷(七至八)

410000－5223－0000329　293.8/3
雪心賦正解四卷　(唐)卜應天撰　(清)孟浩注　清玉田齋刻本　二册

410000－5223－0000330　192.3/16
詩韻題解十卷　(清)甘蘭友輯　清道光六年(1826)立本齋刻本　一册　存四卷(一至四)

410000－5223－0000331　31/74
致和堂重訂幼學須知句解四卷　(明)程登吉撰　(清)錢元龍校梓　清嘉慶四年(1799)京江錢恕齋刻本　一册　存一卷(一)

410000－5223－0000332　451/1
詞館試律清華集四卷　(清)蔣義彬輯　清刻本　一册　存一卷(二)

410000－5223－0000333　44/11
杜工部詩話一卷　(清)劉鳳誥著　清宣統三年(1911)掃葉山房石印本　一册

410000－5223－0000334　396/15
除欲究本六卷　(清)董清奇著　清刻本　一册　存一卷(六)

410000－5223－0000335　42/294
東萊博議四卷增補虛字註釋六卷　(宋)呂祖謙撰　(清)張文炳評點　清刻本　一册　存五卷(東萊博議四卷、增補虛字註釋一)

410000－5223－0000336　18/122
四書集注十九卷　(宋)朱熹撰　清刻本　一册　存二卷(孟子一至二)

410000－5223－0000337　15/19
欽定春秋傳説彙纂三十八卷首二卷　(清)王掞等撰　清刻本　一册　存一卷(十四)

410000－5223－0000338　18/119
四書釋義不分卷　(清)李沛霖論定　清雍正五年(1727)古吳三槐堂刻本　一册

410000－5223－0000339　11/23
周易本義四卷　（宋）朱熹撰　清成文堂刻本　一册　存一卷（一）

410000－5223－0000340　296.2/2
東坡題跋二卷　（宋）蘇軾撰　清同治十一年（1872）刻本　二册

410000－5223－0000341　11/22
周易四卷　（宋）朱熹本義　清崇文堂刻本　一册　存一卷（一）

410000－5223－0000342　11/24
周易四卷　（宋）朱熹本義　清聚元堂刻本　一册　存一卷（一）

410000－5223－0000343　11/25
周易四卷　（宋）朱熹本義　畢公天校閲　清宣統二年（1910）上海廣益書局刻本　二册

410000－5223－0000344　18/117
四書集注十九卷　（宋）朱熹撰　清務本齋刻本　二册　存七卷（大學一卷、中庸一卷、論語一至五）

410000－5223－0000345　143/10
禮記錦囊初集四卷　（清）吳善堂輯　（清）李夢巖鑒定　清光緒八年（1882）書葉德記刻本　一册　存一卷（三）

410000－5223－0000346　141/4
周禮錦囊六卷　（清）吳善堂輯　（清）李夢巖鑒定　清光緒六年（1880）刻本　二册

410000－5223－0000347　15/15
春秋左傳錦囊四集二卷　（清）吳善堂輯　（清）李夢巖鑒定　清光緒八年（1882）刻本　二册

410000－5223－0000348　296/11
資治通鑑綱目五十九卷首一卷　（宋）朱熹撰　（明）陳仁錫評閲　清刻本　十三册　存十四卷（二、四、六、十至十二、十四、二十一、二十五、三十九至四十、四十三至四十五）

410000－5223－0000349　12/22
書經六卷　（宋）蔡沈集傳　清末聚文堂刻本　一册　存一卷（一）

410000－5223－0000350　43/101
詩法入門四卷首一卷　（清）游藝輯　清慎詒堂刻本　一册　存一卷（首一卷）

410000－5223－0000351　296/15
資治通鑑綱目五十九卷首一卷　（宋）朱熹撰　（明）陳仁錫評閲　清刻本　三册　存五卷（四至六、十一至十二）

410000－5223－0000352　13/33
詩經體註圖考八卷　（清）高朝瓔撰　清刻本　一册　存一卷（五）

410000－5223－0000353　13/34
重訂詩經衍義合⿱厶⿰小小集註八卷　（明）江環輯著　（清）黄文煥定　清道光八年（1828）致和堂刻本　一册

410000－5223－0000354　18/133
潄芳軒合纂四書體註十九卷　（清）范翔⿱厶⿰小小訂　清刻本　一册

410000－5223－0000355　18/14
四書人物類典串珠四十卷　（清）臧志仁編輯　清永順堂刻本　一册　存二卷（一至二）

410000－5223－0000356　30/7
類腋五十五卷　（清）姚培謙　（清）張卿雲輯　清末刻本　二册　存五卷（人部十三至十五、物部三至四）

410000－5223－0000357　18/131
四書朱子大全精言四十一卷　（清）周大璋纂輯　（清）魏一齋鑒定　清寶旭齋刻本　一册　存一卷（論語一）

410000－5223－0000358　18/134
增訂二論詳解四卷　（清）劉忠輯　清末上海鑄記書莊石印本　一册　存一卷（四）

410000－5223－0000359　18/127
二論詳解四卷　（清）劉忠輯　清末刻本　一册　存二卷（三至四）

410000－5223－0000360　192.3/17
詩韻典訓八卷　（清）劉漸逵編輯　清刻本

一冊　存四卷(一至四)

410000－5223－0000361　294.2/1
酬世錦囊書啟合編初集八卷　(清)鄒景揚輯　清宣統刻本　二冊　存二卷(七至八)

410000－5223－0000362　18/130
四書集注十九卷　(宋)朱熹撰　清刻本　一冊　存三卷(孟子一至三)

410000－5223－0000363　31/76
三字經註解備要二卷　(宋)王應麟著　清同治元年(1862)永富堂刻本　二冊

410000－5223－0000364　293.3/19
[道光]寶豐縣志十六卷首一卷　(清)李彷梧修　(清)耿興宗　(清)鮑桂徵纂　清光緒刻本　二冊　存七卷(四至十)

410000－5223－0000365　192.2/12
增廣字學舉隅四卷　(清)鐵珊輯　(清)淩振家閲　清同治十三年(1874)蘭州郡署刻本　一冊　存一卷(一)

410000－5223－0000366　11/28
易經旁訓辨體合訂三卷　(清)徐立綱輯　清刻本　一冊

410000－5223－0000367　43/102
古文發蒙集六卷　(清)王相纂　(清)殷承爵衆訂　清刻本　三冊　存三卷(四至六)

410000－5223－0000368　12/23
書經體註大全合衆六卷　(清)錢希祥纂輯　(清)范翔鑒定　清刻本　一冊　存二卷(五至六)

410000－5223－0000369　32/20
武經正彙會解□□卷　(清)許濟著　清末刻本　一冊　存四卷(十五至十八)

410000－5223－0000370　43/105
唐詩三百首不分卷　(清)孫洙編　清末刻本　一冊

410000－5223－0000371　35/17
御纂醫宗金鑑九十卷首一卷　(清)吳謙等編　清刻本　一冊　存四卷(二十六至二十九)

410000－5223－0000372　35/15
溫病條辨六卷首一卷　(清)吳瑭撰　清刻本　一冊　存一卷(二)

410000－5223－0000373　44/12
詳討分編指掌二集一卷　(清)郝正嵩評註　清末刻本　一冊

410000－5223－0000374　293.3/18
[咸豐]郟縣志十二卷　(清)姜篪修　(清)郭景泰纂　清咸豐九年(1859)刻本　三冊　存三卷(一、三至四)

410000－5223－0000375　43/104
鐵網珊瑚集課藝二集不分卷　(清)周鴻藻等撰　清咸豐十年(1860)刻本　三冊

410000－5223－0000376　18/137
四書集注十九卷　(宋)朱熹撰　清末刻本　一冊　存二卷(孟子四至五)

410000－5223－0000377　192.2/10
字彙十二卷首一卷末一卷　(明)梅膺祚音釋　(清)劉永懋重訂　清刻本　一冊　存一卷(七)

410000－5223－0000378　11/27
周易精義四卷首一卷　(清)黃淦纂　清刻本　一冊　存三卷(二至四)

410000－5223－0000379　15/20
春秋精義四卷首一卷　(清)黃淦纂　清嘉慶九年(1804)刻本　一冊　存三卷(一至二、首一卷)

410000－5223－0000380　13/35
詩經八卷　(宋)朱熹集傳　清聚金齋刻本　一冊　存二卷(一至二)

410000－5223－0000381　13/36
詩經八卷　(宋)朱熹集傳　清刻本　一冊　存二卷(一至二)

410000－5223－0000382　13/37
詩經八卷　(宋)朱熹集傳　清中和堂刻本　一冊　存二卷(一至二)

410000－5223－0000383　27/14

中州同官錄不分卷 （清）楊國楨編 清光緒刻本 一冊

410000－5223－0000384 42/308
陳後主集一卷 （南朝陳）陳叔寶撰 （明）張溥閱 清光緒信述堂刻本 一冊

410000－5223－0000385 295.1/6
文獻通考三百四十八卷 （元）馬端臨撰 清乾隆十二年（1747）刻本 一冊 存四卷（六十一至六十四）

410000－5223－0000386 31/97
批點課幼二十藝句解不分卷 （清）邢退菴著 清咸豐三年（1853）刻本 一冊

410000－5223－0000387 31/78
批點課幼二十藝句解不分卷 （清）邢退菴著 清咸豐三年（1853）刻本 一冊

410000－5223－0000388 43/109
仁在堂時藝辨不分卷 （清）路德輯 清道光十六年（1836）仁在堂刻本 一冊

410000－5223－0000389 43/108
仁在堂時藝話不分卷 （清）路德輯 清道光十七年（1837）刻本 一冊

410000－5223－0000390 43/110
揀金錄十二卷 （清）朱一飛輯 清刻本 一冊 存二卷（三至四）

410000－5223－0000391 16/5
文昌孝經一卷 （清）朱珪校 清刻道藏輯要本 一冊

410000－5223－0000392 27/15
註釋名文約編不分卷 （清）陳瀹巖編次 清道光二十八年（1848）刻本 一冊

410000－5223－0000393 381/5
重修南宫縣學記一卷 （清）張裕釗撰 清光緒十二年（1886）刻本 一冊

410000－5223－0000394 13/42
欽定詩經傳說彙纂二十一卷首二卷詩序二卷 （清）王鴻緒等纂 清刻本 一冊 存二卷（首二卷）

410000－5223－0000395 32/19
武經七書全解七卷 （清）丁洪章輯 清刻本 一冊 存一卷（四）

410000－5223－0000396 192.1/8
重增釋義徽郡世事通考元龍雜字四卷 （清）王相彙訂 清刻本 一冊 存二卷（三至四）

410000－5223－0000397 30/19
重訂廣事類賦四十卷 （清）華希閔著 清刻本 三冊 存十卷（七至十六）

410000－5223－0000398 192.3/18
音韻貫珠八卷 （清）賈椿齡編 清刻本 二冊

410000－5223－0000399 30/20
重訂廣事類賦三十卷 （宋）吳淑撰註 （明）華麟祥校 清刻本 一冊 存四卷（十至十三）

410000－5223－0000400 30/21
重訂廣事類賦四十卷 （清）華希閔著 清經元堂刻本 一冊 存二卷（一至二）

410000－5223－0000401 43/111
歷朝賦楷八卷首一卷 （清）王修玉選輯 （清）顧豹文鑒定 清刻本 一冊 存二卷（一、首一卷）

410000－5223－0000402 375/1
神峯通考命理正宗六卷 （明）張楠著 清刻本 一冊 存一卷（五）

410000－5223－0000403 42/310
栢蘊臯稿不分卷 （清）栢謙著 清刻本 一冊

410000－5223－0000404 192.2/11
字彙十二卷首一卷末一卷 （明）梅膺祚音釋 清刻本 八冊 存十卷（二至九、首一卷、末一卷）

410000－5223－0000405 31/77
述德堂小草不分卷 （清）慕甲榮著 清嘉慶十二年（1807）刻本 一冊

410000－5223－0000406 44/15

古唐詩合解十六卷　(清)王堯衢註　清刻本　一冊　存八卷(唐詩一至二、五至六、九至十二)

410000－5223－0000407　18/141
大學中庸講義四卷　(清)史廷煇輯　清道光十年(1830)刻本　一冊　存一卷(四)

410000－5223－0000408　18/143
孟子十四卷　(宋)朱熹集註　清刻本　四冊　存四卷(七至十)

410000－5223－0000409　18/145
四書大全不分卷　(清)陸稼書點定　清嘉會堂刻本　一冊

410000－5223－0000410　18/146
中庸章句本義滙叅六卷首一卷　(清)王步青輯　(清)王士鼇編　清文會堂刻本　二冊　存三卷(一至三)

410000－5223－0000411　18/144
增删四書精言不分卷　(清)張英撰　清刻本　一冊

410000－5223－0000412　44/20
時文具體二卷　(清)王永健　(清)羅夢鳳選評　清光緒刻本　一冊　存一卷(上)

410000－5223－0000413　43/106
直省鄉墨文萃不分卷　(清)蔣蓀楂評選　清同治元年(1862)同文堂刻本　一冊

410000－5223－0000414　44/18
童試新模文法正式六卷　(清)周備堂著　清光緒七年(1881)寶興堂刻本　二冊

410000－5223－0000415　43/107
瀛海探驪集八卷　(清)朱埏之輯　清刻本　四冊　存四卷(一至四)

410000－5223－0000416　44/17
寄嶽雲齋試帖詳註四卷　(清)聶銑敏著　(清)張學蘇箋　清式文齋刻本　二冊　存二卷(一至二)

410000－5223－0000417　18/15
四書集注十九卷　(宋)朱熹撰　清宣統刻本　二冊　存四卷(孟子四至七)

410000－5223－0000418　18/147
四書集注十九卷　(宋)朱熹撰　清宣統刻本　一冊　存二卷(孟子六至七)

410000－5223－0000419　18/148
四書集注十九卷　(宋)朱熹撰　清宣統刻本　一冊　存二卷(孟子六至七)

410000－5223－0000420　43/75
試律淺說易知集四卷　(清)任兆松評選　清道光二十五年(1845)聚文堂刻本　一冊

410000－5223－0000421　296/23
尺木堂明鑑易知錄十五卷　(清)吴乘權等輯　清光緒十七年(1891)廣百宋齋刻本　一冊　存六卷(一至六)

410000－5223－0000422　18/55
小題拆字不分卷　(清)山仲甫等輯　清刻本　二冊

410000－5223－0000423　32/6
吴子二卷　(戰國)吴起撰　清宣統三年(1911)上海集成圖書公司鉛印本　一冊

410000－5223－0000424　296.1/1
史筌五卷首一卷　(清)楊銘柱撰　清咸豐元年(1851)刻本　一冊　存一卷(首一卷)

410000－5223－0000425　192.2/14
康熙字典十二集三十六卷總目一卷檢字一卷辨似一卷等韻一卷補遺一卷備考一卷　(清)張玉書等纂　清刻本　一冊　存一卷(子集下)

410000－5223－0000426　25/4
戰國策三十三卷　(漢)高誘注　清宣統刻本　一冊　存一卷(六)

410000－5223－0000427　18/45
四書集注十九卷　(宋)朱熹著　清成文堂刻本　一冊　存二卷(大學一卷、中庸一卷)

410000－5223－0000428　143/15
禮記旁訓辨體合訂六卷　(清)徐立綱輯　清循陔堂刻本　一冊　存一卷(一)

河南省周口市川匯區圖書館古籍普查登記目録

全國古籍普查登記目録

國家圖書館出版社
National Library of China Publishing House

410000－5225－0000001　1.1/1
寄傲山房塾課纂輯御案易經備旨七卷　(清)鄒聖脈纂輯　清宏道堂刻本(有圖)　四册

410000－5225－0000002　1.1/2
易經體註大全會解四卷　(清)來爾繩纂輯　(清)朱采治　(清)朱之澄編　清光緒十八年(1892)刻本(有圖)　二册

410000－5225－0000003　1.1/3
周易四卷　(宋)朱熹本義　清刻本　一册　存三卷(二至四)

410000－5225－0000004　1.2/1
寄傲山房塾課纂輯書經備旨蔡注捷錄七卷　(清)鄒廷猷編　清嘉慶三年(1798)刻本　四册

410000－5225－0000005　1.2/4
欽定書經傳說彙纂二十一卷首二卷書序一卷　(清)王頊齡撰　清雍正八年(1730)内府刻本　十册　存七卷(二、五至十)

410000－5225－0000006　1.2/5
尚書離句六卷　(清)錢在培輯解　清光緒十七年(1891)刻本　二册

410000－5225－0000007　1.2/6
書經體註大全合条六卷　(清)錢希翔纂輯　清刻本(有圖)　三册　存四卷(一至四)

410000－5225－0000008　1.2/7
書經增訂旁訓四卷　(宋)蔡沈集傳　清狀元閣刻本　二册

410000－5225－0000009　1.2/8
新刻書經備旨輯要善本六卷　(清)馬大猷輯　清刻本　三册　存三卷(四至六)

410000－5225－0000010　1.2/12
書經體註大全合条六卷　(清)范翔条訂　清同治十年(1871)綸潤齋刻本(有圖)　四册

410000－5225－0000011　1.3/1
詩經集註八卷　(宋)朱熹集傳　清古餘齋刻本　四册

410000－5225－0000012　1.3/2
詩經體註圖考八卷　(清)高朝瓔定　清石印本(有圖)　三册　存五卷(一至五)

410000－5225－0000013　1.3/3
御案詩經備旨八卷　(清)鄒聖脈纂輯　清宏道堂刻本　四册

410000－5225－0000014　1.3/4
詩經八卷　(宋)朱熹集傳　清光緒十三年(1887)善成堂刻本　四册

410000－5225－0000015　1.3/5
御纂詩義折中二十卷　(清)傅恒等撰　清刻本　六册

410000－5225－0000016　1.3/7
詩經喈鳳詳解八卷　(清)陳百先輯　清光緒二年(1876)宏道堂刻本(有圖)　四册

410000－5225－0000017　1.4/2
欽定周官義疏四十八卷　(清)鄂爾泰等撰　清刻本　一册　存三卷(二十五至二十七)

410000－5225－0000018　1.4/3
淑芳軒合纂禮記體註四卷　(清)范翔訂　清刻本　四册

410000－5225－0000019　1.4/4
禮記心典傳本三卷　(清)胡瑤光纂　清康熙三十二年(1693)刻本　四册

410000－5225－0000020　1.4/5
禮記集說十卷　(元)陳澔撰　清刻本　五册　存五卷(六至十)

410000－5225－0000021　1.4/6
周官精義十二卷　(清)連斗山編　清乾隆五十九年(1794)崇義書院本　六册

410000－5225－0000022　1.4/8
寄傲山房塾課纂輯禮記全文備旨十一卷　(清)鄒聖脈纂輯　清乾隆二十九年(1764)刻本　六册

410000－5225－0000023　1.5/1
寄傲山房塾課纂輯春秋備旨十二卷　(清)鄒聖脈纂　清乾隆二十三年(1758)刻本　六册

410000－5225－0000024　1.5/3
春秋三十卷　(宋)胡安國撰　明金陵奎壁齋刻本　七冊　存二十八卷(三至三十)

410000－5225－0000025　1.5/4
左繡三十卷首一卷　(清)馮李驊評輯　清李光明莊刻本　十五冊　存二十九卷(一至二十八、首一卷)

410000－5225－0000026　1.5/5
春秋釋例十五卷　(晉)杜預撰　清嘉慶七年(1802)刻本　七冊

410000－5225－0000027　1.5/7
春秋體註四卷　(清)范翔參訂　清乾隆三十七年(1772)敬業堂刻本　四冊

410000－5225－0000028　1.5/8
評點春秋綱目左傳句解彙雋六卷　(清)韓菼重訂　清善成堂刻本　六冊

410000－5225－0000029　1.5/9
評點春秋綱目左傳句解彙雋六卷　(清)韓菼重訂　清刻本　二冊　存二卷(一至二)

410000－5225－0000030　1.5/10
評點春秋綱目左傳句解六卷　(清)韓菼重訂　清刻本　一冊　存一卷(二)

410000－5225－0000031　1.5/15
禮記全文備旨十一卷　(清)鄒聖脈纂輯　清光緒十三年(1887)義德堂刻五經備旨本　二冊　存四卷(一至四)

410000－5225－0000032　1.5/16
欽定春秋傳說彙纂三十八卷首二卷　(清)王掞等撰　清刻本　八冊　存十卷(八至十七)

410000－5225－0000033　1.6/1
孝經注疏九卷　(唐)玄宗李隆基注　(宋)邢昺校　清光緒十八年(1892)湖南寶慶務本書局刻本　二冊

410000－5225－0000034　1.7/2
重刊宋本十三經注疏附校勘記　(清)阮元撰校勘記　(清)盧宣旬摘錄　清光緒十三年(1887)脈望仙館石印本　七冊　存六種存二百二十一卷

410000－5225－0000035　1.8/2
四書典制類聯音註三十三卷　(清)閻其淵輯　清嘉慶元年(1796)刻本　五冊　存十七卷(一至三、十八至二十二、二十五至三十三)

410000－5225－0000036　1.8/3
四書古註群義彙解　清石印本　十冊　存九種六十卷

410000－5225－0000037　1.8/4
孟子□□卷　(宋)朱熹集註　清刻本　一冊　存二卷(六至七)

410000－5225－0000038　1.8/7
女四書二卷　(清)王相箋註　清光緒十八年(1892)刻本　一冊

410000－5225－0000039　1.8/8
新訂四書補註備旨十卷　(明)鄧林著　清刻本　二冊　存四卷(上論一至二、下論三至四)

410000－5225－0000040　1.8/9
新訂四書補註備旨十卷　(明)鄧林著　清刻本　二冊　存四卷(上論一至二、下論三至四)

410000－5225－0000041　1.8/10
論語注疏解經二十卷　(三國魏)何晏集解　(宋)邢昺疏　清刻本　二冊　存十卷(十一至二十)

410000－5225－0000042　1.8/12
孟子□□卷　(宋)朱熹集註　清刻本　一冊　存三卷(一至三)

410000－5225－0000043　1.8/13
孟子注疏解經十四卷　(漢)趙岐注　(宋)孫奭疏　清光緒十八年(1892)刻本　七冊

410000－5225－0000044　1.8/14
四書引解二十六卷　(清)鄧杜瀾纂輯　清刻本　六冊　存九卷(四、十三至十五、十八至二十、二十三至二十四)

410000－5225－0000045　1.8/15

新增四書備旨靈捷解八卷　(清)張玉書著　(清)鄒蒼崖增補　清刻本　六冊

410000－5225－0000046　1.8/16
新訂四書補註備旨十卷　(明)鄧林著　清刻本　一冊　存二卷(三至四)

410000－5225－0000047　1.8/17
四書述要十九卷　(清)楊玉緒著　清刻本　二冊　存五卷(一至三、六至七)

410000－5225－0000048　1.8/19
孟子□□卷　(宋)朱熹集註　清刻本　一冊　存二卷(六至七)

410000－5225－0000049　1.8/20
四書朱子本義匯參四十三卷首四卷　(清)王步青輯　清文會堂刻本　三十二冊

410000－5225－0000050　1.8/22
新訂四書補註備旨十卷　(明)鄧林著　清刻本　三冊　存四卷(一至四)

410000－5225－0000051　1.8/23
鄉黨圖考十卷　(清)江永著　清乾隆五十二年(1787)致和堂刻本　四冊

410000－5225－0000052　1.10/1
字彙十二卷首一卷末一卷　(明)梅膺祚音釋　清刻本　一冊　存一卷(子集)

410000－5225－0000053　1.10/2
剔弊廣增分韻五方元音二卷首一卷　(清)樊騰鳳著　清石印本(有圖)　三冊　存二卷(下、首一卷)

410000－5225－0000054　1.10/6
字彙十二卷首一卷末一卷　(明)梅膺祚音釋　清刻本　一冊　存一卷(巳集)

410000－5225－0000055　1.10/9
三字經註解備要二卷首一卷　(宋)王应麟著　清光緒十二年(1886)益元堂刻本　二冊　存二卷(下、首一卷)

410000－5225－0000056　1.10/13
字彙十二卷首一卷末一卷韻法直圖一卷　(明)梅膺祚集　清古吳三樂齋刻本　十二冊　存十二卷(丑集、寅集、卯集、辰集、巳集、午集、未集、申集、戌集、亥集,首一卷,末一卷)

410000－5225－0000057　2.1/2
二十四史　清光緒二十八年(1902)石印本　一百五十一冊　存二千九百九十卷(史記一至六十、九十一至一百三十,前漢書一至七十一、九十一至一百,後漢書一至一百二十,三國志一至六十五,晉書一至一百三十,宋書一至一百,梁書一至五十六,魏書三十至一百十四,北齊史一至五十,隋書一至八十五,南史一至八十,北史一至一百,唐書一至二百二十五,舊唐書一至二百,五代史一至七十四,舊五代史一至一百五十,宋史一至四百九十六,遼史一至一百十六,金史一至一百三十五,元史一至二百十,明史一至三百三十二)

410000－5225－0000058　2.2/1
資治通鑑綱目前編二十五卷　(明)南軒撰　**正編五十九卷**　(宋)朱熹撰　**續編二十七卷**　(明)商輅等撰　**末一卷**　清嘉慶八年(1803)宏道堂刻本　一百十八冊

410000－5225－0000059　2.2/2
袁了凡綱鑑四十卷首一卷　(明)袁黄編纂　清光緒二十五年(1899)刻本　二十四冊　存三十一卷(一至三十、首一卷)

410000－5225－0000060　2.2/3
袁王加批綱鑑彙纂三十九卷首一卷　(明)袁黄　(明)王世貞編纂　清石印本　二十二冊

410000－5225－0000061　2.2/4
袁王綱鑑合編三十九卷首一卷　(明)袁黄輯　(明)王世貞編　清光緒三十一年(1905)石印本　十二冊　存三十七卷(一至三十六、首一卷)

410000－5225－0000062　2.2/8
尺木堂綱鑑易知錄九十二卷　(清)吳乘權等輯　清光緒二十六年(1900)鉛印本　十六冊

410000－5225－0000063　2.2/9
尺木堂綱鑑易知錄九十二卷　(清)吳乘權等輯　清光緒三十一年(1905)鉛印本　十五冊

410000－5225－0000064　2.2/11
尺木堂綱鑑易知録九十二卷　(清)吳乘權等輯　清光緒三十一年(1905)鉛印本　一冊　存七卷(六十七至七十三)

410000－5225－0000065　2.2/12
御批歷代通鑑輯覽一百二十卷　(清)傅恒等撰　清光緒二十九年(1903)石印本　二十一冊　存八十六卷(六至二十三、三十二至三十六、四十四至四十八、五十四至七十一、七十六至八十二、八十八至一百二十)

410000－5225－0000066　2.2/16
御撰資治通鑑綱目三編六卷　(清)張廷玉等編　清光緒三十一年(1905)石印本　二冊

410000－5225－0000067　2.2/17
御撰資治通鑑綱目三編二十卷　(清)張廷玉等編　清乾隆十一年(1746)刻本　八冊

410000－5225－0000068　2.2/18
資治通鑑二百九十四卷　(宋)司馬光編　清刻本　三冊　存十一卷(二百三十七至二百四十七)

410000－5225－0000069　2.2/20
史鑑節要便讀六卷　(清)鮑東里編輯　清光緒二十八年(1902)刻本　二冊

410000－5225－0000070　2.2/21
新刊趙田了凡袁先生編纂古本歷史大方綱鑑補三十九卷首一卷　(明)袁黄編纂　清同治五年(1866)刻本　二十七冊　存三十六卷(一至六、八至十二、十四至十五、十八至三十九,首一卷)

410000－5225－0000071　2.6/3
變法自強奏議彙編二十卷　(清)毛佩之彙纂　清石印本　二冊　存四卷(十一至十二、十六至十七)

410000－5225－0000072　2.7/1
歷代名臣言行録二十四卷　(清)朱桓編輯　清光緒二十八年(1902)石印本　九冊

410000－5225－0000073　2.7/3
歷代名臣言行録二十四卷　(清)朱桓編輯　清光緒三十年(1904)石印本　十二冊

410000－5225－0000074　2.7/4
歷代名臣言行録二十四卷　(清)朱桓編輯　清石印本　九冊

410000－5225－0000075　2.7/5
歷代名臣言行録二十四卷　(清)朱桓編輯　清光緒二十八年(1902)石印本　四冊　存十二卷(八至十四、十七至二十一)

410000－5225－0000076　2.7/7
皇朝尚友録八卷　(清)李佩芳　(清)孫鼎編纂　清光緒二十八年(1902)石印本　八冊

410000－5225－0000077　2.7/8
校正尚友録統編二十四卷　題(清)錢湖釣徒編　清光緒三十年(1904)石印本　十八冊　存二十卷

410000－5225－0000078　2.7/10
李鴻章一卷　梁啓超著　清光緒二十七年(1901)石印本　一冊

410000－5225－0000079　2.7/11
歷代名臣言行録二十四卷　(清)朱桓編輯　清光緒二十六年(1900)刻本　二十二冊

410000－5225－0000080　2.7/13
雲間姜氏本支譜首一卷末一卷　(清)姜雲亭纂修　清道光刻本(有圖)　一冊

410000－5225－0000081　2.7/15
[江蘇松江]華亭董氏恩慶編三卷　(清)雷瑩等輯選　清道光二十一年(1841)刻本　二冊

410000－5225－0000082　2.8/1
王先生十七史蒙求十六卷　(宋)王逢原撰　清道光二十八年(1848)刻本　六冊

410000－5225－0000083　2.8/2
十七史詳節　(宋)呂祖謙輯　清光緒二十八年(1902)刻本　三十二冊　存十種一百七十五卷

410000－5225－0000084　2.8/3
廿一史約編八卷首一卷　(清)鄭元慶述　清

魚計亭刻本　八冊

410000－5225－0000085　2.8/5
廿二史劄記三十六卷補遺一卷　(清)趙翼撰　清光緒二十六年(1900)石印本　八冊

410000－5225－0000086　2.11/2
淮北票鹽志略十五卷　(清)童濂編　清同治七年(1868)刻本(有圖)　六冊

410000－5225－0000087　2.11/5
皇朝一統輿地全圖一卷　(清)李兆洛　(清)董方立編繪　清道光十二年(1832)刻本(有圖)　八冊

410000－5225－0000088　2.13/1
吾學錄初編二十四卷　(清)吳榮光撰　清道光十二年(1832)刻本　六冊

410000－5225－0000089　2.13/2
大清搢紳全書四卷　清光緒十七年(1891)榮錄堂刻本　四冊

410000－5225－0000090　2.13/3
大清搢紳全書四卷　清光緒十七年(1891)榮錄堂刻本　二冊　存二卷(二至三)

410000－5225－0000091　2.13/4
大清中樞備覽二卷　清光緒十六年(1890)榮錄堂刻本　二冊

410000－5225－0000092　2.13/7
皇朝經世文續編一百二十卷　(清)葛士濬撰　清光緒二十七年(1901)石印本　二冊　存六卷(六十六、七十一至七十五)

410000－5225－0000093　2.13/9
刑部駁案□□卷　(清)□□撰　清刻本　一冊　存三卷(六至八)

410000－5225－0000094　2.12/1
在官法戒錄摘鈔四卷　(清)陳弘謀輯　清光緒十八年(1892)桂垣書局刻本　二冊

410000－5225－0000095　2.14/1
海東金石苑一卷　(清)傅喜海輯　清同治十二年(1873)刻本　一冊

410000－5225－0000096　2.14/6
直齋書錄解題二十二卷　(宋)陳振孫撰　清刻本　十二冊

410000－5225－0000097　2.15/1
歷朝史論彙編二十卷　(清)洪亮吉著　清光緒二十七年(1901)和記印本　六冊

410000－5225－0000098　2.15/2
歷朝史論彙編二十六卷　(清)鮑雍錄　清光緒二十八年(1902)石印本　四冊　存十四卷(一至七、十七至二十三)

410000－5225－0000099　3.1/2
呻吟語六卷　(明)呂坤撰　明萬曆二十一年(1593)刻本　二冊

410000－5225－0000100　2.14/2
大錢圖錄一卷　(清)鮑康著　清光緒二年(1876)刻本(有圖)　一冊

410000－5225－0000101　3.1/6
申鑒五卷　(漢)荀悅撰　**中論二卷**　(漢)徐幹撰　清光緒元年(1875)刻本　一冊

410000－5225－0000102　3.1/7
說苑二十卷　(漢)劉向撰　清光緒元年(1875)刻本　二冊　存十卷(一至十)

410000－5225－0000103　3.1/8
新序十卷　(漢)劉向撰　清光緒元年(1875)刻本　二冊

410000－5225－0000104　3.1/9
顏氏家訓二卷　(北齊)顏之推撰　清光緒元年(1875)刻本　一冊

410000－5225－0000105　3.1/10
潛夫論十卷　(漢)王符撰　清光緒元年(1875)刻本　二冊

410000－5225－0000106　3.1/18
子書百家　(清)崇文書局輯　清光緒元年(1875)本　一冊

410000－5225－0000107　3.1/11
宣講拾遺六卷首一卷　(清)莊跛仙輯　清刻本　一冊　存一卷(五)

410000 - 5225 - 0000108　3.1/13
困學錄集粹三卷　(清)張伯行著　清同治五年(1866)刻本　一冊

410000 - 5225 - 0000109　3.1/15
近思錄集註十四卷　(宋)朱熹撰　(清)江永集註　清同治八年(1869)江蘇書局刻本　四冊

410000 - 5225 - 0000110　3.1/17
近思錄十四卷　(宋)朱熹撰　清同治五年(1866)刻本　四冊

410000 - 5225 - 0000111　3.1/22
小四書五卷　(明)朱升撰　清刻本　一冊　存二卷(四至五)

410000 - 5225 - 0000112　2.1/14
四書人物類典串珠四十卷　(清)臧志仁編輯　清刻本　一冊　存十五卷(二十六至四十)

410000 - 5225 - 0000113　2.1/19
宋史四百九十六卷　(元)脱脱等修　清光緒二十八年(1902)石印本　十五冊　存二百五十九卷(一至二百九、三百八十二至四百三十一)

410000 - 5225 - 0000114　2.1/24
重刊宋本十三經注疏附校勘記　(清)阮元撰校勘記　(清)盧宣旬摘錄　清光緒十三年(1887)脈望仙館石印本　十六冊　存九種存二百七卷

410000 - 5225 - 0000115　3.2/1
孫子十家註十三卷　(春秋)孫武撰　(宋)吉天保輯　(清)孫星衍　(清)吳人驥校　**敘錄一卷**　(清)畢以珣撰　**遺說一卷**　(宋)鄭友賢撰　清埽葉山房石印本　六冊

410000 - 5225 - 0000116　3.5/1
士材三書四種　(明)李中梓著述　清善成堂刻本　三冊　存三種

410000 - 5225 - 0000117　3.5/10
四聖懸樞五卷　(清)黄元御撰　清光緒二十年(1894)鉛印本　一冊

410000 - 5225 - 0000118　3.5/14
驗方新編十六卷　(清)鮑相璈輯　清刻本　一冊　存二卷(十五至十六)

410000 - 5225 - 0000119　3.6/1
筆算數學三卷　(美國)狄考文輯　(清)鄒立文述　清光緒三十二年(1906)鉛印本　三冊

410000 - 5225 - 0000120　3.6/2
新編直指算法統宗十七卷首一卷　(明)程大位編集　清刻本(有圖)　三冊　存八卷(一至六、九至十)

410000 - 5225 - 0000121　3.7/3
管窺輯要八十卷目次一卷　(清)黄鼎纂定　清順治九年(1652)善成堂朱墨套印本(有圖)　十六冊　存二十七卷(九至十、十八至四十二)

410000 - 5225 - 0000122　3.7/4
皇極經世六十卷觀物外編二卷　(宋)邵雍撰　清咸豐元年(1851)刻本(有圖)　十冊

410000 - 5225 - 0000123　3.7/5
增補地理直指原真三卷首一卷　(清)釋如玉著　清石印本(有圖)　三冊　存三卷(一至三)

410000 - 5225 - 0000124　3.8/2
宣和畫譜二十卷　(宋)□□撰　明崇禎虞山毛氏汲古閣刻本　一冊　存十卷(十一至二十)

410000 - 5225 - 0000125　3.8/4
圖繪寶鑒六卷　(元)夏文彥纂　(明)毛晉訂　明崇禎虞山毛氏汲古閣刻本　一冊

410000 - 5225 - 0000126　3.8/3
圖畫見聞誌六卷　(宋)郭若虛撰　明崇禎虞山毛氏汲古閣刻本　一冊

410000 - 5225 - 0000127　3.8/7
國朝畫識十七卷　(清)馮金伯纂輯　清乾隆五十六年(1791)墨香居刻本　四冊

410000 - 5225 - 0000128　3.8/8
歷代畫史彙傳七十二卷　(清)彭蘊璨編　清

手寫本　七冊　存十六卷(十九至三十四)

410000－5225－0000129　3.8/14

墨香居畫識十卷　(清)馮金伯撰　清乾隆五十六年(1791)墨香居刻本　二冊　存七卷(一至七)

410000－5225－0000130　3.11/14

新增説文韻府羣玉二十卷　(元)陰時夫編　清刻本　二冊　存二卷(四至五)

410000－5225－0000131　3.10/1

同善録十卷首一卷　(清)徐起霖撰　(清)李承福輯　清同治五年(1866)上海道前寶賢堂書坊刻本　五冊　缺五卷(三、六至九)

410000－5225－0000132　3.10/2

千金裘二集二十六卷　(清)蔣義彬纂　(清)徐元麟纂　清同治六年(1867)經綸堂刻本　五冊　存二十五卷(一至二十五)

410000－5225－0000133　3.10/3

千金裘二十七卷　(清)蔣義彬纂　清同治六年(1867)經綸堂刻本　四冊

410000－5225－0000134　3.10/4

千金裘二集二十六卷　(清)蔣義彬纂　清同治六年(1867)經綸堂刻本　四冊　存十五卷(物部二十一至二十六,人部七至十、十六至二十)

410000－5225－0000135　3.10/5

池北偶談二十六卷　(清)王士禛著　清光緒二十二年(1896)上海慎記書莊石印本　六冊

410000－5225－0000136　3.10/9

彙纂功過格□□卷　(□)□□撰　清刻本　一冊　存一卷(三)

410000－5225－0000137　3.10/8

御製勸善要言一卷　(清)世祖福臨撰　清光緒二十三年(1897)朱墨套印本　一冊

410000－5225－0000138　3.10/10

增訂鑑略妥註離句三卷　(明)李廷機著　(清)鄒聖脈訂　清鑄記書局石印本　三冊

410000－5225－0000139　3.10/12

隨園隨筆二十八卷　(清)袁枚著　清刻本　八冊

410000－5225－0000140　3.10/13

墨子十五卷目一卷篇目考一卷　(清)畢沅校注並撰　清乾隆四十八年(1783)刻本　一冊　存五卷(十二至十六)

410000－5225－0000141　3.10/15

新刻綵線貫明珠秋檠一卷　(明)董穀著　明萬曆錢塘胡氏文會堂刻百家名書本　二冊

410000－5225－0000142　3.10/16

新刻寰宇雜記二卷　(明)胡文煥校　明萬曆錢塘胡氏文會堂刻百家名書本　二冊

410000－5225－0000143　1.7/3

重刊宋本十三經注疏附校勘記　(清)阮元撰校勘記　(清)盧宣旬摘錄　清光緒十三年(1887)脈望仙館石印本　四冊　存三種

410000－5225－0000144　3.10/19

新刻獨斷一卷　(漢)蔡邕著　(明)胡文煥校　明萬曆錢塘胡氏文會堂刻百家名書本　一冊

410000－5225－0000145　3.10/20

新刻釋常談三卷　(宋)□□撰　(明)胡文煥校　明萬曆錢塘胡氏文會堂刻百家名書本　一冊

410000－5225－0000146　3.11/1

太平御覽一千卷經史圖書綱目一卷目錄十卷　(宋)李昉撰　(清)鮑崇城重校　清嘉慶十七年(1812)歙縣鮑崇城刻本　八冊　存七十六卷(八百十四至八百二十、八百二十九至八百四十二、八百五十一至九百五)

410000－5225－0000147　3.11/2

省軒考古類編十二卷　(清)柴紹炳纂　清雍正四年(1726)澹成堂刻本　六冊

410000－5225－0000148　3.10/14

格言聯璧一卷　(清)金纓撰　清同治上海尚古山房刻本　一冊

410000－5225－0000149　3.11/4

增補如面談新集十卷首一卷 （明）李光祚纂註 清刻本 五册

410000－5225－0000150 3.11/5
詩學含英十四卷 （清）劉文蔚輯 清繼盛堂刻本 一册

410000－5225－0000151 3.11/6
詞林分類次韻便讀三字錦九卷末一卷 （清）趙暄撰 清刻本 一册 存五卷（六至九、末一卷）

410000－5225－0000152 3.11/8
江湖尺牘分韻撮要合集四卷 （清）虞學圃輯 清同治九年（1870）丹柱堂刻本 二册

410000－5225－0000153 3.11/10
增訂詩韻對錦釋義□□卷 （清）馬至毅輯 清同治十二年（1873）新野木卜堂刻本 三册 存十二卷（一至十二）

410000－5225－0000154 3.11/11
音韻貫珠八卷 （清）賈椿齡撰 清嘉慶九年（1804）雨化堂刻本 一册 存一卷（一）

410000－5225－0000155 3.11/12
新增說文韻府群玉二十卷 （元）陰時夫編 清刻本 二册 存二卷（二至三）

410000－5225－0000156 3.11/13
韻府拾遺一百六卷 （清）張玉書彙編 清鉛印本 四册 存四十四卷（一至五、四十四至五十九、六十至七十三、九十至九十八）

410000－5225－0000157 3.12/1
東周列國全志二十三卷 （明）余邵魚撰 （明）馮夢龍新編 清光緒十九年（1893）澹雅書局刻本（有圖） 十二册 存十二卷（一至十二）

410000－5225－0000158 3.12/2
東周列國全志二十三卷一百零八回 （明）馮夢龍著 （清）蔡昇評點 清光緒十年（1884）築野書屋鉛印本 十一册 存二十二卷（二至二十三）

410000－5225－0000159 3.12/4
新刻博物志十卷 （晉）張華撰 （明）胡文煥校 明萬曆二十一年（1593）胡文煥刻本 二册

410000－5225－0000160 3.12/5
新刻續博物志十卷 （晉）李石撰 （明）章斐然校 明萬曆二十一年（1593）胡文煥刻本 二册

410000－5225－0000161 3.12/6
增補註釋故事白眉十卷 （明）許以忠集 清光緒二年（1876）經濟堂刻本 十册

410000－5225－0000162 3.12/7
情史類畧二十四卷 （明）馮夢龍撰 清刻本 一册 存四卷（十一至十四）

410000－5225－0000163 3.13/1
金剛般若波羅蜜經一卷 （後秦）釋鳩摩羅什譯 清刻本（有圖） 四册

410000－5225－0000164 3.13/3
金剛般若波羅蜜經一卷 （後秦）釋鳩摩羅什譯 清同治三年（1864）刻本 四册

410000－5225－0000165 3.14/2
莊子三卷 （戰國）莊周撰 清光緒元年（1875）湖北崇文書局刻本 一册 存二卷（上、中）

410000－5225－0000166 3.14/3
抱朴子外篇五十卷 （晉）葛洪撰 清光緒元年（1875）湖北崇文書局刻本 一册 存二卷（三至四）

410000－5225－0000167 3.14/4
老子說略二卷 （清）張爾岐著 清道光十九年（1839）姜氏宗祠刻本 一册

410000－5225－0000168 3.15/2
會心内集二卷 （清）劉一明著 清光緒三年（1877）上海翼化堂刻本 一册

410000－5225－0000169 3.15/6
陰騭文集訓□□卷 （清）周安士著 清道光二十八年（1848）刻本 一册 存一卷（三）

410000－5225－0000170 4.2/1

小倉山房詩集三十一卷補遺一卷附錄一卷 (清)袁枚撰 清刻本 八冊

410000－5225－0000171 4.2/4
鍾山草堂遺稿□□卷 (清)溫肇江撰 清刻本 五冊 存五卷(文一、雜憶錄上、試賦一、塾課一、稿一)

410000－5225－0000172 4.2/7
醒夢齋覺世風雅集四卷 題(清)一了山人輯 清宣統元年(1909)萬全堂刻本 一冊 存二卷(三至四)

410000－5225－0000173 4.2/9
鮚埼亭集四十九卷 (清)全祖望撰 清抄本 十二冊 存三十五卷(一至三十五)

410000－5225－0000174 4.2/27
御製詩二集六十四卷 (清)仁宗顒琰撰 清嘉慶八年(1803)内府刻本 十六冊 存三十四卷(三至十二、十五至十六、二十一至二十二、二十七至二十八、三十三至四十八、六十三至六十四)

410000－5225－0000175 4.2/29
兩一子文集四卷 王新楨著 清石印本 三冊

410000－5225－0000176 4.2/30
湖海樓詩集八卷 (清)陳維崧撰 清刻本 一冊 存四卷(五至八)

410000－5225－0000177 4.2/31
松亭詩鈔四卷 (清)姜錫嘏撰 清道光七年(1827)刻本 二冊

410000－5225－0000178 4.2/32
醒夢齋雲水集二卷 題(清)一了山人著 清宣統元年(1909)萬全堂刻本 一冊

410000－5225－0000179 4.2/33
古文觀止十二卷 (清)吳乘權 (清)吳大職輯 清商務印書館本 一冊 存二卷(五至六)

410000－5225－0000180 4.2/34
醒夢齋覺世風雅集四卷 題(清)一了山人輯 清刻本 一冊 存二卷(三至四)

410000－5225－0000181 4.2/36
茹古山房讀史餘吟六卷 (清)田依渠撰 清同治十一年(1872)刻本 一冊

410000－5225－0000182 4.2/37
茹古山房駢體文二卷 (清)田依渠撰 清同治十一年(1872)刻本 一冊

410000－5225－0000183 4.2/38
茹古山房詩集四卷 (清)田依渠撰 清同治十一年(1872)刻本 一冊

410000－5225－0000184 4.2/35
茹古山房試帖不分卷 (清)田依渠撰 清同治十一年(1872)刻本 二冊

410000－5225－0000185 4.2/39
勖庵先生詩選二卷 柳堂著 清刻本 一冊

410000－5225－0000186 4.2/40
覺世風雅集四卷 題(清)一了山人輯 清刻本 一冊 存二卷(三至四)

410000－5225－0000187 4.2/42
胡大川先生幻想詩一卷 (清)胡大川著 清抄本 七冊

410000－5225－0000188 4.2/43
古文釋義新編八卷 (清)余誠評註 清刻本 一冊 存一卷(四)

410000－5225－0000189 4.2/44
重訂古文釋義新編八卷 (清)余誠評註 清刻本 一冊 存三卷(三、七至八)

410000－5225－0000190 4.2/45
笠翁文集十二卷 (清)李漁著 清上海會文堂書局石印本 五冊 存五卷(一至二、七、九至十)

410000－5225－0000191 4.2/52
曾文正公全集 (清)曾國藩撰 清光緒十四年(1888)鴻文書局鉛印本 十四冊 存四十七卷(奏稿五至十、十三至二十五,詩集四卷,文集四卷,雜著一至四,求闕齋讀書錄六至十,求闕齋日記類鈔上下,鳴原堂論文上下,

年譜一至六,首一卷)

410000－5225－0000192　4.2/54
隨園三十八種　(清)袁牧撰　清光緒十八年(1892)鉛印本(有圖)　十册　存四種七十四卷

410000－5225－0000193　4.2/55
會試闈墨一卷　(清)□□撰　清光緒二十七年(1901)刻本　一册

410000－5225－0000194　4.3/1
皇朝經世文統編一百二十卷　(清)邵之棠編　清光緒二十二年(1896)寶善書局石印本　二十五册　存七十七卷(一至六、十一至十五、二十八至三十六、三十八至四十二、四十七、五十一至五十五、五十七至六十五、六十九、七十六至九十、九十五至九十九、一百五至一百二十)

410000－5225－0000195　4.3/2
皇朝經世文續編一百二十卷　(清)葛士濬輯　清光緒十四年(1888)圖書集成局鉛印本　十一册　存四十四卷(一至二十七、三十六至四十三、四十八至五十六)

410000－5225－0000196　4.3/4
古文雅正十四卷　(清)蔡世遠選評　清同治七年(1868)湘鄉曾氏刻本　六册

410000－5225－0000197　4.3/5
七家詩選七卷　(清)張熙宇輯評　**八家詩選**　(清)吴之振編　清同治五年(1866)朱墨套印本　二册　存八卷(七家詩選七卷、八家詩選一)

410000－5225－0000198　4.3/6
海棠七家詩七卷　(清)張熙宇輯　清刻本　二册

410000－5225－0000199　4.3/8
唐詩三百首註釋六卷　(清)蘅塘退士(孫洙)編　清道光刻本　三册　存五卷(二至六)

410000－5225－0000200　4.3/7
古文析義六卷　(清)林雲銘評註　清康熙二十一年(1682)刻本　三册　存三卷(一、三至四)

410000－5225－0000201　4.3/9
古文析義二編八卷　(清)林雲銘評註　清康熙二十一年(1682)刻本　六册　存六卷(三至八)

410000－5225－0000202　4.3/11
千家詩二卷註千家詩一卷　(清)王相著　清刻本　一册

410000－5225－0000203　4.3/12
註釋唐詩三百首不分卷　(清)蘅塘退士(孫洙)編　清宏道堂刻本　二册

410000－5225－0000204　4.3/15
御選唐宋詩醇四十七卷　(清)高宗弘曆選輯　清刻本　六册　存十三卷(二十三至三十五)

410000－5225－0000205　4.3/16
古文辭類纂七十四卷　(清)姚鼐纂集　清光緒三十三年(1907)上海商務印書館鉛印本　七册　存六十七卷(一至六十、六十八至七十四)

410000－5225－0000206　4.3/20
古唐詩合解十六卷　(清)王堯衢註　清刻本　一册　存二卷(唐詩十一至十二)

410000－5225－0000207　4.3/21
古唐詩合解十六卷　(清)王堯衢註　清善成堂刻本　二册　存四卷(唐詩一至二、十一至十二)

410000－5225－0000208　4.3/22
經史百家雜鈔二十六卷首一卷　(清)曾國藩纂　清鉛印本　五册　存二十二卷(五至二十六)

410000－5225－0000209　4.3/23
古文喈鳳新編八卷　(清)汪基鈔輯　清刻本　一册　存二卷(三至四)

410000－5225－0000210　4.3/26
古文發蒙集六卷　(清)王相纂　清乾隆四十

一年(1776)三多齋刻本　五冊　存五卷(一至五)

410000－5225－0000211　4.3/27
增批足本直省闈藝大全□□卷　(清)□□編　清石印本　八冊　存八卷(二至三、五至十)

410000－5225－0000212　4.3/28
新鐫五言千家詩會義直解四卷　(清)王相選註　清刻本　一冊

410000－5225－0000213　4.3/29
古文雅正十四卷　(清)蔡世遠撰　清刻本　二冊　存三卷(四、十三至十四)

410000－5225－0000214　4.3/31
國朝中州名賢集二十三卷　(清)黄舒昺編　清光緒十八年(1892)睢陽洛學書院刻本　六冊　存十四卷(詩鈔三卷、語録事略七卷、講義二卷、學規一卷、末一卷)

410000－5225－0000215　4.3/32
安樂銘不分卷　(清)王正明輯　清宏大善書局石印本　一冊

410000－5225－0000216　4.3/34
涵芬樓古今文鈔一百卷　吳曾祺纂録　清鉛印本　二冊　存二卷(四十四、四十八)

410000－5225－0000217　4.3/36
三蘇文定十二卷　(宋)蘇洵等撰　明刻本　七冊　存七卷(一、三、六至八、十一至十二)

410000－5225－0000218　4.3/37
古唐詩合解十六卷　(清)王堯衢註　清光緒二十一年(1895)金谿經國書坊刻本　八冊

410000－5225－0000219　4.3/38
古唐詩合解十六卷　(清)王堯衢註　清刻本　五冊　存九卷(唐詩一、三至五、八至十二)

410000－5225－0000220　4.2/3
覺世風雅集四卷　(清)吳延楝撰　清同治十年(1871)六安求我齋刻本　四冊

410000－5225－0000221　43586
秘書廿一種　(清)汪士漢輯　清乾隆五十三年(1788)菁華書屋刻本　十九冊　存二十種存九十三卷

410000－5225－0000222　43587
古今説部叢書二百六十四種　國學扶輪社輯　清宣統至民國間上海國學扶輪社鉛印本　五十四冊　缺七十四種八十九卷

410000－5225－0000223　43588
小嫏嬛山館彙刊類書十二種　(清)小嫏嬛山館輯　清咸豐元年(1851)刻本　十六冊　存二十一卷(均藻一至五、文選集腋上下、左傳紺珠上下、左氏蒙求一、謝華啟秀一至四、史腴上下、爾雅貫珠一、六經蒙求一、十七史蒙求一、經腴上下)

410000－5225－0000224　4.3/39
秘書廿一種　(清)汪士漢輯　清刻本　八冊　存八種四十二卷

410000－5225－0000225　1.5/20
左傳句解彙雋六卷　(清)韓菼重訂　清刻本　一冊　存一卷(二)

410000－5225－0000226　1.8/24
小題鋭鋒二集一卷　(清)張嶙編次　清道光十一年(1831)刻本　一冊

410000－5225－0000227　3.5/15
達生保嬰合編二卷　(清)達生編　清光緒十九年(1893)刻本　一冊

河南省三門峽市陝州區文物局古籍普查登記目録

全國古籍普查登記目録

國家圖書館出版社
National Library of China Publishing House

410000－8287－0000001　15/32
太史張天如詳節春秋綱目左傳句解六卷　(清)韓菼重訂　清刻本　二冊　存四卷(三至六)

410000－8287－0000002　15/9
如酉所刻諸名家評點春秋綱目左傳句解六卷　(清)韓菼重訂　清崇文堂刻本　一冊　存二卷(一至二)

410000－8287－0000003　15/31
春秋左傳三十卷　(晉)杜預注　(宋)林堯叟附注　(唐)陸德明音義　(清)馮李驊增訂　清嘉慶七年(1802)刻本　三冊　存六卷(十一至十二、二十至二十一、二十八至二十九)

410000－8287－0000004　15/8
春秋左傳三十卷　(晉)杜預注　(宋)林堯叟附注　(唐)陸德明音義　(清)馮李驊增訂　(清)陸浩評輯　清嘉慶七年(1802)刻本　七冊　存十九卷(一至五、十二至十八、二十一至二十三、二十七至三十)

410000－8287－0000005　15/7
欽定春秋左傳讀本三十卷　(清)英和等撰　清末刻本　十一冊　存二十二卷(一至二十二)

410000－8287－0000006　13/52
詩經體注圖考大全八卷　(清)范翔參定　(清)高朝瓔纂輯　清宣統二年(1910)寶興堂刻本　二冊　存三卷(一至二、五)

410000－8287－0000007　13/49
詩經體注圖考大全合參八卷　(清)高朝瓔鑒定　清文興堂刻本　四冊

410000－8287－0000008　13/48
重鐫詩經體注大全八卷　(清)高朝瓔纂輯　清成文堂刻本　四冊

410000－8287－0000009　13/47
詩經體注圖考八卷　(清)高朝瓔纂輯　清文德堂刻本　四冊

410000－8287－0000010　143/1
欽定禮記義疏八十二卷首一卷　(清)鄂爾泰等撰　清紫陽書院刻本　二十三冊　存五十七卷(一至二、六至十九、二十二至三十一、三十六至四十九、六十至六十二、六十七至七十二、七十六至八十二,首一卷)

410000－8287－0000011　15/24
欽定春秋傳說彙纂三十八卷首二卷　(清)王掞等撰　清刻本　六冊　存六卷(五、十九至二十、二十四至二十六)

410000－8287－0000012　15/2
欽定春秋傳說彙纂三十八卷首二卷　(清)王掞等撰　清刻本　十九冊　存二十九卷(一至二、四至五、八、十三、十七至三十八,首下)

410000－8287－0000013　15/22
春秋大事表五十卷　(清)顧棟高輯　清宣統刻本　一冊　存三卷(二至四)

410000－8287－0000014　142/3
儀禮十七卷　(漢)鄭玄注　(清)張爾歧句讀　清光緒六年(1880)山西濬文書局刻本　五冊　存十四卷(一至三、七至十七)

410000－8287－0000015　143/23
潄芳軒合纂禮記體註四卷　(清)范翔鑒定　(清)曹庭玉　題(清)程元功纂　清宣統刻本　四冊

410000－8287－0000016　141/2
周禮讀本六卷　(漢)鄭康成(玄)注　(唐)陸德明音義　清光緒六年(1880)山西濬文書局刻本　六冊

410000－8287－0000017　141/3
周禮政要四卷　(清)孫詒讓著　清光緒二十八年(1902)瑞安普通學堂刻本　一冊　存二卷(一至二)

410000－8287－0000018　12/25
書經旁訓辨體合訂四卷　(清)徐立綱輯　清刻本　一冊　存二卷(三至四)

410000－8287－0000019　2016－13－6
詩經繹傳八卷　(清)陳抒孝纂録　清光緒十

年(1884)有益堂刻本　二册　存四卷(一至四)

410000－8287－0000020　31/92

重增繪圖幼學故事瓊林四卷首一卷　(明)程登吉撰　(清)鄒聖脈增補　清鑄記書棧刻本　一册　存二卷(三至四)

410000－8287－0000021　33/3

商子五卷　(戰國)商鞅撰　清光緒元年(1875)湖北崇文書局刻本　一册

410000－8287－0000022　396/17

秘傳萬法歸宗五卷　(唐)李淳風撰　清宣統二年(1910)刻本　一册

410000－8287－0000023　31/30

三字經註解備要二卷　(宋)王應麟著　(清)余廷霖重較　清刻本　一册　存一卷(一下)

410000－8287－0000024　31/80

近科鄉會墨珠不分卷　(清)潘江選評　清光緒十一年(1885)刻本　八册

410000－8287－0000025　43/135

鐵網珊瑚二集不分卷　(清)都穆撰　清同治七年(1868)濯纓山房刻本　一册

410000－8287－0000026　31/53

採芹捷徑一卷　(清)崔穆之輯　清光緒七年(1881)文義堂刻本　一册

410000－8287－0000027　43/49

唐人試律說一卷　(清)紀昀編　清太和堂刻本　一册

410000－8287－0000028　296/5

尺木堂綱鑑易知録九十二卷明鑑易知録十五卷　(清)吴乘權等輯　清光緒二十七年(1901)商務印書館鉛印本　七册　存四十四卷(一至四、六至十二、四十至四十六、五十四至七十三、八十一至八十六)

410000－8287－0000029　296/29

尺木堂綱鑑易知録九十二卷明鑑易知録十五卷　(清)吴乘權等輯　清光緒二十七年(1901)商務印書館鉛印本　九册　存六十一卷(尺木堂綱鑑易知録一至五、十二至十八、二十六至三十九、六十至七十三、八十一至九十二,明鑑易知録七至十五)

410000－8287－0000030　13/10

重鐫詩經鄉環體註八卷　(清)范翔
条定　清光緒七年(1881)宏道堂刻本　四册

410000－8287－0000031　15/13

增補左傳易讀六卷　(清)司徒修輯註　清忠興堂刻本　六册

410000－8287－0000032　15/33

春秋經傳集解三十卷　(晉)杜預撰　(唐)陸德明音義　清末刻本　十四册　存二十七卷(二至五、八至三十)

410000－8287－0000033　18/25

四書體注旁訓不分卷　(清)范翔条定　清嘉慶十四年(1809)慎詒堂刻本　一册

410000－8287－0000034　18/22

女四書註釋四卷　(清)王相箋注　(清)鄭漢校梓　清道光二年(1822)行恕堂刻本　二册

410000－8287－0000035　18/3

四書朱子本義匯条四十三卷首四卷　(清)王步青輯　(清)王士鼇編　清末刻本　三册　存四卷(大學一至三、首一卷)

410000－8287－0000036　43/134

小題正鵠初集不分卷二集不分卷三集不分卷　(清)李元度編輯　清光緒七年(1881)李氏家塾刻本　六册

410000－8287－0000037　43/44

重訂唐詩別裁集二十卷　(清)沈德潛選　清末刻本　三册　存六卷(一至四、七至八)

410000－8287－0000038　391/2

事類賦三十卷　(宋)吴淑撰註　清劍光閣刻本　六册

410000－8287－0000039　30/24

事類賦三十卷　(宋)吴淑撰註　清劍光閣刻本　一册　存四卷(一至四)

410000－8287－0000040　2016－30－5

新鐫分類評注文武合編百子金丹十卷 (明)郭偉選註 (明)郭中吉編次 (明)王星聚校訂 清刻本 六册 存四卷(一至四)

410000－8287－0000041 31/16
訓子語一卷 (清)張履祥著 清末刻本 一册

410000－8287－0000042 15/11
同文春秋三十卷 (宋)胡安國傳 清光德堂刻本 六册 存二十二卷(一至十五、二十至二十六)

410000－8287－0000043 5.1/1
新增說文韻府羣玉二十卷 (元)陰時夫編輯 清刻本 五册 存五卷(一、四、十五、十八、二十)

410000－8287－0000044 142/6
朱子家禮十卷首一卷 (明)丘濬輯 清嘉慶十四年(1809)麟經閣刻本(有圖) 六册

410000－8287－0000045 192.1/3
爾雅註疏十一卷 (晉)郭璞注 (宋)邢昺疏 清嘉慶七年(1802)汲古閣刻本 六册

410000－8287－0000046 143/5
禮記十卷 (元)陳澔集說 清光緒八年(1882)山西濬文書局刻本 十册

410000－8287－0000047 142/12
朱子家禮八卷首一卷 (宋)朱熹撰 清刻本 一册 存二卷(一、首一卷)

410000－8287－0000048 392.5/6
經餘必讀續篇八卷 (清)雷琳等輯 清末大德堂刻本 四册

410000－8287－0000049 35/7
刪註脈訣規正二卷 (清)沈鏡編 清光緒二十年(1894)崴益無書局刻本 二册 存一卷(上)

410000－8287－0000050 296/3
資治通鑑綱目五十九卷首一卷 (宋)朱熹撰 (明)陳仁錫評閲 清刻本 十册 存八卷(三十三、三十七、三十九、四十三至四十五、五十二、五十九)

410000－8287－0000051 296/28
資治通鑑綱目前編二十五卷 (明)南軒撰 (明)陳仁錫評閲 清刻本 一册 存二卷(二十四至二十五)

410000－8287－0000052 295.3/4
救荒活民書十二卷 (宋)董煟編著 清道光元年(1821)苕溪江氏刻本 四册

410000－8287－0000053 295.3/12
經濟類考約編二卷 (清)顧九錫輯 清末廣槐堂鉛印本 二册 存一卷(下)

410000－8287－0000054 295.3/11
經濟類考約編二卷 (清)顧九錫輯 清末廣槐堂鉛印本 四册

410000－8287－0000055 295.3/1
經濟類考約編二卷 (清)顧九錫輯 清末廣槐堂鉛印本 四册

410000－8287－0000056 372/1
管窺輯要八十卷 (清)黃鼎纂 清刻本(有圖) 十五册 存十六卷(一至四、十至十一、十三至十四、二十三、四十一、四十四、四十六至四十七、五十二、六十四、六十六)

410000－8287－0000057 42/244
唐柳河東集四十五卷外集五卷遺文一卷附錄一卷 (唐)柳宗元撰 (清)儲欣録 清末刻本 四册 存二十九卷(一至六、八至十三、三十至四十一,外集五卷)

410000－8287－0000058 44/8
試律淺說易知集四卷 (清)任兆松評選 清刻本 一册

410000－8287－0000059 43/46
鐵網珊瑚集課藝二集不分卷 (清)沈鏡堂編 清咸豐十年(1860)友于堂刻本 一册

410000－8287－0000060 42/221
三魚堂外集六卷文集十二卷附錄一卷 (清)陸隴其撰 清刻本 七册 存十五卷(外集六卷、文集五至十二、附錄一卷)

410000－8287－0000061　42/224

歐陽文忠公全集一百五十三卷附錄五卷（宋）歐陽修著　清乾隆十一年（1746）刻本　三冊　存十三卷（一至三、一百四十九至一百五十三，附錄五卷）

410000－8287－0000062　42/281

霜紅龕集四十卷附錄三卷年譜一卷　（清）傅山撰　清宣統三年（1911）山陽丁氏刻本　十冊　存三十八卷（一至五、八至三十七，附錄三卷）

410000－8287－0000063　42/234

昌黎先生集四十卷　（唐）韓愈撰　清宣統二年（1910）埽葉山房石印本　二冊　存四卷（一、五至七）

410000－8287－0000064　42/384

胡文忠公遺集八十六卷首一卷　（清）胡林翼撰　（清）鄭敦謹　（清）曾國荃編輯　清同治六年（1867）刻本　一冊　存三卷（二十五至二十七）

410000－8287－0000065　42/233

胡文忠公遺集八十六卷首一卷　（清）胡林翼撰　（清）鄭敦謹　（清）曾國荃編輯　清同治六年（1867）刻本　十六冊　存四十二卷（一至九、十六至十九、二十五至四十四、六十四至七十二）

410000－8287－0000066　31/84

試帖最豁解不分卷　（清）王澤泩評注　清嘉慶十七年（1812）樹本堂刻本　二冊

410000－8287－0000067　31/83

試帖最豁解不分卷　（清）王澤泩評注　清乾隆三十年（1765）經緯堂刻本　一冊

410000－8287－0000068　31/82

小題正鵠三集三卷　（清）李元度輯　清道光二十七年（1847）經元堂刻本　二冊　存二卷（一至二）

410000－8287－0000069　31/81

小題正鵠二集二卷　（清）李元度編　清道光二十六年（1846）經元堂刻本　二冊

410000－8287－0000070　43/21

左文襄公全集　（清）左宗棠撰　清光緒十六年至十八年（1890－1892）刻本　一百冊　存六種

410000－8287－0000071　42/342

二曲集四十六卷　（清）李顒撰　清光緒三年（1877）信述堂刻本　一冊　存三卷（四十二至四十四）

410000－8287－0000072　42/215

二曲集四十六卷　（清）李顒撰　清光緒三年（1877）信述堂刻本　七冊　存十八卷（一至五、十八至十九、二十七至二十八、三十一至三十六、四十二至四十四）

410000－8287－0000073　296/16

御撰資治通鑑綱目三編二十卷　（清）張廷玉等編　清末刻本　六冊

410000－8287－0000074　296/17

通鑑綱目一百十一卷首一卷末一卷　（明）陳仁錫評閱　清刻本　十一冊　存十六卷（二、七至十一、十六至十九、二十九至三十一、三十九至四十、五十五）

410000－8287－0000075　296/26

綱鑑易知録九十二卷　（清）吳乘權等輯　清光緒宏道堂刻本　十八冊　存三十九卷（一至十三、四十至五十四、五十七至六十五、七十三至七十四）

410000－8287－0000076　295.3/9

牧令書輯要十卷　（清）徐棟編　（清）丁日昌重編　清同治八年（1869）湖北崇文書局刻本　二冊　存二卷（三、五）

410000－8287－0000077　295.2/3

欽定大清會典圖一百三十二卷　（清）托津等撰　清末刻本　三十七冊　存一百二十二卷（一至六十六、七十至七十二、七十六至一百二、一百七至一百三十二）

410000－8287－0000078　295.2/2

欽定大清會典事例九百二十卷目錄八卷（清）托津等纂修　清嘉慶二十三年（1818）刻

本　三百三十六册　缺五十四卷(七十二至七十六、七十九至八十、一百三十一至一百三十五、一百九十二至一百九十四、三百十八至三百十九、四百十九至四百三十一、四百三十四至四百三十五、四百三十八至四百四十、四百七十五至四百七十七、五百七至五百九、五百三十八至五百三十九、六百三十六至六百三十七、六百五十五至六百五十六、六百六十九至六百七十二、七百八十三至七百八十五)

410000－8287－0000079　295.1/2

通典二百卷　(唐)杜佑撰　清刻本　十六册　存八十五卷(一至五十五、九十七至一百二十六)

410000－8287－0000080　293.3/20

[光緒]陝州直隸州志十五卷首一卷　(清)趙希曾等纂修　清光緒十七年(1891)刻本　一册　存二卷(一、首一卷)

410000－8287－0000081　295.1/1

通志二百卷　(宋)鄭樵撰　清乾隆十二年(1747)刻本　四十九册　存七十二卷(十五、二十八至三十、三十六至四十一、七十七至八十二、八十四至九十、一百、一百三至一百十一、一百十三至一百二十、一百二十七至一百三十四、一百五十、一百五十二至一百五十七、一百八十二至一百八十九、一百九十一至一百九十六、一百九十九至二百)

410000－8287－0000082　27/4

傅青主先生[山]年譜一卷　丁寶銓輯　清宣統三年(1911)刻本　一册

410000－8287－0000083　43/116

國朝中州名賢集十卷首一卷末一卷　(清)黄舒昺編　清光緒十八年(1892)中州□□書院刻本　五册　存五卷(二、五至六,首一卷,末一卷)

410000－8287－0000084　262/2

張大司馬奏稿四卷　(清)張亮基撰　清光緒十七年(1891)刻本　四册

410000－8287－0000085　262/1

駱文忠公奏稿十卷　(清)駱秉章撰　清刻本　七册　存七卷(三至八、十)

410000－8287－0000086　25/4

戰國策十卷　(宋)鮑彪校注　(元)吳師道重校　清末刻本　二册　存二卷(六至七)

410000－8287－0000087　295.1/3

文獻通考三百四十八卷序一卷目錄一卷　(元)馬端臨撰　清乾隆十二年(1747)刻本　三十五册　存一百四十二卷(一至十六、二十至二十二、二十八至四十二、五十一至五十三、六十五至六十七、七十一至八十六、九十一至一百一、一百五十三至一百六十一、一百六十六至一百七十三、一百九十六至二百二十五、二百六十六至二百六十八、二百八十一至三百五)

410000－8287－0000088　293.3/21

[光緒]山西通志一百八十四卷首一卷　(清)曾國荃　(清)張煦等修　(清)王軒　(清)楊篤等纂　清光緒十八年(1892)刻本　五十一册　存一百五卷(四至五、十至十一、二十三至二十四、二十六至三十、四十四至四十九、五十二至五十七、六十二至六十三、六十六至六十九、八十三至九十四、九十七至一百二、一百十一至一百十七、一百二十至一百二十三、一百二十六至一百四十一、一百四十七至一百五十、一百五十三至一百七十七、一百八十至一百八十一)

410000－8287－0000089　28/1

二十一史約編八卷首一卷末一卷　(清)鄭元慶編　清刻本　五册　存五卷(二至五、八)

410000－8287－0000090　21/31

後漢書九十卷　(南朝宋)范曄撰　(唐)李賢註　**志三十卷**　(晉)司馬彪撰　(南朝梁)劉昭註　清同治八年(1869)金陵書局刻二十四史本　一册　存四卷(後漢書一至四)

410000－8287－0000091　21/30

後漢書九十卷　(南朝宋)范曄撰　(唐)李賢註　**志三十卷**　(晉)司馬彪撰　(南朝梁)劉昭註　清刻本　二册　存十四卷(八十一至

八十五、志四至十二)

410000－8287－0000092　21/1
二十四史　清同治光緒間五省官書局合刻光緒五年(1879)湖北書局彙印本　十六册　存二十三種三千一百七十三卷

410000－8287－0000093　20/3
御批歷代通鑑輯覽一百二十卷　(清)傅恒等纂　清刻本　二十八册　存八十三卷(二十四至五十八、六十四至一百三、一百十至一百十二、一百十六至一百二十)

410000－8287－0000094　20/1
御批歷代通鑑輯覽一百二十卷　(清)傅恒等纂　清刻本　十三册　存六十六卷(七至十三、二十至三十四、四十六至五十、五十五至六十二、八十至九十四、九十九至一百二、一百九至一百二十)

410000－8287－0000095　396/11
莊子南華真經内篇一卷外篇一卷雜篇一卷　(戰國)莊周撰　**莊子闕誤一卷**　(宋)陳景元撰　清光緒元年(1875)湖北崇文書局刻本　二册

410000－8287－0000096　396/5
墨子十六卷　(戰國)墨翟撰　(清)畢沅注　清光緒元年(1875)湖北崇文書局刻本　三册　存十三卷(一至五、九至十六)

410000－8287－0000097　32/7
明季北畧二十四卷明季南畧十八卷　(清)計六奇編輯　清刻本　六册　存十三卷(明季北畧八至十一、明季南畧十至十八)

410000－8287－0000098　392.2/6
試策箋註四卷　(清)檀萃著　(清)曾力行箋注　(清)周芬佩評　(清)溫汝适參訂　清乾隆四十二年(1777)致和堂刻本　四册

410000－8287－0000099　393/3
宋元學案一百卷首一卷　(清)黄宗羲纂　(清)黄百家纂輯　(清)全祖望修定　清光緒五年(1879)長沙寄廬刻本　三十七册　缺八卷(四十三至四十六、七十二至七十三、七十九至八十)

410000－8287－0000100　393/1
欽定佩文韻府一百六卷韻府拾遺一百六卷　(清)張玉書等撰　清光緒十二年(1886)上海同文書局石印本　五十六册　缺七卷(欽定佩文韻府七、十六至十八、九十一至九十二，拾遺八十九)

410000－8287－0000101　392.5/4
國朝中州文徵五十四卷首一卷　(清)蘇源生編　清道光二十五年(1845)刻本　二十八册

410000－8287－0000102　32/5
讀史兵略四十六卷　(清)胡林翼纂　清宣統刻本　十二册　存二十一卷(一至二十一)

410000－8287－0000103　381/2
清河書畫舫十二卷附鑒古百一詩一卷　(明)張丑撰　清光緒二十五年(1899)刻本　十一册　缺一卷(丑)

410000－8287－0000104　31/4
荀子二十卷首一卷　(戰國)荀況撰　(唐)楊倞注　王先謙集解　清光緒十七年(1891)刻本　六册

410000－8287－0000105　381/1
隸篇十五卷續十五卷再續十五卷　(清)翟雲升輯　清道光十七年(1837)刻本　十册

410000－8287－0000106　12/31
書經體註大全合參六卷　(清)范翔鑒定　(清)錢希祥輯注　清致和堂刻本　四册

410000－8287－0000107　12/37
尚書離句六卷　(清)錢在培輯解　一册　存三卷(四至六)

410000－8287－0000108　12/36
書經體注大全合參六卷　(清)范翔鑒定　(清)錢希祥輯注　清刻本　一册　存二卷(二至三)

410000－8287－0000109　12/35
書經體注大全合參六卷　(清)范翔鑒定　(清)錢希祥輯注　清刻本　一册　存二卷

(五至六)

410000－8287－0000110　12/34
書經體注大全合粂六卷　(清)范翔鑒定　(清)錢希祥輯注　清刻本　一冊　存二卷(二至三)

410000－8287－0000111　12/33
書經體注大全合粂六卷　(清)范翔鑒定　(清)錢希祥輯注　清刻本　一冊　存二卷(二至三)

410000－8287－0000112　12/32
書經體注大全合粂六卷　(清)范翔鑒定　(清)錢希祥輯注　清刻本　一冊　存二卷(二至三)

410000－8287－0000113　12/30
書經體注大全合粂六卷　(清)范翔鑒定　(清)錢希祥輯注　清刻本　二冊　存四卷(二至三、五至六)

410000－8287－0000114　12/27
書經體注大全合粂六卷　(清)范翔鑒定　(清)錢希祥輯注　清敬慎堂刻本　四冊

410000－8287－0000115　12/29
書經體注大全合粂六卷　(清)范翔鑒定　(清)錢希祥輯注　清刻本　三冊　存五卷(二至六)

410000－8287－0000116　12/28
書經體注大全合粂六卷　(清)范翔鑒定　(清)錢希祥輯注　清刻本　三冊　存五卷(二至六)

410000－8287－0000117　11/29
周易圖說述四卷首一卷　(清)王弘撰撰　清刻本　二冊　存三卷(一、四,首一卷)

410000－8287－0000118　12/6
書經體注大全合粂六卷　(清)范翔鑒定　(清)錢希祥輯注　清光緒文發堂刻本　四冊

410000－8287－0000119　12/3
尚書古文辨惑二十二卷目錄二卷　張諧之著　清光緒三十年(1904)宏農澹修刻本　十二冊　缺一卷(二十)

410000－8287－0000120　11/3
周易本義四卷　(宋)朱熹撰　清光緒濬文書局刻本　二冊

410000－8287－0000121　12/24
重刊宋本十三經註疏附校勘記十三種　(清)阮元撰校勘記　(清)盧宣旬摘錄　清道光六年(1826)文選樓刻本　一冊　存三卷(尚書注疏十二至十四)

410000－8287－0000122　12/5
欽定書經傳説彙纂二十一卷首二卷　(清)王頊齡等編　清雍正八年(1730)刻本　十一冊　存十七卷(四至二十)

410000－8287－0000123　11/33
御纂周易折中二十二卷首一卷　(清)李光地等纂　清同治六年(1867)刻本　一冊　存三卷(十三至十五)

410000－8287－0000124　11/32
御纂周易折中二十二卷首一卷　(清)李光地等纂　清同治六年(1867)刻本　十冊　缺一卷(十九)

410000－8287－0000125　10/4
重刊宋本十三經註疏附校勘記　(清)阮元撰校勘記　(清)盧宣旬摘錄　清道光六年(1826)文選樓刻本　一百六十六冊　缺三十七卷(周易正義十,儀禮注疏一至十七、二十一至三十六,禮記正義四十八至四十九,毛詩注疏二十)

410000－8287－0000126　10/3
皇清經解續編一千四百三十卷　王先謙撰　清光緒十四年(1888)南菁書院刻本　三百七冊　缺三十六卷(二百五十四至二百五十六、四百三十八至四百四十、四百七十二至四百七十三、九百二十九至九百三十四、九百四十三至九百四十九、一千六十七至一千七十、一千三百四十一至一千三百四十五、一千四百二十五至一千四百三十)

410000－8287－0000127　293.3/2

[乾隆]續河南通志八十卷首四卷　(清)阿思哈　(清)嵩貴纂修　清乾隆三十二年(1767)刻光緒二十八年(1902)補刻本　十八册　存七十五卷(一至七十一、七十五至七十八)

410000－8287－0000128　293.3/1
[雍正]河南通志八十卷　(清)田文鏡等修　(清)孫灝等纂　清雍正十三年(1735)刻光緒二十八年(1902)補刻本　三十八册　存七十六卷(一至十一、十四至六十二、六十五至八十)

410000－8287－0000129　17/1
岳氏相臺五經　(三國魏)王弼註　清光緒八年(1882)長沙龍氏家塾刻本　三十册　缺四種七十六卷

410000－8287－0000130　10/2
皇清經解一千四百八卷首一卷　(清)阮元輯　清道光九年(1829)廣東學海堂刻咸豐十一年(1861)補刻本　三百四十六册　缺一百五十二卷(九十六至一百三、三百九十六至三百九十七、五百二至五百三、六百八十八至六百九十一、七百五十七至七百六十七、七百九十二至七百九十四、九百九十七至一千一百二、一千一百三十三至一千一百三十六、一千二百八至一千二百十七、一千四百五至一千四百六)

《河南省許昌市圖書館古籍普查登記目録》
書名筆畫字頭索引

二畫

三畫

四畫

五畫

六畫

七畫

八畫

九畫

十畫

十一畫

十二畫

十三畫

十四畫

十五畫

十六畫

十七畫

十八畫

十九畫

二十畫

二十一畫

二十二畫

二十三畫

二十四畫

《河南省許昌市圖書館古籍普查登記目録》
書名筆畫索引

二畫

三畫

四畫

五畫

六畫

七畫

八畫

九畫

十畫

十一畫

十二畫

十三畫

十四畫

十五畫

十六畫

十七畫

十八畫

十九畫

二十畫

二十一畫

二十二畫

二十三畫

二十四畫

《河南省武陟縣圖書館古籍普查登記目録》
書名筆畫字頭索引

二畫

三畫

四畫

五畫

六畫

七畫

八畫

九畫

十畫

十一畫

十二畫

十三畫

十四畫

十五畫

十六畫

十七畫

十八畫

十九畫

二十畫

二十一畫

二十二畫

二十四畫

《河南省武陟縣圖書館古籍普查登記目録》
書名筆畫索引

二畫

三畫

四畫

五畫

六畫

七畫

八畫

九畫

十畫

十一畫

十二畫

十三畫

十四畫

十五畫

十六畫

十七畫

十八畫

十九畫

二十畫

二十一畫

二十二畫

二十四畫

《河南省鄢陵縣圖書館古籍普查登記目録》
書名筆畫字頭索引

一畫

二畫

三畫

四畫

五畫

六畫

七畫

八畫

九畫

十畫

十一畫

十二畫

十三畫

十四畫

十五畫

十六畫

十七畫

十八畫

十九畫

二十畫

二十一畫

二十二畫

二十三畫

二十四畫

其他

《河南省鄢陵縣圖書館古籍普查登記目録》
書名筆畫索引

一畫

二畫

三畫

四畫

五畫

六畫

七畫

八畫

九畫

十畫

十一畫

十二畫

十三畫

十四畫

十五畫

十六畫

十七畫

十八畫

十九畫

二十畫

二十一畫

二十二畫

二十三畫

二十四畫

其他

《河南省平頂山市圖書館古籍普查登記目録》
書名筆畫字頭索引

二畫

四畫

八畫

九畫

十畫

十二畫

十六畫

十七畫

《河南省平頂山市圖書館古籍普查登記目録》
書名筆畫索引

二畫

四畫

八畫

九畫

十畫

十二畫

十六畫

十七畫

《河南省滑縣圖書館古籍普查登記目録》
書名筆畫字頭索引

九畫

十畫

十一畫

十二畫

十四畫

十六畫

《河南省滑縣圖書館古籍普查登記目録》
書名筆畫索引

九畫

十畫

十一畫

十二畫

十四畫

十六畫

《河南省林州市圖書館古籍普查登記目録》
書名筆畫字頭索引

二畫

三畫

四畫

五畫

七畫

八畫

九畫

十畫

十一畫

十二畫

十三畫

十四畫

十五畫

十七畫

《河南省林州市圖書館古籍普查登記目録》書名筆畫索引

二畫

三畫

四畫

五畫

七畫

八畫

九畫

十畫

十一畫

十二畫

十三畫

十四畫

十五畫

十七畫

《河南省鶴壁市圖書館古籍普查登記目録》
書名筆畫字頭索引

五畫

《河南省鶴壁市圖書館古籍普查登記目録》
書名筆畫索引

五畫

《周口師範學院圖書館古籍普查登記目録》
書名筆畫字頭索引

一畫

二畫

三畫

四畫

五畫

六畫

七畫

八畫

九畫

十畫

十一畫

十二畫

十三畫

十四畫

十五畫

十六畫

十九畫

二十二畫

《周口師範學院圖書館古籍普查登記目録》
書名筆畫索引

一畫

二畫

三畫

四畫

五畫

六畫

七畫

八畫

九畫

十畫

十一畫

十二畫

十三畫

十四畫

十五畫

十六畫

十九畫

二十二畫

《許昌學院圖書館古籍普查登記目録》
書名筆畫字頭索引

二畫

三畫

四畫

五畫

六畫

七畫

八畫

九畫

十畫

十一畫

十二畫

十三畫

十四畫

十五畫

十六畫

十七畫

十九畫

二十一畫

二十二畫

《許昌學院圖書館古籍普查登記目録》
書名筆畫索引

二畫

三畫

四畫

五畫

六畫

七畫

八畫

九畫

十畫

十一畫

十二畫

十三畫

十四畫

十五畫

十六畫

十七畫

十九畫

二十一畫

二十二畫

《河南省浚縣圖書館古籍普查登記目録》
書名筆畫字頭索引

二畫

三畫

四畫

五畫

六畫

七畫

八畫

九畫

十畫

十一畫

十二畫

十三畫

十四畫

十五畫

十六畫

十七畫

十八畫

十九畫

二十二畫

其他

《河南省浚縣圖書館古籍普查登記目録》
書名筆畫索引

二畫

三畫

四畫

五畫

六畫

七畫

八畫

九畫

十畫

十一畫

十二畫

十三畫

十四畫

十五畫

十六畫

十七畫

十八畫

十九畫

二十二畫

其他

《河南省漯河市圖書館古籍普查登記目録》
書名筆畫字頭索引

三畫

四畫

五畫

六畫

七畫

八畫

九畫

十畫

十一畫

十二畫

十三畫

十四畫

十五畫

十六畫

十七畫

二十一畫

《河南省漯河市圖書館古籍普查登記目録》
書名筆畫索引

三畫

四畫

五畫

六畫

七畫

八畫

九畫

十畫

十一畫

十二畫

十三畫

十四畫

十五畫

十六畫

十七畫

二十一畫

《河南省商丘市睢陽區圖書館古籍普查登記目録》
書名筆畫字頭索引

二畫

六畫

七畫

十畫

《河南省商丘市睢陽區圖書館古籍普查登記目録》
書名筆畫索引

二畫

六畫

七畫

十畫

《河南省濟源市圖書館古籍普查登記目録》
書名筆畫字頭索引

三畫

四畫

五畫

六畫

七畫

八畫

十畫

十一畫

十二畫

十三畫

十四畫

十五畫

十六畫

十七畫

十九畫

《河南省濟源市圖書館古籍普查登記目録》
書名筆畫索引

三畫

四畫

五畫

六畫

七畫

八畫

十畫

十一畫

十二畫

十三畫

十四畫

十五畫

十六畫

十七畫

十九畫

《河南省三門峽市陝州區圖書館古籍普查登記目録》
書名筆畫字頭索引

二畫

三畫

四畫

五畫

六畫

七畫

八畫

九畫

十畫

十一畫

十二畫

十三畫

十四畫

十五畫

十六畫

十七畫

十八畫

十九畫

二十畫

二十一畫

二十二畫

《河南省三門峽市陝州區圖書館古籍普查登記目録》
書名筆畫索引

二畫

三畫

四畫

五畫

六畫

七畫

八畫

九畫

十畫

十一畫

十二畫

十三畫

十四畫

十五畫

十六畫

十七畫

十八畫

十九畫

二十畫

二十一畫

二十二畫

《河南省周口市川匯區圖書館古籍普查登記目録》
書名筆畫字頭索引

二畫

三畫

四畫

五畫

六畫

七畫

八畫

九畫

十畫

十一畫

十二畫

十三畫

十四畫

十五畫

十六畫

十七畫

十八畫

十九畫

二十畫

二十三畫

《河南省周口市川匯區圖書館古籍普查登記目録》
書名筆畫索引

二畫

三畫

四畫

五畫

六畫

七畫

八畫

九畫

十畫

十一畫

十二畫

十三畫

十四畫

十五畫

十六畫

十七畫

十八畫

十九畫

二十畫

二十三畫

《河南省三門峽市陝州區文物局古籍普查登記目録》
書名筆畫字頭索引

二畫

三畫

四畫

五畫

六畫

七畫

八畫

九畫

十畫

十一畫

十二畫

十三畫

十四畫

十五畫

十六畫

十七畫

二十一畫

二十二畫

《河南省三門峽市陝州區文物局古籍普查登記目録》書名筆畫索引

二畫

三畫

四畫

五畫

六畫

七畫

八畫

九畫

十畫

十一畫

十二畫

十三畫

十四畫

十五畫

十六畫

十七畫

二十一畫

二十二畫